PROJETANDO O FUTURO

M847p Morgan, James M.
Projetando o futuro : como a Ford, a Toyota e outras organizações de classe mundial usam o desenvolvimento lean de produtos para promover a inovação e transformar seus negócios / James M. Morgan, Jeffrey K. Liker ; tradução: Francisco Araújo da Costa ; revisão técnica: Ricardo Itikawa. – Porto Alegre : Bookman, 2020.
xxiv, 376 p. ; 23 cm.

ISBN 978-85-8260-531-8

1. Administração. 2. Gestão. 3. Organização da produção. 4. Modelo Toyota. I. Liker, Jeffrey K. II. Título.

CDU 658.51

Catalogação na publicação: Karin Lorien Menoncin – CRB 10/2147

JAMES M. MORGAN JEFFREY K. LIKER

PROJETANDO O FUTURO

Como a Ford, a Toyota e outras organizações de classe mundial usam o desenvolvimento *lean* de produtos para promover a inovação e transformar seus negócios

Tradução

Francisco Araújo da Costa

Revisão técnica

Ricardo Itikawa
Gerente de Projetos Lean aplicados em Desenvolvimento de Produtos, Processos e Manufatura do Lean Institute Brasil

Porto Alegre
2020

Obra originalmente publicada sob o título *Designing the future*
ISBN 9781260128789 / 1260128784

Gerente editorial: *Arysinha Jacques Affonso*

Colaboraram nesta edição:

Editora: *Denise Weber Nowaczyk* e *Simone de Fraga*

Capa: *Márcio Monticelli*

Leitura final: *Daniela de Freitas Louzada*

Projeto gráfico e editoração: *Techbooks*

Av. Jerônimo de Ornelas, 670 – Santana
90040-340 Porto Alegre RS
Fone: (51) 3027-7000 Fax: (51) 3027-7070

Unidade São Paulo
Rua Doutor Cesário Mota Jr., 63 – Vila Buarque
01221-020 São Paulo SP
Fone: (11) 3221-9033

SAC 0800 703-3444 – www.grupoa.com.br

IMPRESSO NO BRASIL
PRINTED IN BRAZIL

Autores

James M. Morgan é Senior Advisor do Lean Enterprise Institute e fundador da iniciativa de LPPD do LEI. Dr. Morgan é autor, pesquisador e especialista de renome global em desenvolvimento de produtos e processos, vencedor de múltiplos Prêmios Shingo. Antes de se juntar ao LEI, Dr. Morgan passou mais de 30 anos na indústria, trabalhando como líder de desenvolvimento de produtos, inclusive como diretor de engenharia global na Ford Motor Company durante a revitalização orientada por produtos sob o CEO Alan Mulally.

Jeffrey K. Liker é Professor Emérito de Engenharia Industrial e de Operações da University of Michigan e presidente da Liker Lean Advisors, LLC. Seus livros sobre o famoso sistema de gestão da Toyota, começando pelo *bestseller* internacional *O Modelo Toyota: 14 princípios de gestão do maior fabricante do mundo*, educaram uma geração de líderes de negócios, praticantes do *lean*, e outras pessoas responsáveis pela melhoria das operações de negócios. A obra de Liker lhe rendeu 13 Prêmios Shingo, além da participação na Shingo Academy e no Hall da Fama do AME.

Para Mary, minha esposa, minha parceira e meu amor

Para Greg, meu filho, que me dá mais orgulho do que consegue imaginar

Para Christopher Morgan, que nos ensinou o que significa ser
all in all the time, apostando todas as fichas, todas as vezes

— Jim Morgan

27
#ALLIN

Uma nota pessoal

Adapte o que é útil, rejeite o que é inútil e adicione o que é especificamente seu.
— Bruce Lee

Sócrates supostamente disse que "o verdadeiro conhecimento existe em saber que você nada sabe". Se ele estava certo, acho que estou no auge. Após quase 40 anos trabalhando nas mais diversas funções em desenvolvimento de produtos, a única coisa que sei é quanto ainda tenho a aprender.

Mas também tive o privilégio de trabalhar com algumas pessoas extraordinárias e vivenciar aquilo que a antiga maldição chinesa chama de *tempos interessantes*. Tenho tanto a compartilhar, mas isso não responde à pergunta fundamental: "Por que escrever outro livro?" Eu escrevo por ter um sentimento de obrigação profunda (義理) às muitas e muitas pessoas que me ajudaram durante todos esses anos. É minha maneira singela de contribuir, compartilhando experiências com quem se descobre em circunstâncias semelhantes e que talvez não tenha acesso a mentores da mesma qualidade. E fui particularmente inspirado pelo exemplo de um desses mentores. "Servir é viver", como Alan sempre diz...

Assim, é nesse espírito que ofereço este livro para que você adapte, rejeite e adicione o que achar melhor. Boa sorte na sua jornada e nunca abra mão do que realmente importa.

Jim Morgan

Agradecimentos

Muitas pessoas nos ajudaram na produção deste livro, e aprendemos muito com tantas outras com o passar dos anos. Somos gratos a todas elas. Gostaríamos de listá-las todas aqui, mas seria uma lista de centenas de pessoas, no mínimo. Vocês sabem quem são, e têm nosso mais sincero agradecimento. Dessa forma, citaremos aqui o nome de algumas pessoas que ajudaram diretamente com este livro. Na verdade, teria sido impossível sem elas.

Primeiro, gostaríamos de agradecer a Alan Mulally pela sua orientação, *feedback* e horas de conversa sobre este projeto. Foi incrível! Ele foi um dos mentores mais importantes de Jim na Ford e continua a ser um bom amigo.

Este projeto foi, em parte, um experimento. Foi a primeira parceria tripla entre a McGraw-Hill, o Lean Enterprise Institute (LEI) e nós. Isso criou uma fonte incrível de apoio. Além do auxílio editorial excelente de Noah Schwartzberg na McGraw-Hill, recebemos ajuda de James Womack, fundador do LEI, e de John Shook, presidente do LEI. John nos ensina sobre o Modelo Toyota há décadas. Ele foi o contato inicial de Jeff na Toyota, onde era gerente-geral assistente. Depois da Toyota, John foi para a University of Michigan, onde foi um mentor para nós dois, compartilhando seu conhecimento profundo sobre a história, a filosofia e os métodos da Toyota. Jim continua a aprender com ele, já que os dois trabalham juntos no LEI. John leu todos os capítulos e sugeriu edições valiosíssimas e questionamentos difíceis. Jim Womack, como esperado, contribuiu com *feedback* de alta qualidade e fez perguntas que nos fizeram responder "sim, claro!".

Dois editores que leram, editaram e deram *feedback* foram Tim Ogden e George Taninecz. George nos acompanhou em cada capítulo, reescrevendo e transformando nossa prosa grosseira em uma história legível. Somos gratos aos editores que ajudam os engenheiros a escrever.

Mary Morgan, Andy Houk e Charlie Baker também leram e ofereceram *feedback* direto sobre as primeiras versões deste texto. Seus *insights* foram extremamente valiosos para este projeto.

Mary é casada com Jim. Ela passou sua carreira na General Motors, onde era gerente de engenharia e *lean coach*. Além de ter *insights* valiosos, Mary também ajudou a manter este projeto organizado. Mais do que ninguém, ela é o motivo para este livro ser uma realidade.

Agradecemos aos amigos e colegas de Jim da Ford, que compartilharam uma experiência que outras pessoas teriam dificuldade de entender. As pessoas que ensinaram muito mais do que desenvolvimento de produtos incluem Joe Sammut, Dave Pericak, Terry Henning, Dr. Derrick Kuzak, Joe Hinrichs, John Fleming, Jesse Jou, John Davis, Eric Frevik, Hiro Sugiura, Randy Frank, Susan DeSandre, Art Hyde, George Bernwanger, Scott Tobin, Marcy Fisher, Frank DelAsandro, Jennifer Palsgrove, Debra Keller, Dr. Bruno Barthelemy, Matt DeMars, Bob Trecapelli, Jeri Ford, Steve Crosby e muitas outras.

Jim e a TDM cresceram juntos, de uma pequena oficina de protótipos a um grande recurso de engenharia, estampagem e construção que seria adquirido pela Ford. Agradecemos aos amigos de Jim na TDM, seus parceiros na aprendizagem *lean* antes de ele saber o que isso queria dizer: John Lowery, Steve Guido, Ned Oliver, Bill Anglin, Steve Mortens, Tim Jagoda, Scott Baker, Bill Roberts, Bill Morrison, Gerry Potvin e muitos outros.

Mais uma vez, a Toyota foi para nós uma parceira e professora incrível. Quando pedimos para voltar e fazer entrevistas sobre as mais novas práticas de desenvolvimento de produtos para este livro, a equipe da Toyota concordou gentilmente. Eles marcaram as entrevistas e as visitas que solicitamos. Foram muitas horas de entrevistas, ensinando-nos e respondendo perguntas, dirigindo e caminhando pelo *gemba*. Visitamos o Toyota Technical Center em Ann Arbor diversas vezes e entrevistamos todos os engenheiros-chefes americanos. Visitamos o Japão duas vezes e interrogamos muita gente lá sobre a Nova Arquitetura Global da Toyota (TNGA, *Toyota New Global Architecture*). Aprendemos sobre o desenvolvimento de veículos híbridos, elétricos e com células de combustível a hidrogênio na Toyota. Foram todos anfitriões maravilhosos e super divertidos. Somos muito gratos pelo tempo, acesso e atenção que recebemos.

Maki Niimi, do Departamento de Comunicação Global da Toyota, foi nosso ponto de contato principal, um homem sensível e paciente e que, além disso, sempre tinha um sorriso para nos ajudar. Somos gratos pelo seu apoio nesses quase três anos.

Aprendemos muito com nossos amigos da Toyota durante todos esses anos e seria impossível listar todos. Ainda assim, nossas pesquisas na Toyota para este projeto durante os últimos anos nos obrigam a agradecer especificamente as seguintes pessoas pelo apoio amplo que nos ofereceram:

No Japão

Desenvolvimento do Prius
Kouji Toyoshima (engenheiro-chefe)
Shinsuke Sugano (gerente de projetos)
Osamu Sawanobori (gerente assistente)
Shoichi Kaneko (gerente-geral de projetos)

Desenvolvimento da TNGA
Kazuhiko Asakura (gerente-geral)
Kentaro Masuda (gerente de grupo)
Kiyohito Morimoto (gerente-geral executivo)
Masashige Ono (gerente-geral)
Motoo Kamiya (gerente-geral de projetos)
Keiichi Yoneda (gerente-geral de projetos)

Linha de produção do Mirai
Hirokazu Ishimaru (gerente de fábrica da LFA, unidade de Motomachi)
Yasuhiro Kutsuki (gerente-geral de departamento, unidade de Motomachi)
Takao Minami (gerente de projetos)

Desenvolvimento do Mirai
Yoshikazu Tanaka (engenheiro-chefe)
Mikio Kisaki (engenheiro profissional chefe)

Promoção da Sociedade do Hidrogênio
Taiyou Kawai (gerente-geral de projetos)

Lexus International
Yoshihiro Sawa (diretor administrativo)

Desenvolvimento do C-HR
Hiroyuki Koba (gerente-geral de projetos)

Engenharia de Produção
Hirofumi Muta (diretor administrativo sênior)
Tatsuya Ishikawa (gerente-geral executivo)
Toshio Niimi (gerente-geral)
Tadashi Kitadai (gerente de grupo)
Shinichi Inoue

Produção (Fábrica de Motores de Kamigo)
Mitsuru Kawai (vice-presidente executivo)
Tomihisa Saito (gerente-geral)
Hisashi Tsuchiya (gerente-geral de departamento)

Engenharia de Produção (Divisão de Engenharia de Carrocerias, Unidade de Tsutsumi)
Harutsugu Yoshida (gerente-geral)
Tetsuya Obata (gerente-geral de departamento)

Relações Públicas
Shigeru Hayakawa (diretor administrativo sênior)
Hiroshi Hashimoto (gerente-geral)
Ryo Sakai (gerente-geral de departamento)
Katsuhiko Koganei (gerente de grupo)
Takashi Ogawa
Rika Nomura
Masahiro Yamaoka (gerente-geral)
Jean-Yves Jault (gerente de grupo)
Riho Kakuta
Brian Lyons (gerente de grupo, Comunicação Global)

Toyota Technical Center, EUA
Monte Kaehr (engenheiro-chefe, Camry)
Randy Stephens (engenheiro-chefe, Avalon)
Greg Bernas (engenheiro-chefe, Highlander)
Mike Sweers (engenheiro-chefe, Tundra)
Andy Lund (engenheiro-chefe, Sienna)
Don Federico (gerente-geral, Avaliação de Veículos)
Masato Katsumata (engenheiro-chefe, Global Camry)
Seija Nakao (presidente)

• • •

Uma pessoa que foi muito além de ser entrevistado e nos ofereceu ajuda e orientações com este livro foi Randy Stephens, engenheiro-chefe da Toyota.

Escrevemos sobre muitos casos neste livro. As pessoas nessas histórias são amigos e colegas com quem trabalhamos e aprendemos por muitos anos. Para nossas parceiras de aprendizagem, que questionaram, experimentaram e perseveraram ao nosso lado, foi uma honra trabalhar com vocês. Agradecemos por compartilharem tudo que batalharam para aprender. É uma grande benção conhecer vocês:

- **Herman Miller:** Matt Long, Beau Seaver, Jeff Faber, John Aldrich, Tom Niergarth, John Miller, Linda Milanowski, Ted Larned e Scott Bacon
- **TechnipFMC:** Paulo Couto, David McFarlane, Mike Tierney, Alan Labes, John Calder e Kerry Stout
- **Schilling Robotics:** Tyler Schilling, Andy Houk, Scott Fulenwider, Valerie Cole, Garry Everett, David Furmidge e Hannah Waldenberger
- **Michigan Medicine:** Dr. Jack Billi, Dr. Steven Bernstein, Dr. Larry Marentette, Paul Paliani, Jean Lakin e Jeanne Kin
- **GE Appliances:** Kevin Nolan, Sam DuPlessis, Al Hamad, Marcia Brey, Derrick Little, Daryl Williams e Kyran Hoff
- **Embraer:** Manoel Santos, Waldir Gonçalves e Humberto Pereira
- **Solar Turbines:** Howard Kinkade, William Watkins e Mike Fitzpatrick
- **Bose:** Sean Garrett, Robert Mullett, Karen Mills, Mark Heinz e Mark Sellers
- **The Lean Enterprise Institute:** Dr. John Drogosz, Dra. Katrina Appell, Eric Ethington, Matt Zayko, Dr. José Ferro e Dr. Boaz Tamir
- **Menlo Innovations:** Rich Sheridan

Apresentação à edição brasileira

O Brasil vem ganhando espaço no contexto internacional como um país com capacidade de criar e inovar e até exportar talentos. Esse potencial seria mais bem explorado se nossa capacidade de criação viesse apoiada em um método capaz de orientar, organizar, medir e consolidar os conhecimentos gerados.

Sabe aquele quebra-cabeças que você tenta montar, mas não consegue terminar porque sempre fica faltando uma peça? Em ambiente de desenvolvimento, ele seria representado por atrasos no lançamento, problemas de qualidade no início da operação, estouros de orçamentos do projeto, desejos do cliente não atendidos. O livro *Projetando o futuro* pode ser exatamente a peça que você tanto procurava.

A obra aborda temas fundamentais para a equipe de liderança da sua empresa. Entre eles estão métodos e práticas que o ajudarão a entender melhor os desejos dos clientes e focar no escopo do projeto, representados pelo *concept paper*; a prática do *obeya* e de reuniões diárias, como forma de controlar os entregáveis e marcos do projeto; ou a geração e registro de aprendizado usando conceitos de engenharia simultânea de múltiplas alternativas, prototipagem, criação das curvas de *trade off*. Enfim, temos aqui novas terminologias que podem parecer complexas à primeira vista, mas que no decorrer da leitura deste livro ficarão mais fáceis de entender.

Quando falamos de desenvolvimento de produto, surgem muitas discussões sobre tecnologia, inovação, software, novos materiais e um sentimento de que o melhor sempre ainda está por ser inventado. Pouco se fala de um elemento já presente em nosso cotidiano e fundamental em qualquer empresa, não importa o setor: o sistema de gestão, capacitação e envolvimento das pessoas. Nós, brasileiros, temos uma característica muito peculiar, que é a de nos unirmos rapidamente em prol de algum objetivo. Contudo, com a mesma velocidade que nos juntamos, também nos dispersamos e, muitas vezes, durante a execução. Não somos muito disciplinados e é justamente essa falta de foco, disciplina e constância de propósito que acaba reduzindo nosso potencial de resultado.

Durante a leitura, veremos exemplos que nos fazem refletir e mitigar esse ponto, detalhando como um método de gestão e um novo papel da liderança podem criar um ambiente de confiança, aprendizado e resultados. Resultados esses que, em parte, só puderam ser alcançados por empresas que embarcaram na jornada *lean* para desenvolver produtos e processos porque passaram a valorizar e reconhecer seus líderes e especialistas pelo legado que deixam, repassando conhecimento e formando sucessores, e não pelo conhecimento que levam quando saem da empresa.

Nós, que sempre tivemos como propósito a aprendizagem via experimentos e aprendemos com nossos gurus, devemos eliminar todo e qualquer desperdício, fazendo somente aquilo que agregue valor aos olhos do cliente. *Projetando o futuro* nos dá a possibilidade de entendermos melhor que eliminar o desperdício é importante, mas evitá-lo desde sua origem, seja de um novo produto, serviço ou até mesmo um novo negócio, é essencial e até mesmo uma questão de sobrevivência para as empresas se diferenciarem neste mundo cada vez mais competitivo e exigente, que não dá tempo nem chances para erros e atrasos. Espero que a leitura e a reflexão sobre os pontos ressaltados neste livro o inspirem a construir sua própria história de sucesso, talvez até como protagonista em um próximo livro.

Ricardo Itikawa

Prefácio

Durante toda a minha carreira, tive a oportunidade de contribuir para alguns projetos de extrema importância, ajudar a criar produtos excelentes e trabalhar ao lado de pessoas excepcionalmente talentosas. Na Boeing, pude contribuir para o *design* de todas as aeronaves comerciais da empresa e liderar o desenvolvimento do Boeing 777, um avião revolucionário; a integração da Boeing, McDonnell Douglas e Rockwell; e a reviravolta da Boeing Commercial Airplanes em sua batalha contra a Airbus, que é subsidiada pelos governos europeus. À medida que minhas responsabilidades foram crescendo, de engenheiro para engenheiro-chefe e então para executivo sênior, ficou cada vez mais claro que o segredo de uma vantagem competitiva sustentável seria ter grandes produtos e grandes pessoas. Sem isso, nada mais importa. Projetar e construir aviões excepcionais com a equipe da Boeing e a organização estendida era a minha paixão. Assim, foi extremamente difícil tomar a decisão de deixar a Boeing, meu lar por mais de 37 anos, e me tornar presidente e CEO da Ford em 2006, mas percebi que mais uma vez eu teria oportunidade de ajudar a salvar uma empresa icônica americana e global e ter um impacto positivo em um número enorme de vidas.

A situação da Ford era realmente terrível, muito pior do que parecia quando vista de fora. Um prejuízo de 17 bilhões de dólares em 2006, 20 anos de declínio no preço das ações, falências de fornecedores e o espectro da Grande Recessão eram apenas os problemas óbvios. Dentro da empresa, descobri uma carteira de produtos sem competitividade e um conjunto de marcas caótico que estavam estrangulando a empresa. Pior ainda, feudos regionais belicosos e organizações funcionais isolacionistas inibiam a criação de um plano unificado para colocar a empresa nos eixos. Apesar de tudo isso, eu sabia que o caminho para o sucesso estava com as pessoas, e que na Ford não faltavam pessoas talentosas e trabalhadoras. O que faltava era um plano. Um plano e um método para focalizar os esforços de todas aquelas pessoas maravilhosas.

Eu aplicava e refinava meu sistema de gestão de trabalho em conjunto desde meus primeiros anos na Boeing e sabia que ele funcionaria na Ford. Os princípios e as práticas desse sistema de gestão estabelecem um sistema para a governança e a tomada de decisões e, mais do que isso, esclarecem comportamentos de liderança centrados em respeito, inclusão e responsabilidade. Ele me permitiu concentrar a empresa global como um todo em um único plano e criar um ambiente e uma cultura de colaboração, transparência e responsabilidade, permitindo que a Ford e todas as partes interessadas trabalhassem juntas para melhorar e prosperar.

Uma das pessoas com quem convivi bastante durante esse período foi Jim Morgan, um líder sênior importante em nossos esforços para transformar nossos produtos e nossa capacidade de desenvolvimento de produtos. Esse trabalho nos permitiu criar os produtos líderes no setor que nossos clientes valorizaram e compraram e que foram fundamentais para o nosso plano de revitalização da Ford. Mesmo nos momentos mais difíceis, continuamos a investir nos nossos produtos e nas nossas pessoas, pois não se cria uma empresa de sucesso com um único produto bem-sucedido. O que define uma empresa de sucesso é a capacidade de criar bons produtos várias e várias vezes e gerar um crescimento rentável para todas as partes interessadas, seu pessoal, clientes, concessionárias, sindicatos e comunidades.

Neste livro, Morgan e Liker utilizam seu conhecimento e experiência consideráveis para apresentar um plano detalhado de como construir essa capacidade em qualquer organização. É leitura obrigatória para qualquer líder que deseje criar valor duradouro com a construção de, mais do que um bom produto, uma máquina turbinada de criação de produtos. Os autores oferecem os fundamentos teóricos e exemplos do mundo real de como grandes empresas estão empregando essas ideias e esses métodos todos os dias para transformar suas organizações e criar um futuro melhor para o seu pessoal, seus clientes e suas comunidades.

Em minha carreira, tive a honra de atuar em diversas organizações icônicas, sendo membro do conselho na Google, Mayo Clinic e Carbon 3D. Os setores podem ser diferentes, mas os princípios fundamentais do trabalho em conjunto na gestão e na liderança são os mesmos. As pessoas ainda são fundamentais, assim como o respeito e a valorização do seu talento e das suas contribuições. Não há nada mais poderoso do que pessoas talentosas que trabalham juntas para produzir uma visão instigante, usando uma estratégia abrangente e um plano de implementação implacável; e não conheço maneira melhor de fazer isso do que com os princípios e as práticas do trabalho em conjunto. O objetivo de todo o nosso trabalho é criar produtos e serviços com valor inédito para os nossos clientes e gerar crescimento rentável para todas as nossas partes interessadas. Esse é o propósito de qualquer negócio, e ler este livro é um primeiro passo essencial em direção a essa meta. Mas não pare por aí. Entre em ação e coloque essas ideias para trabalhar na sua organização.

Boa sorte na sua jornada. Desejo a você muito sucesso e que se divirta no caminho. Mas, acima de tudo, espero que tenha a oportunidade de contribuir para algo que realmente importa.

Alan R. Mulally

Sumário

Introdução

O poder da excelência em desenvolvimento de produtos para competir e prosperar

A melhor maneira de prever o futuro é criá-lo.
— Peter Drucker

Projetando o futuro

Produtos "incrivelmente geniais" podem revolucionar uma indústria ou até criar uma nova. Pense no iPod e no iPhone da Apple, o mecanismo de busca da Google, o *software* original de redes sociais da Facebook ou o serviço de entrega de produtos da Amazon. Essas *start-ups* incrivelmente bem-sucedidas foram lideradas por gênios visionários que tiveram uma nova ideia, representada por um novo produto, que os transformaram em bilionários. Parece que uma nova ideia nasce e uma indústria se transforma magicamente.

E então temos nós.

Produtos revolucionários que recebem toda a atenção da imprensa são apenas a ponta do *iceberg* de desenvolvimento de produtos. A grande maioria dos novos produtos e serviços são inovações sobre um tema anterior e atraem bem menos atenção, mas não são menos importantes para as empresas que os criam ou para os seus clientes. A boa notícia é que existe uma maneira incrivelmente genial de criá-los, empregando os princípios do desenvolvimento *lean* de produtos e processos (LPPD, *lean product and process development*).

Esses princípios estão sendo aplicados e validados em empresas dos mais diversos setores, da indústria aeroespacial à saúde, dos móveis de escritório à robótica. A característica que esses pioneiros têm em comum é que se recusam a aceitar o *status quo* e entendem que criar um fluxo contínuo de novos produtos e serviços que superam os da concorrência ainda é o caminho mais garantido para um crescimento sustentável. Essas empresas sabem que "a melhor maneira de prever o futuro é criá-lo" e reconhecem que o melhor jeito de fazer isso é reestruturar seu sistema de desenvolvimento de produtos para que possam projetar os melhores produtos de forma consistente. Nos primeiros dias de uma *start-up*, estourar prazos e lançar produtos cheios de *bugs* pode ser aceitável, mas, para negócios já estabelecidos no mercado, a situação é outra. Eles precisam de uma maneira confiável de produzir o próximo grande produto ou serviço, que continuará a gerar receitas e crescimento para garantir um futuro melhor para o seu pessoal, seus clientes e sua comunidade.

Neste livro, pretendemos entrar na "caixa-preta" do desenvolvimento para ajudá-lo a transformar seus sonhos em produtos e serviços reais, com velocidade, precisão e qualidade, sempre a um preço acessível. Para tanto, iremos além das generalizações amplas sobre como ser inovador, vamos nos aprofundar em práticas concretas que levaram a resultados excepcionais para os pioneiros do LPPD com os quais trabalhamos. Queremos demonstrar como qualquer organização é capaz de criar e entregar produtos e serviços excelentes, alguns revolucionários, outros incrementais, a um ritmo constante, renovando continuamente suas organizações. Mas antes, um aviso: não espere um passe de mágica. Tudo se baseia nos esforços coletivos das muitas pessoas que trabalham com paixão em busca da grandeza.

Construindo a capacidade para projetar o futuro

Este livro foi feito para você que quer ter um produto excelente, mas não está disposto a apostar todas as fichas em um lampejo de inspiração. É para você que aceita trilhar um caminho mais difícil, que exige esforços disciplinados, melhoria e aprendizagem contínua, mas muito menos sorte. Nesse caso, a melhor maneira que conhecemos para se atingir a grandeza sustentável é com a construção metódica e intencional da sua *capacidade* de criar continuamente produtos e serviços excelentes.

Este livro apresenta uma abordagem realista à projeção do seu futuro por meio de novos produtos e serviços, capazes de trazer alegria e felicidade para os seus clientes, produtos e serviços que superam suas expectativas, funcionam como esperado e são lançados no prazo. O segredo é permitir que pessoas habilidosas e talentosas trabalhem juntas, persistente e colaborativamente, para realizar o que parece impossível, e então façam isso de novo. E se alguma daquelas "*start-ups* ultra-bem-sucedidas" tivesse empregado esse sistema, quem sabe se seus produtos não teriam menos *bugs* e seus clientes não teriam ficado mais contentes desde o princípio.

Desenvolvimento *lean*: O motor da inovação consistente

O conceito de *lean* ou "produção enxuta" foi introduzido pelo *best-seller A Máquina Que Mudou o Mundo*. A produção *lean* faz mais com menos: constrói os produtos de melhor qualidade, entregues no prazo, na quantidade encomendada pelos clientes, com menos estoques, tempo de ciclo, espaço e horas de trabalho. O modelo principal para esse novo paradigma industrial foi a Toyota. Outras montadoras foram forçadas a adotar esse novo método como puderam, pois os benefícios eram grandes demais para serem ignorados. A produção em outras indústrias logo seguiu seu exemplo. Quem não quer mais por menos, afinal?

A maioria dos leitores de *A Máquina Que Mudou o Mundo* se concentrou principalmente na excelência operacional e no Sistema Toyota de Produção; contudo, havia um capítulo importante sobre o *lean* no desenvolvimento de produtos, baseado nas pesquisas de Taka Fujimoto e de Kim Clark, seu orientador de doutorado em Harvard, que, em um livro subsequente, ofereceu mais detalhes sobre como as montadoras japonesas estavam projetando produtos de mais alta qualidade, com menos horas de engenharia e menores custos de material. E como precisavam de menos pessoas, tempo e dinheiro para desenvolver novos produtos, essas empresas podiam atualizar seus produtos com maior frequência. Seus *designs* também se integravam mais facilmente com os sistemas *lean* de produção, de modo que lançavam seus produtos rapidamente na fábrica, sem criar a crise de problemas de qualidade e reformulação do projeto que é tão comum no Ocidente (ou seja, o "inferno de produção" que Elon Musk discutiu em relação ao lançamento do Tesla Model 3).[1]

Algumas das principais características do desenvolvimento *lean* de produtos que Clark e Fujimoto documentaram foram:[2]

- Um entendimento claro do cliente no centro de todas as fases do processo de desenvolvimento
- Um único indivíduo poderoso, o engenheiro-chefe, que atuava como arquiteto do programa de desenvolvimento como um todo e era responsável por tudo, desde a identificação das necessidades do cliente ao *design* conceitual, da preparação da produção ao lançamento

- Engenharia simultânea de produtos e processos que aceleram o desenvolvimento e facilitam relativamente a integração eficiente da qualidade
- Um alto nível de trabalho em equipe entre especialistas em engenharia bem-treinados, com conhecimento profundo sobre seus componentes e sistemas
- Integração forte dos principais fornecedores, que projetam produtos e processos de forma colaborativa com a equipe

Quase simultaneamente com esse trabalho em Harvard, foi realizada uma série de pesquisas na University of Michigan que resultou em um entendimento mais aprofundado sobre as práticas e ferramentas específicas que estão sendo empregadas na Toyota. Além do nosso próprio trabalho, as pesquisas e textos de nossos colegas Allen Ward e Durward Sobek contribuíram significativamente para o nosso entendimento sobre o desenvolvimento de produtos na Toyota. Foi Al que cunhou o termo *desenvolvimento* lean *de produtos e processos*, um pouco longo, mas descritivo.

Com base nas nossas pesquisas na University of Michigan, publicamos *Sistema Toyota de Desenvolvimento de Produto* em 2006, em que apresentamos o conceito em mais detalhes, na forma de 13 princípios que definem o *lean* no desenvolvimento na Toyota. O modelo estava organizado em torno de pessoas, processos e ferramentas. Explicamos que o desenvolvimento *lean* é um sistema. Isso significa que não é possível escolher apenas as partes dele que você mais gosta; é necessário construir um sistema integrado de pessoas, processos e ferramentas para se obter os resultados excepcionais da Toyota.

Nossa educação continuada

Desde nosso último livro, continuamos a aprender, e a aprender muito. Continuamos, é claro, a aprender com a Toyota, mas também com um conjunto bastante amplo de experiências, nos mais diversos setores. Nossa aprendizagem fora da Toyota nasceu do nosso trabalho com uma ampla variedade de empresas e, no caso de Jim, da experiência pessoal como executivo de engenharia na transformação orientada por produtos da Ford de 2004 a 2014; todos esses elementos forneceram os exemplos aos quais recorremos durante todo este livro. Por meio dessas experiências, continuamos a expandir o modelo do nosso livro anterior e aprendemos muito sobre o processo de transformação para empresas que não são a Toyota.

Uma lição que aprendemos muito bem: copiar a Toyota não dá certo. Recortar e colar não funciona! A transformação *lean* é uma jornada de experimentação e aprendizagem, a construção do seu próprio sistema e sua própria cultura. Mas há muitas ideias que podem ajudá-lo na sua jornada, vindas da Toyota, da Ford e de diversas outras empresas que embarcaram nessa transformação em busca do desenvolvimento *lean* de produtos e processos.

Este livro compartilha o que aprendemos desde a publicação de *Sistema Toyota de Desenvolvimento de Produto*. Descobrimos métodos e ferramentas adicionais, mas o mais importante de tudo é que aprendemos bastante sobre como liderar grandes mudanças centradas em produtos e promover uma cultura genuína de inovação e melhoria contínua. Mal podemos esperar para dividir com você nossos modelos, nossas histórias e nossas experiências e ajudá-lo na sua jornada.

Inspiradas a mudar

Parece haver algo de naturalmente atraente nas atividades de melhoria que enfocam as operações atuais, em especial na fabricação e nas reduções de mão de obra. Para sermos francos, isso nos deixa confusos. Sim, reduzir custos operacionais e melhorar a entrega de produtos e serviços são ambos bastante valiosos. Contudo, há oportunidades muito maiores para isso na fase de desenvolvimento de produtos e processos. Novos produtos bem-sucedidos podem aumentar as receitas, a margem e a participação de mercado, além de criar um efeito halo capaz de mudar o modo como sua organização é vista. E as decisões que você toma durante o período de desenvolvimento de produtos e processos determinarão, em grande parte, seus custos operacionais e a qualidade do produto pelos próximos anos. Além dos benefícios de negócios imediatos, o desenvolvimento de produtos e processos é uma oportunidade única para reunir toda a empresa em um só ponto. Seu produto ou serviço fundamental é a única coisa que todo o seu pessoal tem em comum. Reunir sua organização para apoiar seus produtos significa ajudar a criar uma cultura colaborativa e centrada no cliente, o que representa uma vantagem competitiva em si. É por isso que acreditamos que o desenvolvimento de produtos e processos é uma oportunidade para, literalmente, projetar o seu futuro.

Felizmente, diversas empresas, muitas vezes inspiradas pelos benefícios do *lean* no chão de fábrica, decidiram olhar a montante, por assim dizer, em busca de benefícios adicionais. Nos mais de dez anos desde a publicação de *Sistema Toyota de Desenvolvimento de Produto*, tivemos a oportunidade de liderar, assessorar e aprender com muitas empresas de mentalidade progressista que aplicaram o LPPD às suas operações de desenvolvimento. Esse trabalho nos permitiu aprender lições valiosíssimas com empresas como Ford, Mazda, Menlo Innovations, Caterpillar, Solar Turbines, GE Appliances, University of Michigan Medicine, Herman Miller, TechnipFMC, Honda, Bose e Embraer. Trabalhar em uma ampla variedade de empresas, nos mais diversos setores, exigiu que voltássemos aos elementos básicos, aos princípios fundamentais, para sermos eficazes em cada um desses ambientes. Foi preciso bastante experimentação e aprendizagem, mas tudo isso nos levou a melhor notícia de todas: o desenvolvimento *lean* de produtos e processos deu certo em todos os setores em que foi tentado, não apenas na indústria automobilística. Compartilhamos essas histórias neste livro, e temos uma dívida profunda de gratidão com todas essas empresas. O trabalho transformou essas organizações e também nossas ideias sobre o LPPD.

Por meio desse trabalho de transformação da capacidade de desenvolvimento em diversos setores, nossa visão sobre sistemas de desenvolvimento de produtos de alto desempenho evoluiu, criando um entendimento muito melhor sobre o que é necessário para transformar a capacidade de desenvolvimento de uma organização. Em nosso último livro, fizemos o máximo para descrever o sistema da Toyota e contrastá-lo com as ideias tradicionais sobre desenvolvimento de produtos. Nossa experiência com a transformação de organizações e a adaptação desse modelo a diferentes setores era limitada, no entanto.

Um modelo de desenvolvimento *lean* de produtos e processos

O sistema de LPPD possui diversas práticas, ferramentas e métodos exclusivos e poderosos, que serão discutidos ao longo deste livro. Provavelmente a ideia mais essencial que precisa ser entendida é que o LPPD é um sistema de verdade. A capacidade de desenvolvimento de produtos e processos bem-sucedidos depende de múltiplos elementos interdependentes, que interagem para criar um todo complexo. Os melhores resultados são obtidos quando compreendemos e trabalhamos os sistemas sociais e de pessoal da organização, além dos seus processos, ferramentas e sistemas técnicos, de modo a entender e afetar o seu funcionamento global. Além disso, esse sistema é dinâmico e precisa reagir com eficácia às mudanças nos ambientes internos e externos com o passar do tempo. Nossa abordagem ao LPPD trabalha diretamente todos esses elementos, além de permitir a criação de um "sistema de desenvolvimento vivo", capaz de evoluir e melhorar. A Figura I.1 resume o modelo e o guia dos capítulos, a ser detalhado a seguir.

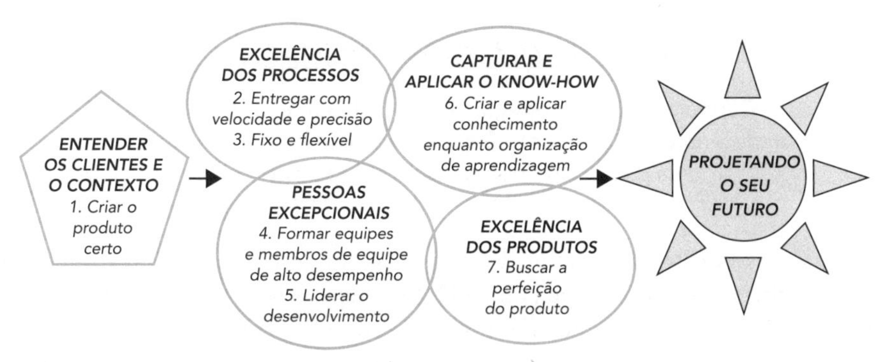

FIGURA I.1 O modelo *lean* de PPD e guia para os capítulos.

ENTENDER OS CLIENTES E O CONTEXTO

Capítulo 1: Criar o produto certo. Tudo começa e termina com a criação de valor para o cliente.

O sucesso no desenvolvimento de produtos e processos é determinado pelo valor real e específico produzido para os clientes individuais. Para tanto, é preciso começar por um entendimento profundo sobre o cliente e sobre o contexto no qual o produto operará. Ele exige um entendimento visceral, que somente pode ser obtido com a observação dos clientes no *gemba* (o lugar real onde os clientes usam o produto). Além da observação, esse entendimento é aprimorado com experimentação focalizada, engenharia baseada em conjuntos e ciclos de aprendizagem rápida no início do processo de desenvolvimento. No Capítulo 1, explicaremos algumas técnicas e ferramentas utilizadas pelas empresas para entender mais profundamente seu cliente, preencher outras lacunas de conhecimento crítico, alinhar a equipe e melhorar drasticamente a probabilidade de sucesso no desenvolvimento.

EXCELÊNCIA DOS PROCESSOS

Capítulo 2: Como entregar com velocidade e precisão. Use transparência, colaboração e engenharia concorrente cadenciada para criar fluxo no processo de desenvolvimento.

O modelo em cascata tradicional de desenvolvimento de produtos é amplamente criticado desde a década de 1980. O desenvolvimento *lean* de produtos e processos nos mostra como criar um processo muito mais integrado e simultâneo. Os especialistas em produtos e em sistemas de fabricação, os fornecedores especializados nos seus componentes e até mesmo as pessoas que acabarão por construir o produto de fato colaboram desde os primeiros pontos possíveis no programa. O processo de desenvolvimento *lean* aproveita um entendimento profundo sobre como o trabalho acontece de fato para identificar interdependências críticas e integrar com eficácia o trabalho entre diversas funções, produzindo um nível excepcional de simultaneidade. Manter o projeto firme e nos trilhos, com ideias, testes e protótipos fluindo tranquilamente de uma fase para a outra, é uma tarefa monumental e que exige altos índices de competência, transparência e colaboração em todos os níveis e em todas as especialidades. Contudo, a velocidade e a precisão obtidas representam uma vantagem competitiva significativa.

A abordagem tradicional de trabalhar em um novo produto de forma isolada não basta para maximizar o valor para o seu cliente ou criar o melhor futuro possível para a sua organização. Para tanto, é preciso examinar e impactar todo o fluxo de valor necessário para produzir valor. Desenvolvimento do conceito, engenharia, vendas, instalação e suportabilidade são apenas alguns dos passos que compõem o sistema de entrega de valor. Além disso, as organizações precisam considerar como esse produto específico se encaixa com os seus objetivos e valores em geral. No Capítulo 2, apresentamos ferramentas, técnicas e exemplos de empresas que implementaram mudanças poderosas no modo como executam seus programas de produtos.

EXCELÊNCIA DOS PROCESSOS

Capítulo 3: Fixo e Flexível: O Yin e o Yang do Desenvolvimento Lean *de Produtos. Padronize o que é comum entre os produtos para maximizar a qualidade, minimizar os custos e liberar o tempo dos engenheiros para que inovem nos diferenciais da oferta.*

O que pode parecer uma contradição é, na verdade, duas faces da mesma moeda. O LPPD mostra que a integração harmoniosa do que chamamos de *yin* e *yang* do desenvolvimento de produtos resulta em criatividade e eficiência. No Ocidente, tendemos a ver as diferenças como opostos: escolha entre *designs* padronizados ou inovação, por exemplo, um ou o outro, mas não os dois. A filosofia oriental prefere aceitar os opostos como estando em harmonia, produzindo algo novo e belo. Todos que já foram alunos de um especialista no Sistema Toyota de Produção estão cansados de ouvir que "sem padrões não pode haver *kaizen*". A ideia é que "os padrões esclarecem o melhor que conhecemos hoje e servem de base para criar um padrão novo e melhor por meio do *kaizen*" (melhoria contínua).

Na Toyota, a regra básica para o desenvolvimento da próxima versão de um modelo existente, por exemplo, é manter cerca de 70% igual e se concentrar em mudar aquilo que diferenciará o produto e gerará mais valor para o cliente. Há muitas peças do veículo que o cliente nunca vê, então faz sentido usar os melhores padrões do momento nelas. Isso nos permite maximizar a criatividade nas áreas que diferenciarão o produto, além de acelerar o processo de projetar o veículo, apoiar a qualidade, reduzir o custo com trocas de ferramentas e apoiar um modelo misto de produção na mesma fábrica. No Capítulo 3, damos exemplos de várias empresas sobre como manter esse equilíbrio.

PESSOAS EXCEPCIONAIS

Capítulo 4: Como formar equipes e membros de equipe de alto desempenho. Equipes e membros de equipe de alto desempenho são a alma de um sistema de desenvolvimento sustentável.

As pessoas são o elemento mais importante de todos em um bom sistema de desenvolvimento de produtos. Elas têm habilidades, energia e criatividade que ativam seu sistema e geram continuidade ao longo do tempo. É a sua capacidade de crescer e aprender que permite que o sistema evolua e melhore. Isso é tão importante para os líderes da Toyota que eles falam explicitamente sobre "desenvolver pessoas e produtos simultaneamente". Nas empresas que usam o LPPD, o desenvolvimento de pessoas não é uma atividade extracurricular, delegada ao RH, é um elemento integrado a como elas fazem seu trabalho todos os dias. No Capítulo 4, compartilhamos exemplos de como as empresas bem-sucedidas contratam, desenvolvem e capacitam suas equipes.

PESSOAS EXCEPCIONAIS

Capítulo 5: Liderar o desenvolvimento. As pessoas precisam de liderança forte, com uma visão do cliente também forte.

Em nosso último livro, escrevemos sobre o papel do engenheiro-chefe na Toyota. Este continua um dos tópicos que atraem o maior interesse de outras empresas, e com razão. Os mais antigos lembram do tempo em que tinham alguém nessa função, mas, com o tempo, o cargo involuiu, transformando-se no gerente de programa. Muitas organizações têm algum tipo de diretor técnico, junto com um gerente de programa mais poderoso, que administra o cronograma e o orçamento. E o *marketing* atua como a voz do cliente. Mas acreditamos que o desmembramento dos cargos de liderança simplesmente não é tão eficaz quanto ter um arquiteto-chefe poderoso, com responsabilidade de negócios, capacidade técnica e um entendimento profundo do cliente para cada projeto individual. O engenheiro-chefe reúne toda a empresa, como o maestro de uma orquestra.

Contudo, o engenheiro-chefe não é uma ilha e não consegue ter sucesso sozinho. O engenheiro-chefe depende bastante de líderes em diferentes funções em toda a empresa. O sistema de LPPD exige que todos os líderes, do escritório do CEO aos diversos líderes funcionais, se concentrem em possibilitar o sucesso do engenheiro-chefe e do produto. E um sistema operacional eficaz, combinado com os comportamentos de liderança certos, cria o sistema de gestão necessário para reunir todos esses elementos e entregar produtos excelentes de maneira consistente. No Capítulo 5, discutimos as diversas funções dos líderes no desenvolvimento de produtos e a importância de se estabelecer sistemas de gestão fortes.

CAPTURAR E APLICAR O *KNOW-HOW*

Capítulo 6: Criar e aplicar conhecimento enquanto organização de aprendizagem. Uma organização de aprendizagem cria e aplica conhecimentos para criar valor em seus produtos e serviços.

As organizações de engenharia moderna têm sistemas de computador poderosos para capturar conhecimentos, e muitas criaram livros de conhecimento (físicos e virtuais) e diversos tipos de listas de verificação para auxiliar a captura e a disseminação de conhecimentos. Isso ocorre porque a maioria das organizações de desenvolvimento pensa que a aprendizagem é um problema de ferramenta. Elas querem saber qual a nova tecnologia ou ferramenta que podem empregar para melhorar a sua capacidade de aprender e aplicar conhecimentos. Contudo, na nossa experiência, uma nova ferramenta quase nunca é necessária. Em geral, observamos problemas culturais organizacionais no centro do problema. As pessoas que têm medo de admitir seus problemas, subvalorizam ou não entendem o conhecimento e tratam a aprendizagem como uma atividade extracurricular são os principais fatores que inibem a aprendizagem organizacional eficaz. As verdadeiras organizações de aprendizagem procuram problemas, reagem rapidamente para contê-los e então refletem profundamente para aprenderem o que precisam para a próxima vez. Compartilhar problemas e soluções é o que transforma o *know-how* individual em conhecimento organizacional. As ferramentas e as tecnologias são úteis, mas trabalhar no lado humano da aprendizagem é o que produz o maior benefício. No Capítulo 6, discutimos os elementos técnicos e sociais envolvidos em criar uma organização de aprendizagem.

EXCELÊNCIA DOS PRODUTOS

A Busca da Perfeição do Produto. Atue como mestre da sua arte, melhorando continuamente o modo como cria valor verdadeiro para cada cliente.

Mesmo com todos esses elementos, a excelência dos produtos não está garantida. Projetar e entregar o produto real ainda é algo que precisa ser executado com alto nível de qualidade. Certo, mas o que isso significa? Acima de tudo, que o produto oferece o verdadeiro valor para o cliente. Mas esse valor pode assumir muitas formas. Estilo, usabilidade, confiabilidade, acabamento e eficiência do *design* são todos itens que impactam diretamente a qualidade e competitividade do seu produto. Cada vez mais, empresas como Apple, Toyota e Ford integram excelência de produção, *design* e acabamento em um único atributo harmonizado, chamado de *craftsmanship*, ou qualidade do serviço, que diferencia seus produtos e, mais do que isso, está no cerne da sua filosofia de excelência dos produtos. *Craftsmanship* é muito mais do que um conjunto de critérios técnicos. Os melhores produtos criam uma relação emocional com o cliente. Pode parecer esotérico, mas é simples. Os produtos que são fáceis de usar e confiáveis e funcionam como pretendido todas as vezes são aqueles que geram as ligações emocionais mais fortes. No Capítulo 7, compartilhamos práticas criadas para melhorar o *design*, a confiabilidade e a eficiência do projeto.

TRANSFORMANDO CONCEITOS EM AÇÃO

É claro que simplesmente ler este livro não adiantará nada em termos de ajudar a sua organização. Você precisa agir. Ao final de cada capítulo, apresentamos perguntas para ajudá-lo a refletir e sugerimos alguns desafios que você poderia aceitar para ajudar, à sua própria maneira, a fazer sua organização avançar. No último capítulo, discutimos nossas experiências com as transformações LPPD, oferecemos exemplos adicionais de organizações que trilharam caminhos de transformação diferentes em diversos setores e apresentamos um modelo emergente de apoio à transformação orientada por produtos.

O propósito deste livro

Nosso objetivo com este livro é instruir, inspirar, questionar e apresentar métodos e ferramentas que podem ser transformados em ações, tudo para levar boas ideias de produto ao mercado com rapidez, eficiência e qualidade. Mais do que isso, queremos ajudá-lo a desenvolver um sistema poderoso e sustentável de desenvolvimento de produtos e processos, e não apenas um programa de produtos bem-sucedido. Mas o desenvolvimento *lean* de produtos e processos não é uma atualização de *software* que você clica para atualizar todo o sistema. É preciso se comprometer com a transformação e se dedicar ao trabalho árduo que é sempre necessário para uma transformação significativa.

Na verdade, esforço, resiliência e comprometimento são os denominadores comuns de todas as nossas histórias de transformação. Isso nunca foi tão evidente quanto durante a transformação histórica orientada por produtos da Ford Motor Company sob o comando do CEO Alan Mulally. Antes de apresentar os detalhes do LPPD, no próximo capítulo analisaremos o sucesso histórico da Ford na transformação dos seus produtos, e do destino da empresa, com a utilização de muitas das ferramentas e dos métodos sobre os quais leremos no restante do livro. Não estamos necessariamente sugerindo que a Ford é um *benchmark* global para a excelência *lean*. A Ford, como a maioria das montadoras, está em meio a uma batalha difícil com o futuro dos veículos autônomos, aplicativos de carona e veículos elétricos, e continua a evoluir.

Contudo, a história da Ford nos preparará para a análise do LPPD em ação e para compartilharmos histórias de muitas outras organizações que enfrentam jornadas semelhantes nos capítulos posteriores.

Dos conceitos à ação

Nós não pressupomos saber qual parte de cada capítulo é mais importante, então decidimos não incluir uma tabela de lições principais. Deixamos isso com você. É muito comum lermos as palavras de um livro sem dedicar tempo para uma reflexão aprofundada sobre o que elas significam. Assim, concluímos cada capítulo pedindo que você reflita sobre o que leu e a relação desse conteúdo com a sua organização. A partir do Capítulo 1, essas reflexões seguirão o formato padrão a seguir:

1. **Criando uma visão.** Resumimos a visão do LPPD que o capítulo sugere. Uma visão é de longo prazo, 5 a 10 anos no futuro ou mais. Depois é a sua vez: O que faz sentido? E o que você modificaria para criar uma visão para a sua organização?
2. **Sua condição atual.** Onde está sua organização hoje, em relação à visão. Se a resposta é "já chegamos", então a visão não é ambiciosa o suficiente. Volte ao passo 1. Se a resposta é "a diferença é enorme nessas áreas, demos alguns passos naquelas e estamos bem nessas outras", você está no caminho certo.
3. **Entrando em ação.** Quais os primeiros passos que você poderia dar hoje? Não esperamos que leia um capítulo, promova uma transformação organizacional de grande porte e então volte para ler o capítulo seguinte. Mas adotar alguma ação ajuda a esclarecer a mensagem do capítulo e a começar o processo. Afinal, o primeiro passo quase sempre é o mais difícil. Também reconhecemos que você pode não estar no comando. Dentro da sua amplitude de influência, o que você pode fazer? Pode ser reunir um grupo de colegas e pedir que leiam o capítulo para conversar sobre ações possíveis. Pode ser tentar implementar, ainda que de forma rudimentar, um ou mais dos conceitos do capítulo. Pode ser um rascunho do plano para abordar o projeto de desenvolvimento no qual está trabalhando ou que pretende iniciar no futuro próximo.

Sua condição atual

Como estamos na Introdução, não entraremos em detalhes dos princípios orientadores, mas ainda vale a pena refletir sobre os pontos fortes e fracos da sua organização para embarcar em uma jornada como a que estamos sugerindo.

1. A sua organização enfoca os recursos certos para o desenvolvimento dos seus produtos e serviços, considerando o impacto que terão no seu futuro?
2. Seus líderes pensam no desenvolvimento dos seus produtos e serviços como uma capacidade a ser melhorada *continuamente*?
3. Seus líderes refletem profundamente sobre o seu futuro, a estratégia da organização e os tipos de novos produtos e serviços que serão necessários para se diferenciar perante os clientes?
4. Seus líderes tratam todos com o respeito que merecem e investem no desenvolvimento de pessoas em todos os níveis?

Entrando em ação

1. Reserve algum tempo para entender a rede de influência dentro da sua organização que afeta a priorização do desenvolvimento de produtos e processos.
2. Obtenha uma cópia da estratégia da sua organização e estude a clareza com a qual ela define uma visão futura para os seus produtos e serviços.
3. Reflita sobre os princípios do LPPD neste capítulo e sobre o seu desempenho na sua organização em relação a tais princípios.

A reviravolta histórica da Ford
Como a Ford ligou uma estratégia audaciosa à excelência em produtos e processos

Quando cheguei na Ford, descobri que as coisas não estavam tão ruins quanto imaginava. Estavam muito, muito piores.
— Alan Mulally, ex-presidente e CEO, Ford Motor Company

Preparando o palco

O desenvolvimento de produtos pode mesmo fazer a diferença para um negócio? Muita gente aprende melhor com uma história, então decidimos começar com uma incrível. A história da Ford contextualiza e serve de prévia para o modelo de desenvolvimento *lean* explicado no restante deste livro. Em certo sentido, estamos iniciando pela conclusão: Como é uma transformação orientada por produtos? Não defendemos que a Ford Motor Company seja um exemplo perfeito de empresa *lean*, estamos apenas compartilhando lições bastante valiosas, aprendidas com a gigantesca transformação orientada por produtos realizada por um ícone global, possivelmente uma das maiores reviravoltas da história da economia americana.

Um de nós (Jim) teve a sorte de participar desse período interessantíssimo da história da Ford, primeiro como um dos líderes da criação do sistema global de desenvolvimento de produtos (GPDS, *global product development system*) por dois anos e então como diretor global de engenharia de carrocerias e estampagem (oito anos). Jim foi para a Ford logo antes da chegada de Alan Mulally, ex-presidente e CEO da empresa. Jeff, por sua vez, estudava a Ford de fora. Combinamos essas perspectivas diferentes na tentativa de oferecer um exemplo do poder do desenvolvimento de novos produtos, do qual é possível obter *insights* e inspiração. A transformação da Ford ajuda a ilustrar muitos dos nossos princípios, que examinaremos em mais detalhes no restante deste livro. Primeiro, no entanto, vejamos como foi essa reviravolta vista de dentro.

Encontrando o líder certo

Em 30 de abril de 2009, a Chrysler entrou com pedido de recuperação judicial. Em 1º de junho, foi a vez da General Motors. E a Ford, quando seria a sua vez? Para a surpresa de muitos, a Ford, à beira de um colapso absoluto, decidiu enfrentar a sua própria crise financeira profunda e aceitar o desafio sem a proteção dos tribunais ou o dinheiro dos contribuintes. Todas as três montadoras, com tantos veículos icônicos, que geraram tantos momentos lembrados com carinho pelos seus clientes, simplesmente não fabricavam mais os produtos que os clientes queriam. Era uma situação muito distante da inovação em produtos que caracterizou os primeiros anos da Ford e ajudou a criar toda a indústria automobilística.

Em 1925, Henry Ford publicou um anúncio extraordinário no *Saturday Evening Post.* Nele, Ford articulava a visão por trás de todos os esforços da empresa. O texto lia, em parte: "A crença sincera de que dirigir nas autoestradas do povo deve estar facilmente ao alcance de todas as pessoas". Ford não queria nada menos do que abrir as estradas para todos. A democratização do automóvel foi a ideia simples e poderosa por trás do Model T, o sucesso estrondoso da empresa. Esse produto revolucionário, ao alcance da maioria dos trabalhadores, foi a manifestação de inovações revolucionárias em *design*, fabricação e gestão da cadeia logística.

A maioria das pessoas conhece as inovações de Ford na linha de montagem e as consideram sua contribuição mais importante para a indústria, mas acreditamos que o ímpeto de Henry Ford para realizar sua visão de produto especial e irresistível foi o que realmente mudou o modo como tanta gente vivia e deu origem a uma das indústrias mais importantes do mundo.

A Ford Motor Company continuou a melhorar essa proposta de produto exclusiva, trabalhando continuamente na evolução do produto e na eficiência da fabricação. Em 1912, o Model T era vendido por cerca de 525 dólares no varejo. Quando Henry Ford publicou o anúncio em 1925, o mesmo veículo custava apenas 265 dólares. A empresa que Ford criou foi amplamente recompensada pelos seus esforços, obtendo um crescimento lucrativo ímpar por muitos anos e capturando fenomenais 54% de participação no mercado global

Fonte: https://media.ford.com/content/fordmedia/fna/us/en/features/opening-the-highways.html#

com o Model T. Durante a existência do Model T, foram vendidos incríveis 15 milhões de veículos.

Seu foco implacável nesse produto revolucionário permitiu que Henry Ford mudasse o mundo e construísse uma gigante automobilística de alto desempenho muito à frente dos concorrentes, uma organização aparentemente imbatível. Da sua origem humilde na garagem pessoal, a Ford se tornara, nas palavras do anúncio, "a maior organização industrial que o mundo já conheceu".

Mas essa imagem está distante da empresa que Alan Mulally encontrou em 5 de setembro de 2006. Naquela terça-feira, quando estacionou na garagem executiva sob a sede mundial da empresa em Dearborn, Michigan, Mulally estava se juntando a uma empresa profundamente problemática. A Ford não revolucionava mais o mundo com os seus produtos, e nem mesmo incentivos financeiros gigantescos eram capazes de impedir que os consumidores rejeitassem os produtos da Ford em números recordes. Alan considerou isso tudo quando passou pelas vagas dos outros executivos, repletas de Jaguars, Land Rovers e Volvos, marcas de luxo de propriedade da Ford. Nem mesmo os líderes da Ford dirigiam Fords. Era bastante perturbador para um homem como Alan, que sempre foi ligado a produtos, e representava uma dica importante sobre o problema fundamental de uma empresa que fora ícone dos EUA. Uma coisa estava clara: fossem quais fossem os outros problemas da empresa, a Ford tinha um problema grave em termos de produtos.

Na verdade, devido em grande parte à falta quase absoluta de produtos competitivos, a Ford teria um prejuízo recorde de 17 bilhões de dólares em 2006, continuaria o declínio de mais de uma década da sua participação de mercado, enfrentaria a falência de fornecedores críticos e veria a motivação dos funcionários despencar. O preço das ações também continuou sua queda vertiginosa, atingindo o piso patético de USD 1,01 por ação. O resultado financeiro foi uma capitalização de mercado total de apenas 5,5 bilhões de dólares (o mesmo que a de uma *start-up* de tecnologia decente) e classificação de crédito de *junk*.

Internamente, Alan encontrou organizações regionais e funcionais bem-intencionadas, com bastante gente talentosa. Essa era a boa notícia. Mas elas atuavam como empresas independentes, cada uma focada nos seus próprios planos sobre como melhorar a empresa, o que criava confusão e sugava energia e recursos cruciais da organização. Essa era a má notícia. Ele também encontrou um conjunto caótico de marcas, cada uma delas com um portfólio pouco competitivo de produtos que quase ninguém queria comprar. Essa era a pior notícia.

Combine esses "tiros no pé" com uma economia americana prestes a entrar na maior crise financeira desde a Grande Depressão, aquilo que hoje chamamos de Grande Recessão, e o futuro da Ford parecia sombrio. Foi um momento inédito na história da indústria automobilística americana, com ambas GM e Chrysler falindo enquanto empresas independentes, levando muitos fornecedores importantes consigo. Era evidente que os problemas da Ford eram muito, muito piores do que Alan imaginara. Na verdade, a visão geral na indústria automobilística era que a Ford estava em uma espiral de morte de alta velocidade e que a última coisa de que precisava era de uma pessoa que entendesse de aviões.

É difícil identificar exatamente quando os problemas da Ford começaram, mas já havia sinais claros no final da década de 1990.

Quando chegamos ao ano 2000, a Ford sofre de uma crise de identidade organizacional. A liderança executiva da empresa parecia querer que ela fosse tudo, menos uma montadora. Acima de tudo, os líderes aparentemente queriam que ela fosse uma empresa como a General Electric. Os executivos decidiram promover uma diversificação ampla do negócio, fragmentando a atenção e a energia da liderança. Investimentos em produtos cruciais foram desviados para financiar uma gastança colossal em múltiplas empresas, de ferros-velhos a carros de aluguel da Hertz à Jaguar. Por consequência, a Ford foi forçada a aceitar uma estratégia de produto de *fast follower*, resultando em lançamentos de novos produtos que mal conseguiam acompanhar o ritmo da indústria.

A capacidade técnica interna crítica foi desmontada, com diversas responsabilidades de projeto fundamentais terceirizadas para fornecedores que eram jogados uns contra os outros na tentativa de obter o menor preço possível. A liderança sênior também promoveu um nível de concorrência interorganizacional interna que promovia a otimização local ao custo de toda a colaboração. Aliado à adoção do sistema de avaliação de desempenho de soma zero da GE, que dava notas A, B e C para os pares em uma distribuição forçada, o resultado foi um nível tóxico de competição interna.

A Ford se tornara um ambiente perigoso, um "palácio de intrigas" com um excesso de privilégios executivos. Mas o pior de tudo é que a Ford abandonara o foco original do fundador, em produtos e valor para o cliente, preferindo se concentrar no preço das ações e no crescimento a qualquer custo. Os resultados foram previsíveis e, quando esse castelo de cartas desabou, a Ford reagiu como as grandes empresas quase sempre fazem: demissões em massa e cortes de custos violentos.

Somente em 2002, a Ford demitiu mais de 20.000 funcionários e anunciou o fechamento de cinco fábricas. As reduções continuaram no ano seguinte, ainda mais amplas e profundas, afetando todas as partes da empresa. As demissões e os cortes de custo serviram para intensificar as disputas internas e eliminaram o pouco que sobrara do investimento em produtos.

William Clay (Bill) Ford Jr., bisneto de Henry Ford, que finalmente recuperara o controle da empresa, reconheceu que, desta vez, os cortes de custos, por mais profundos que fossem, não bastariam para salvar a empresa. Assim, em 2006, ele não poupou esforços para recrutar um líder de experiência comprovada, que tivera sucesso com a volta por cima de outra gigante e icônica empresa americana: a Boeing.[1] Bill Ford enxergou que recrutar Alan poderia ser o único jeito da empresa sobreviver. Alan não era o melhor da lista de candidatos. Ele era toda a lista de candidatos. Bill Ford pagaria qualquer preço para conquistá-lo.

A equipe da Ford foi incrivelmente persistente, e após recusar o convite diversas vezes, Alan finalmente concordou em trabalhar para a empresa. As suspeitas de Alan sobre a falta de novos produtos competitivos na Ford foram confirmadas quando a liderança apresentou seus modelos de veículos atuais e os protótipos de novos produtos. Na verdade, ficou evidente que a situação dos produtos era pior do que ele imaginava. Era óbvio que os custos precisariam continuar a ser cortados, mas que também seria ainda mais importante angariar fundos e fazer a equipe global da Ford trabalhar conjuntamente para criar produtos que os clientes valorizariam de fato.

Se a solução para os problemas da Ford seria criar produtos altamente competitivos, que produzissem valor excepcional para os clientes, então a empresa precisaria de dinheiro. Muito dinheiro. Assim, Alan e o CFO Don Leclair foram a Wall Street em busca do que o primeiro descreveria como "o maior empréstimo de reforma doméstica" da história. Em novembro de 2006, os dois obtiveram cerca de 24 bilhões de dólares para financiar esses programas de produtos, logo antes da recessão aniquilar o mercado de crédito e tornar o acesso a capital praticamente impossível.[2] Os ativos dados como garantia para esse empréstimo eram toda a empresa, incluindo o logotipo oval azul.

Durante o regime anterior, a empresa ficara muito para trás da concorrência em praticamente todas as áreas de despesas de capital. Foi o preço da farra por aquisições da liderança anterior. A maior parte das fábricas e equipamentos industriais da Ford eram velhos, as instalações e tecnologias de engenharia estavam desatualizadas, os gastos com *marketing* haviam sido reduzidos drasticamente e muitas outras necessidades estavam sem recursos. Em certo sentido, a "solução fácil" teria sido dividir o capital igualmente entre todas essas necessidades. Mas Alan concluiu que isso apenas postergaria a morte inevitável da Ford. A montadora precisava mudar o modo como desenvolvia seus produtos e reinventar completamente seu portfólio de produtos global, de modo que a maior parte do empréstimo foi destinada a novos produtos. Essa decisão audaciosa exemplifica a coragem de Alan enquanto líder e sua certeza absoluta de que bons produtos seriam fundamentais para essa reviravolta. "Precisamos criar produtos que nossos clientes valorizarão e comprarão" se tornou o grito de guerra de Alan.

Contudo, seria preciso muito mais do que dinheiro para a vitória dessa revolução centrada em produtos. Alan precisaria descobrir como reunir e unificar uma organização dispersa por todo o mundo para utilizar 100% da sua capacidade. Assim, o próximo passo foi desenvolver uma estratégia para unir a empresa como um todo sob o plano One Ford (Uma Ford). O conceito comunicava claramente como a Ford e a organização como um todo deveria alinhar como uma única equipe engajada para competir com sucesso e "criar crescimento lucrativo para todos".

Para concretizar esse plano audacioso, seria preciso um modo de se conectar profundamente com as pessoas de toda a Ford. Apesar das dificuldades da empresa no presente, ele sabia que os funcionários tinham orgulho da tradição da Ford e tinha confiança na sua capacidade de voltar aqueles momentos inebriantes. Foi quando Alan encontrou o anúncio no *Saturday Evening Post* de 1925. Além de arraigado nas tradições da Ford, o anúncio também comunicava a missão poderosa de produzir valor diferenciador e definido pelo cliente de uma forma convincente, inclusiva e centrada no produto. Mais do que isso, ao utilizar parte da história da Ford, ele seria a maneira perfeita de se conectar e reenergizar a equipe da Ford que herdara, um grupo talentoso, mas que estava esgotado.

Tendo obtido o capital e energizado a equipe global em torno dessa visão, baseada na necessidade urgente de criar produtos irresistíveis, Alan buscou entender mais profundamente as causas da situação atual da Ford. Apesar da pressão implacável para agir, ele sabia que antes precisaria entender os motivos por trás da falta de produtos e dos problemas fundamentais por trás do péssimo desempenho da empresa.

Comece pelo entendimento profundo da realidade atual

A transformação na Ford precisaria começar com uma análise brutalmente honesta, sem rodeios e delicadezas, da sua realidade atual, incluindo problemas crônicos e agudos. Alan se comprometeu com a liderança pessoal desse esforço. Quanto mais profunda sua análise, pior parecia a situação da Ford. O que Alan viu nos seus primeiros dias deve ter sido deprimente, mas ele manteve sua atitude filosófica, afirmando que a Ford era um ambiente rico em oportunidades e que estaria muito mais preocupado se a Ford estivesse naquela situação lastimável, mas tudo estivesse operando bem.

Entendimento: nível macro

Alan ainda tem orgulho de dizer que é um aluno da Toyota. Ele aprendeu muito durante suas missões de aprendizagem executiva na empresa, quando ainda trabalhava na Boeing, e é um estudioso de longa data do *lean*. Assim, ele sabia que para entender de fato, seria preciso ir à fonte (ao *gemba*) para ver, escutar e sentir por si o que estava acontecendo. Ele fez reuniões gerais, visitou fábricas, participou de reuniões de equipes de projeto e marcou reuniões individuais com pessoas-chave de toda a empresa. Na verdade, foi assim que a reunião entre Jim e Alan começou. Ele recebeu um bilhete de Alan, pedindo que aparecesse para conversar. Alan trabalhara com James Womack, o renomado *lean coach*, na Boeing, e quando Alan foi para a Ford, Womack o informou sobre Jim e sua formação. Essa primeira reunião levou a uma grande amizade, muitas conversas individuais e o apoio constante de Alan para o trabalho que a equipe de Jim realizaria durante os próximos sete anos.

Alan fez mais do que analisar a Ford por dentro. Ele também marcou reuniões com concessionárias e os principais fornecedores, parceiros cruciais para a organização como um todo. Esse nível de visibilidade, disponibilidade e comunicação direta era inédito na Ford. Era exatamente o que Alan queria e a Ford precisava.

Alan também tinha a missão de entender melhor a indústria e a posição da Ford nela. Ele ficou espantado ao descobrir que a Ford tinha poucos veículos dos concorrentes à disposição e que o acesso da equipe a eles era limitado aos avaliadores especializados, que forneciam relatórios politicamente corretos para a liderança sênior. Em outras palavras, os produtos da Ford eram quase sempre melhores. Ele queria dirigir os veículos da concorrência, queria que a sua equipe de liderança os dirigisse e, acima de tudo, queria que os engenheiros de produto os dirigissem. Assim, ele mandou que o grupo de desenvolvimento de produtos disponibilizasse uma frota de veículos concorrentes.

Ele fez buscas amplas para entender perspectivas diferentes sobre a Ford, incluindo visitas a organizações independentes do setor, como a JD Powers, o Center for Automotive Research, organizações de segurança automotiva, jornais locais e diversas organizações financeiras. Ele buscou até repórteres experientes que cobriam a indústria automobilística. Em muitas das visitas, ele era acompanhado de líderes-chave da Ford, que precisariam escutar e refletir, não apenas racionalizar o que estavam escutando.

Mas, acima de tudo, ele sabia que precisaria entender melhor o cliente (como discutido em mais detalhes no Capítulo 1, Criar o produto certo). Ele queria especialmente ter acesso direto, sem filtros, ao que os clientes tinham a dizer. Por consequência, passou vários dias inteiros em concessionárias, vendendo carros, falando diretamente com os clientes e aprendendo com eles sobre suas considerações durante as compras. Ele também começou uma prática regular de ligar sem aviso para clientes que haviam comprado um Ford nos últimos 90 dias para ouvir seu *feedback* direto sobre o produto e sobre a sua experiência com a Ford Motor Company.

Sua imersão no *gemba* foi pessoalmente instigante e levou a *insights* profundos, grandes e pequenos, que informaram cada passo do seu plano. Contudo, por mais importante que isso tudo tenha sido, uma transformação bem-sucedida exigiria que esse tipo de trabalho investigativo acontecesse em toda a empresa, em todos os níveis.

Transformação do nível macro para o micro

Este é o ponto em que muitas histórias sobre a reviravolta da Ford parariam. Um cavaleiro solitário chega à cidade, identifica os problemas e salva o dia sozinho. Mas o que salvou a Ford vai muito além de um líder isolado, por melhor que ele seja, e há uma legião de "heróis" da história dessa volta por cima. Alan certamente teve forte influência no *contexto* que energizou os membros de equipe e líderes certos, focados nas prioridades certas; contudo, boa parte do trabalho real que salvou a empresa aconteceu nas trincheiras, no nível micro. Foram as ações de milhares de homens e mulheres dedicados, cujos nomes podem não aparecer na imprensa econômica, mas cujas contribuições foram cruciais para o sucesso da Ford. Assim, vamos compartilhar também um pouco dessa história, descrevendo a experiência de transformação em uma das organizações de engenharia: a engenharia de carroceria e estampagem.

Entendimento: nível micro

Engenharia de carroceria e estampagem A equipe de Jim, a organização de engenharia de carroceria e estampagem (B&SE, *body and stamping engineering*), era uma de diversas organizações de engenharia globais da Ford (junto com elétrica, chassi, etc.). A B&SE era responsável por engenharia de produto, desenvolvimento de processos, ferramental, testes (incluindo segurança) e lançamento da estrutura da carroceria do veículo, portas e janelas e sistemas exteriores (p. ex., lâmpadas, para-choques, vidro, acabamento), além de todos os atributos de desempenho relacionados para a Ford em nível global. Basicamente, a equipe da B&SE é responsável por tudo que o cliente vê no lado de fora do veículo, exceto rodas e pneus. Os membros de equipe representavam uma ampla variedade de disciplinas de engenharia, além fabricantes de ferramentas, maquinistas e técnicos em Dearborn, Michigan, EUA; Colônia, Alemanha; Bahia, Brasil; Cidade do México; Nanjing, China; e Melbourne, Austrália.

É uma organização especial. Historicamente, na Ford, assim como na maioria das empresas, a engenharia de carroceria era parte da organização de desenvolvimento de produtos, enquanto a engenharia de estampagem e ferramental eram parte da fabricação. Contudo, a comunicação e a colaboração entre desenvolvimento de produtos e fabricação não funcionavam. Suas interações eram mais uma série de batalhas do que um projeto cooperativo. Derrick Kuzak e Joe Hinrichs (VP executivo de fabricação global na época) perceberam que não havia tempo para tentar harmonizar essas duas culturas bastante diferentes e tomaram a decisão corajosa de combiná-las em uma única organização, que convidaram Jim para liderar. No começo, Jim ficou desconfiado da ideia. Contudo, especialmente por causa da equipe talentosa, dedicada e sem papas na língua que tinha, ele logo se tornou um defensor fanático dessa estratégia.

Assim como Mulally, Jim e sua equipe precisavam entender profundamente a sua realidade. Muitas das práticas adotadas para isso se revelaram ferramentas de aprendizagem tão valiosas e eficazes que toda a equipe as transformou em parte da sua cadência regular, muito após as avaliações de estado atual iniciais terem sido completadas.

A equipe de liderança da B&Se começou com reuniões informais com a base, as chamadas *skip-level meetings*, nas quais a gerência pula níveis hierárquicos para conversar diretamente com engenheiros de todos os níveis da organização. Essas reuniões levaram a conversas francas sobre os problemas que os engenheiros do nível de produção estavam enfrentando, assim como ideias sobre como melhorar a situação. Além disso, reuniões gerais, com toda a equipe, foram realizadas em diversos locais de todo o mundo para se obter *feedback* direto dos engenheiros, técnicos e gerentes e compartilhar pessoalmente a estratégia orientada por produtos One Ford. Algumas das discussões iniciais tinham um forte teor emocional, mas era importante começar com um diálogo honesto, e essa honestidade ajudou a gerar confiança.

As avaliações semanais de projeto e qualidade saíram das salas de conferência isoladas e foram para o chão de fábrica, as concessionárias, os fornecedores e as pistas de teste. Ver por si mesmo, entender e trabalhar juntos tornaram-se as expectativas normais, o que aumentou drasticamente o entendimento compartilhado, o trabalho em equipe e o desempenho.

Os membros de equipe da B&SE também começaram a se reunir com seus parceiros a jusante e a montante no fluxo de valor de desenvolvimento de produtos e processos. Eles conversaram com operadores, técnicos e supervisores nas montadoras, estampagens, oficinas de protótipos e oficinas de ferramentas, onde viram em primeira mão as dificuldades que seus projetos criavam e discutiram sobre como melhorá-los. Isso gerou *insights* valiosos sobre como o trabalho era realizado em todo o fluxo de valor, identificou áreas específicas nas quais seria preciso mais coordenação e ajudou a equipe a enxergar como melhorar seu desempenho geral e os produtos resultantes.

Eles dirigiram veículos da concorrência da nova frota que Alan adquirira e realizaram visitas da equipe de projeto, durante as quais os veículos da Ford e os equivalentes da concorrência eram colocados lado a lado e analisados minuciosamente. Eles foram a feiras de automóveis, em equipe, e avaliaram os modelos atuais e futuros.

A equipe da B&SE também analisou diretamente transcrições de comentários dos clientes sobre qualidade, explicando, em suas próprias palavras, quais eram os seus problemas com os produtos da Ford. As transcrições relativamente simples e fáceis de entender foram entregues direto para os gerentes ou diretores de qualidade, para que pudessem desenvolver contramedidas, revisar e atualizar os padrões quando necessário, além de compartilhar seus achados com a equipe. Nos casos em que as transcrições não eram compreendidas na sua totalidade, os engenheiros viajavam até o local e trabalhavam com as concessionárias locais para conversar diretamente com os clientes, na tentativa de entender de forma completa o problema específico e projetar contramedidas eficazes. Além disso, as equipes de engenharia trabalharam com as concessionárias e os seus mecânicos para reduzir os custos de manutenção, usando mudanças nos projetos para permitir consertos mais eficientes, quando necessário.

Os engenheiros e gerentes foram a eventos para clientes para produtos como Mustang (*shows*, eventos em pistas, etc.) e F150 (corridas e eventos *off-road*, outros eventos esportivos) para estudar diretamente como os clientes interagiam com os seus veículos e receber *feedback* direto (os engenheiros já era participantes entusiasmados nesses eventos!). Eles conversaram com clientes, estudaram ofertas concorrentes e voltaram para compartilhar seus *insights* e desenvolver a estratégia com a equipe como um todo.

A B&SE também realizou uma série de eventos de *benchmarking* detalhados, nos quais os membros de equipe desmontavam produtos da Ford e concorrentes e estudavam seus subsistemas e componentes. Esses eventos incluíam indivíduos dos principais fornecedores, produção e desenvolvimento de produtos, todos trabalhando lado a lado para gerar uma perspectiva mais ampla sobre como gerar cada vez mais valor para os seus clientes.

Reunindo tudo para criar "crescimento lucrativo para todos"

O objetivo da empresa tinha uma simplicidade elegante, mas também uma dificuldade incrível para se tornar realidade: "tornar-se uma empresa *lean* global que constrói os melhores carros e caminhões do mundo para criar crescimento lucrativo para todos". Uma coisa era certa: as pessoas da Ford seriam cruciais para realizar essa tarefa incrível. Alan e sua equipe executiva precisariam acessar e aproveitar essa capacidade. Isso dito, eles também precisariam encontrar uma maneira completamente nova de trabalharem juntos se pretendiam salvar a empresa que tanto amavam.

Reunindo tudo: nível macro

Quando Alan chegou, todo mundo dentro e fora da Ford achou que cabeças rolariam entre a alta liderança da empresa. Não é o que sempre acontece em uma boa história sobre reviravoltas? Não desta vez. Apesar da expectativa de que Alan demitiria pessoas e traria sua própria equipe, ele basicamente ficou com o grupo de liderança que herdara. Houve duas exceções, logo no começo: Steve Hamp, chefe de gabinete e cunhado de Bill Ford, e Mark Schultz.

Alan simplesmente acreditava que Steve criava uma camada adicional desnecessária entre ele e a equipe. Mark escolheu sair. Alan não substituiu a liderança sênior, mas reordenou e reorganizou bastante para garantir que as pessoas certas estariam nos lugares certos e prontas para trabalhar juntas.

Montando a equipe Acertar a equipe é uma parte importante de como a liderança sênior cria um contexto para o sucesso, e Alan trabalhou nisso de forma bastante metódica e consciente. Ele selecionou líderes de sucesso comprovado, com orientação para resultados, que também sabiam montar uma equipe. Para que a reviravolta orientada por produtos funcionasse, havia um cargo executivo que ele precisaria escolher muito bem: vice-presidente global de desenvolvimento de produtos. Alan selecionou Derrick Kuzak.

Os produtos da Ford eram, em sua maioria, marginalmente competitivos, mas havia um ponto positivo no mercado europeu relativamente pequeno da Ford. Como vice-presidente de desenvolvimento de produtos das operações europeias da Ford, Derrick provocara um renascimento dos produtos altamente cinéticos e orientados por *design* que representavam os melhores atributos de desempenho e competiam com sucesso contra os concorrentes pesados no continente. Ele já possuía um entendimento profundo sobre LPPD, graças à sua experiência anterior como líder da Mazda no Japão. Silencioso, discreto e com muita força de vontade, Derrick tinha o conhecimento técnico e uma visão clara para os produtos futuros da Ford e para a sua organização de desenvolvimento de produtos. E, pela primeira vez em décadas, a Ford realmente teria um único líder global de desenvolvimento de produtos.

Uma equipe, um plano, um objetivo Alan não esperou para focalizar a organização. Sua campanha One Ford era muito mais do que um *slogan*. Desde o seu primeiro dia, Alan trabalhou com a equipe executiva sênior para desenvolver o plano de revitalização orientado por produtos One Ford, com a ideia de alinhar toda a empresa. Ele fundou organizações funcionais globais para melhor utilizar a sua capacidade ao redor do mundo, desfez-se de marcas (p. ex., Volvo, Jaguar, Land Rover) para aumentar o foco em liderança e se esforçou para envolver todos os funcionários no plano, sem exceção, usando um processo de implementação de estratégia eficaz e comunicação constante. Ele também implementou seu poderoso "sistema de gestão de trabalho em conjunto", que deu vida ao plano One Ford, aproveitou o talento, mudou a cultura e fez a empresa avançar coletivamente.

Criando uma cadência de liderança O cerne do sistema de gestão de Alan era a revisão do plano de negócios (BPR, *business plan review*). Foi um dos primeiros elementos que implementou para alinhar sua equipe de liderança e ajudar a criar o foco imaginado na empresa em geral. Todas as quintas-feiras, Alan reunia todos os líderes funcionais e regionais para revisar o ambiente de negócios, o avanço do plano e o *status* dos principais objetivos. Apenas novos problemas e novas mudanças em relação à semana anterior eram repassados. O evento se tornou o "marca-passo" da gerência, promovendo atividades de gestão em toda a organização. O segredo era ter uma cadência disciplinada. Como Alan gosta de brincar: "O mais legal desse processo é que vamos nos encontrar de novo na semana que vem e eu *sei* que vocês já terão avançado".

Contentes em nos responsabilizarmos Quando Alan entrou em sua primeira BPR, ficou contente em ver sua equipe executiva sênior em torno de uma grande mesa de mogno redonda, esperando ansiosamente. Contudo, ele também percebeu que as cadeiras na periferia da sala estavam repletas de pessoas com *laptops*, fichários e livros, muita gente que nunca vira antes. Quando perguntou sobre elas, foi informado que tinham os dados de referência e outras informações que os executivos poderiam precisar para a reunião. Alan comentou que tinha certeza que esse pessoal todo tinha coisas mais importantes a fazer, a menos, é claro, que alguns dos executivos não soubessem o que estava acontecendo com os seus negócios. Na semana seguinte, eles apareceram sem a equipe de apoio.

Gerenciar segredos é impossível Os próximos grandes problemas organizacionais a emergir da BPR foram que a Ford não tinha problemas. Nenhum problema. Alan ficou pasmo. Apesar de a empresa estar perdendo bilhões de dólares, as ações estarem em queda-livre e a participação de mercado continuar em declínio, todos os *slides* apresentados na reunião da BPR eram mais verdes que os campos de Washington, seu estado natal. Após algumas semanas, ficou evidente que o verdadeiro problema da Ford era o medo de admitir problemas e precisar de ajuda. No passado, muitas pessoas que trouxeram problemas à tona tiveram suas carreiras limitadas. Uma lição crucial que Alan aprendeu com a sua experiência na Boeing foi a necessidade de transparência e a capacidade de discutir os problemas abertamente. A equipe de liderança sênior precisaria de um nível de transparência e franqueza ausente nesse nível da organizacional durante as últimas décadas. Alan repreendeu a equipe por esse comportamento e esclareceu suas expectativas para o futuro.

Por fim, Mark Fields, presidente das Américas, apresentou um problema grave no lançamento de um veículo. Todos se viraram para Alan e prenderam a respiração, muitos pensando em quanto Mark deixaria saudades. Alan começou a aplaudir e então perguntou a cada um dos presentes como poderiam ajudar a resolver essa questão. A história se espalhou pela organização imediatamente. Muitos veteranos da Ford continuaram céticos, sem acreditar que seria mesmo possível informar um problema e receber ajuda; com o tempo e o comportamento de liderança constante, no entanto, revelar problemas se tornou uma prática comum em quase toda a organização. Alan lembrava a todos continuamente que nós podemos "ter" um problema, mas que "você" não é o problema. "Você" é parte da solução.

Globalizando Antes de ir para a Ford, Alan pressuponha que esta era uma empresa global. Ele logo percebeu que a Ford era, na verdade, um conjunto de empresas regionais no qual coincidentemente todas tinham os mesmos cartões de visita. Além de implementar a BPR, ele correu para globalizar as organizações (desenvolvimento de produtos, produção, *marketing*, etc.) e identificou líderes globais individuais para cada uma. A decisão foi crucial para que a Ford utilizasse sua base global de talentos e sua escala (e crítica para a estratégia de plataforma e padronização discutida no Capítulo 3, Fixo e Flexível).

Organização de desenvolvimento de produtos No passado, a Ford experimentou com diversas estruturas para as organizações de desenvolvimento de produtos. Contudo, a empresa acabou optando por uma estrutura matricial que aproveitava as organizações funcionais fortes para o aprendizado profundo, mas focava a atenção nos engenheiros-chefes (ECs) e seus programas de produtos (discutidos em mais detalhes no Capítulo 4, Como Formar Equipes e Membros de Equipe de Alto Desempenho). Os grupos funcionais se preocupavam com o desenvolvimento de boas pessoas, enquanto os ECs se preocupavam com o desenvolvimento de bons produtos. Os ECs determinavam *o que* o produto precisava ser, enquanto os grupos funcionais trabalhavam em *como* realizar essa visão, com os ECs reunindo todos os elementos. Na verdade, a maior diferença estava no *software* organizacional. A matriz era semelhante à de muitas organizações funcionais, mas, na Ford, os grupos funcionais sabiam que a sua função era apoiar o sucesso dos programas, e que era assim que seriam avaliados. Esse foco no produto apoiado por uma matriz permeou toda a organização, os comportamentos diários, as decisões que as pessoas tomavam e o modo como eram remuneradas. O nível de colaboração sob essa matriz foi muito maior do que, infelizmente, era típico nas organizações funcionais de antigamente.

Reunindo tudo: nível micro

Engenharia de carroceria e estampagem: alinhamento da organização global por meio do foco no produto Anteriormente, analisamos a estrutura única da organização de B&SE. No início, a globalização adicionou mais uma camada de complexidade organizacional. O segredo para reunir essa equipe de engenharia global de alta diversidade foi o foco implacável no produto. A engenharia é um campo altamente especializado, então é fácil para os engenheiros se prenderem nos detalhes das suas próprias especialidades e perderem de vista como estão contribuindo para o produto como um todo. Isso mudou. A equipe precisou literalmente reenquadrar o propósito da organização e de seus engenheiros e técnicos altamente qualificados em torno de criar os melhores produtos possíveis, não de priorizar a finalização do seu trabalho funcional especializado. O estúdio de *design* se tornou o cliente imediato, não o inimigo. Isso significou abandonar uma mentalidade de engenharia *downstream*, escrevendo rejeições de viabilidade e vetando recursos de *design* interessantes, e colaborar entre funções para criar os *designs* mais poderosos da história da Ford. Significou trabalhar com o engenheiro-chefe do veículo para entender e realizar a visão da equipe para um produto específico. Trabalhar dessa maneira era difícil e muitas vezes provocava conflitos, mas também gratificante de modos que o estilo antigo de trabalhar jamais conseguiria ser. À medida que as pessoas foram se orgulhando mais dos produtos, o resultado foi um laço forte entre as organizações funcionais. Um pequeno exemplo foi como a equipe interfuncional trabalhou no novo Fusion.

Parte do objetivo do engenheiro-chefe para o novo Fusion era trazer *design* e estilo para a categoria do sedã intermediário. Essa seria uma das principais missões do estúdio de *design*. Havia muitos desafios, mas um particularmente frustrante era a linha de cintura (um friso) que atravessava toda a lateral externa do veículo. A clareza e continuidade da linha era essencial. Esse novo elemento de *design* criava desafios técnicos graves para a produção e, no passado, certamente teria sido rejeitada por ser considerada inviável. Em vez disso, a engenharia de estampagem redesenhou as matrizes para acertar o processo e, junto com os *designers* do estúdio, revisou os primeiros painéis pintados na oficina que produziu as matrizes de estampagem (Dearborn Tool and Die). A equipe trabalhou muitas e muitas horas para acertar os mínimos detalhes. Não só era a primeira vez que os *designers* visitavam a fábrica, muitos sequer sabiam que a Ford tinha uma oficina de ferramentas. O Fusion viria a redefinir o estilo dos automóveis intermediários e foi bastante imitado.

A empresa como um todo: pares correspondentes e reparando as relações com fornecedores O desenvolvimento de produtos e processos não para nas quatro paredes da empresa. Na indústria automotiva, como em quase todas as outras, os fornecedores têm um papel crucial no desenvolvimento de novos produtos, em 2007 a Ford era a última na Supplier-OEM Relationship

Survey, uma pesquisa anual sobre as relações entre fornecedores e fabricantes de equipamentos originais. A Ford era a montadora com a qual os fornecedores menos gostavam de trabalhar, com décadas de relacionamentos problemáticos com os fornecedores, metas não atingidas de volumes de programas e desrespeito às tecnologias e capacidades dos fornecedores, levando a uma relação antagonística e doentia. Para piorar a situação ainda mais, os fornecedores muitas vezes ficavam confusos e não sabiam como trabalhar com a Ford. Parecia que a engenharia e as compras estavam mandando duas mensagens diferentes, gerando níveis absurdos de frustração e desperdício. Os engenheiros estavam centrados em inovações técnicas revolucionárias, enquanto o departamento de compras tinha um foco quase exclusivo em custos.

Os líderes da engenharia e das compras se reuniram em um espaço externo para debater possíveis soluções. O resultado foi um processo inovador de *pares correspondentes*. O processo formava pares de profissionais de cada organização, com base nas suas especialidades. O primeiro passo foi combinar os diretores de engenharia globais com os diretores de compras globais e seguir pelo resto da organização, para que os líderes de cada subsistema, em cada organização, tivessem seus pares. Os pares seriam responsáveis por executar programas, desenvolver estratégias de longo prazo e cumprir as metas anuais de redução de custos. Eles também falavam com os fornecedores com uma só voz. Os diretores lideravam conjuntamente uma reunião semanal dos pares correspondentes, durante a qual as equipes de liderança combinadas analisavam problemas de custos nos programas e problemas de desempenho dos fornecedores e desenvolviam planos de negócios para cada produto.

A estratégia de pares correspondentes melhorou o relacionamento da Ford com seus fornecedores e fez a empresa passar de última para primeira na pesquisa anual entre as montadoras americanas. Além disso, ela permitiu que a Ford reduzisse os custos, pois a empresa agora trabalhava nos aspectos técnicos e comerciais ao mesmo tempo e melhorava o desempenho dos fornecedores. E foi um processo pedagógico incrível para a engenharia e para o departamento de compras. Analisaremos o processo de pares correspondentes em mais detalhes no Capítulo 4.

Criando uma cadência de gestão mais eficaz na B&SE A BPR de Alan, de forma justa, recebeu bastante atenção. Entretanto, parar nesse nível da organização é ver apenas a ponta do *iceberg*. O sistema não se limitava a um pequeno círculo dos executivos mais graduados, ele permeava toda a empresa, desde Alan e os VPs executivos aos diretores e engenheiros-chefes, aos gerentes e engenheiros espalhados por toda a Ford e ao redor do mundo. Todos tinham o mesmo plano, focado em prioridades alinhadas, e utilizavam o mesmo formato e métricas interdependentes. Acima de tudo, eles insistiam no mesmo nível de transparência e franqueza entre a equipe da B&SE. Organizou-se um *obeya* (sala grande) da B&SE, onde as paredes foram cobertas com dados importantes sobre suas iniciativas e níveis de desempenho, revisados todas as semanas (mais detalhes nos Capítulos 1 e 2). Pareados com outros mecanismos críticos, como revisões de projeto, revisões de marcos de desenvolvimento e reuniões de pares correspondentes, o resultado foi um sistema de gestão cadenciado poderoso que permitia que a equipe da B&SE avançasse o negócio.

Criando grandes produtos e grandes pessoas simultaneamente A organização de engenharia global reconhecia a necessidade de redobrar seus esforços e desenvolver excelência técnica. A liderança anterior deixou claro que dava mais valor a "empreendedores" individuais do que à capacidade técnica das pessoas, chegando a terceirizar muitas tarefas técnicas determinantes. Os engenheiros também acreditavam que o jeito mais rápido de ser promovido era mudar de emprego, na corrida pelos cargos de gerência. A mentalidade terceirizadora, aliada às estratégias de carreira dos engenheiros e grandes mudanças organizacionais, levou a uma grave escassez de capacidade técnica em diversas áreas importantes.

Em alguns casos, a engenharia precisou contratar gente de fora para readquirir as habilidades necessárias, uma solução que claramente não funcionaria no longo prazo. Os líderes das disciplinas de engenharia individuais trabalharam lado a lado com seus parceiros no RH para desenvolver um modelo de aquisição de habilidades técnicas para cada uma das disciplinas. Mais do que isso, eles deram fim à ciranda aleatória dos engenheiros, que pulavam de um cargo para outro tentando ser promovidos. Pode parecer uma estratégia feita para frustrar engenheiros, mas foi uma benção para quase todos que buscavam dominar suas disciplinas técnicas.

Criando um processo de desenvolvimento global, competitivo e único para uma organização competitiva globalmente

Além dos produtos da Ford serem diferentes em cada região, como vimos anteriormente, o processo de desenvolvimento de produtos também era. Essa combinação de independência geográfica dos produtos e a falta de um processo global de desenvolvimento tornou a Ford incapaz de aproveitar completamente sua escala global para se equiparar aos líderes da concorrência. Consequentemente, a criação de um processo de desenvolvimento global totalmente competitivo se tornou prioridade.

Criando o processo global de desenvolvimento de produtos: nível macro

Originalmente, o Sistema Ford de Desenvolvimento de Produto (FPDS, Ford Product Development System) seria um sistema global. Infelizmente, ele evoluiu de formas muito diferentes em cada região. Ele não era muito eficaz em nenhuma das regiões e se transformara em um labirinto burocrático inchado, algo que as equipes de programa tinham dificuldade para entender, quanto mais para navegar com sucesso. Os resultados eram prazos estourados, mudanças de última hora na engenharia, equipes de desenvolvimento frustradas e lançamentos atrasados e problemáticos.

A fraqueza do FPDS foi o resultado do processo usado para criá-lo e da mentalidade por trás dele. Em uma tentativa honesta de melhorar o desempenho da Ford no desenvolvimento de produtos, os diversos grupos criaram regras rígidas e programas auditados correspondentes a elas. Construiu-se um modelo de fases, pois esta parecia uma boa forma de exercer controle (uma abordagem melhor a marcos e avaliações de projeto é apresentada no Capítulo 2, Como Entregar com Velocidade e Precisão). As equipes precisariam passar pelas revisões de fase (chamadas de "pedágios" em algumas empresas) e os grupos corporativos definiriam os critérios de avaliação para forçar práticas específicas. Com o tempo, os diversos grupos encarregados do FPDS haviam empilhado "melhores práticas" sobre as revisões de fase, a ponto de passar uma fase ter se tornado algo extremamente complexo e oneroso. Simplesmente entender os requisitos da fase era muito difícil. A intenção era boa, mas a complexidade tornava os problemas difíceis de identificar, de modo que muitas vezes permaneciam ocultos até as últimas fases do processo.

A Ford decidiu reestruturar completamente o sistema de desenvolvimento, começando de uma folha em branco. A meta era criar um sistema de desenvolvimento de produtos verdadeiramente global. Durante vários meses, Jim reuniu uma equipe interfuncional forte. Ele buscou líderes de opinião de cada uma das principais funções do desenvolvimento de produtos, gente de cabeça aberta e, idealmente, com alguma experiência em sistemas de classe mundial. Por exemplo, dois dos membros haviam se transferido para o Japão e trabalharam vários anos nos programas da Mazda. Acima de tudo, cada um deles era especializado em uma determinada disciplina e entendia o que é preciso para desenvolver um novo veículo.

O primeiro passo para a equipe foi aprender junta e elaborar uma visão comum do que o processo precisava ser. A equipe do GPDS visitou e fez *benchmarking* com todas as marcas e regiões da Ford, da Volvo à Jaguar ao resto do mundo. Na época, a Ford tinha uma participação significativa na Mazda, então foi possível analisar o processo da Mazda em detalhes. A equipe também se reuniu com muitos especialistas externos em desenvolvimento de produtos e estudou esse desenvolvimento em múltiplos setores para entender totalmente a arte do possível no processo. Por fim, a equipe escolheu o processo de desenvolvimento *lean* da Mazda como alicerce para o GPDS, integrando também melhores práticas, como a Série Virtual, da Volvo. A Ford modificou a abordagem da Volvo e, trabalhando com fornecedores criteriosos de tecnologia, desenvolveu um conjunto de ferramentas de projeto altamente customizada, usando realidade virtual e elementos sólidos, para apoiar o processo do início ao fim.

O sistema de desenvolvimento de um veículo foi dividido entre os principais fluxos de trabalho necessários para lançar um novo veículo no mercado: desenvolvimento da carroceria, desenvolvimento de sistemas elétricos e eletrônicos, desenvolvimento do chassi, prototipagem, teste do veículo, engenharia de fabricação e lançamento.

Os líderes selecionados se tornaram líderes do fluxo de trabalho para desenvolver o processo de LPPD para suas áreas de especialização, além de obter o comprometimento das suas funções de origem. A equipe organizou um *obeya* (sala de reuniões visual) para dividir seu trabalho entre os fluxos de trabalho e incentivar a colaboração (o *obeya* é analisado em diversos capítulos, a começar pelo Capítulo 1, e é considerado essencial para "desenvolver com velocidade e precisão"). Um *obeya* permitia à equipe organizar o processo visualmente nas paredes da sala, permitindo que a equipe se focasse nas questões mais importantes, antecipasse problemas antes deles se tornarem mais graves e integrasse melhor o seu trabalho. As paredes foram preenchidas com informações de *benchmarking*, organizadas por fluxo de trabalho. Quanto mais informações apareciam nas paredes, mais os membros de equipe se surpreendiam e se decepcionavam com as diferenças enormes entre a Ford e a Mazda. Mas o resultado também foi mostrar onde deveriam concentrar seus esforços.

O *obeya* foi montado originalmente para ajudar a equipe a visualizar o processo e desenvolver o sistema global de desenvolvimento de produtos, mas também produziu alguns benefícios inesperados. O *obeya* do GPDS se tornou um dos destinos favoritos entre os líderes da Ford que queriam saber o que estava acontecendo com o desenvolvimento de produtos. As lacunas eram claras e evidentes e as contramedidas estavam sendo definidas. Os líderes individuais dos fluxos de trabalho lideravam conversas sobre o trabalho sendo realizado.

A sala ecoava com debates rigorosos e perguntas difíceis. Nem todos concordavam em tudo, mas o engajamento era evidente. Ele também serviu de modelo para o *obeya* que seria usado para gerenciar programas de desenvolvimento reais, além de organizações funcionais globais.

Foi dedicado um tempo significativo a pilotar as ideias em pequena escala nas diversas áreas, em paralelo com os projetos de desenvolvimento de produtos tradicionais. Por meio dessa experimentação nos programas em andamento, a equipe aprendeu o que funcionava e o que não, e fez os ajustes relevantes ao GPDS. Os pilotos também serviram para demonstrar resultados que poderiam ser usados como parte do processo de mudança, ao mesmo tempo que disseminavam a ideia de que estavam acontecendo mudanças.

Criando o processo global de desenvolvimento de produtos: nível micro

Estabelecer um processo de GPDS em nível corporativo era necessário, mas longe da única coisa necessária para mudar como os programas de desenvolvimento reais eram executados. Ainda seria necessário trabalhar em muito mais detalhes em cada uma das organizações funcionais em relação a como apoiavam o cumprimento dos requisitos do GPDS. As novas capacidades necessárias para apoiar os tempos de ciclo, metas de custo e requisitos de qualidade mais exigentes tinham uma curva de aprendizagem significativa (a abordagem usada aqui embasou o método usado com sucesso em outras empresas, como discutido no Capítulo 9, Projetando o Seu Futuro).

Como ponto de partida, cada grupo funcional devia desenvolver um plano para atingir suas metas de custos, qualidade e prazos. Cada função precisava entender seu ponto de partida, então cada equipe de trabalho criou um mapa do fluxo de valor do estado atual detalhado referente à sua porção dos processos de desenvolvimento de produtos e processos. Em geral, foram eventos de três dias, nos quais as equipes usaram Post-Its e folhas de papel grandes para mapear os passos dos processos e fluxos de informações mais críticos em um projeto típico de desenvolvimento de produto. Eles também conduziram um *benchmarking* detalhado das operações de engenharia, prototipagem e ferramental de todo o mundo, dentro e fora da indústria automobilística. As análises de lacunas destacaram diversas oportunidades de melhoria.

Como as equipes da B&SE identificaram várias oportunidades, elas as elegeram usando um gráfico de priorização e começaram a tentar entender as questões em maior profundidade. Isso levou ao desenvolvimento de contramedidas e à sua discussão com os colegas, usada como oportunidade para ensinar a prática *lean* de criar o relatório A3 de solução de problemas. Os relatórios A3, como o nome informa, ocupam uma página de uma folha de papel A3, e incluem apenas as ideias principais necessárias para se entender um raciocínio. Os relatórios A3 sempre terminam com planos de implementação com prazos. O motivo para restringir os membros de equipe aos relatórios A3 foi tornar o seu raciocínio mais claro e potencializar a comunicação com outros grupos. O A3 era levado pelo indivíduo que liderava sua criação, para obter a colaboração e o consenso de todas as partes interessadas.

Um *insight* relativamente típico dos exercícios de mapeamento do fluxo de valor era que um grupo de engenharia ou engenheiros individuais completavam e congelavam seus projetos prematuramente, levando a grandes quantidades de desperdício com retrabalho em fases posteriores, quando descobriam problemas com o que haviam projetado. Muitas vezes, os engenheiros selecionavam um conceito de projeto, analisavam o projeto em nível detalhado e produziam modelos de CAD (*computer-aided design*) detalhados, só para então descobrir que o projeto seria incompatível com os projetos dos subsistemas com os quais estariam em interface ou com a capacidade de fabricação existente. Assim, a equipe adotou um princípio que batizou de "compatibilidade pré-finalização" (CbC, *compatibility before completion*) para combater essa tendência. É uma maneira de considerar o produto de diferentes perspectivas antes de congelar o *design* de forma prematura (isso será discutido no Capítulo 2). O resultado desse trabalho extra na fase inicial do projeto foi eliminar bastante desperdício em fases posteriores e reduzir o tempo de lançamento no mercado.

A equipe compartilhou abertamente os requisitos do GPDS e as melhores práticas correspondentes com os fornecedores. A equipe também trabalhou com o princípio de não pedir aos fornecedores que fizessem nada que não poderiam ou não queriam fazer. Isso levou a uma transformação da oficina interna de ferramentas e matrizes da Ford, como detalhado no Capítulo 4. Alguns poucos fornecedores escolheram não trabalhar mais com a Ford, mas a maioria valorizou a oportunidade e utilizaram sua aprendizagem para melhorar seus próprios processos. Essa colaboração fortaleceu seus relacionamentos com a Ford.

Resultados: o estado futuro da Ford

Com essa retrospectiva da Era Mulally na Ford, podemos concluir que os resultados da reviravolta da empresa foram impressionantes em praticamente todos os aspectos. Diversos autores chamaram o fato de "uma das maiores reviravoltas corporativas da história econômica dos EUA".[3] Contudo, muitos analistas externos também atribuíram incorretamente o sucesso da Ford apenas às decisões estratégicas tomadas por Mulally, sem reconhecer que uma revitalização orientada por produtos exige pessoas comprometidas em todos os níveis da organização. Por consequência, além de salvar um ícone americano, essa recuperação fez a empresa voltar a ser próspera e competitiva em nível global. Por exemplo, a Ford foi a melhor montadora americana na lista das Empresas Mais Admiradas do Mundo de 2017 da revista *Fortune* de 2017.[4]

Resultados: nível macro

Capacidade de desenvolvimento Até 2010, o processo de GPDS ajudou a reduzir as mudanças de engenharia tardias em 50%, o tempo de ciclo total do programa em mais de 25% e os custos totais de desenvolvimento em 60%.[5] Além disso, o processo levou ao desenvolvimento de um número recorde de alguns dos produtos mais premiados e badalados da história da Ford.

Esse desempenho foi apoiado pela melhoria na capacidade de engenharia de plataforma da Ford. Por exemplo, a Ford reduziu o número de plataformas de veículos de 27 em 2005 para 12 em 2014 e então para 9 em 2016, sempre mantendo as marcas de produto individuais e melhorando significativamente os atributos de eficiência e desempenho de cada um deles.

Resultados financeiros Os resultados financeiros foram incríveis:

- A rentabilidade cresceu, de um prejuízo de 17 bilhões de dólares em 2006 para um lucro de 8,6 bilhões em 2013.[6]
- As margens brutas aumentaram de 2% em 2006 para 13% em 2013.[7]
- As vendas por funcionário aumentaram de 533.743 dólares em 2006 para 811.656 dólares em 2013.[8]
- Os preços das ações aumentaram de 6,65 dólares no mês antes da chegada de Alan em 2006 para 17,00 dólares em dezembro de 2013.[9]
- A classificação de crédito da Ford saltou de *junk* ("crédito podre") em 2006 para grau de investimento em 2013.[10]

Mais do que tudo isso, o lucro por veículo da Ford (um indicador de preço por transação) passou de um prejuízo por unidade para a segunda posição no mercado, atrás apenas da Toyota, e se tornou 66% maior por veículo do que o índice da General Motors.[11]

Resultados: nível micro

Os resultados das práticas *lean* foram igualmente impressionantes no nível micro:

- O tempo de ciclo de *design* e engenharia de ferramentas foi reduzido em 50%.
- O custo de ferramenta por matriz foi reduzido em 55%.
- Os problemas de qualidade internos com ferramentas e matrizes diminuíram em 80%.
- A produtividade da engenharia aumentou em 20%.
- A utilização de material na estampagem melhorou 10%.

A qualidade dos produtos e do trabalho melhorou:

- A qualidade da carroceria (montagem e acabamento) e a percepção de qualidade melhoraram radicalmente.
- Os consertos por mil oportunidades para peças da carroceria externa foram reduzidos em 53%.
- As TGWs (coisas que deram errado ou *things gone wrong*) foram reduzidas em mais de 30%.

Esses fatores de qualidade, pequenos, mas determinantes, também contribuíram para o aumento da satisfação dos clientes da Ford:

- A Ford recebeu o maior número de notas cinco estrelas da National Highway Transportation Safety Association de todas as montadoras.[12]
- Em 2013, o Fusion venceu o prêmio Automotive Excellence Award de excelência em *design* e produção para as aberturas e carroceria bruta (*body-in-white*) e o prêmio de cinco estrelas no quesito segurança.
- A equipe de BS&E ajudou a criar produtos líderes no seu segmento, como o Mustang 2015 e o F-150 2015 com carroceria em alumínio.
- A equipe de carroceria externa venceu o prêmio Contribution to Excellence Award da Premier Automotive Suppliers[13] por demonstrar seu compromisso com parcerias fortes com os fornecedores.

Além dessas conquistas e durante aproximadamente o mesmo período, o Índice de Satisfação dos funcionários melhorou 26% na B&SE, de acordo com o levantamento corporativo da Ford. As práticas de negócios e engenharia implementadas resultaram em produtos melhores e mais eficiência, e, acima disso, ajudaram a tornar a B&SE da Ford um lugar melhor para trabalhar.

PRÓXIMOS PASSOS

A história inspiradora da Ford ajuda a demonstrar o potencial de uma reviravolta focada em produtos, além de mostrar que esta não é simplesmente o resultado de uma receita pronta de regras burocráticas. É um empreendimento difícil e complexo, que exige muito esforço, uma disciplina tremenda e envolve toda a empresa, mas também é algo que vale a pena.

A magnitude pode ser diferente, mas acreditamos que qualquer empresa, em qualquer indústria, tem a capacidade de realizar a mesma transformação orientada por produtos conquistada pela Ford, mesmo sem o risco de falência pairando no ar. Apresentamos exemplos de muitas organizações, dos mais diversos setores, ao longo deste livro.

Qualquer transformação orientada por produtos deve começar com uma análise brutalmente honesta do estado atual da organização, e isso começa com um entendimento profundo sobre o cliente e o produto. No Capítulo 1, contamos como diversas organizações que praticam o LPPD estão fazendo isso.

Sua reflexão

Começaremos nosso formato padrão de reflexão sobre os capítulos, e sobre entrar em ação, no Capítulo 1, a seguir. Ainda assim, qualquer bom estudo de caso merece alguma reflexão:

1. Liste de três a cinco lições do caso da Ford sobre a transformação orientada por produtos bem-sucedida.
2. Você tem um CEO como Alan Mulally, apaixonado pelo desenvolvimento de produtos e que sabe construir uma equipe vencedora?
3. Se não tem, quem é o executivo de mais alto nível que sabe e consegue liderar a transformação em busca da excelência no desenvolvimento de produtos?
4. A que tipos de iniciativas você deu início para melhorar a excelência do desenvolvimento de produtos e processos? Elas são mais burocráticas, dificultando o trabalho das equipes, ou apoiam a excelência no desenvolvimento de produtos?

1

Criar o produto certo

Não há nada tão inútil quanto fazer eficientemente o que não deveria ser feito.
— Peter Drucker

É para isso que os clientes nos pagam – para suar todos os detalhes de forma a tornar fácil e agradável a utilização dos nossos computadores. É para sermos mesmo muito bons nisto. Isso não significa que não escutamos os nossos clientes, mas é difícil para eles nos dizerem o que querem quando nunca viram nada remotamente parecido.
— Steve Jobs, fundador da Apple,
"Apple's One-Dollar-a-Year Man", *Fortune*

Hoje, listas como essa são famosas: Ford Edsel, Pontiac Aztek, New Coke, Crystal Pepsi, HP TouchPad, Apple Newton e Microsoft Zune. E poderíamos continuar. Bilhões de dólares e inúmeras horas de esforço humano foram desperdiçadas em produtos desastrosos que, além de não venderem, em alguns casos causaram um prejuízo grave às marcas, que levaram anos para se recuperar.

Mas esses são exemplos da Idade da Pedra. No atual ambiente altamente tecnológico e sensível a informações, em que as empresas conhecem níveis invasivos de detalhes sobre os seus clientes, fracassos colossais desse tipo não são possíveis, certo? Bem, talvez um pouco possíveis:

- O Samsung Galaxy Note 7 explodia devido a baterias defeituosas, levando a *recalls* em massa e uma baixa de 2,3 bilhões de dólares.[1]

- O preço do Fire Phone da Amazon (2014) foi de 199,00 para 0,99 dólares e ainda assim levou a uma baixa de 170 milhões de dólares; o telefone foi descontinuado em 2015.[2]
- O Google Glass (2013) era legal, mas quase ninguém queria usar um óculos computadorizado.[3]
- As calças Lululemon Astro Pants (2013) eram tão finas que precisaram ser tiradas do mercado, pois eram praticamente transparentes.[4]
- As Satisfries do Burger King (2013) tinham menos calorias que as batatas fritas normais, e menos fãs também.[5]
- O Google Nexus Q (2013), um tocador de mídia esférico caríssimo, foi retirado do mercado quase imediatamente após ser lançado.[6]
- A Nike FuelBand (2014) não conseguiu competir no mercado superlotado de dispositivos de fitness.[7]
- Projetos do governo, como os caças *F-35* do programa Joint Strike Fighter ou o porta-aviões *USS Gerald Ford*, apesar de orçamentos estourados em centenas de milhões de dólares e atrasos de vários anos, não chegaram nem perto de atender as expectativas.[8]

E esses são apenas os fracassos comerciais de mais destaque. Para cada produto que passa vergonha em público, há milhares dos quais nunca ouvimos falar.

Na verdade, apesar de não serem necessariamente fracassos, a maioria dos novos produtos talvez nem chegue perto de atender as expectativas, apesar do nível inédito de atenção dedicado a eles pelos altos executivos. Uma pesquisa da McKinsey revelou que "84% dos executivos globais informou que a inovação era extremamente importante para as estratégias de crescimento das suas empresas, mas incríveis 94% estavam insatisfeitos com o desempenho das suas organizações em termos de inovação".[9]

Mas como isso acontece? Mais recursos e atenção do que nunca são destinados à inovação. Temos acesso a níveis inéditos de informações dos clientes para alimentar estratégias sofisticadas de vendas e de *marketing*. Ainda assim, os produtos raramente atendem as expectativas. Acreditamos que o motivo é que mais informações, mais sofisticação e mais recursos não são necessariamente melhores e não são, em si, suficientes. Nossa experiência indica que a maioria das organizações não dedica tempo suficiente para realmente entender seus clientes ou para resolver outras lacunas de conhecimento críticas antes de darem início ao desenvolvimento detalhado.

Concentração dos esforços no início do desenvolvimento

Um dos nossos princípios do *Sistema Toyota de Desenvolvimento de Produto*[10] é o *front loading*, ou concentração dos esforços no início do processo de desenvolvimento, e o primeiro passo nesse processo é o que a Toyota chama de *kentou*, ou período de estudo. Durante nossa pesquisa para o livro, a Toyota se destacou das outras empresas na quantidade de tempo que dedicava, religiosamente, a um entendimento aprofundado do cliente e do contexto no qual cada produto seria usado. Era um período bastante intenso, liderado por uma pequena equipe de engenheiros seniores com alto nível de conhecimento, que solicitavam informações de forma ampla e geravam muitos projetos potenciais antes da sua convergência.

A fase de estudo é anterior ao projeto de engenharia detalhado e faz perguntas fundamentais, como:

- Qual é o problema que esse produto pretende resolver?
- Quais recursos são mais críticos ou mais valorizados?
- Como esse produto gerará valor único para o cliente?
- Qual é o contexto geral no qual o produto opera?
- Como ele supera tudo que a concorrência poderia criar no próximo ciclo?
- Quais são nossas lacunas de conhecimento e nossas áreas de riscos significativos?
- Qual é o nosso plano para ter sucesso?

Nosso argumento foi que o período de estudo provavelmente era a parte mais importante do sistema Toyota de desenvolvimento de produto: criar o produto errado é, afinal de contas, a pior forma possível de desperdício. É um desperdício de tempo de desenvolvimento de produto, de dinheiro e de talento em toda a organização.

Na Toyota, o início do desenvolvimento tem no centro um único líder responsável por cada produto, chamado de *engenheiro-chefe* (EC). Em nosso livro anterior, contamos histórias de como os ECs lideraram suas equipes no processo de entender profundamente o cliente e como desenvolveram uma visão para o produto de modo a produzir valor único para esse cliente. Uma história famosa na *Toyota* é que o EC da minivan Sienna dirigiu pessoalmente os modelos existentes da empresa em todos os estados dos EUA, todos os estados do México e todas as províncias do Canadá. Ele estudou clientes no estacionamento das lojas Home Depot, batalhando para guardar chapas de compensado em aberturas traseiras ligeiramente menores do que deveriam. Ele sentiu em primeira mão os ventos fortes contra a van de perfil alto enquanto dirigia pelas Grandes Planícies. Ele entendeu a necessidade de um porta-copos para cada passageiro em viagens longas (e também a importância de manter as crianças ocupadas durante essas viagens). A Toyota tinha sido ultrapassada pelo Honda Odyssey, que se tornara a minivan mais vendida dos EUA, mas esse declínio levou a diversas inovações e a uma minivan que vendeu muito bem, acabando por superar o modelo da Honda e recuperar seu posto no mercado.

Para muitas empresas, a engenharia trabalha de acordo com os conceitos do pessoal de vendas e *marketing*, que analisa grandes quantidades de dados para entender o que os clientes querem. Na Toyota, os setores de vendas e *marketing* trabalham para o cliente mais importante de todos: o EC. Os dados são úteis, mas os engenheiros-chefes também querem usar observação direta para ter uma ideia pessoal dos clientes e dos produtos. O EC entende a tecnologia e o que é possível, forma uma ideia do cliente, entende os fatores por trás dos custos e desenvolve uma visão para o produto.

Também compartilhamos a prática de desenvolver desenhos de estudos (*kentouzu*) iniciais. Em geral, são desenhos feitos à mão. A equipe de engenharia usa esses primeiros desenhos para capturar e comunicar múltiplas propostas de projeto em potencial durante o período de estudo. Os membros de equipe também recorrem à prototipagem rápida e simples e à experimentação para ajudá-los a entender as áreas de mais alto risco do projeto.

A ideia por trás desse trabalho todo é identificar e sanar lacunas de conhecimento importantes que a equipe de produto tem no início do processo de desenvolvimento, antes de grandes quantidades de recursos humanos e financeiros serem investidos no produto. A equipe pode ter identificado uma oportunidade para um novo produto ou serviço, mas ainda há muito que ela desconhece. O objetivo do período de estudo é permitir que os membros de equipe entendam melhor o cliente, o ambiente e o produto, além dos riscos e desafios significativos que provavelmente enfrentarão, abrindo caminho para elaborar um plano e criar um produto de sucesso. Isso não significa que terão todas as respostas. Longe disso. A aprendizagem continuará durante todo o programa. Contudo, significa que terão, no mínimo, um entendimento conceitual forte de como o produto conseguirá gerar um valor diferenciado para o cliente e um plano razoável a ser executado.

Desde nossas pesquisas anteriores, tivemos a oportunidade de trabalhar com muitas empresas, em diversos setores. Isso nos permitiu expandir o que sabíamos e refinar nossas ideias sobre como sanar lacunas de conhecimento críticas durante o período de estudo. Esse trabalho contínuo nos levou a identificar quatro categorias amplas de atividades que as empresas bem-sucedidas empregam na fase inicial dos programas de desenvolvimento de novos produtos:

1. Trabalhe para entender profundamente.
2. Gere conjuntos de soluções em potencial.
3. Experimente para aprender.
4. Compile, alinhe e recrute antes de executar.

Trabalhe para entender profundamente

Nos primeiros estágios de desenvolvimento de um novo produto ou serviço, oferecemos um conselho simples: não pressuponha que já sabe. Trabalhe para entender profundamente o que o novo produto precisa ser. Como Steve Jobs observou na citação que abre este capítulo, isso inclui ir além do que os clientes pedem para entender suas necessidades melhor do que eles mesmos e o que é possível para satisfazer essas necessidades frustradas. E o melhor lugar para responder essas perguntas é no *gemba*, ou o local onde está o cliente. Mergulhe no ambiente do cliente de modo a obter *insights* expressivos sobre exatamente como o produto ou serviço pode produzir a melhor experiência para o cliente, resolver o problema de maneira ideal ou completar a tarefa do seu cliente melhor do que qualquer produto concorrente.

Ver no Local

Quando Charles (Charlie) Baker foi escolhido para ser o primeiro EC americano (chamado de Líder de Projeto de Grande Porte) de uma mudança de modelo completa da Honda, ele foi enviado ao Japão para receber treinamento. Charlie imaginava que passaria o tempo inteiro no centro técnico da empresa, aprendendo os mais novos sistemas e tecnologias usados para projetar e desenvolver novos automóveis. Em vez disso, um EC com bastante experiência escolhido para mentorear Charlie o levou a Tóquio. Caminhando pelas ruas da cidade, o instrutor perguntou o que ele estava vendo. Charlie descreveu todos os carros ao seu redor e suas características. "Não, não", o mentor respondeu. "O que você está vendo? Não me fale sobre os carros". Charlie acabou por entender. Ele começou a descrever as pessoas e como lidavam com os padrões de trânsito, admirou alguns veículos, e entrou e saiu de carros. Ele estava aprendendo a ver o que realmente importa para os clientes. A seguir, o mentor incentivou Charlie a ir além dos automóveis e estudar as pessoas e outros aspectos das suas vidas. Quais são seus valores e suas escolhas? Como esse entendimento mais profundo pode ser utilizado para criar um produto atraente? A ênfase, Baker explica, "estava em entender as pessoas, seus clientes e seus valores e decisões. O resto era só trivialidades".

Ver no local da fonte é um conselho clássico do *lean*, tão importante no desenvolvimento de produtos quanto no chão de fábrica. Não confie apenas nos relatórios de mercado e resumos dos grupos focais; vivencie em primeira mão. Entenda as necessidades dos clientes e também o contexto no qual o produto será utilizado.

Ver no local é mais do que olhar para os lados e fazer anotações. Tente aprimorar suas habilidades de observação e reflita sobre como interage com as pessoas que encontra. Não é apenas uma questão de perguntar aos clientes o que eles querem; isso não é o trabalho deles, é o seu. Mergulhe no mundo do cliente. A experiência visceral é muito mais poderosa, e contém um potencial praticamente ilimitado de gerar *insights* inovadores para diferenciar seu produto e gerar valor exclusivo para os seus clientes. No nosso livro anterior, descrevemos como os ECs da Toyota usam a ideia de "ver no local" para entender melhor como os produtos resolviam os problemas dos seus clientes ou os ajudavam a realizar tarefas, como no caso da minivan Sienna. E quando o objetivo do seu produto é criar uma experiência emocional?

Imersão para produzir uma experiência emocional para o cliente

Willie Davidson, ex-vice-presidente sênior e diretor de estilo da Harley Davidson, disse uma vez que "a forma segue a função, mas ambos forma e função respondem à emoção".[11] Não há dúvida alguma que a relação emocional tem um papel importante nas decisões de compra dos clientes e nas suas experiências com produtos. Contudo, capturar essa característica é como "engarrafar um raio", e se revelou incrivelmente difícil para muitos produtos.

O Ford Mustang gira em torno da ligação emocional. Não existe um motivo lógico para se comprar um Ford Mustang. Os consumidores têm muitas opções de transporte mais racionais ao seu dispor. Ter e dirigir um Mustang é uma experiência que o cliente quer, mas que é extremamente difícil de descrever, quanto mais de quantificar exatamente. Por exemplo, ela pode ser uma declaração explícita do individualismo do cliente para o resto do mundo. Assim, como se faz para entender a experiência visceral e a identidade pessoal que os clientes esperam obter com um Mustang? Não temos uma fórmula passo-a-

-passo para isso, mas acreditamos que há muito a aprender com a experiência de Dave Pericak, que desenvolveu um entendimento profundo, criar uma visão instigante e produzir um veículo bem-sucedido, o Mustang 2015.

Quando Pericak assumiu a função de EC e a responsabilidade por desenvolver o próximo modelo do Mustang, a marca estava em segundo lugar nas vendas, muito atrás do Camaro, e perdera para o produto da Chevrolet nos últimos cinco anos. O Mustang claramente perdera sua ligação emocional com a base de clientes, e Pericak precisava descobrir como recuperá-la.

"Os fãs do Mustang são como uma religião", Pericak conta.[12] "E não é uma fé que perdoa fácil. Se você não acertar o serviço, eles [os clientes] sabem imediatamente, e não hesitam em lhe informar". Há mais de 250 clubes de Mustang em todo o mundo, com membros que levam a sério a ideia de ser dono de um Mustang. O Mustang perdera a sua "magia", e os clientes estavam dizendo isso para a Ford com todas as letras.

Pericak sempre foi um fã do Mustang. Ele teve vários, trabalhou em mais de um, até pediu sua esposa em casamento dentro de um Mustang. O Mustang era, na verdade, parte do motivo para ele ter ido trabalhar na Ford. Ele vivia o Mustang, respirava o Mustang. Apesar de ter crescido com o carro, percebeu que precisava parar, estudar e refletir profundamente sobre a ligação emocional entre o Mustang e seus clientes. Ele precisava entender onde o Mustang dera errado. Como ele decepcionara seus fãs mais ardorosos? Era preciso ir ao local e conversar com clientes de todos os tipos.

O primeiro passo foi ir a eventos sobre o Mustang ao redor do país para escutar todas as histórias exuberantes de múltiplas gerações de donos de Mustangs, sobre como o carro estava inexoravelmente ligado e era parte essencial das histórias de vida dos clientes. Ele estudou as pessoas. Vivenciou o orgulho dos donos e a paixão pelos seus Mustangs. Alguns usavam escovas de dente na hora de poli-los. Ele os viu sorrir de orelha a orelha quando acionavam o motor e escutavam o ronco. Viu as tatuagens de Mustangs. Descobriu pinturas complexas, artes literalmente exclusivas, escondidas sob o capô. Assistiu os clientes se transformarem quando sentavam ao volante.

A partir dessas observações, Pericak começou a entender o que o Mustang significava para essas pessoas. Era uma forma de expressão individual. Os clientes estavam exercendo sua individualidade. Ele sabia que cada detalhe do *próximo* Mustang precisaria envolver essa expressão emocional crua. Ele também sabia que tudo que não lembrasse essa experiência não pertencia ao Mustang. Seria preciso questionar as decisões da equipe de produto constantemente: É pessoalmente expressivo? Parece forte? É audacioso? Diz "Mustang"? Se a resposta é "não", pode jogar fora.

Então Pericak deu mais um passo que é relativamente raro para esse tipo de carro. Ele se reuniu com grupos de mulheres. Dave acreditava que elas haviam sido ignoradas no passado, tanto como clientes quanto como influenciadoras, e que isso fora um erro enorme. Ele queria entender a sua perspectiva. Por que alguns carros esportivos atraíam as mulheres, enquanto outros pareciam quase ofendê-las? Ao final de uma das conversas, Dave tentou resumir o que escutara: "Então o que você está dizendo é que gosta de *bad boys*, mas não gosta de c&$%#". Depois que pararam de rir, elas responderam: "Exatamente".

Com essas conversas, Dave entendeu que se o estilo do veículo comunica "raiva e agressividade", as mulheres o rejeitam. Mas se o carro parece intrigante, um pouco atrevido, forte e confiante, ele tem a sua atenção. Essas sessões tiveram uma influência enorme no estilo. Pericak e sua equipe analisavam os conceitos e perguntavam: "Isso é raiva, ou é força e confiança?" Ele e a equipe chamaram muitas dessas mesmas mulheres para as primeiras reuniões de revisão do estilo do Mustang. As sessões mudaram fundamentalmente a linguagem de *design* do programa.

Pericak e sua pequena equipe começaram a repassar tudo que haviam aprendido, tentando entender onde o Mustang se perdera e, acima de tudo, como voltar ao caminho certo. Com base nas suas experiências coletivas, era evidente que o Mustang precisava ser muito mais forte, audacioso e diferenciado. Ao mesmo tempo, os desenvolvedores tinham receio de criar algo que parecesse caricato ou furioso. O veículo precisava se destacar do jeito que só o Mustang consegue: com autenticidade, fiel às suas raízes, sem fingir ser algo que não é. Era preciso expandir os limites e ser uma fonte de expressão pessoal para o proprietário. Cada centímetro do carro precisava ser 100% Mustang.

Reconstruir a experiência emocional do Mustang claramente precisaria começar com o estilo artístico. Pericak precisava acertar esse aspecto, então procurou Kemal Curic, projetista-chefe do Mustang, e os dois começaram a analisar desenhos de conceito e modelos em diversas escalas. Eles escolheram o Monumento a Joe Lewis (também conhecido como O Punho), no centro de Detroit, como um símbolo da força, poder e brio que o Mustang representaria. Era um símbolo que representava a independência revolucionária do boxeador e o Mustang original, lançado em 1965. O sucesso da produção dessa experiência está nos detalhes de centenas de decisões tomadas por Pericak, Curic e sua equipe. A seguir, compartilharemos três delas do programa.

1. **Definindo o visual certo.** No desenho exterior, boa parte da representação de poder latente vem das "ancas" do Mustang. Elas fazem o carro parecer pronto para atacar. Os "quadris" fortes são essenciais para esse elemento de *design*.

É a área da seção traseira acima das rodas traseiras. A equipe de projeto criou modelos de inúmeras versões dessa área até finalmente chegar ao visual certo.

Obviamente, o *design* não é o único elemento envolvido no lançamento de um automóvel; ele precisa ser construído e, infelizmente, alguns dos melhores estilos criam condições de fabricação impossíveis. O projeto do painel da seção traseira foi um desafio difícil para a estampagem. Pericak não queria ceder, então foi conversar diretamente com os membros da equipe de engenharia de carroceria e estampagem e pedir sua ajuda. No passado, eles poderiam ter simplesmente considerado o estilo inviável e vetado o projeto. Em vez disso, uma pequena equipe foi escolhida para trabalhar de forma colaborativa e desenvolver diversas inovações significativas no processo de estampagem de modo a produzir essa característica crítica. A equipe cumpriu sua missão, e o novo Mustang parece estar em movimento até estacionado.

2. **Luta intransigente por recursos determinantes para o cliente.** Pericak sabia que as luzes intermitentes são outra parte icônica do DNA de *design* do Mustang. "Pode estar um breu absoluto, mas você dá o sinal e então sabe, imediatamente, que é um Mustang". O problema é que essas luzes colocavam o programa cerca de 20 dólares acima do orçamento, e ele estava sob muita pressão para removê-las do programa. Como temia, a liderança sênior finalmente mandou que as removesse do veículo. Pericak se recusou. "Vocês têm a autoridade para me demitir, mas me colocaram nessa função por um motivo", ele respondeu. "Estou aqui representando o cliente, e sei que essas luzes traseiras são determinantes. Não vou removê-las". Após um silêncio constrangedor, o líder respondeu: "Tudo bem, fica com as luzes, mas você me deve 20 dólares até a próxima reunião".

   Dave trabalhou com a equipe de carroceria de Jim e outros grupos de engenharia para compensar o custo em outros pontos e ficou com as luzes. Ele estava disposto a colocar seu emprego em risco para fazer o que acreditava ser certo (veremos mais sobre esse tipo de coragem no Capítulo 5, sobre liderança).

3. **Produzir emoção no funcionamento do carro.** Sente em um Mustang e acione o motor. Está sentindo o ronco? Agora pise no acelerador. O rugido acelera seu pulso, lhe dá calafrios. Isso é potência, esse é o som da potência, puro e simples. Não é por acidente. Pericak trabalhou com a engenharia de trem de motor para sintonizar mais de 50 sistemas de escapamento para produzir exatamente esse som. É tudo parte da experiência do Mustang. A história nos lembra o som da Harley-Davidson, que a empresa chegou a patentear.

De acordo com Pericak, "Tem que ter um *design* que chama você, um produto que você tem que ter, um design inconfundível, puro Mustang, e que não tenta ser mais nada. É uma experiência emocional que lembra Steve McQueen em *Bullet*, os carros potentes americanos icônicos e o punho de Joe Lewis".

Pericak respirou a cultura do Mustang todos os dias. Ele *entendia* seus clientes e sabia o que era importante para eles. Armado com esse conhecimento, ele lutou, forçou e se apropriou totalmente do produto. Ele suou muito para resistir à pressão enorme da organização para que cedesse, a ponto de colocar seu emprego em risco. Isso é muito diferente de levar a voz do cliente para a conversa usando ferramentas como o desdobramento da função qualidade, pesquisas de mercado ou dados de grupos focais. Os dados e essas ferramentas podem ser úteis, claro, mas não têm como substituir a liderança, a visão e um entendimento profundo.

Todos os esforços de Pericak deram resultado, a começar pelas vendas do Mustang 2015, que aumentaram 49% em relação ao ano anterior. O Mustang também:

- Vendeu 37% mais que o Camaro em 2015[13]
- Continua a vender mais que o Camaro e o Challenger na época da produção deste livro[14]
- É ainda o carro esportivo mais vendido do mundo na época da produção deste livro[15]
- Foi escolhido "carro dos sonhos" número 1, uma posição acima do Tesla Model S e cinco acima do Camaro[16]

O Mustang é uma grande história de sucesso, mas, às vezes, a experiência do cliente que você tenta criar não vem do vidro e do metal. Às vezes, vem de *bits* e *bytes*. Mas como podemos "ir ao local" e obter o mesmo entendimento e produzir uma experiência excelente para o cliente no mundo do *software*?

Pense como um antropólogo

A Menlo Innovations é uma pequena empresa de *software* com uma missão enorme: "acabar com o sofrimento humano em relação à tecnologia". Para tanto, a empresa precisou "mudar tudo" no modo como o *software* é desenvolvido, o que resultou em Antropologia High-Tech, programação pareada e um ambiente de trabalho aberto e colaborativo.

Na Menlo, entender o cliente profundamente é uma missão para duplas de profissionais, ambos com o cargo de Antropólogo High-Tech (HTA, *high-tech anthropologist*). Juntos, eles visitam e estudam metodicamente os ambientes e as pessoas que utilizam seus produtos. Os HTAs se focam no usuário final como o "cliente" desse trabalho, não no ponto de contato da empresa-cliente, que geralmente trabalha em TI. Eles passam vários dias nos locais de trabalho em que o produto será usado (ou seja, no *gemba*), observando e entrevistando membros do público-alvo no ambiente nativo dos usuários de modo a desenvolver um entendimento completo do contexto de utilização do produto. Eles tomam cuidado para identificar o que chamam de "pontos doloridos", problemas que os usuários estão tendo e que podem representar as melhores oportunidades para agregar valor.

A empatia é pré-requisito para a função de HTA. Os HTAs criam mapas mentais nos quais capturam aspectos críticos das suas entrevistas com usuários em potencial e ilustram graficamente as ideias dos usuários sobre a situação atual e o estado futuro desejado. Fazer tudo isso no local de trabalho real é de suma importância. Como afirma Richard Sheridan, CEO da empresa: "O *design* é contextual, e precisamos estudar os usuários no seu ambiente nativo".[17] A seguir, eles transformam esse novo conhecimento em soluções de design específicas.

Gere conjuntos de soluções em potencial

Na Menlo Innovations, os HTAs fazem muito mais do que identificar as necessidades do cliente. Eles são o fio de foco no cliente que atravessa todo o projeto de desenvolvimento. Após as visitas iniciais com os usuários, o processo de desenvolvimento começa com os HTAs elaborando uma descrição do problema clara e o início de uma visão de estado futuro. Esse breve resumo, escrito à mão, descreve o que os HTAs estão tentando fazer. O documento é fácil de entender, mas não de criar, e é compartilhado com os clientes para garantir que estes têm um entendimento forte e compartilhado do que a Menlo está exatamente tentando produzir. O trabalho de empatia dos HTAs foi exato. Esse processo colaborativo inicial cria alinhamento com o cliente e com o resto da equipe da Menlo.

Após o alinhamento ser compreendido, os HTAs líderes usam a declaração para pedir ajuda de outros HTAs em um *brainstorming*. Eles buscam tantos novos olhos quanto necessários nessas sessões-relâmpago, gerando desenhos rápidos de soluções de *design* em potencial para as interfaces do usuário. A seguir, a dupla de HTAs passa por um *debriefing*, no qual o par principal repassa todos os desenhos, discute e desenvolve soluções mais focalizadas. Os HTAs líderes também utilizam mapas mentais (Fig. 1.1), criados a partir das entrevistas, para esclarecer melhor suas ideias e comunicar a sua visão do produto customizado.

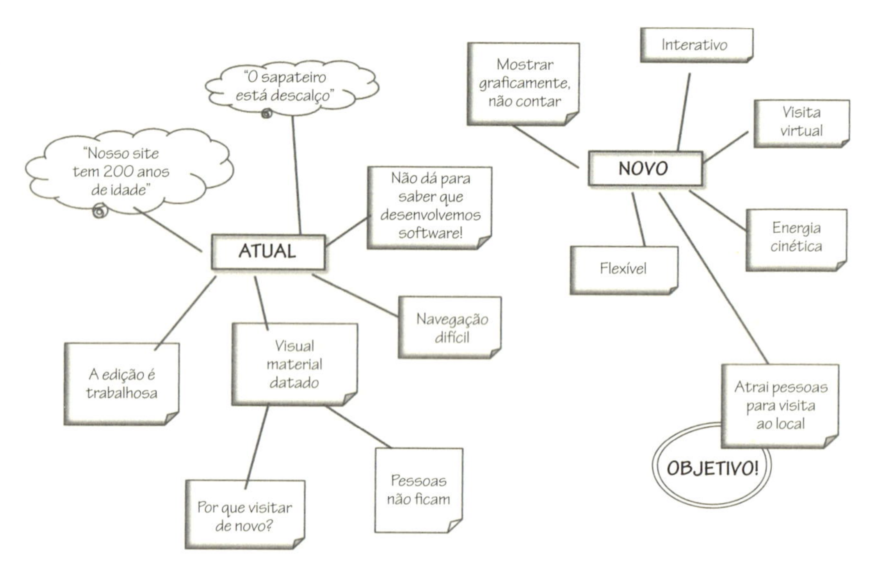

FIGURA 1.1 Mapa mental de entrevista para representar ideias essenciais (exemplo de *design* de *website*).

Convergência de personagens

Com base em observações, geração de ideias e avaliações, a dupla de HTAs cria de 10 a 30 "personagens". Cada personagem é uma história composta detalhada de um membro em potencial do público-alvo, criado em um cartão de personagem escrito à mão, com uma foto e um nome fictício. Os cartões são colocados no mapa de personagens, que tem forma de alvo, e então começa a parte divertida. A dupla apresenta um desafio para o cliente: escolha o personagem-chave para ser o usuário-alvo. Após muita conversa e muito debate, o cliente deve escolher um único personagem.[18]

Por mais difícil e cansativo que seja, os HTAs forçam o cliente a escolher um único personagem-chave entre os membros do grupo. Com isso, é possível focar o trabalho de desenvolvimento em um cliente bastante específico, chamando-o pelo seu nome. O personagem é preso ao centro do alvo (a imagem de um alvo é instrutiva: ela comunica a meta da equipe, mas com espaço para trocas à medida que se adquire mais conhecimento; p. ex., com a opção de excluir ou reduzir um recurso de modo a acelerar o prazo de lançamento). Os HTAs pedem ao cliente que selecione duas personagens secundárias, que são presas às bordas do alvo. Eles insistem que esta é uma prioridade, pois "se tentar criar um produto para todo mundo, ele não funcionará bem para ninguém, e você será aniquilado no mercado".

Avaliações de *design*

No próximo passo no processo de desenvolvimento, os HTAs criam, à mão, um *mock-up* de tela simples e de baixa fidelidade, representando a sua visão do produto com base em todas as suas pesquisas e diálogo com o cliente. Eles compartilham esses *mock-ups* com usuários do mesmo tipo do personagem no *gemba* e fazem mudanças rápidas à medida que o *feedback* é elaborado. É aqui que a filosofia de "errar mais rápido" e o espírito da experimentação rápida demonstram seu valor. Os HTAs não tentam acertar na mosca com o primeiro tiro, eles desenvolvem múltiplas soluções de *design* em potencial para criar o melhor produto possível para o usuário-alvo.

A maior parte dos projetos da Menlo exigem de três a quatro grandes avaliações de *design* com os usuários finais, além de diversas revisões incrementais menores adicionais. Em uma avaliação de *design* típica, a dupla de HTAs mostra o protótipo da interface para os usuários finais em seu ambiente nativo, quase sem explicações, descreve o cenário do usuário e pede que os usuários realizem uma determinada tarefa. Os HTAs anotam tudo que os usuários fazem ou dizem durante a revisão. Se a interface não é totalmente intuitiva para o usuário, os HTAs começam a fazer perguntas para entender o que deve mudar. Com frequência, eles utilizam múltiplos protótipos para avaliar diversos atributos das alternativas de *design*, fazendo inúmeras anotações e realizando uma sessão de *debriefing* após cada experiência.

Todas essas ações ocorrem durante o planejamento do *software*, antes que o código-fonte comece a ser produzido. Os *mock-ups* de capturas de tela são transformados em cartões de história (ou fichas), com um recurso descrito em cada cartão. Duplas de programadores estimam o tempo necessário para criar o código-fonte referente a cada cartão. A seguir, os clientes participam de um jogo de planejamento para identificar os cartões de história que desejam incluir no escopo do trabalho, organizado em planilhas semanais, com o número de horas multiplicado por 2 para uma dupla de programadores e multiplicado pelo seu honorário por dia. Eles ainda estão na fase de planejamento, e podem adicionar ou remover cartões para ordenar suas prioridades e permanecer dentro do seu orçamento.

Por fim, durante a execução, os cartões de história são "jogados" pelo cliente para identificar o escopo do projeto a cada semana. Os cartões jogados são priorizados semanalmente à medida que o cliente autoriza o trabalho da semana seguinte. Os cartões são organizados visualmente em um "quadro de autorização de trabalho" na parede, informando os programadores sobre o cronograma de trabalho diário, e o cliente volta todas as semanas para uma avaliação de *design* direta, resultando nos cartões da semana seguinte. Esse ciclo de aprendizagem, ou PDCA (Plano-Execução-Verificação-Ação) se repete todas as semanas, liderado pelos HTAs, que representam a voz do usuário. Não é surpresa, então, que há pouquíssimo retrabalho e que ele normalmente produz 100% de satisfação do cliente.

A liberdade está nos dados

Até aqui, temos enfatizado a observação direta. O que aconteceu com as pesquisas de *marketing*? E com os calhamaços de dados quantitativos? Não ignore os dados. Eles são úteis. Há muito valor em entender as estatísticas populacionais e comparar o projeto com as ofertas concorrentes.

Consideramos que os dados em grande escala são um insumo necessário, mas não suficientes em si. Os dados podem ajudar a identificar tendências futura e central e variações nas necessidades; e desenvolver gráficos para visualizá-los é essencial. Hoje, temos mais dados disponíveis do que nunca, às vezes até demais. Mas é a interpretação das informações que determina o seu valor.

Um exemplo interessante de como diferentes tipos de dados podem ser utilizados de forma produtiva vem do EC do primeiro Lexus, uma história contada em *O Modelo Toyota.*[19] Ichiro Suzuki, o EC do veículo, analisou a pesquisa do ponto de vista do contexto, mas também entrevistou pessoalmente os proprietários de veículos concorrentes nos grupos focais. Ele identificou padrões de preferência entre os donos de automóveis da Mercedes, BMW, Volvo, Jaguar e Cadillac. Depois, Suzuki desenvolveu curvas de alternativas. Os concorrentes se alinhavam perfeitamente sendo fortes em um fator, como aparência sofisticada, e fracos em outro, como aerodinâmica. Então, ele definiu uma condição intransigente. Por exemplo, uma meta seria ter estilo sofisticado *e* aerodinâmica. Esses desafios de projeto orientaram as grandes inovações que tornaram o primeiro Lexus o veículo de luxo mais vendido dos EUA no seu primeiro ano.

Inovação *monozukuri*

A tradução literal de *monozukuri* é "fazer coisas valiosas": *mono* (objeto de valor) e *zukuri* (fazer ou construir). Mas o termo tem um significado muito mais profundo. Ele captura a paixão do artesão, um espírito renovado de excelência, inovação e orgulho em fazer algo especialmente bem. Trabalhando com a Mazda, Jim aprendeu que, lá, a palavra também representa um método específico para equipes interfuncionais trabalharem juntas para produzir mais valor para o cliente. É uma maneira altamente eficaz de gerar ideias inovadoras e apoiar novos programas de desenvolvimento.

Pequenas equipes interfuncionais, normalmente compostas de indivíduos da engenharia de produto, fabricação, compras e principais fornecedores, estão no centro do processo de *monozukuri*. As equipes recebem o desafio de repensar como o valor de um determinado subsistema do veículo é criado. O ponto de partida é estudar a condição atual, ou seja, os veículos existentes. É um fórum de inovação e aprendizagem focalizada, no qual as equipes estudam os subsistemas em questão, tanto aqueles utilizados nos produtos internos quanto os dos veículos concorrentes. As equipes desmontam, estudam e contrastam diferentes versões do subsistema a partir das suas diversas perspectivas funcionais, na tentativa de determinar as melhores estratégias de projeto e produção e maximizar o desempenho ao mesmo que se minimiza o custo total.

No início, as equipes trabalham independentemente, mas após entender por completo o que de melhor está disponível no momento, a equipe propõe modos novos e melhores de projetar e executar os subsistemas. Poderíamos dizer que estão fazendo *benchmarking* competitivo, mas com muito mais criatividade do que normalmente encontramos nesse exercício técnico.

Os participantes aprendem tanto com o desmonte dos diversos sistemas quanto com as perspectivas uns dos outros, preparando-se para utilizar uma perspectiva de fluxo de valor total (todos os passos necessários) para gerar ideias e inovadoras, com o intuito de melhorar o valor total oferecido para o cliente.

Peças do subsistema, junto com desenhos e ideias, são afixadas aos quadros de *karakuri* (mecanismo), e as equipes se visitam, compartilham ideias e oferecem *feedback*. O resultado é capturado e proposto para as equipes de programa individuais para que possa ser incorporado à próxima geração do produto. Essas ideias levam a melhorias significativas de qualidade, desempenho dos atributos e custo. Os participantes funcionais das equipes também trabalham em múltiplos programas, o que estabelece uma maneira eficaz de compartilhar aprendizagens entre os projetos e promover a identificação de pontos em comum, quando apropriado.

Hoje em dia, durante a facilitação de eventos de *monozukuri*, incentivamo-os a ampliar sua busca de aprendizagem e incluir exemplos de outros tipos de empresa. Os desenhos, diagramas e *mock-ups* resultantes são avaliados em relação a critérios específicos e focados no produto (desempenho, custo, cadeia logística, etc.) pelas equipes de projeto, e um subconjunto deles é selecionado para aplicação em experimentos e testes de mais alta fidelidade.

Inicie com conjuntos amplos de alternativas e busque uma convergência consciente

Conceitualmente, o *front-loading* se concentra em gerar muitas alternativas e então convergir de forma cuidadosa em múltiplos aspectos do projeto simultaneamente. Nosso colega e amigo pessoal Allen Ward chamava isso de "engenharia simultânea baseada em alternativas" e observou que a Toyota é quem melhor aplica o conceito na indústria automobilística. Em um artigo, "The Second Toyota Paradox: How Delaying Decisions Can Make Better Cars Faster" ("O segundo paradoxo da Toyota: Como atrasar decisões pode criar carros melhores e mais rapidamente"), Ward e seus coautores argumentam que esse paradoxo é tão grande quanto a ironia do *just-in-time*, de que ter menos estoque pode levar a entregas mais confiáveis e que respeitam melhor os cronogramas.[20]

A abordagem mais tradicional ao desenvolvimento segue um modelo pontual: convergir rapidamente em uma única solução e então repetir o ciclo para torná-la viável de múltiplas perspectivas; por exemplo, tentar fazer o produto cumprir uma função e então modificá-lo para que seja mais fácil de fabricar (Fig. 1.2). O resultado normalmente é menos do que ideal, de todas as perspectivas (incluindo a do cliente), e resulta em um produto que não funciona muito bem, não é muito inovador e cujo desenvolvimento é caro e demorado. Essa abordagem também leva a bastante retrabalho, como evidenciado pelo modo como novos veículos são projetados e reprojetados, com diversas funções, como a fabricação, com os projetos indo e voltando por não poderem ser acomodados

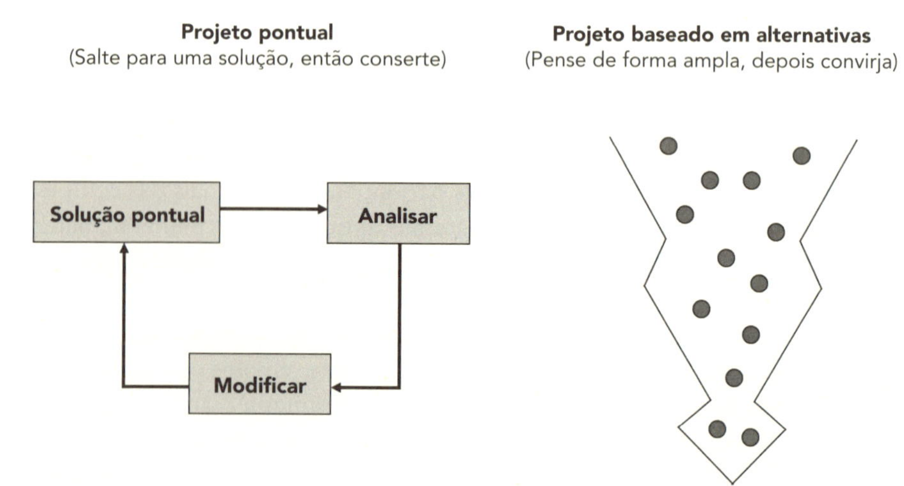

FIGURA 1.2 Projeto pontual *versus* projeto baseado em alternativas.

eficientemente. Isso muitas vezes representa um veto, não a colaboração consciente que permitiu que Dave Pericak trabalhasse com a engenharia de estampagem e entendesse o estilo complexo que é o diferencial do Mustang.

A ironia de uma abordagem baseada em alternativa é que com muito mais tempo e esforço no início do desenvolvimento, que pode atrasar as decisões, o resultado é um projeto melhor e mais rápido, de todas as perspectivas (incluindo a do cliente). Com a exploração completa do espaço de solução, com um mínimo de restrições e pouco investimento de capital, as equipes interfuncionais passam a entender profundamente o cliente, o contexto de uso e o modo como o projeto se combina com o processo de fabricação (Fig. 1.2). Nessa fase inicial do processo, muitas vezes não temos as respostas de que precisamos para reduzir o conjunto de alternativas de soluções ou tomar as decisões necessárias. Mas como você vai tomar uma decisão, então? Realize um experimento.

Experimente para aprender

Em diversos pontos da fase inicial do desenvolvimento de produtos, diversas pessoas terão ideias interessantes, e quase sempre todas terão certeza que a sua é a melhor. Isso pode levar a debates muito interessantes. E isso é bom. Mas nem mesmo um debate mais intenso é suficiente para identificar a melhor alternativa. Um debate honesto entre um grupo diverso de profissionais é uma parte crucial do desenvolvimento de produtos, mas ele tem seus limites.

Em vez de recorrer ao discurso, os melhores engenheiros pensam como cientistas e preferem agir imediatamente para testar suas ideias e entender seus pontos fortes e fracos. Seu conhecimento é limitado e sua capacidade de prever o futuro, imperfeita. "Como vamos testar essa ideia?" é uma pergunta muito melhor.

Em *Toyota Kata*, Mike Rother apresenta um modelo do pensamento científico bastante semelhante ao processo descrito aqui, junto com rotinas de prática (*kata*) que ajudam a construir a mentalidade científica (como veremos no Capítulo 6 deste livro).[21] No centro do modelo temos ciclos PDCA rápidos para descobrir passo a passo como enfrentar o desafio. O desafio está claro, e não é pequeno, no caso da visão do EC. Todavia, o caminho até lá não é claro, exigindo um processo de aprendizagem iterativo em busca de uma série de objetivos de mais curto prazo, chamados por Rother de "condições-meta". Infelizmente, os resultados da neurociência nos informam que não é natural pensar cientificamente. Nossos cérebros sofrem com a pressão de adotar premissas e aceitar soluções antes de entender profundamente o espaço das soluções. O pensamento pontual parece ser natural, enquanto o pensamento baseado em alternativas exige um nível incomum de paciência. Nas palavras de Daniel Kahneman, vencedor do Prêmio Nobel de Economia, tendemos naturalmente a pensar rápido, não devagar. O *kata* de melhoria é o modo como os aprendizes praticam o conceito de *pensar devagar* até ele se tornar natural. Uma excelente ferramenta para a aprendizagem iterativa é a prototipagem rápida.

Protótipos de fidelidade limitada

A ideia de testar protótipos no desenvolvimento de produtos provavelmente nasceu antes da primeira roda ser fixada a uma plataforma e então rolada. Com o tempo, no entanto, a prototipagem tem seguido uma jornada constante na direção de maiores custos, formalidade, complexidade e tempo, com menor foco na aprendizagem. Muitas empresas têm departamentos e especialistas focados na criação e teste de protótipos complexos. Eles são ótimos com a prototipagem, mas têm um entendimento limitado sobre o motivo por trás dos protótipos e o que precisa ser aprendido com eles. Isso levou muitas empresas a concluir que a prototipagem física é um luxo caríssimo, a ser substituído, se possível, com simulações e modelos computadorizados.

Os protótipos virtuais podem ser poderosos e ajudam a simplificar o processo de teste, mas a eliminação geral dos protótipos físicos no desenvolvimento de produtos físicos quase sempre é uma péssima ideia. O objetivo dos protótipos é aprender e sanar as lacunas de conhecimento críticas em termos de desempenho, interfaces de projeto, produtibilidade e até mesmo segurança. Há algo extremamente poderoso na capacidade de tocar, estudar e compartilhar protótipos físicos, ativando todos os seus sentidos. Os protótipos físicos simples podem acelerar a aprendizagem e fortalecer a colaboração.

Um motivo para a prototipagem virtual ser tão atraente é o tempo e o custo para projetar e criar as versões físicas. Reconhecemos que os protótipos físicos cada vez mais sofisticados são caros e demorados, muitas vezes exigindo o trabalho de técnicos altamente especializados, o que tira engenheiros e desenvolvedores do processo e, por consequência, reduz drasticamente o potencial de aprendizagem. Mas em vez de eliminar os protótipos físicos, precisamos descobrir como aprender ainda mais com os protótipos criados de forma mais rápida e barata.

Acreditamos que as empresas devem trabalhar criativamente para produzir o protótipo de menor fidelidade possível que ainda permita aprender o que for necessário em um determinado ponto do projeto. Os protótipos excessivamente complexos são mais um exemplo de projeto pontual: convergência rápida na melhor solução. Você cria um protótipo tão complexo quanto o produto real e ignora o que está tentando aprender especificamente. As equipes não têm certeza do conhecimento necessário ou do que ou como testar, então compensam essa falha criando uma cópia caríssima do produto. Nesse ponto, os membros se sentem comprometidos com as soluções de projeto integradas ao protótipo, e apenas problemas extremos levam a mudanças no que foi projetado. Para evitar essa armadilha, recomendamos que você utilize a prototipagem como parte do processo de convergência baseado em alternativas e reflita profundamente sobre o propósito. Quais são as hipóteses específicas que está tentando testar nesse ponto do projeto? Qual seria uma maneira simples, barata e rápida de testar a sua hipótese? Agora você está pensando como um cientista. É raro que os protótipos testados no laboratório de um cientista se pareçam minimamente com um produto que poderia ser vendido no mercado.

A Schilling Robotics e a prototipagem A prototipagem de baixa fidelidade é uma mensagem que Tyler Schilling, fundador da Schilling Robotics Company, prega há anos. A Schilling constrói ROVs (veículos operados remotamente) capazes de completar tarefas extremamente difíceis e detalhadas a quatro mil metros de profundidade. Seus ROVs são tão bem-sucedidos que representam mais de 40% do mercado e não param de crescer; os braços manipuladores da empresa, provavelmente a parte mais difícil e importante do produto, controlam mais de 95% do mercado.

Mas Schilling observou uma tendência perturbadora: com o passar dos anos, os engenheiros estavam solicitando protótipos cada vez mais caros e complexos para testar suas ideias. Em vez de abandonar a prototipagem física e ficar só com os modelos computadorizados, ele desafiou seus engenheiros e chefes de programa com uma simples pergunta:

> "Como vocês prototipariam essa ideia se um meteoro atingisse a Terra amanhã de manhã e toda a civilização fosse aniquilada, a menos que conseguissem montar esse protótipo hoje? Os engenheiros esquecem imediatamente dos catálogos, oficinas e terceirização. Em vez disso, recorrem aos metais, peças e parafusos que têm em estoque, à solda, pedacinhos de madeira e cola quente. E praticamente todas as vezes conseguimos criar rapidamente um protótipo funcional que ajuda a resolver o problema."

Esses protótipos podem ser "feios", mas Schilling sabe que "ter esse conhecimento agora, não daqui a quatro ou seis semanas, é muito mais valioso do que a versão sofisticada teria sido. Podemos embelezar depois", explica.

Prototipagem no braço do atuador Atlas Scott Fulenwider, um veterano com 12 anos de experiência na Schilling, usou a abordagem prática *minimalista* inúmeras vezes e acredita que, além de acelerar a aprendizagem, o sistema serve para aprofundá-la entre os engenheiros. A Schilling emprega um conjunto completo de ferramentas sofisticadas e de última geração para CAD e simulação, excelentes para determinados aspectos do desenvolvimento. Contudo, a experiência demonstra que elas não são tão boas para outros aspectos, como o acesso para manutenção para seres humanos ou as peças altamente flexíveis do produto (p. ex., mangueiras e fios).

Durante o desenvolvimento de um produto chamado Atlas, Fulenwider e sua equipe foram desafiados a projetar e construir um braço do atuador muito mais forte do que tudo o que estava disponível no mercado, com maiores níveis de precisão e flexibilidade. Ele sabia que um dos problemas técnicos mais difíceis que precisariam ser resolvidos no dispositivo era a "junta de arfagem e guinada", que exigiria que as três últimas juntas fossem acopladas ao máximo sem desrespeitar os requisitos de resistência. Eram necessários atuadores lineares para movimentar as juntas, mas esses atuadores hidráulicos exigiam o uso de mangueiras atravessando o centro do braço para a transmissão de potência. O desafio do projeto seria passar as mangueiras em torno dos atuadores e dos outros mecanismos de modo que nunca, sob qualquer circunstância, elas se dobrassem ou se enroscassem.

Fulenwider lembra de entrar em uma revisão de projeto, durante a qual a equipe estava avaliando o projeto no CAD, e sentir que tinha achado a solução. Mas ele ainda tinha uma "pulga atrás da orelha": Willie Klassen, um dos membros mais inteligentes da equipe da Schilling, expressara dúvidas sobre o projeto durante o diálogo da equipe. Fulenwider respeitava Klassen e a sua experiência, então decidiu testar suas próprias premissas.

Com o meteoro hipotético de Schilling ecoando em seu cérebro, Fulenwider se dirigiu à área de prototipagem e tentou construir um modelo de baixa fidelidade que servisse de prova do seu projeto. Ele imprimiu algumas capturas de tela do projeto; desenhou-as em pedaços de madeira; serrou, colou e aparafusou tudo em um modelo funcional grosseiro dos aspectos críticos do braço. Fulenwider percebeu quase imediatamente que o braço não funcionaria. Ele reuniu os membros da sua equipe na mesma hora para estudarem os problemas. A equipe continuou a refletir sobre as alternativas e construir protótipos rápidos à mão, aumentando a fidelidade para melhor representar o contexto operacional do sistema; após três semanas, a equipe conseguiu elaborar um projeto melhor, capaz de atender ou superar todos os requisitos.

Se a equipe tivesse avançado no desenvolvimento sem os protótipos simples e improvisados, o problema não teria sido descoberto até fases muito posteriores do processo de desenvolvimento. Por consequência, o tempo teria imposto uma limitação estrita às opções de projeto, e a equipe provavelmente teria sido forçada a aceitar um braço muito maior, mais pesado e mais caro para atender os requisitos de resistência, além de menor precisão operacional. Explorar o espaço de soluções usando protótipos simples, construídos pela equipe de projeto, melhorou a criatividade e gerou um projeto muito melhor.

Prototipagem na Schilling para desenvolvimento de *software* A Schilling Robotics também aplica o mesmo princípio dos protótipos de fidelidade limitada ao desenvolvimento de *software* e interfaces do usuário. Em um programa chamado Gemini, a empresa combinou essa estratégia com o processo de HTA da Menlo. As interfaces do usuário (IUs) existentes dos ROVs eram complexas e exigiam operadores muito experientes, uma forma ao mesmo tempo caríssima e de oferta escassa. Uma dupla de HTAs, composta de Valerie Cole, a diretora de *software* da Schilling no programa, e Garry Everett, da área de relações com o cliente, estava decidida a mudar essa situação. O objetivo era tornar o controle do ROV do revolucionário Gemini completamente intuitivo, para que operadores menos experientes pudessem adquirir proficiência em um período relativamente curto de tempo.

"Quando analisava as IUs existentes, elas eram tão complexas que meu cérebro desligava", lembra Cole. "Eles foram projetados por engenheiros, que se sentem obrigados a fornecer cada informaçãozinha para os operadores". O resultado era uma infinidade de reclamações sobre a dificuldade da IU, mesmo para usuários experientes. A dupla tinha uma tarefa difícil pela frente.

Como veterana do desenvolvimento de *software*, Cole conhecia bem o processo de personagens e os *storyboards*. Contudo, o processo usado pela Schilling Robotics no passado exigia muito trabalho de programação e tempos de ciclo relativamente longos apenas para criar um produto viável mínimo. Por causa desse investimento significativo, era extremamente improvável que os engenheiros realizassem grandes mudanças na IU mesmo quando um problema era detectado. Era muito mais fácil criar sobreposições para resolver o problema e, consequentemente, havia a tendência de complicar ainda mais o produto.

Cole e seus colegas estavam buscando uma abordagem alternativa, e ficaram intrigados quando descobriram o processo da Menlo de desenhar diversos *designs* de IU à mão e trabalhar diretamente com usuários em potencial para escutar o seu *feedback*, implementar atualizações rápidas e fáceis e convergir em uma solução em potencial. "Vimos nosso *coach lean* trabalhando com o pessoal de *hardware* em protótipos de baixa fidelidade baseados em alternativas e obtendo bons resultados", Cole explica. "Então decidimos que o processo da Menlo nos daria a oportunidade de aplicar esse mesmo raciocínio ao nosso mundo de *software*."

Primeiro, os membros da equipe trabalharam na identificação do seu personagem-alvo. Como estavam tentando algo muito diferente para a sua indústria, o desenvolvimento de personagens seria decisivo. Eles dedicaram um período significativo a reuniões com pessoas experientes dentro e fora da Schilling Robotics e fizeram visitas externas para observar diversas pessoas exercendo suas funções. Eles passaram bastante tempo debatendo, atualizando, alternando e refinando suas metas, e até chamaram alguns especialistas da Menlo para os ajudar.

Por fim, a equipe colocou o personagem Chet no centro do alvo. Chet era jovem, esperto, um pouco impertinente, grande conhecedor de *smartphones* e consoles de *videogame* (parte natural e essencial da sua vida). Ele também trabalhara por vários anos no setor. Um alvo secundário seria Hank, o supervisor de Chet. Hank é mais experiente e habilidoso e é um bom mentor. Contudo, Hank protege o seu conhecimento para criar escassez e aumentar a demanda pelas suas habilidades. Ele não é o usuário para o qual se destinaria a IU.

Os membros de equipe fizeram um *brainstorming* para pensar em maneiras de projetar uma IU incrivelmente simples. Eles desenharam à mão centenas de telas em potencial, até se decidirem por três *kits* de *design* (séries de telas de IU) para testar com usuários:

- Uma versão "bicicleta com rodinhas", apelidada de "babá", guiava o usuário por cada passo, por menor que fosse.
- Um *kit* "não sei, não me importo" não mostrava nenhuma informação além daquelas necessárias no momento.
- Uma versão mais próxima da abordagem tradicional, o controlador, não era tão complexa quanto as telas em uso no momento, mas ainda fornecida um alto nível de *feedback* para o operador.

A seguir, eles montaram os seus *kits* de *design* e foram trabalhar no local do cliente. O único problema é que era impossível encontrar os *Chets*, pois todos estavam em campo, trabalhando. Na verdade, as pessoas escolhidas pelos clientes para revisar os *kits* de *design* estavam mais próximos de Hanks (supervisores) do que de Chets (usuários de campo). Cole e Everett concordaram em testar o processo de revisão com os Hanks, pois eram as únicas pessoas disponíveis. Foi uma péssima decisão.

Na primeira rodada, Cole atuou como "CPU", trocando as IUs de papel com base nas respostas dos participantes, enquanto Everett fazia anotações detalhadas. O participante ficou extremamente frustrado, até furioso, pois Cole não lhe dizia o que fazer quando tinha dificuldades com a IU. Ele estava acostumado a ter todas as respostas e ficou muito incomodado. Na verdade, enquanto trabalhavam com os participantes, ficou evidente para Cole e Everett que o mapeamento de personagens não seria bem-sucedido sem a pessoa certa. Eles procuraram o cliente e detalharam melhor o que estavam procurando, até finalmente encontrarem um funcionário cujo voo até a plataforma fora cancelado e que estava parado no escritório. E ele era um Chet perfeito. A partir de então foi mais fácil encontrar outros Chets, e Cole e Everett começaram a aprender em velocidade supersônica.

Trabalhando com os usuários, Cole e Everett foram surpreendidos pela quantidade de descobertas que fizeram. Por exemplo, o *kit* de *design* Babá guiava o usuário pelo processo passo a passo, seguindo o modelo de assistente. Ele tinha uma trilha na parte inferior da tela que mostrava o progresso do usuário, um recurso do qual a equipe estava especialmente orgulhosa. Ninguém notou. Nenhum usuário. Em outro *kit* de *design*, a IU foi dividida ao meio para que o usuário pudesse minimizar metade da tela e se concentrar na outra. O *designer* colocou setas enormes bem no meio da tela. Ninguém entendeu o que as setas faziam, e vários usuários sequer perceberam que estavam lá.

Quando voltaram à Schilling Robotics, Cole e Everett estavam muito animados para reunir a equipe e compartilhar tudo que haviam aprendido. Eles colocaram Post-Its junto a recursos de *design* específicos com o *feedback* dos testes; por exemplo, "esse botão nunca foi usado" ou um sorriso para recursos bem-sucedidos. Eles analisaram todas as informações, identificaram padrões e desenvolveram hipóteses sobre o que estava acontecendo que poderiam ser testadas durante a próxima rodada. O resultado foi uma "grade de hipóteses" (Fig. 1.3), que os ajudou a capturar os *insights* e incorporá-los ao próximo conjunto de *kits* de *design*, e então mais debates.

Na rodada subsequente com os usuários, eles combinaram os *kits* de *design* atualizados com um nível de fidelidade maior, adicionando um vídeo e controles melhores às IUs desenhadas a lápis. A equipe de *hardware* desenvolvera protótipos funcionais do braço atuador, então Cole e Everett planejavam incorporar vídeos do braço funcionando à próxima rodada, junto com os novos *kits* de *design*, para melhor representar a experiência do usuário e refinar mais uma vez o seu *design*.

Essa combinação de construir protótipos de baixa fidelidade, usar uma abordagem baseada em alternativas e trabalhar diretamente com os usuários em experimentos poupou muito tempo e dinheiro e ainda criou uma IU tão superior que a Schilling Robotics está trabalhando para transformá-la no padrão para projetos de *software*.

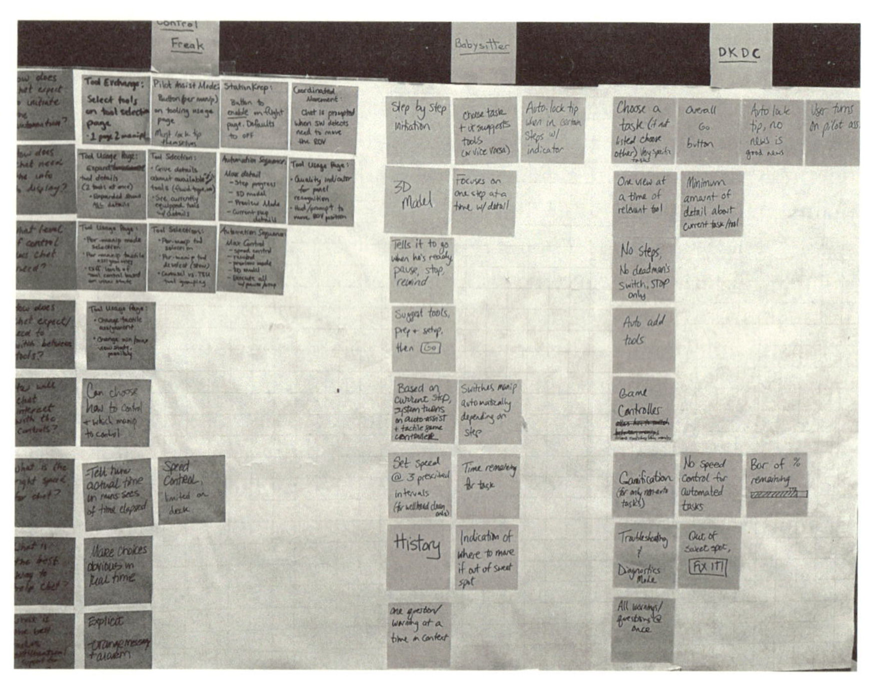

FIGURA 1.3 Grade de hipóteses.

A ideia, obviamente, não é reduzir todos os protótipos a papel, madeira e papelão. A ideia é sair do modo de debate, identificar a maneira mais fácil e eficaz de testar ideias ou resolver problemas e então entrar em ação. Mesmo para produtos altamente sofisticados, a resposta pode ser mais rápida, mais barata e de menor fidelidade do que você acha que precisa.

Testando ideias de produtos com experimentação na FirstBuild

Vimos como problemas difíceis podem ser resolvidos, hipóteses podem ser testadas e *designs* podem ser otimizados na fase inicial do programa usando protótipos de fidelidade limitada. Mas e se o desafio é entender se uma tecnologia completamente nova venderá bem? A ideia de criar um produto viável mínimo (MVP, *minimum viable product*) foi popularizada por Eric Ries em *A Startup Enxuta*.[22] Muitas empresas nos dizem que fazem isso há anos com seus testes de conceito, mas Ries incentivou-as a ir além, submeter seus conceitos ao teste final e ver se os clientes estariam dispostos a pagar pelos produtos.

A comunidade de *A Startup Enxuta* se concentrou principalmente em aplicativos de *software* para *startups* de pequeno porte, mas Kevin Nolan, CEO da GE Appliances (que hoje pertence à chinesa Haier), estava decidido a adaptar essa ideia a eletrodomésticos relativamente complexos. Ele queria um modo rápido e barato de submeter as ideias de produto da GE Appliances ao teste final. Mais do que isso, ele queria uma maneira de engajar a comunidade como um todo para gerar novas ideias de produtos.

Como acontece com todos os bons praticantes do *lean*, Nolan primeiro tentou entender qual era o problema que estava tentando responder. A taxa de sucesso da GE Appliances em novas tecnologias era próxima à média do setor, mas menor do que a de alguns dos novos concorrentes. Ele queria um modo de aumentar a taxa de sucesso de novas tecnologias. Após fazer *benchmarking* com empresas de todo o mundo e conduzir diversos experimentos internos, Nolan decidiu que deveria inverter o processo tradicional de desenvolvimento de tecnologias. Em vez de desenvolver produtos em segredo, ele queria encontrar uma maneira de ligar mais diretamente a inovação com seus clientes. Em outras palavras, ele queria codesenvolver novas tecnologias abertamente e que a velocidade fosse a sua vantagem competitiva. Foi assim que nasceu a FirstBuild.

A FirstBuild é um espaço de *design*/engenharia e microfábrica de mais de 3.200 m², adjacente ao *campus* da University of Louisville em Kentucky, a cerca de 13 km do famoso Appliance Park da GE, onde a GE Appliances fabrica milhões de eletrodomésticos todos os anos. A FirstBuild tem a capacidade de realizar quase todos os tipos de produção e montagem em pequena escala com madeira, chapas metálicas e plástico. Corte e gravação a *laser*, forjaria, soldagem, formação, estampagem, múltiplos tipos de impressão 3D e até uma linha de montagem extremamente flexível estão à disposição da equipe. O espaço também inclui computadores com sistemas de CAD, lousas manuais e eletrônicas, ferramentas de todos os tipos, diversas matérias-primas e um conjunto de impressoras. No outro lado das paredes de vidro do espaço de trabalho encontra-se uma área de demonstração e um *showroom* de novos produtos, onde qualquer um pode examinar e testá-los. Mas as capacidades técnicas das instalações são apenas a ponta do *iceberg*.

Quando entramos na FirstBuild, a energia criativa é inegável. Além das pessoas que examinam os novos produtos em exposição, vemos diversos grupinhos em torno de *mock-ups*, lousas e desenhos. A equipe trabalha em grandes mesas de madeira no espaço de *design*, enquanto artistas e *makers* com óculos de segurança estão espalhados por toda a oficina, operando equipamentos de alta tecnologia ou milenares, enquanto outros avaliam minuciosamente um processo de montagem.

Quando Jim teve a oportunidade de trabalhar com a equipe da FirstBuild, Nolan lhe explicou que "incentivamos a colisão de ideias". Os engenheiros, dentro e fora do horário de trabalho, se encontram com estudantes e docentes da universidade, além de pessoas "da rua", para trabalhar em tecnologias simples e complexas, sempre sob o olhar vigilante de técnicos especializados, sempre à disposição para ajudar e orientar. É essa energia e entusiasmo que Nolan mais se esforça para proteger: "Este lugar é movido a paixão. Amamos isso aqui e queremos protegê-lo a qualquer custo. É o primeiro lugar que já vi onde as pessoas ainda querem começar a trabalhar nos seus projetos no final do dia de trabalho".

Obviamente, energia criativa não significa, necessariamente, produtos de sucesso. A GE Appliances busca e aceita contribuições de uma comunidade ampla, *online* e presencial. Mas todas as ideias estão sujeitas a testes de validação rápidos no mundo real. Os líderes da FirstBuild são altamente céticos em relação a pesquisas de mercado, e confiam menos ainda nas pesquisas de opinião. Eles acreditam que o melhor teste é ver se as pessoas estão dispostas a pagar pelo produto. É algo que incomoda muitos *designers* e engenheiros, que quase sempre acreditam piamente que descobriram a próxima grande ideia. Às vezes, a FirstBuild testa ideias usando *crowdfunding* na Internet, não por falta de dinheiro para desenvolver a ideia, mas para testar a validade da ideia. Depois, a equipe constrói rapidamente uma pequena quantidade de produtos conceituais bons o suficiente para venda *online* e para a vitrine de novos produtos da FirstBuild. O trabalho levou a tecnologias bem e mal-sucedidas, e os membros de equipe aprenderam com ambas.

Uma história de sucesso é a do gelo mastigável, uma ideia que rolava pela GE Appliances, havia algum tempo, mas que nunca conquistara o interesse das equipes de programa. Os líderes de equipe achavam que era uma ideia idiota e que nunca venderia; por consequência, ela nunca foi a lugar nenhum no sistema de desenvolvimento tradicional da GE. Uma das equipes da FirstBuild descobriu a ideia, obteve financiamento na plataforma de *crowdfunding* Indigogo e construir versões de mesa e de geladeira. O produto foi um sucesso estrondoso e está gerando lucro na casa dos milhões de dólares.

Refletindo sobre os dados de vendas do programa de gelo mastigável, os membros de equipe descobriram que a grande maioria das vendas vinham do sudoeste dos EUA, especialmente do Texas, e que o produto vendia muito pouco no nordeste do país. O mais interessante é que os líderes de equipe que haviam rejeitado a ideia no passado vinham todos da região nordeste.

Outra história de sucesso é o forno de pizza doméstico. Esses fornos especializados de alto nível têm margens enormes, mas também custos de desenvolvimento e construção igualmente elevados, pelo menos no sistema de desenvolvimento tradicional. Com essas limitações, a ideia nunca teria ido para a frente dentro da GE. Contudo, a resposta ampla da comunidade da FirstBuild e a velocidade das vendas do produto conceitual deram evidências de que haveria uma base de clientes fanáticos no mercado. Trabalhando nos custos do processo de projeto e fabricação e utilizando as capacidades diferenciadas da FirstBuild de criar produtos de baixo volume altamente customizados na sua microfábrica, a GE Appliances introduziu um produto muito bem-sucedido, com altas margens, que provavelmente teria sido impossível pelo método tradicional.

Um dos modos como a FirstBuild não deixa suas ideias envelhecerem é com outra ideia da comunidade de *software*: as *hackathons*. No início, as *hackathons* eram eventos em que o pessoal de *software* se reunia para programar. Eles tentavam *hackear* sistemas e criar coisas inéditas usando códigos existentes.

Neste caso, as *hackathons* "se transformaram em 'vamos se juntar para *hackear* eletrodomésticos e ideias'", explica Sam DuPlessis, gerente e um dos membros fundadores da FirstBuild. "Não é só programação, é eletrônica, é física, é organizar uma ideia que teve no fim de semana e tentar transformar em um evento, em um desafio. Criamos prêmios para os melhores conceitos, pois assim as melhores ideias também ganham algum dinheiro. A GE Appliances recebe centenas de ideias excelentes, algumas das quais se transformam em produtos de verdade".

"As *hackathons* são um jeito único de promove a criatividade", DuPlessis acrescenta. "Algumas pessoas são muito entusiasmadas e querem vir trabalhar, então fazemos isso durante o fim de semana. Às vezes, elas trazem a própria equipe. Elas trabalham pelo potencial de ganhar um prêmio em dinheiro, mas o que mais traz gente para cá é a atmosfera de criatividade. No Appliance Park Engineering Center, os requisitos de produção em grandes volumes limitam o que elas podem fazer nossos programas maiores. Os engenheiros podem vir aqui para se divertir e desenvolver coisas com as quais não poderiam trabalhar no seu emprego normal. É uma possibilidade que deixa muita gente intrigada".

As *hackathons* produziram ideias excelentes para a GE Appliances. Algumas são temáticas, como "O Futuro da Cozinha", mas, de acordo com DuPlessis, essas tendem a restringir os indivíduos ao tópico do momento, como objetos utilizados na cozinha. Outras, como a Mega Hackathon, não têm tema. A primeira Mega Hackathon reuniu 250 pessoas, muitas das quais foram alocadas a equipes. As equipes quase sempre já chegam formadas, mas como observado, a FirstBuild também facilita a sua formação. "Todo mundo chega com as suas habilidades no crachá, então nós dizemos 'ei, se é engenheiro de projeto, não seria legal ter um *designer* industrial na sua equipe? Além de um produto funcional, você também teria boa usabilidade e uma aparência legal. Daria para terminar o fim de semana com uma ideia bonita'".

A FirstBuild também fornece ideias às equipes. "Temos um quadro cheio de coisas nas quais a FirstBuild quer trabalhar", DuPlessis explica. "Só não tivemos tempo ainda. Se gostam da ideia, elas podem tirá-las do quadro e esse pode ser o seu projeto, ou então podem ter suas próprias ideias. Daí em diante, o que fazemos é facilitar a criação delas. Damos os materiais e o espaço para organizar tudo em um quadro, fazer *brainstorming*, obter amostras, montar protótipos em grupo... Trazemos eletrodomésticos. Temos um cemitério superlegal de eletrodomésticos velhos, que deixamos o pessoal desmontar e tirar peças, ou então usar para criar alguma coisa nova".

Os fornecedores também participam das *hackathons*. "Acho que uns 20 fornecedores elevaram o nível do *hacking* quando trouxeram seus materiais e ensinaram todo mundo a usá-los", lembra DuPless. "Por exemplo, a 3M veio com uma equipe de suporte de engenharia bem grande. Eles veem e dão treinamento em adesivos bicomponentes, fitas adesivas ou outros produtos deles". Os fornecedores frequentemente trabalham com engenheiros da GE Appliances para usar tecnologias que seriam difíceis de introduzir no Appliance Park, em que as pessoas hesitam em testar novidades em produtos de alto volume. Na FirstBuild, as tecnologias podem ser experimentadas e até mesmo testadas e usadas em produção de baixo volume.

A filosofia da FirstBuild e as *hackathons* vão além da comercialização de produtos de sucesso. Em um caso, a equipe da FirstBuild e a empresa de saneamento Louisville Water se juntaram para apoiar uma organização de caridade local chamada WaterStep.

A missão da WaterStep é fornecer água potável para regiões do mundo mal-abastecidas. A organização trabalha em diversos locais que sofreram desastres naturais, o último dos quais é Porto Rico, atingida por um furacão em 2017. A WaterStep estava comprando geradores de cloro para purificação de água. Essas unidades usam baterias de automóvel e têm alto custo. São dispositivos bastante versáteis, fáceis de usar e resistentes, mas muito caros, e o preço limitava bastante a capacidade da WaterStep de ajudar as comunidades. Além disso, a organização não tinha controle em termos de disponibilidade. Após um desastre, quando a WaterStep tentava adquirir os dispositivos, era impossível obtê-los em quantidade suficiente.

A FirstBuild formou uma equipe com a Louisville Water Company e engenheiros da GE para projetar um novo gerador de cloro que a própria organização de caridade seria capaz de fabricar. "Um dos pontos era que queríamos projetar algo que pudesse ser construído por qualquer pessoa, usando as ferramentas disponíveis normalmente", DuPlessis explica. "A equipe seguiu o princípio *lean* de primeiro analisar a capacidade de fabricação e então criar um projeto correspondente. Queríamos peças sempre disponíveis, então construímos o aparelho usando peças de encanamento, com operações de usinagem bastante simples. Com isso em mente, chegamos a uma solução que reduziu o custo em 80% para eles".

As unidades da FirstBuild têm as mesmas capacidades que os geradores mais caros, se não são melhores, e o novo gerador quintuplicou a eficácia das doações para a WaterStep. Milhares de unidades foram distribuídas em todo o mundo.

No espírito da melhoria contínua e experimentação, a FirstBuild realizou recentemente uma *hackathon* focada em melhorar ainda mais esses dispositivos. Cerca de 18 equipes de engenheiros e *designers* apareceram para enfrentar o desafio e competir pelo prêmio em dinheiro. Uma das ideias vencedoras foi um gerador de cloro com placas solares, desenvolvido por uma equipe que incluía dois filhos de DuPlessis.

Obviamente, nem todos os produtos da FirstBuild têm sucesso. Na verdade, a maioria fracassa. Mas o objetivo é fracassar rápido e com baixo custo e aprender com a experiência. Um exemplo disso é o café passado a frio. A tecnologia tinha muitos defensores fanáticos dentro da GE Appliances, que permitia passar café a frio em menos de dez minutos sem perder o sabor e qualidade de bebidas que precisavam de 24 horas de extração a frio. A equipe da GE Appliances tinha certeza absoluta que ele seria um sucesso, então estava preparada para introduzi-lo ao processo de desenvolvimento tradicional. Alguém sugeriu que ele fosse testado primeiro no processo da FirstBuild e, para a sua surpresa, o produto não gerou um nível razoável de apoio. Agora a equipe está trabalhando para aprender com a experiência e entender exatamente por que o produto não deu certo. Com a autópsia desse fracasso rápido e barato, a equipe espera entender mais profundamente a sua causa fundamental. Por meio dessa aprendizagem, é possível que o produto volte à cena com modificações e possa passar pelo processo mais uma vez.

Ainda há muito trabalho pela frente na FirstBuild, incluindo ligar seu trabalho com maior eficácia às equipes de planejamento de produto e programas de larga escala da GE Appliances, mas é óbvio que a FirstBuild está tendo um impacto significativo no modo como a empresa pensa sobre o desenvolvimento de novas tecnologias. Com base nos sucessos no Kentucky, a GE Appliances está expandindo a fábrica da FirstBuild e abrindo uma nova em Xangai.

Acreditamos que a FirstBuild oferece um bom exemplo de como parar de discutir por causa de ideias e encontrar maneiras criativas de testar hipóteses. Ela permitiu que a GE Appliances acelerasse seu processo de inovação e aplicasse o teste final aos seus conceitos de produto: Os clientes vão comprar o produto ou não?

O manual de conceito (*concept paper*) para alinhar e recrutar

Vamos pressupor que a sua equipe de desenvolvimento tem bastante trabalho em andamento no *gemba*, com prototipagem, experimentação e testes, na tentativa de sanar as lacunas de conhecimento críticas sobre o cliente, o ambiente, o produto e os riscos. Ótimo. Mas não basta simplesmente responder as perguntas e coletar informações sobre o produto e o cliente. Essas informações precisam ser transformadas em uma visão clara e irresistível do produto, características de desempenho priorizadas e um plano de entrega compartilhado por quem ajudará a executar o programa. O manual de conceito é desenvolvido e evolui durante o período de estudo, não apenas escrito ao final deste. Ele é, em certo sentido, o "produto" do período de estudo.

Em nosso livro anterior, descrevemos como o manual de conceito, também conhecido como visão do EC dentro da Toyota, pode ser o resultado de muitos meses de pesquisas, experimentação e debate entre o EC e membros-chave da equipe. O documento raramente passa de 25 páginas, e inclui metas e objetivos quantitativos e qualitativos detalhados em relação ao desempenho do produto, além de metas sistêmicas de custo e qualidade. Ele também inclui o escopo e cronograma do projeto e apresenta uma justificativa financeira de alto nível para o projeto. Acima de tudo, ele oferece uma visão instigante do que o produto deve ser e o que precisa ser feito para transformar essa visão em realidade. Ele deve ao mesmo tempo informar e inspirar a equipe de desenvolvimento.

O desenvolvimento de um manual de conceito tem três passos principais: compilação de dados e informação, alinhamento com as principais partes interessadas e recrutamento da equipe geral.

Compilar

O primeiro passo na elaboração do manual de conceito é sintetizar a quantidade enorme de informações aprendidas durante o período de estudo. Durante um processo altamente interativo, o EC e a equipe central analisam e sintetizam todas as informações, integrando-as em uma descrição coerente e unificada do produto, uma visão do que o produto precisa ser e como ele gerará valor diferenciado para o cliente.

O que deixar de fora é tão importante quanto decidir o que manter. Poder não é a mesma coisa que dever. O importante é focar no cliente, e o contexto é essencial nisso. Qual problema esse produto resolverá para o público-alvo? O que o cliente valoriza? Qual experiência estamos tentando criar? Quais são os riscos? Quais lacunas de conhecimento precisam ser trabalhadas no processo de desenvolvimento?

Infelizmente, muitas empresas dependem demais de estudos de *marketing* e dos clientes e racionalizam más decisões com a seguinte frase: "Foi o que pediram". Os melhores ECs se apropriam do produto e assumem responsabilidade absoluta por toda e qualquer falha no programa. O EC conhece o potencial do produto melhor do que ninguém e sintetiza essas ideias com conhecimento íntimo sobre o cliente e o contexto, criando uma visão irresistível de um produto bem-sucedido. É assim que ele agrega valor nessa fase. Qualquer um pode criar uma lista de desejos dos clientes. Não é isso que o EC faz. A sua responsabilidade é priorizar, adaptar e agregar valor para as informações de modo a criar um produto que terá sucesso real.

Em nosso trabalho com empresas, vimos que o simples exercício de redigir o manual de conceito ajuda o EC a refletir sobre o próprio pensamento. Ele ajuda o EC a refinar sua visão, priorizar os atributos do produto, identificar riscos de alta prioridade e testar sua própria lógica. Os ECs informam que, quando começam a criar o manual de conceito, ficam surpresos com quanto suas ideias são confusas, suas prioridades estão em conflito e sua visão não é suficientemente instigante. Esse processo os força a resolver esses problemas.

Compilar um manual de conceito é um processo difícil, que ajuda a desenvolver uma visão detalhada do produto. O próximo passo é promover a aceitação organizacional, o alinhamento, que será o verdadeiro teste dessa visão.

Alinhar

O EC é o líder inquestionável do projeto, mas a sua visão precisa ser compreendida e aprovada pela organização como um todo, que por sua vez deve começar o processo de desenvolver planos para apoiar o programa. É importante envolver os principais líderes e outras partes interessadas determinantes no programa desde o primeiro momento, enquanto o conceito ainda pode ser revisado. Para tanto, o EC visita os principais decisores e compartilha o manual de conceito enquanto ainda está sendo criado, tanto para explicar a visão quanto para receber contribuições desses líderes e especialistas. É assim que começamos a obter apoio e entusiasmo para o projeto. Os melhores ECs sabem que esse é o momento para começar a animar todos com o projeto. Esse também é o momento em que cada grupo começa a gerar a sua própria visão e os requisitos para os seus subsistemas, que se alinharão com o plano e o conceito geral do EC.

Uma regra geral para essas conversas é que o EC é responsável pelo que o produto precisa ser, mas os líderes funcionais são pela melhor maneira de realizar a visão do produto. Por serem especialistas nas suas disciplinas, os líderes funcionais são responsáveis por determinar o melhor roteiro a seguir de modo a realizar os atributos importantes da visão de produto do EC ao mesmo tempo que atinge as metas de custo, qualidade e prazo. O EC negociará com os grupos funcionais para maximizar o valor para o cliente, enquanto o especialista funcional (que também trabalha a arte do possível) deve manter a conversa focada na realidade. Apoiar o EC não significa concordar com tudo que ele diz, e sim trabalhar ao seu lado e experimentar com frequência enquanto se busca o alinhamento. Muitas vezes é preciso realizar múltiplas visitas com os líderes mais importantes, pois o EC deve realizar trocas entre as disciplinas, e entre fornecedores, da melhor maneira possível para realizar a visão do produto.

Ao final desse processo, deve haver um plano sólido e de múltiplos níveis para entregar o produto, com as características fundamentais priorizadas de forma clara, os riscos principais e planos de mitigação identificados e no mínimo um plano de alto nível de quem fará o que e quando, de modo a entregar o produto. O EC é obrigado a garantir que a visão para o programa é entendida claramente, enquanto os líderes funcionais e outros decisores principais devem assumir total responsabilidade pelos seus compromissos. No futuro, o manual de conceito servirá como contrato entre a equipe do programa e as funções e de orientação para as milhares de decisões que precisarão ser tomadas à medida que o projeto avança.

Perguntamos a vários ECs de sucesso como fariam a escalada de problemas que tivessem dificuldade de alinhar com os líderes da engenharia, os quais muitos são seus superiores hierárquicos. Todos deram basicamente a mesma resposta. Parafraseando: "Se apelarmos à liderança sênior para forçá-los a cooperar, já fracassamos. Sim, poderíamos recorrer aos níveis mais altos da organização, mas queremos que a força das nossas ideias os recrute para o programa. Queremos que essas ideias os animem e façam querer ser parte do programa. Se não fizerem isso, então talvez não tenhamos acertado a visão". Acreditamos que isso representa um *insight* importante sobre a natureza dos ECs bem-sucedidos e a natureza do período de alinhamento.

Anteriormente, falamos sobre o EC do primeiro modelo Lexus, Ichiro Suzuki, e seus objetivos intransigentes. Queremos isso *e* aquilo. Era fácil de dizer, mas há um motivo para a necessidade de fazer concessões. Ainda não se sabia como cumprir ambas as metas simultaneamente. Por exemplo, ele queria motores poderosos, mas que fossem mais silenciosos do que qualquer motor automotivo disponível no mercado. A questão foi analisada e identificou-se a necessidade de tolerâncias mais estritas para as peças usinadas. O vice-presidente de *powertrain*, superior hierárquico do EC, simplesmente riu do pedido em um primeiro momento. Seria preciso reduzir a variação das peças abaixo da variação das máquinas-ferramentas, e a Toyota já possuía as melhores máquinas-ferramentas do mundo. Impossível!

Suzuki estava trabalhando no que era provavelmente o produto mais importante da empresa na época. Mas ele não correu para falar com o presidente, e também não cedeu. Em vez disso, pediu ao VP que fizesse essa vontade e construísse um único motor, fora da linha de montagem, que atendesse as especificações. "Construir um de qualquer coisa é possível. O problema é produzir em massa", respondeu o VP. Mas ele pediu para os melhores membros da equipe que construíssem o motor e então o testassem em um veículo na pista de testes. Um a um, os engenheiros saíam do carro exclamando que precisavam dar um jeito de fabricar um motor como aquele em massa. E foi o que fizeram!

Recrutar

Após a liderança sênior concordar com os planos, a equipe em geral precisa aprender qual produto está desenvolvendo e o porquê: por que ele importa, como concorrerá e como se diferenciará no mercado. O EC precisa garantir que todos os membros da equipe estão trabalhando para criar o *mesmo* produto, que entendem o seu papel na sua criação e que estão animados com o programa. O ponto de partida para esse processo é disseminar o manual de conceito com todos que trabalharão no projeto.

Na Toyota, por exemplo, cerca de 100 exemplares do manual de conceito são distribuídas para os membros determinantes da equipe de desenvolvimento. A distribuição na Toyota se limita a pequena parcela da equipe total que trabalhará no projeto por motivos de segurança. Contudo, essas 100 pessoas ocupam cargos determinantes, dos quais podem fornecer as informações quando necessárias para os outros membros que trabalham no programa. Para equipes menores, recomendamos que o manual de conceito seja compartilhado com toda a equipe. As informações desse manual se tornam as primeiras nas paredes do *obeya*, o centro de todas as conversas futuras do programa. Imagens, gráficos, desenhos, cronogramas e metas definem o propósito da equipe. No *obeya*, os membros da equipe comparam o seu progresso com os prazos, metas e objetivos do programa com o passar do tempo, sem jamais perder de vista o que estão tentando criar.

Outra maneira de atingir a equipe como um todo é com um evento de início do programa, estruturado em torno do manual de conceito. Essa costuma ser uma parte subvalorizada do processo, frequentemente vista como uma forma de estar em conformidade com um requisito do processo. No entanto, quando executados corretamente, esses eventos podem ser um passo importante para envolver e animar os membros de equipe, garantir que entendem de fato a proposição de valor e ajudá-los a entender o seu papel na sua execução. Lembre-se que recrutar a sua equipe para o projeto é muito diferente de mandar nela ou apenas comunicar aos membros sobre o projeto. Você está tentando fazer os membros internalizarem a proposição de valor, que tornem a execução do projeto uma prioridade pessoal. Por consequência, esses eventos são bastante interativos, com muitas perguntas, até questionamentos e desafios. Isso dá ao EC uma oportunidade de compartilhar o que todos aprenderam durante o longo processo de estudo. Os eventos de lançamento bem-sucedidos quase sempre incorporam elementos do manual de conceito e comunicam renderizações, primeiros protótipos ou outros recursos para ajudar a equipe a se informar.

Outra ferramenta que ajuda a comunicar a visão do produto é o uso de *storyboards*. Os seres humanos são naturalmente visuais, e os engenheiros tendem a ser ainda mais visuais do que a média. Tomando emprestada uma prática comum na criação de filmes e *software*, usada na rotina de empresas como a Pixar, a Schilling Robotics utiliza imagens visuais em *storyboards* para comunicar a sua visão futurista de veículos submarinos avançados. Foi o caso do seu programa Gemini, no qual trocas de ferramentas e capacidades de trabalho sofisticadas foram comunicadas em uma reunião de lançamento usando uma série de *storyboards*. Um dos principais novos atributos do Gemini ROV é a sua capacidade de trocar ferramentas embaixo d'água e realizar múltiplas tarefas sem precisar vir à tona, o que representa uma vantagem competitiva significativa. No *storyboard* do Gemini (Fig. 1.4), o líder usa uma série de desenhos simples para comunicar a visão para essa capacidade. Os desenhos eram simples, mas geraram muitos debates e conversas, o que, em última análise, produziu uma equipe muito mais alinhada.

Os líderes de programa provocaram conversas entre a equipe em torno dos *storyboards*, fazendo atualizações e modificações enquanto revisavam os desenhos. Os *storyboards* e o modo colaborativo como foram compartilhados durante a reunião de início ajudaram a promover um diálogo sólido entre os membros de equipe. Os líderes dão crédito aos *storyboards* por terem gerado um entendimento mais profundo do produto futuro, que não teria sido possível sem eles. O uso dessa ferramenta durante a reunião inicial também identificou lacunas de conhecimento críticas e áreas de alto risco, o que ajudou a

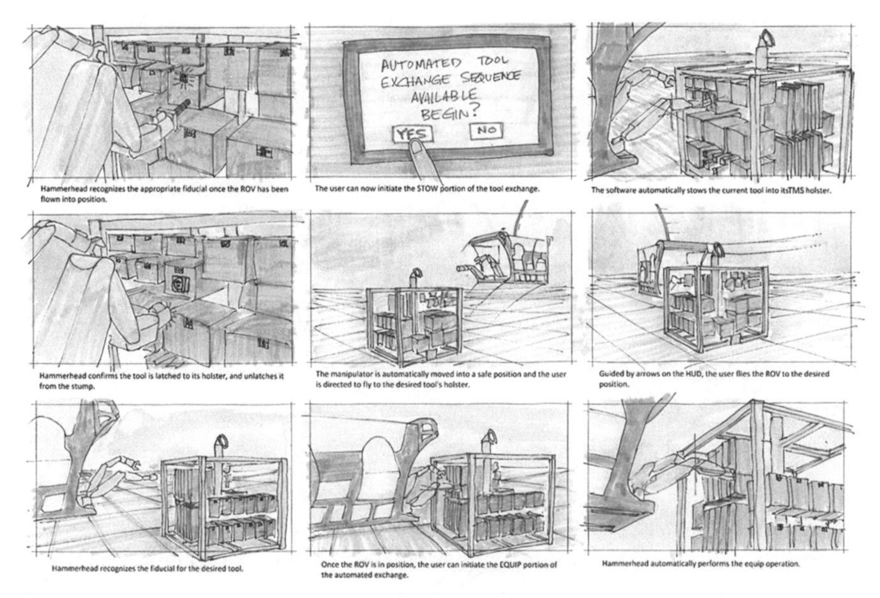

FIGURA 1.4 *Storyboard* das capacidades revolucionárias do Gemini.

gerar possíveis contramedidas e até mesmo alguns experimentos iniciais para o programa. Os *storyboards* permaneceram no *obeya* como um lembrete visceral para os membros de equipe de qual era a visão para o produto, e que sua intenção seria revolucionar mais uma vez o seu setor.

Considerações finais

O desenvolvimento bem-sucedido começa com o detalhamento de um conceito de produto forte e a identificação de lacunas de conhecimento críticas a serem preenchidas. Pode parecer óbvio, mas, por algum motivo, é o ponto fraco de muitos programas de desenvolvimento. Ouvimos muito que a alta gerência está com pressa e não quer alocar tempo ou recursos suficientes no início do projeto, a parte mais crítica do processo de desenvolvimento. Neste capítulo, incluímos diversos conselhos sobre como concentrar esforços corretamente no início do desenvolvimento. Podemos pensar nisso como um processo de convergência em quatro passos (ver Fig. 1.5):

1. **Entendimento profundo dos clientes.** Os dados são úteis para entender as características populacionais da base de clientes, mas o entendimento real

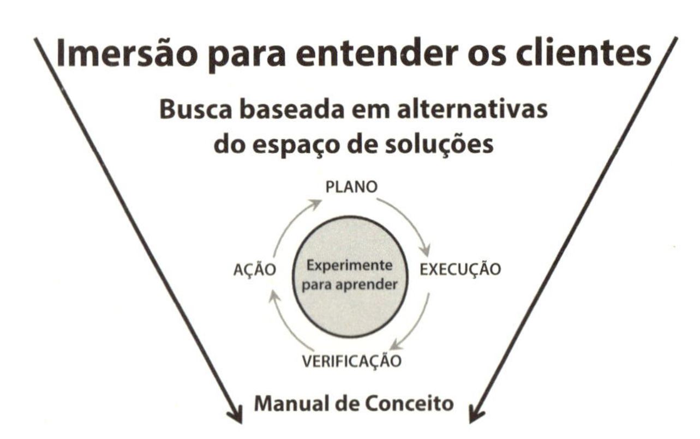

FIGURA 1.5 Concentração dos esforços para estreitar e focalizar o desenvolvimento.

exige uma imersão profunda no *gemba*, ou seja, o local onde estão os clientes. Criar um grande projeto exige estabelecer uma ligação emocional e ter empatia, além de realizar observação direta.

2. **Projeto baseado em alternativas.** Em vez de saltar para uma solução pontual e usar iterações para fazê-la funcionar, no projeto baseado em alternativas, exploramos o espaço de soluções de forma ampla antes de nos comprometermos com uma solução específica. As diversas funções devem explorar o espaço de soluções ao mesmo tempo, trabalhando em conjunto para encontrar pontos de intersecção.
3. **Experimente para aprender (PDCA).** Pense como um cientista, com uma boa dose de ceticismo. Conceitos que parecem grandes ideias devem ser testados. Não desperdice seu tempo debatendo-as. Cada experimento é uma oportunidade para aprender e informa o próximo experimento. A prototipagem focada é uma boa ferramenta para a aprendizagem rápida com PDCA.
4. **Manual de conceito.** O manual de conceito do EC é o resultado final da exploração ampla e então da convergência do chamado Fuzzy Front End ou "começo confuso". As ideias são propositalmente indefinidas quando começamos a fase de projeto conceitual, para que possamos explorar de forma mais ampla, entretanto, o manual de conceito é bastante concreto. Ele é mais do que um relatório, é o resultado de bastante aprendizagem, debate interno e discussão centrada no alinhamento e recrutamento das principais partes interessadas para que se comprometam com a visão. Ele serve como ponto de partida para todo o trabalho de engenharia que descobrirá maneiras de concretizar a visão.

PRÓXIMOS PASSOS

No próximo capítulo, analisaremos a fase de execução do desenvolvimento de processos, ferramentas e engenharia detalhada. Compartilharemos exemplos de práticas e técnicas que aceleram o lançamento no mercado e garantem a execução exata.

Sua reflexão

Criando uma visão

Não podemos fingir que é possível prever o futuro dos seus novos produtos e serviços com 100% de certeza se adotar esses processos. Confiamos que você acertará o alvo mais vezes, e às vezes até "na mosca". A visão que descrevemos sobre como acertar o produto na primeira vez é a seguinte:

- O programa de desenvolvimento é comandado por um líder visionário com habilidades técnicas, de negócios e sociais que vende uma visão irresistível para o programa.
- O *marketing* e as vendas apoiam o líder visionário com dados de pesquisa de mercado e facilitam as visitas ao *gemba* para entender profundamente os clientes e o contexto de uso.
- Observações diretas dos clientes e do contexto levam a uma ideia melhor do que gerará uma ligação emocional com os clientes.
- Seu melhor pessoal pertence a uma equipe interfuncional no Fuzzy Front End ("começo confuso"), que utilizam um período de estudo definido para explorar de forma ampla o espaço de soluções.
- A equipe de projeto (ou subgrupos, em projetos grandes) explora alternativas usando desenhos, *mock-ups*, protótipos de fidelidade limitada e experimentos rápidos.
- A contribuição ampla dos grupos a jusante, como a produção, e dos clientes que testam modelos e protótipos, informa continuamente o processo de convergência.
- O líder sênior (EC) desenvolve um manual de conceito e o dissemina amplamente para obter *feedback* e gerar consenso.

Essa visão se encaixa com o que você considera necessário na sua empresa? Como você revisaria essa visão para se adaptar melhor à situação da sua empresa?

Sua condição atual

1. Seus produtos estão atendendo as expectativas? Quais são os principais problemas ou oportunidades de melhoria?
2. Como você usaria seu tempo na fase inicial do programa de produto para entender o cliente, o ambiente e os riscos? Como você poderia melhorar?
3. Você gera conjuntos de soluções em potencial e converge ou realiza ciclos em torno de uma única solução?
4. Como você usa desenhos, modelos e protótipos para resolver suas lacunas de conhecimento na fase inicial do programa?
5. Como você se comunica e recruta a equipe para a visão do produto?
6. Quais são as áreas de alta preocupação nas quais valeria a pena trabalhar imediatamente?

Entrando em ação

Escolha uma das áreas mais preocupantes e anote algumas ideias sobre como começar a trabalhar nelas. Algumas direções possíveis incluiriam:

1. Modos de entender profundamente o cliente e o contexto no qual um produto é utilizado e determinar o que deve ser o produto. Tente fazê-lo por meio da experiência direta dos desenvolvedores, para que possam vivenciar em primeira mão, visceralmente, o que o produto precisa ser, não por meio dos filtros e da edição de outra organização, como o setor de *marketing*.
2. Como aprender por meio de experimentos e protótipos de fidelidade limitada, ou seja, aprendizagem e experiência diretas.
3. O que seria colocado em um manual de conceito.
4. Uma abordagem para alinhar e recrutar a equipe na execução da visão representada pelo manual de conceito.

2

Como entregar com velocidade e precisão

*O gerenciamento de projetos convencional auxilia [*a determinar o que fazer e quando*] definindo um plano detalhado e tenta cumpri-lo. (...) Isso quase nunca dá certo. As empresas* lean *criam uma rede de pequenos ciclos cadenciados, rápidos e em operação constante.*

— Allen Ward e Durward Sobek,
Lean Product and Process Development

Excelência na execução

Você fez o dever de casa e entende a proposição de valor única do seu produto ou serviço. Você criou ou compartilhou uma visão instigante. A equipe entende e aceita o manual de conceito (*concept paper*). Todos entendem os riscos e identificaram as lacunas de conhecimento iniciais. Chegou a hora de transformar uma grande ideia em um produto revolucionário e atacar o mercado na hora certa. É hora de engenharia detalhada, testes, preparação das ferramentas e lançamento. Em outras palavras, é hora de executar. Criar grandes produtos envolve muito mais do que ter ideias inovadoras. Por melhor que seja sua ideia, você ainda precisa executá-la bem. É preciso cumprir o prometido.

As empresas que podem executar com velocidade e precisão durante essa fase possuem uma vantagem competitiva formidável. A excelência na execução se baseia em prestar atenção aos detalhes do trabalho, minimizar os desperdícios e operar de forma precisa e previsível para levar o produto certo para o cliente dentro do prazo. Reduzir o retrabalho, o tempo de espera e a má comunicação capacita o desenvolvimento mais eficaz e, mais do que isso, cria um ambiente de trabalho muito mais respeitoso. Como veremos, essa abordagem representa uma base para criar fluxos de valor bem-sucedidos, não apenas produtos isolados.

A velocidade tem poder. O tempo é o recurso mais limitado que temos. Reduzir o tempo de ciclo de gestão, trabalhar de forma mais concorrente e criar transparência são ações que podem ter efeitos drásticos no seu *lead time* de desenvolvimento de produtos. Se puder entregar mais rápido do que a concorrência, será o primeiro a entrar no mercado e terá mais tentativas para usar.

É claro que passar da fase de estudo para a de execução não é como acender uma luz. Não é uma transição, é o momento de passar o bastão. Durante a execução, ainda temos questões e problemas para resolver, e a maior parte da engenharia de produto e de processo ainda não foi realizada. Contudo, a execução detalhada tem uma natureza distinta da fase de estudo: há um entendimento mais sólido do Norte verdadeiro e um senso de urgência maior no trabalho. Isso prepara o contexto para que as equipes utilizem conceitos, práticas e ferramentas comprovados que melhoram a capacidade de praticamente todas as empresas de entregar produtos dentro do prazo, dentro do orçamento e com qualidade.

Infelizmente, na maioria das empresas, os sistemas de legado de desenvolvimento de produto que vemos se baseiam em um pressuposto do século XX, a saber, que as organizações são como máquinas. E, por serem máquinas, a ordem é comando e controle, de cima para baixo. Uma abordagem de controle é colocar as pessoas em "caixas" com base na sua especialidade funcional. Insira as informações certas na caixa de análise de engenharia e dela saem os resultados da análise. Insira as especificações em uma caixa de grupo de componentes e você recebe de volta o projeto dos componentes. Insira os projetos na caixa dos engenheiros de processo e tire um processo de fabricação. E as caixas são controladas com procedimentos padrão e revisões nos marcos intermediários. O resultado final é o modelo "em cascata" do desenvolvimento de produtos (ver Fig. 2.1). Na verdade, o que acontece é que as informações inseridas não são suficientes e, sem o *feedback* das outras funções, cada "caixa" produz muitos e muitos defeitos: análises que não respondem as perguntas certas, projetos improduzíveis, componentes que não se encaixam. Isso leva a retrabalho e rotatividade, especialmente à medida que o programa se aproxima da data de lançamento e todas as funções são convocadas para resolver todos os problemas sob máxima pressão.

O processo desejado usa correntes paralelas e fluidas de reflexão e atividade (ver Fig. 2.2). A ideia da engenharia simultânea pode não ser novidade, mas estabelecê-la como padrão operacional de rotina e ter excelência nela é algo bastante trabalhoso. O resultado é um fluxo de trabalho mais suave e nivelado,

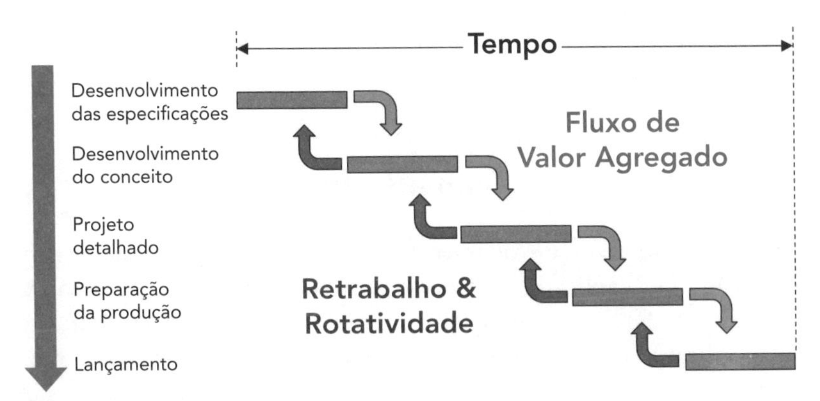

FIGURA 2.1 Modelo em cascata do desenvolvimento de produtos e processos. (*Fonte: Bob Kucner, Caterpillar*)

não os solavancos de definir alguma coisa e então retrabalhar nela quando os problemas saltam à vista de uma hora para a outra.

Sistemas operacionais padronizados e marcos claros nunca substituirão as pessoas no desenvolvimento de produtos. As pessoas são o epicentro do desenvolvimento bem-sucedido, ponto final (é um tema ao qual voltaremos posteriormente neste livro). Contudo, apoiar seu pessoal com um processo *lean*, um

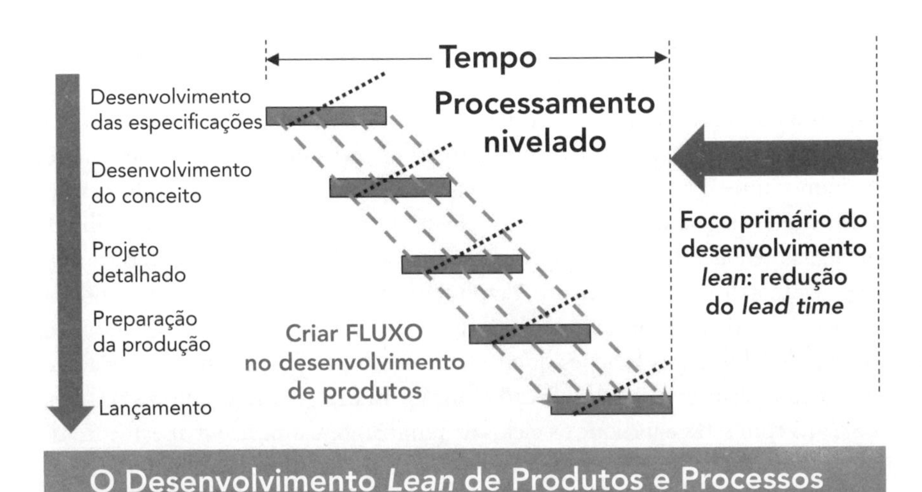

FIGURA 2.2 Desenvolvimento simultâneo de produtos e processos. (*Fonte: Bob Kucner, Caterpillar*)

framework comprovado e estrutura *suficiente* (mas não em excesso!) lhe dará a melhor chance possível de ter sucesso.

Processo de desenvolvimento *lean*

Um processo *lean* de desenvolvimento de produtos *não* é o Sistema Toyota de Produção (STP) aplicado ao departamento de engenharia. Após conhecer os benefícios do STP no chão de fábrica, muitas empresas ficam loucas para "subir" e aplicar as técnicas e ferramentas que os ajudaram tanto na produção diretamente nos processos anteriores. É um erro. A Toyota não pensa assim, a Ford não usou essa abordagem e nenhuma das outras empresas de sucesso com as quais trabalhamos fez isso. Não se enfie nesse buraco.

Agora que já resolvemos essa questão, o pensamento *lean* sobre processos possui alguns elementos básicos que podem ser bastante úteis. A diferença está no modo como esse pensamento se manifesta, nas ferramentas e nas práticas reais. Por exemplo, a capacidade de criar fluxo entre organizações funcionais e produzir qualidade integrada aumenta significativamente com o uso correto de marcos e a prática da compatibilidade antes da conclusão. Outro exemplo é tornar o trabalho visível para diferenciar as condições normais das anormais, pedir socorro e prestar ajuda em tempo, o que pode ser capacidade por meio do sistema de gestão *obeya*.

Na nossa experiência, uma ferramenta poderosa para dar o primeiro passo é o mapeamento do fluxo de valor. Jim adaptou essa ferramenta com sucesso ao ambiente exclusivo do desenvolvimento de produtos, como discutido em detalhes em *Sistema Toyota de Desenvolvimento de Produto*; no Capítulo 9 deste livro, analisamos um exemplo de como ele foi utilizado na Solar Turbine. A abordagem mais simples, e que consideramos a mais poderosa, é desenrolar uma folha de papel gigante e pendurá-la na parede. No alto de cada coluna, anote os prazos do seu programa de desenvolvimento, do pontapé inicial ao lançamento do produto, normalmente de mês em mês. As linhas são como as raias de uma piscina, com o nome das diferentes funções que trabalham no programa. Em cada raia, use *Post-Its* para escrever as tarefas de cada função em cada ponto do processo. Ligue os *Post-Its* com setas e indique os ciclos de retrabalho. Comece o mapeamento do modo como executou um projeto recente, usando seu processo atual. A seguir, identifique os gargalos, os ciclos de retrabalho e outros indícios de falta de coordenação. A seguir, usando os princípios do LPPD, desenvolva um mapa do estado futuro de como deseja que as informações e o trabalho fluam. Além de lhe dar um plano de alto nível para o processo de desenvolvimento, essa também é uma ótima atividade de integração para a equipe interfuncional que transformará essa imagem em realidade. A parte mais poderosa do processo é a união que ocorre entre as equipes interfuncionais quando realmente enxergam o trabalho e os problemas, entendem as interdependências e criam contramedidas juntas.

O mapa do fluxo de valor do estado futuro se torna um plano de alto nível que muda à medida que esbarramos nas realidades do desenvolvimento. O *obeya*, discutido posteriormente neste capítulo, oferece uma cadência diária ou semanal para a criação de valor, produção da qualidade e reconhecimento e enfrentamento das condições anormais. Um dos principais mecanismos para tanto é o projeto correto e o uso de marcos.

Use marcos para melhorar o fluxo e aprimorar a aprendizagem

O trabalho de desenvolvimento de produtos e processos pode parecer caótico e repleto de problemas. Na verdade, uma perspectiva de desenvolvimento é que este representa o negócio de resolver problemas e sanar progressivamente as lacunas entre o conhecimento de que você precisa e o que sabe atualmente, descoberto à medida que você trabalha no projeto. Claramente, um determinado nível de incerteza é parte natural de qualquer programa de desenvolvimento, mas isso não significa que os membros precisam tropeçar no escuro, apenas na esperança de ter algum sucesso. Fornecer às equipes uma estrutura operacional flexível as ajuda a navegar por essas incertezas sem impor burocracias desnecessárias. É um desafio, claro, mas não é impossível. Redefinir marcos e o modo como são usados foi fundamental para o trabalho na Ford de melhorar o sistema global de desenvolvimento de produtos (GPDS), e o mesmo vale para todas as empresas com as quais trabalhamos.

A investida da Herman Miller em desenvolvimento *lean* de produtos e processos

A Herman Miller, fabricante de móveis de escritório, equipamentos e móveis domésticos, é uma organização extraordinária. Empresas de todo o mundo viajam até Zeeland, Michigan, para fazer *benchmarking* com a cultura da empresa. A Herman Miller é mundialmente famosa pela sua inovação e excelência em *design*, com um histórico incrível que inclui décadas de vitórias em prêmios de *design* de alto prestígio e diversos produtos icônicos expostos em museus de arte.[1]

Menos conhecido é o fato da Herman Miller ser uma suma praticante da *produção lean*. Na verdade, a Toyota, mestre da empresa na área, indica a Herman Miller para outras organizações interessadas em descobrir o que é possível, e a considera uma de suas melhores alunas na aplicação da produção *lean* fora da indústria automobilística.

A Herman Miller progrediu bastante na produção *lean*, mas, apesar do brilhantismo da empresa na criação de móveis de alto valor artístico, ela não dedicara muito tempo ao desenvolvimento *lean* de produtos e processos. Na verdade, mais de 70% dos projetos de desenvolvimento estouravam seus prazos. É um problema particularmente grave em um setor que depende bastante de um evento anual (a NeoCon), durante o qual os fabricantes expõem seus novos produtos para os clientes; o custo de ter um produto atrasado é que eles não ficam disponíveis para a apresentação, o que pode levar a uma perda significativa de oportunidades de venda.

Analisando os dados de desempenho dos programas, conduzindo entrevistas estruturadas e mapeando o processo atual, as equipes conseguiram identificar a variabilidade na execução do programa como uma causa fundamental para os atrasos nos projetos. A Herman Miller já tinha um processo de desenvolvimento de produtos de alto nível, com um bom grau de aceitação. Em vez de reconstruir todo o sistema, em um primeiro momento, as equipes decidiram experimentar com planos de desenvolvimento de componentes. Esse tipo de plano, descrito em mais detalhes posteriormente neste capítulo, é uma ferramenta de alta eficácia para a criação de um plano de desenvolvimento de subsistemas ou peças individuais que, entre outros aspectos, sincroniza-se com os marcos maiores do programa.

O processo de tentar criar um plano de desenvolvimento de componentes foi uma experiência reveladora. Trabalhando em um plano de exemplo, os membros da equipe descobriram desajustes significativos entre as organizações funcionais em termos de compreensão das expectativas e coordenação para o sistema de desenvolvimento de mais alto nível. A equipe percebeu que precisaria se afastar um pouco e trabalhar nos problemas interorganizacionais de mais alto nível antes de poder avançar com a criação de um plano de componentes individual. Em outras palavras, a equipe precisaria transformar um conjunto desconexo de processos em um grupo interconectado de processos entre diversas organizações funcionais. Acordos definidos sobre quem deveria entregar o que para quem e quando, seriam extremamente necessários antes que fosse possível trabalhar nos planos individuais.

Os líderes da cadeia logística, engenharia, fabricação, *design* e *marketing* se reuniram em uma equipe de direção interfuncional e começaram o trabalho crítico de redesenhar seu processo de desenvolvimento de produtos. Esses líderes se concentraram em criar uma coordenação interfuncional melhor e um entendimento comum do processo geral de desenvolvimento de produtos. Eles reconheceram que o trabalho precisaria começar com a criação de mecanismos de integração mais eficazes: a transformação começaria por tentar melhorar a eficácia dos marcos enquanto mecanismos de integração.

Para transformar o uso de marcos tradicional (uma mera lista de pontos de verificação de atividades) em um processo baseado em princípios *lean*, a Herman Miller criou um grande mapa dos marcos principais e das raias funcionais, que correm horizontalmente abaixo do programa principal e dos seus marcos. Com os marcos de raias/subsistemas servindo de âncoras de processo, cada função usou Post-Its para recriar o seu entendimento do propósito, do trabalho e das entregas referentes a cada evento. Não por acaso, os entendimentos e as expectativas variavam bastante; as funções precisariam chegar a um consenso sobre o propósito de cada marco e o que esperavam aprender com cada revisão.

O trabalho nos marcos iniciou de um em um, a começar por uma declaração de propósito clara e coletiva, incluindo entregas e critérios específicos que definiriam a qualidade para cada atividade. A equipe de liderança interfuncional definiu uma cadência de reuniões interfuncionais regulares, com o trabalho mais detalhado servindo de dever de casa entre as reuniões.

Beau Seaver, vice-presidente de engenharia de fabricação, orquestrou as grandes reuniões da equipe de direção, mas cada equipe funcional expressou sua própria posição enquanto as equipes se alinharam em termos de propósito e se comprometeram com insumos, produtos e QEC.

Após essa experiência, Seaver disse: "O desenvolvimento de produtos aqui na Herman Miller é um esforço de toda a empresa. O velho ditado de que 'é preciso uma aldeia para criar uma criança' vale mesmo por aqui. O foco inicial do nosso trabalho com marcos foi melhorar a qualidade e previsibilidade do desenvolvimento. Reunir as diversas partes interessadas (disciplinas funcionais) para obter *insights* e empatia para os prazos necessários e associados abriu novas portas. A clareza sobre quem é responsável por cada fase do processo de desenvolvimento e lançamento foi essencial. Nós certamente tivemos um aumento na estabilidade do desenvolvimento, mas um dos benefícios inesperados desse trabalho é o aumento significativo da confiança profissional e um entendimento mais aprofundado das necessidades funcionais em todo o negócio.

A equipe de Beau criou os Níveis de Prontidão para Fabricação (MRL, *Manufacturing Readiness Levels*), que refletiam a maturidade do projeto de produtos e eram integrados aos Critérios de Qualidade de Eventos (QEC, *Quality of Event Criteria*) dos marcos para modelar um padrão normal para o processo de fabricação e níveis de maturidade do ferramental em cada marco.

O trabalho da Herman Miller para se redefinir e alinhar em torno dos marcos embasou muitas outras iniciativas de desenvolvimento *lean*. O esforço foi um fator fundamental na forte melhoria nas entregas dos programas e, na época da produção deste livro, mais de 90% de todos os programas estavam cumprindo seus prazos.

O problema dos marcos enquanto burocracias coercivas

Os marcos eficazes são uma parte importante, mas muito incompreendida, do processo de desenvolvimento das empresas. A sua eficácia quase sempre sofre de uma a duas condições extremas, sinais clássicos de uma burocracia rígida ou meras sugestões para equipes não gerenciadas conhecidas com o título de autodirigidas. Por outro lado, no que Paul Adler chama de "burocracias coercivas", eles se tornam parte de um sistema de controle.[2] Eles se tornam, então, um mecanismo externo para os gerentes e especialistas em processos de desenvolvimento *auditarem* os processos de desenvolvimento de produtos com base em listas de verificação predeterminadas. Vimos casos de empresas aplicando calhamaços gigantescos de critérios em cada revisão de fase ou marco, classificando cada critério como verde, amarelo ou vermelho, sem nenhum debate significativo sobre os problemas ou como trabalhá-los. Essa mentalidade de listas de verificação raramente leva a um desempenho melhor de fato.

Por outro lado, as empresas que preferem o trabalho em equipe livre e solto, de baixo para cima, descobrem que equipes independentes (ou seja, equipes funcionais) quase nunca se coordenam bem e tendem a ignorar detalhes e estourar prazos. Elas têm dificuldade para diferenciar as condições normais das anormais e esperam demais para reagir aos problemas. E, pior ainda, quase não há aprendizagem compartilhada entre as equipes de programas.

Uma das melhores ideias de Adler ocorreu enquanto estudava a NUMMI, uma *joint venture* da Toyota com a General Motors. Ele descobriu que muitos planos e trabalho, e procedimentos operacionais padronizados realmente ajudavam os membros de equipe a executar o seu trabalho. Adler batizou esse fenômeno de "burocracia habilitadora", pois, quando projetados e utilizados corretamente, os padrões ajudam as equipes a se coordenar e a aprenderem juntas, além de criar um papel construtivo para a alta gerência.

Os marcos podem e devem ser como uma partitura que, aliada a um maestro habilidoso, alinha e orienta sua orquestra de desenvolvimento. A seguir, compartilharemos algumas ideias sobre o propósito dos marcos, sugeriremos maneiras de criá-los de forma útil e ofereceremos dicas sobre como aumentar a eficácia das suas revisões.

O propósito dos marcos

Como sugere a palavra, os marcos são sinais que demarcam o progresso na jornada de desenvolvimento:

- **Pontos de referência para diferenciar o normal do anormal.** Os marcos dizem aos membros de equipe se estão no caminho certo para poderem decidir qual seria a melhor maneira de avançar. Eles devem definir a condição normal para aquele ponto no processo de desenvolvimento. Não estamos falando de um divisor "avançar ou não", mas sim de um indicador-chave para capacitar a equipe para agir de maneira apropriada e se redirecionar quando necessário. A ideia é semelhante ao tear de Sakichi Toyoda ou as linhas no piso de uma estação de trabalho na linha de montagem, indicando a porcentagem de trabalho a ser completada naquele ponto da estação. Se um trabalhador está na linha de 50%, e apenas 25% do trabalho está completo, ele pode puxar a corda do *andon* e pedir ajuda. O líder de equipe pode se aproximar e ajudar a resolver o problema na estação, sem perturbar o resto da linha. Obviamente, esse sistema é pior do que inútil se a equipe identifica condições anormais sem ter um mecanismo de sinalização à sua disposição, ou se o líder não ajuda a equipe de fato. O segredo é o sistema de gestão *obeya*. O objetivo final é identificar e resolver os problemas o quanto antes e com eficácia, encurtando o tempo de ciclo de gestão e mantendo o projeto nos trilhos.
- **Pontos de integração críticos.** Os marcos são uma parte importante da sincronização do trabalho entre os grupos funcionais. Eles devem ser projetados para reconhecer as principais interdependências entre as disciplinas (como *software* e *hardware* ou projeto e fabricação) e fornecer pontos de reconciliação em comum. Para cumprir essa função com eficácia, as equipes precisam entender as tarefas e a sequência em cada disciplina funcional. Esse conhecimento detalhado permite que sincronizem o trabalho entre as funções, pois eles reconhecem o que é necessário ou o que está sendo entregue por cada uma. Isso permite a maximização do uso de dados que, apesar de incompletos, são *estáveis*, necessários para otimizar o trabalho concorrente. Quanto melhor a empresa for nesse aspecto, mais rápido ela avança. Na verdade, a sincronização é muito melhor para o encurtamento do *lead time* do que a tentativa de reduzir o tempo das tarefas individuais.
- **Componente crítico de um sistema operacional de desenvolvimento.** Na área de desenvolvimento, a liderança sênior normalmente tem muitos programas diferentes que são gerenciados ao mesmo tempo. Ela precisa

ter a capacidade de reconhecer os programas, reagir com rapidez e eficácia às necessidades dos projetos em dificuldade e realizar os ajustes necessários no restante da fábrica de desenvolvimento. Um painel de controle da saúde do projeto, baseado no *feedback* de marcos projetados corretamente, pode ser uma ferramenta poderosa para capacitar esse trabalho.

Como criar marcos úteis

Na nossa experiência, os marcos são, como quase tudo na vida, tão eficazes quanto queremos que sejam. Consideramos que os marcos úteis costumam compartilhar das seguintes qualidades:

- **Um propósito real.** Antes de mais nada, responda a seguinte pergunta: "Por que temos esse marco?" Você deve ser capaz de criar uma declaração de propósito clara, concisa e orientada pelo produto. Se não puder, é preciso questionar a necessidade de ter o marco. Outro ponto de vista seria responder a pergunta "qual problema estou tentando resolver com esse marco?"

  Em um mundo ideal, as declarações de propósito dos marcos devem estar ligadas ao manual de conceito do EC e revisadas no evento de início do programa. Também é crucial que você alinhe interfuncionalmente a declaração de propósito do marco.
- **Critérios de qualidade do evento (QEC) claros.** Muitas empresas criam marcos baseados em atividades ou eventos. Isso pode ser necessário, mas quase nunca é suficiente. Simplesmente completar uma atividade não nos diz muito sobre o *status* ou a saúde do programa. Por exemplo, você pode completar um evento inicial de prototipagem, mas usar peças componentes do tipo errado para o projeto ou o nível do processo de fabricação, o que significa que os testes e a aprendizagem resultantes se tornam espúrios. Você não sanou a lacuna de conhecimento como deveria ou não reduziu o risco suficientemente. Contudo, como os membros de equipe completaram a atividade prescrita, eles e a liderança podem ter uma falsa sensação de segurança.

  Com o estabelecimento de QEC para o marco, a equipe obtém uma imagem mais realista da sua posição real na jornada de desenvolvimento. Quatro elementos que precisam ser pensados para a avaliação de QEC: (1) O QEC deve ser os poucos preditores críticos do sucesso do projeto, não uma lista de todos os modos de falha possíveis que você consegue imaginar. (2) O requisito é binário? (3) Se não pode ser binário, há uma faixa quantitativa que pode ser estabelecida e medida? (4) Se não pode ser binário nem quantitativo, sabe-se claramente quem decide se os critérios foram cumpridos?

- **Escalabilidade.** Nem todos os programas são iguais. Os níveis de conteúdo, complexidade e risco podem variar significativamente entre os projetos. Marcos bem pensados podem ser reconfigurados para se adaptar melhor ao programa sem perder a eficácia ou a sua intenção básica.

Revisões de marcos

Em muitas empresas, as revisões de marcos são eventos que provocam um terror universal, em que as equipes tentam convencer a liderança sênior que tudo vai bem, enquanto os líderes brincam de "te peguei", interrogando a equipe para tentar descobrir o que está acontecendo de verdade. As revisões de marcos podem e devem ser muito melhores do que isso.

Há muitos tipos de revisões de marcos, a maioria das quais deve ser trabalhada dentro da equipe (estas serão discutidas na seção sobre *obeya*, ainda neste capítulo). Contudo, esta seção trata principalmente sobre os marcos principais, que podem exigir a participação externa crítica da liderança sênior ou de outras partes interessadas. Os princípios a seguir o ajudarão a maximizar o valor obtido com os marcos principais:

- **Apoie a equipe.** Manter a liderança atualizada é importante, mas a intenção principal deve ser a de oferecer auxílio e orientações quando necessário.
- **Estar no vermelho não é problema, ficar no vermelho é.** "Qual é o seu plano de chegar ao verde?" era a filosofia praticada por Jim no seu tempo na Ford. Sim, você quer acabar com o medo dessas revisões, mas não quer eliminar a responsabilidade. Mais cedo ou mais tarde, a equipe deve manter seus compromissos.
- **Defina quem deve participar de cada revisão de marco.** Algumas revisões exigem a presença de membros da liderança sênior, representação funcional ou determinados especialistas. Outras, não. Se precisar de orientações nesse aspecto, considere o propósito do marco.
- **Os marcos são uma oportunidade para a equipe se reagrupar, realinhar e ressincronizar para o futuro.** Os marcos devem energizar a equipe, não desmoralizá-la. Mesmo um marco difícil deve terminar com a equipe firme, forte e motivada para continuar. Os líderes devem ver nos marcos uma oportunidade de turbinar a equipe, como se estivessem em uma pista de Hot Wheels. Os carrinhos saem dos giros com muito mais energia do que entraram, e o mesmo deve acontecer com as suas equipes.

- **Sempre que possível, realize as revisões no *gemba*.** Não há nada melhor do que ver com os próprios olhos, tanto para enxergar e entender de verdade os problemas quanto para deixar a equipe mais animada. Esse também é o motivo para muitas empresas mudarem seu *obeya* de lugar durante o programa: para se aproximar de onde a ação acontece.

Indicadores de tendência

Por mais poderosos que os marcos sejam enquanto pontos de integração e para identificar e resolver problemas significativos, seria um equívoco esperar que todos os seus problemas estejam nos marcos. Aprofundando-nos mais um nível, precisamos estabelecer indicadores de tendência para prever os problemas assim que possível. Isso exige que identifiquemos indicadores preditivos de fato e revisá-los com uma cadência mais frequente. Tais indicadores podem embasar as conversas das reuniões diárias de cada equipe.

Considere o exemplo a seguir. Se "liberação de ferramenta" é um marco, então um determinado nível de maturidade de projeto será necessário para realizar o trabalho de ferramenta, e os indicadores de cronograma progressivos para o nível necessário de maturidade de projeto se tornam um indicador de tendência. Se as ferramentas serão construídas por fornecedores, a seleção do fornecedor pode se tornar um dos indicadores iniciais (ou seja, se o fornecedor não foi selecionado, a liberação de ferramenta dentro do prazo tende a ser improvável). Quanto melhor você entender o trabalho de desenvolvimento de produtos, melhor você conseguirá identificar esses indicadores iniciais e mais cedo poderá descobrir problemas em potencial ou condições anormais. Você também poderá ter a oportunidade de padronizar ainda mais determinados aspectos desse trabalho.

Planos de desenvolvimento de *commodities*

O planejamento não deve se manter no nível do programa de desenvolvimento geral e precisa ser apoiado por planos específicos e concêntricos para sistemas e até mesmo para componentes. Em geral, produtos complexos têm estruturas multicomponentes complexas, chegando à casa das centenas. Esses componentes precisam ser projetados em paralelo para que estejam dentro do prazo, sejam funcionais e se encaixem. Muitas vezes, quem desenvolve esses componentes (frequentemente fornecedores) não entendem a posição das suas peças individuais no quadro geral e, logo, como a incapacidade de entregar alguns poucos componentes importantes pode levar à derrocada de todo o programa.

Uma ferramenta que pode ser particularmente útil nesse sentido é o plano de desenvolvimento de *commodities* (CDP, *commodity development plan*).

Um CDP é um plano de desenvolvimento padrão para um subsistema ou peça individual que pode ser modificado pelo desenvolvedor para se adaptar às necessidades específicas do programa. Os planos são desenvolvidos e mantidos por tipo de peça e são de responsabilidade do grupo com a missão de desenvolver tal peça. Eles são especialmente úteis para componentes padrões, usados em diversos produtos, como bases de cadeiras, válvulas ou para-lamas. Eles começam com um modelo genérico ao qual são agregadas informações a progressão da maturidade do *design* específico da peça, requisitos de teste e desempenho, interfaces padronizadas e cronogramas de diversos insumos e produtos. Como os requisitos específicos podem variar entre os programas, o desenvolvedor obtém o plano genérico, modifica-o para adaptá-lo ao programa específico e então solicita a sua aprovação.

Os planos de desenvolvimento de *commodities* são mantidos pelo grupo responsável por desenvolver a peça e representam uma ferramenta excelente para coordenar o desenvolvimento de peças individuais com o programa como um todo. Assim, embasando o trabalho padronizado, gerando uma mídia de treinamento para novos desenvolvimentos e fundamentando a melhoria contínua.

A criação fluxos de valor lucrativos

Sem dúvida alguma, a criação de um produto bem-sucedido, dentro do prazo, é uma grande conquista. Mas e se houver algo ainda melhor? E se houver um sistema de pensamento e uma estrutura que apoia a criação de fluxos de valor completamente novos? E se a inovação revolucionária não se limitasse ao produto, se abrangesse todos os passos necessários para levar valor ao cliente e até o modo como impacta o mundo? Imagine só o potencial.

Essa ideia é, obviamente, um dos elementos fundamentais do desenvolvimento *lean* de produtos e processos (LPPD). É parte importante do que diferencia o LPPD dos modos tradicionais de pensar sobre o desenvolvimento de produtos. Criar fluxos de valor lucrativos por meio do LPPD foi o *insight* de Allen Ward, nosso saudoso amigo e colega. Em vez de pensar sobre um produto de forma isolada, o desenvolvedor considera o *design*, a fabricação, a suportabilidade, a instalação e todas as outras atividades criadoras de valor necessárias.

Como os indivíduos e as organizações poderiam enxergar além de um produto e pensar na criação de fluxos de valor lucrativos? Temos dois princípios a sugerir: O primeiro é a compatibilidade antes da conclusão, focada em entender a compatibilidade de cada peça com o sistema antes de finalizá-la. O segundo princípio é sincronizar o trabalho entre as funções, que exige um entendimento profundo do produto para identificar os pontos de integração críticos entre as funções, o que leva ao pensamento baseado no fluxo de valor e tem o benefício adicional de gerar reduções significativas no *lead time*.

Compatibilidade antes da conclusão

Um dos conceitos mais úteis desenvolvidos pela equipe do GPDS na Ford durante a sua reviravolta foi a de compatibilidade antes da conclusão (CbC, *compatibility before completion*). A Ford desenvolvera uma obsessão doentia com a ideia de largar na frente com o desenvolvimento de novos produtos, fazendo os componentes serem desenvolvidos o mais rápido possível e lidando com os picos de mudanças de engenharia mais tarde. O princípio de CbC foi uma contramedida para forçar a adoção de uma abordagem mais consciente nas fases iniciais. Os engenheiros precisariam demonstrar que os projetos eram compatíveis com todos os requisitos de sistema e do fluxo de valor antes de serem completados e lançados. A CbC serviu a esse propósito, mas acabou sendo muito mais.

Os pontos de verificação de viabilidade são uma espécie de marco, projetados para promover a convergência dos projetos e a prática de compatibilidade antes da conclusão. Em geral, eles são usados no início do processo de desenvolvimento, sendo que frequentemente abrangem a fase de estudo e as fases de execução do desenvolvimento. Eles enfocam na solução progressiva das lacunas de conhecimento, especialmente em relação à conformidade ou compatibilidade com requisitos de atributos críticos para o fluxo de valor (p. ex., fabricação, qualidade do produto e do serviço, suportabilidade, instalação ou segurança).

A Ford identificou verificações de compatibilidade críticas em todo o processo de desenvolvimento. Essa série progressiva de verificações continha requisitos demonstráveis, programados para corresponder ao nível de maturidade do projeto junto com os pontos de verificação de viabilidade agendados. Obviamente, é importante não desperdiçar tempo avaliando dados prematuros e instáveis cedo demais, pois eles simplesmente vão mudar. Mas você também não deve esperar até os projetos estarem completos, pois isso só leva ao retrabalho. Insumos e produtos progressivos e interfuncionais devem compor um conjunto de requisitos de entrega JIT para o trabalho de desenvolvimento.

Cada área que se beneficia com esse trabalho (requisitos de fabricação, suportabilidade do produto, instalação do produto, consequências para o impacto ambiental do produto e do processo, qualidade, segurança, etc.) possui sua própria série de requisitos de verificação progressivos comuns. É uma mentalidade sistemática, poderosa e centrada no cliente que incentiva os membros de equipe a colaborar enquanto refletem sobre todo o fluxo de valor.

Muitas empresas, como a Toyota e a Ford, empregam o conceito nos seus esforços de criação de fluxos de valor. Na Ford, uma parte fundamental desse processo é a pré-montagem digital (DPA, *digital pre-assembly*). Ambas, Ford e Toyota, utilizam intensivamente recursos de realidade virtual, simulações, prototipagem rápida e padrões para promover o alinhamento e ajudar a garantir a qualidade do produto e a eficiência da produção. Os esforços iniciam logo no início do processo, com a análise da seção mestra e localizadores padrões, depois avançam simultaneamente com a maturidade do projeto até o transporte, a apresentação e a sequência das peças, com diversas "verificações de JIT" virtuais pelo caminho.

O exemplo de utilização de materiais na Ford apresentado a seguir, ilustra esse conceito na prática. Boa parte do aço necessário para fabricar as estampagens montadas na carroceria de um automóvel é desperdiçada. E, assim como boa parte das empresas, a Ford define metas para a utilização de materiais de modo a minimizar o seu desperdício. Mas grande parte do trabalho de atingir as metas de utilização somente era realizado pela engenharia de estampagem relativamente tarde no processo de desenvolvimento, durante a fase de processamento e teste de ferramentas. A essa altura, o projeto das peças e até mesmo a forma das matrizes estavam prontas, então o grau de liberdade para melhorias era extremamente limitado. Integrar verificações de utilização de materiais ao processo de desenvolvimento por meio dos pontos de verificação de viabilidade e tornar *ambas*, a engenharia de carroceria e a engenharia de estampagem responsáveis pelas metas de utilização de material, permitiu que a Ford aumentasse os índices de utilização em quase 10% por programa. Considerando o consumo médio de aço em uma montadora, 10% por programa é uma redução drástica nos custos que teria sido impossível sem que esse trabalho fosse realizado no início do processo de desenvolvimento.

Hoje, temos à nossa disposição ambientes de realidade virtual impressionantes, simuladores ultrapoderosos e diversas tecnologias de fabricação aditiva que auxiliam na prototipagem rápida. Mas nenhum desses recursos é tão importante quanto a motivação organizacional para criar uma experiência do cliente total ser excelente e uma infraestrutura fundacional habilitadora para promover a colaboração em todo o fluxo de valor. Esse trabalho colaborativo a montante é muito mais poderoso do que tudo que você poderia fazer após o produto e o processo já terem sido lançados.

Sincronize o trabalho entre as funções para acelerar o lançamento no mercado

Acertar a compatibilidade antes da conclusão tem outra vantagem em potencial: velocidade. Entender o trabalho de desenvolvimento profundamente e identificar pontos-chave de integração interfuncional permite que você trabalhe mais de forma concorrente. Isso reduz drasticamente o tempo de lançamento na fase de execução. A engenharia concorrente não é um conceito novo, mas poucas empresas parecem capazes de implementá-lo bem. Seus processos são repletos de ciclos de retrabalho devido à má execução da engenharia simultânea ou evoluíram de modo a criar um longo processo linear devido às tentativas fracassadas com a engenharia concorrente. Contudo, o desenvolvimento simultâneo ainda é uma das maneiras mais potentes de reduzir o *lead time*. Por que mais empresas não tiram vantagem dessa oportunidade? Acreditamos que a resposta é, pelo menos em parte, que elas não entendem de fato o trabalho de desenvolvimento.

Muitas vezes, esforços bem-intencionados de acelerar o lançamento no mercado se reduzem a ordens arbitrárias de cortar "blocos de tempo", sem nenhuma contramedida que capacite o processo. Por consequência, esforços desse tipo muitas vezes se concentram em apressar a conclusão de tarefas individuais, sem entender as consequências sistêmicas mais amplas. Mais uma vez, o resultado é muitas mudanças tardias, muito retrabalho e muitos atrasos.

A excelência na engenharia concorrente começa com uma consciência de criação de fluxos de valor e um entendimento real sobre como o trabalho é realizado em cada função, a identificação das principais interdependências e o aprendizado de como trabalhar com dados estáveis incompletos. O segredo é a estabilidade dos dados. Ter funções a jusante que trabalham com dados instáveis e ainda sujeitos a mudanças multiplica a probabilidade de retrabalho. É preciso entender a progressão da maturidade do projeto de cada função para permitir que a utilidade de dados incompletos estáveis seja maximizada enquanto insumo para o trabalho da função a jusante.

Um modo como a Ford aprendeu a desenvolver esse entendimento foi com uma série de reuniões "toma lá, dá cá" entre funções interdependentes, como o estúdio de *design*, engenharia da carroceria externa e engenharia de estampagem. Esses fóruns normalmente funcionavam assim:

1. A equipe interfuncional começava discutindo os pressupostos de entrega dos dados do estado atual.
2. No processo, descobria-se diversos pontos de desajuste entre as expectativas de entrega de um grupo e o modo como um grupo a montante (que espera receber os dados) trabalhava.

3. A equipe descobria que alguns dos processos de desenvolvimento se baseavam em premissas incorretas; em outras palavras, os modos de falha eram parte do processo de desenvolvimento.
4. A equipe trabalhava para entender em detalhes como cada grupo trabalhava.
5. Em vez de combatê-los, a equipe então reorganizava os processos de trabalho de desenvolvimento para resolver diretamente as interdependências e o progresso do amadurecimento dos dados.

Sincronizar o trabalho de desenvolvimento entre as funções é um fundamento essencial da execução bem-sucedida da engenharia simultânea e, logo, ajuda a reduzir o *lead time* e cria grandes produtos. Contudo, não é fácil. É preciso ter uma mentalidade de fluxo de valor, assim como um nível significativo de colaboração organizacional e capacidade técnica. Recomendamos que você comece esse trabalho com uma sobreposição relativamente pequena de tarefas concorrentes até você aprofundar seu entendimento e aprimorar suas capacidades. As melhores organizações trabalham continuamente para aumentar a sobreposição e, por consequência, acelerar o lançamento no mercado.

Reunindo todo o processo: o sistema *obeya*

Todas as ferramentas técnicas no mundo do desenvolvimento de produtos serão inúteis se a comunicação for ruim, em especial para trabalhos interfuncionais em que os indivíduos pensam naturalmente no linguajar da sua especialidade. Um paradoxo da boa comunicação é que mais não é necessariamente melhor. O foco e a qualidade da comunicação, assim como a transparência e a colaboração contínua, muitas vezes são mais importantes do que a quantidade. Essa é a contribuição do sistema *obeya*.

O início do *obeya*

Takeshi Uchiyamada tinha um problema. Ele acabara de ser escolhido EC para o que provavelmente seria o produto mais revolucionário da história da Toyota, o futuro Prius. A meta original desse programa, identificado inicialmente como Global 21 (G21), seria desenvolver, em um cronograma extremamente curto, um carro para o século XXI, com nada menos que 50% mais economia de combustível do que os melhores carros pequenos da Toyota. Para dificultar ainda mais a situação, Uchiyamada nunca fora engenheiro-chefe. Ele conquistara o cargo, e o respeito dentro da empresa, por ser o líder de P&D avançada e liderar a maior reorganização da P&D na história da Toyota. Contudo, Uchiyamada não tinha a experiência e a profundidade técnica para desenvolver e comercializar a tecnologia híbrida avançada que seria necessária. Na verdade, ninguém na Toyota tinha o conhecimento necessário. Ele logo percebeu que precisaria de um nível inédito de colaboração, transparência e tomada rápidas de decisões para que o programa fosse um sucesso. Nas suas humildes palavras: "espera-se que os engenheiros-chefes saibam tudo, e eu não sabia nada".

Por consequência, sua primeira inovação revolucionária não teve relação alguma com a tecnologia de motores. Como achava que tinha tão pouco conhecimento, Uchiyamada se cercou de pessoas que sabiam muito, de todas as funções principais, em uma única sala. Ele criou uma inovação fundamental no desenvolvimento de produtos e processos, uma inovação que viria a ser conhecida pelo nome *sistema de gestão obeya.*

O *obeya* era uma sala ampla onde Uchiyamada se reunia com a equipe de liderança sênior para usar mais efetivamente o conhecimento e a autoridade dos membros de equipe para tomar decisões rápidas e de alta qualidade. Nesse sistema, ele se reunia a cada dois ou três dias com todos os especialistas técnicos relevantes e com todas as informações pertinentes postadas nas paredes da sala. Essas informações ficavam disponíveis para todos os membros da equipe e em todos os momentos. O resultado é que o Prius revolucionou a indústria automobilística, elevando significativamente o nível da economia de combustível e ficando anos à frente da concorrência. E o sistema *obeya*, que recebe o crédito por contribuições significativas para o sucesso do Prius, tornou-se um elemento constante do desenvolvimento na Toyota.

A primeira vez que ouvimos essa história foi quase 18 anos atrás, durante a pesquisa para o nosso livro anterior, quando nos reunimos com Uchiyamada. Na época, ele trabalhava com uma equipe de engenheiros da Toyota, que tinham a missão de padronizar e ensinar o *obeya* em toda a comunidade de desenvolvimento da Toyota.

A Toyota é uma organização de aprendizagem. A empresa tenta minimizar as metodologias prescritivas detalhadas e maximizar o *kaizen*. Isso inclui a melhoria contínua de processos como o *obeya*. Uchiyamada não estava interessado em implementar um sistema *obeya* de acordo com uma receita. Ele acreditava em certos princípios fundamentais e queria passá-los adiante, mas também queria incentivar os engenheiros-chefes a experimentar e aprender uns com os outros.

A Toyota não adotara a abordagem de equipes de desenvolvimento de projetos colocalizadas que se popularizara como parte da engenharia simultânea. Os engenheiros ainda tinham suas funções tradicionais, como engenharia de carroceria, e respondiam ao EC quando trabalhavam em um projeto específico. Inicialmente para Uchiyamada, o *obeya* era usado para reuniões de alta intensidade com a equipe de liderança sênior. Outros engenheiros-chefes decidiram usar o *obeya* com menos frequência (semanalmente, em geral), com um grupo maior de gerentes de engenharia, para colaborar e gerar transparência em situações em que seria impossível colocalizar todas as equipes de programa. Posteriormente, outros engenheiros-chefes escolheram ter uma sala bem, bem grande, com muitos engenheiros trabalhando em tempo integral no *obeya*. Sabemos de um EC que convidou os gerentes gerais das funções de engenharia para transferirem seus escritórios para o *obeya*. Outro usou muito mais informatização do que todos os outros. A experimentação e a aprendizagem têm sido constantes.

Os princípios do *obeya*

No passado, ajudamos organizações a estabelecer um sistema *obeya* em diversos setores, incluindo eletrônica, automóveis, eletrodomésticos, equipamentos pesados e saúde. O mais importante é entender que o *obeya* vai muito além de pendurar coisas nas paredes. É um sistema de gestão poderoso e centrado na equipe que cria níveis elevados de transparência, comunicação, tomada de decisão e responsabilidade. Abaixo, apresentamos seis pontos importantes que devem ser considerados na aplicação do sistema *obeya* à sua organização:

- **Os engenheiros não ficam necessariamente colocalizados.** A equipe pode estar colocalizada ou usar o *obeya* como sala de reuniões. Isso inclui as reuniões de cadência do programa e reuniões rápidas menores de subgrupos que trabalham em tarefas específicas, utilizando as informações atualizadas disponíveis no espaço. Mesmo com uma equipe colocalizada, ainda há muitas pessoas, tais como fornecedores, que trabalham nos seus próprios espaços e comparecem apenas para algumas reuniões, quando necessário. Estejam ou não as equipes colocadas, o *obeya* se torna a central de comunicação de todo o programa de desenvolvimento.
- **A gestão visual baseada em papel é fundamental para a comunicação eficaz.** As paredes são cobertas com informações importantes do programa, geralmente derivadas do manual de conceito do EC, que agora funciona como um misto de Norte verdadeiro e contrato para a equipe. Os dados de projeto, incluindo informações sobre alternativas comunicadas por meio de desenhos de CAD, resultados de testes recentes, *status* de avaliação alternativa, critérios de decisão e *status*, são apresentados com curvas de *trade-off*. O plano e *status* para atingir o desempenho do atributo e as me-

tas de custo são mostradas em gráficos de trajetória. Também é importante representar visualmente o *status* do programa em relação aos cronogramas, incluindo níveis de prontidão dos fornecedores, de modos flexíveis, interativos e fáceis de usar. Também vimos equipes que enchem o *obeya* com versões iniciais do produto. Esses protótipos costumam ser uma das ferramentas de comunicação mais poderosas de todas.

As equipes que utilizam o *obeya* dizem que sempre "dão uma volta nas paredes" com cada grupo ou indivíduo responsável, informando-as sobre a sua parte da sala. São reuniões rápidas, feitas de pé, e as subequipes se reúnem bastante entre as reuniões. Os documentos de papel podem ser complementados por comunicação *online*. Em alguns casos, os integrantes participam das reuniões virtualmente ou por telefone, ocasionalmente com o auxílio de câmeras de vídeo. Já trabalhamos até em empresas que tinham dois *obeya* idênticos, com os mesmos documentos na parede, em partes diferentes do mundo (p. ex., China e EUA).

- **Padrões claros são apresentados, enquanto desvios em relação ao padrão são destacados, levando a ações corretivas.** O processo de preparar e atualizar as informações e imagens no *obeya* força a equipe a pensar claramente sobre expectativas, metas e padrões para a gestão do programa. O que deveria estar acontecendo? O que está acontecendo de fato? Como podemos sanar as lacunas? Vários ciclos de PDCA rápidos durante ou logo após a reunião ajudam a resolver as lacunas, impedindo que os problemas se arrastem por vários e vários meses.
- **As reuniões são dinâmicas, energizantes e evoluem para se adaptar ao programa.** A cadência das reuniões varia entre as equipes. Algumas se reúnem todos os dias, outras semanalmente, mas a maioria varia a cadência das suas reuniões com a intensidade das atividades do programa. O conteúdo da reunião também pode mudar à medida que o programa amadurece. O importante é que as reuniões sejam relevantes, altamente interativas e claras. Não é apenas uma "reunião de *status*", no sentido tradicional. As reuniões devem incentivar o debate e a colaboração, auxiliar a identificação precoce dos problemas, e promover a transparência e uma abordagem de uma equipe à entrega do programa. Por outro lado, não se pretende que as reuniões dediquem muito tempo à solução de problemas complexos, envolvendo alguns poucos indivíduos e transformando os outros em espectadores. Na Caterpillar, a política era de discutir apenas questões interfuncionais amplas no *obeya*, depois alocar problemas envolvendo uma ou mais funções na sala a uma equipe; esta trabalharia na questão fora da

reunião e então faria o seu relatório durante a próxima reunião no *obeya*. Na Schilling Robotics, Andy Houk, o vice-presidente de engenharia, fala sobre eficiência ou densidade comunicacional e afirma que "hoje, fazemos mais usando o *obeya* em 30 minutos do que conseguíamos nas melhores revisões de *status* de uma hora e meia". Em suma, as reuniões devem ao mesmo tempo identificar questões e turbinar a equipe.

- **O local do *obeya* muitas vezes se muda com o programa.** O endereço da sala normalmente começa na engenharia de projeto e então passa para a prototipagem e, por fim, à fábrica para o lançamento. As equipes se beneficiam por estarem situadas próximas ao *gemba*, podendo ver tudo por si mesmas. Sabemos que isso nem sempre é possível. O mais importante é dar à equipe um espaço exclusivo, capaz de servir como sala de reunião e central de controle para o programa.
- **O *obeya* é um local de comunicação e planejamento centralizado para revisões de marcos e de outras naturezas.** As empresas com as quais trabalhamos normalmente possuem algum tipo de processo de desenvolvimento estruturado cujos processos de revisão formais incluem fases e etapas. Em geral, são revisões de ciclos mais longos (diversos meses) em comparação com a tomada de decisão rápida que ocorre no *obeya*. Na nossa experiência, em vez de dedicar uma quantidade excessiva de tempo à preparação de apresentações de PowerPoint para revisar o *status* do programa, podemos usar o *obeya* como uma mídia alternativa lógica e eficaz. É normal ouvir: "Deveríamos fazer nossa revisão de marcos no *obeya*. As informações sobre o *status* do programa já estão nas paredes". As revisões se tornam uma parte de valor agregado do processo geral de aprendizagem e PDCA, não eventos isolados e repletos de desperdício.

Durante visitas de pesquisa à Toyota, vimos como o *obeya* continuou a evoluir com a aplicação cautelosa do PDCA. Ocorreram inovações, como agregar capacidades de simulação e CAD para facilitar debates em tempo real sobre projetos. Mas o cerne do sistema continua a ser a gestão visual ativa e a intenção de melhorar a comunicação, transparência e integração interfuncional para identificar e solucionar problemas rapidamente.

A transparência e a comunicação também eram a essência da mensagem de Alan Mulally na Ford, quando ele afirmou que "gerenciar segredos é impossível" (e poderíamos acrescentar que "se você não está ciente de um problema, não tem como resolvê-lo"). Ele desafiou todos a aumentarem a comunicação honesta e factual, e a melhorarem a colaboração e transparência interfuncional em toda a empresa. Uma das reações dos grupos de desenvolvimento foi adotar um sistema *obeya*. Além da gestão do desempenho dos programas, o *obeya* foi usado para integrar equipes interfuncionais na criação do GPDS e para gerenciar uma função de engenharia global.

O *obeya* em ação na Schilling Robotics

Fomos lembrados dos benefícios do *obeya* quando as empresas LPPD Learning Partner do LEI se reuniram em Davis, Califórnia, em junho de 2017. Fundado por Jim, esse grupo de aprendizagem é composto de diversas empresas focadas na melhoria da sua capacidade de desenvolvimento e disposição para compartilhar resultados à medida que aprendem (será discutido em detalhes no Capítulo 9). Os níveis de experiência e práticas específicas variavam bastante entre as participantes daquela reunião de junho, mas todas estavam experimentando com o *obeya* e todas informaram melhorias de desempenho. Diversas equipes relataram resultados recordes de desenvolvimento de produtos, sempre atribuídos ao *obeya*. Em nossas conversas subsequentes, descobrimos muitas *nuances* em como cada uma estava alavancando o potencial do *obeya*. Contudo, todas descobriram que os verdadeiros benefícios do *obeya* eram a transparência, a velocidade da resolução de problemas e o engajamento da equipe. Uma dessas histórias vem da Schilling Robotics.

David Furmidge é um engenheiro de projetos altamente experiente e competente, tendo trabalhado sete anos na indústria aeroespacial, com desenvolvimento de satélites na Lockheed, e então mais 10 liderando projetos de desenvolvimento na Hewlett Packard e na Schilling Robotics, onde comanda os programas de ROV mais complexos e difíceis da empresa. David não ficou surpreso quando Andy Houk, o vice-presidente de engenharia, pediu que liderasse o programa Gemini (cujo *design* da interface do usuário foi discutido no Capítulo 1). A visão do Gemini seria desenvolver um robô capaz de se deslocar, atingir até 4 km de profundidade abaixo do nível do mar e executar tarefas complexas no fundo do oceano, incluindo trocas de ferramentas, sem precisar voltar à superfície. Em si, isso seria um avanço incrível, poupando milhões de dólares e dias de trabalho para os clientes da Schilling. Mas a empresa também queria que o Gemini fosse muito mais simples de operar, dando aos clientes maior flexibilidade na seleção do operador. Em suma, o Gemini seria uma revolução. E, ainda por cima, seria o produto mais complexo e avançado desenvolvido pela Schilling.

Mesmo com toda a sua experiência, David sabia que seria o programa mais difícil da sua carreira. E se o desafio já não fosse grande o suficiente, Andy pediu que utilizasse um método completamente novo para desenvolvê-lo. "É claro que disse 'sim, vamos fazer isso'", David recorda. "Mas por dentro eu estava pensando, 'Nossa, estamos fazendo esse projeto gigante e agora vamos ter que mudar nossas práticas de desenvolvimento!' Parecia que estavam aumentando bastante o trabalho de uma tarefa que já era difícil".

Apesar do ceticismo, David é uma pessoa de mente aberta quando se trata de aprender. Ele e Andy se inspiraram no que leram sobre o *obeya* e haviam feito uma visita à Herman Miller para ver como as equipes de projeto usavam o sistema de forma produtiva no seu trabalho de desenvolvimento. Apesar dos dois terem ficados impressionados com o que viram na Herman Miller, ambos tinham dúvidas se o processo poderia ser escalado para um produto tão complexo e sofisticado quanto o Gemini. David, em especial, ainda tinha muitas dúvidas, e chegou a manter um cronograma detalhado independente no Microsoft Project em seu *laptop* para quando "esse tal de *obeya* desmoronasse".

A Schilling possui uma cultura forte de experimentação, na qual as pessoas estão sempre abertas a testar novidades, mas essas mesmas pessoas também são excepcionalmente inteligentes e não hesitam em dar suas opiniões. David escutou alguns resmungos sobre o que alguns colaboradores consideraram só mais uma reunião de *status* para desperdiçar o seu tempo quando poderiam estar trabalhando de verdade.

"Ninguém falou muito nas nossas primeiras reuniões no *obeya*", David lembra. "Acho que foi uma mistura de falar em frente de 40 a 50 pessoas e o fato de não entenderem ou confiarem de fato no processo, não inicialmente. Então investi tempo em acompanhar pequenos grupos pela sala e explicar o seu propósito. Garanti a todos que não era uma reunião de *status*, era uma reunião de identificação e solução de problemas [e] que nossa meta seria trabalhar juntos para criar esse produto incrível e apoiar uns aos outros no processo. Após algumas semanas, as pessoas começaram a enxergar o poder desse sistema [e] que havia um nível sem precedentes de transparência e colaboração. Foi quando a situação começou a mudar radicalmente; eu até deletei meu cronograma secreto no MS Project".

Em um lado do *obeya* da Schilling ficava um grande cronograma. Na linha superior, servindo de título para as colunas, ficavam os marcos críticos para o projeto. Abaixo dos marcos havia raias para cada equipe dos projetos de subsistemas, como manipulador, gestão de cabo e controles, além de funções como *software* e segurança. Cada raia tinha *Post-Its* que identificavam tarefas críticas para apoiar a linha do tempo de marcos.

"No início, nossa fidelidade só servia para um período de umas oitos semanas; depois disso, as tarefas eram identificadas em um nível mais alto", conta David. "Fomos adicionando detalhes à medida que avançamos da esquerda para a direita no projeto. Na reunião, contudo, sempre mantivemos nosso foco na próxima semana. Observamos os eventos que estavam por vir, mas queríamos trabalhar mesmo é no que seria feito naquela semana."

Nas reuniões, os indivíduos responsáveis pelas tarefas falavam sobre o *status* das suas respectivas tarefas: problemas que estavam vivenciando e onde precisavam de ajuda. Uma linha vermelha móvel ficava localizada sobre a data da reunião do dia, sendo que tudo à esquerda dela precisava estar completo. Quando uma tarefa era completada, o *Post-It* no qual estava anotada era riscado com uma caneta verde. "Reunir o grupo em torno do quadro do cronograma deixou muito mais fácil identificar os desajustes e os conflitos, em especial nas áreas em que historicamente tínhamos dificuldade, como integração entre *hardware* e *software*", David observa. "Enquanto equipe de liderança, nunca atacamos ou criticamos uma equipe por estar atrasada, simplesmente perguntamos que ajuda poderíamos oferecer. Mas havia muita pressão dos colegas na reunião. Ninguém queria decepcionar a equipe. Nunca, ou quase, acontecia de alguém atrasar duas semanas". As reuniões foram semanais durante quase todo o projeto, mas se tornam diárias na fase de testes, e o trabalho se acelerou ainda mais. Com o progresso da equipe, a conversa sobre o cronograma passou a ocupar apenas 10 minutos da reunião, com o resto do tempo passado no outro lado da sala, o lado do produto.

No lado do produto, o *obeya* tinha uma série de cartazes para cada um dos diversos subsistemas do projeto. Os cartazes mostravam as últimas informações de *design*, anotações das últimas ideias, decisões que precisavam ser tomadas e preocupações ou problemas em determinadas áreas. Com o tempo, eles foram expandidos para incluir uma ampla variedade de cartazes sobre operações, segurança e suprimentos. Com o amadurecimento do processo, a equipe foi incentivada a anotar perguntas, sugestões ou problemas em Post-Its e colocá-los nos cartazes. Os donos dos cartazes normalmente recebiam até a semana seguinte para responder aos comentários. "Ajudou muito a simplificar a tomada de decisões", afirma David.

Os problemas não tinham a oportunidade de fermentar no *obeya*, e os membros de equipe apoiavam uns aos outros enquanto enfrentavam os desafios. Por causa do processo *obeya*, "senti mesmo que era parte da equipe de desenvolvimento", conta Hannah Waldenberger, gerente de engenharia de fabricação na Schilling. "Não éramos gente de *design* ou pessoal de operações, eram uma única equipe de desenvolvimento. Éramos responsáveis pelos problemas e pelo produto, juntos".

Com o passar do tempo, Andy passou a avistar um número cada vez maior de pequenos grupos reunidos em algum canto do *obeya* entre as reuniões, trabalhando em problemas ou discutindo planos. "Isso ajudou a me convencer que a ideia estava criando raízes", Andy afirma.

David passou de líder dos céticos a líder dos defensores. "Creio que o sistema de gestão *obeya* nos permitiu eliminar vários dos maiores problemas e do drama correspondente que sempre vem com esse tipo de projeto". Ele acredita que além de ter sucesso da perspectiva de entrega, o programa foi fundamental para tornar a equipe mais unida e aliviar boa parte do estresse que teria sofrido enquanto líder do projeto. "Acho que o sistema *obeya* fez a maior contribuição para o nosso sucesso. Ele nos ajudou a integrar a engenharia e as operações em uma só equipe e integrou a transparência e a responsabilidade. Eu tenho certeza que funcionaria na indústria aeroespacial. Concluímos a primeira fase do projeto com duas semanas de antecedência, sem problemas em aberto, a primeira vez que isso aconteceu."

Tyler Schilling, fundador da empresa, compartilha do mesmo entusiasmo pelo sistema *obeya*. A empresa tivera índices de crescimento incríveis, mas o lado negativo disso é que havia cada vez mais comunicação eletrônica. "Durante os últimos nem sei quantos anos, soprou um vento constante", ele explicou, "uma tendência de fazer toda a nossa comunicação usando ferramentas da Microsoft, mesmo com pessoas a poucos metros de distância. Tenho pesadelos dos meus recursos mais críticos presos dentro do PowerPoint, mudando tamanhos de círculos, alterando fontes, simplesmente desperdiçando o seu tempo. 'Meu Deus! Não pode ser assim'. E então vi o que vocês estavam fazendo com o *obeya*. Os gráficos de papel, os *Post-Its*, era tudo uma expressão maravilhosa de como dedicar o máximo de tempo ao conteúdo e o mínimo à forma".

"Adoro participar das reuniões *obeya*", Tyler completa. "É um fluxo de informação sem atrito que acontece de forma realmente eficiente. Uma vez por semana, um grupo de cerca de 50 pessoas recebe uma dose turbinada do que está acontecendo. Decisões são tomadas e a equipe segue adiante. Elas trouxeram de volta a sincronização e a comunicação rica de antigamente. O Gemini está avançando de maneira muito mais previsível do que os últimos projetos. Lembra muito os primeiros dias da Schilling, quando éramos uma *start-up* minúscula".

E Tyler vê outra vantagem no sistema de gestão *obeya*. "Parecia que o sucesso de qualquer subprojeto dos nossos programas de desenvolvimento maiores estava correlacionado acima de tudo com a capacidade de liderança de quem estivesse no comando. Com um líder astro, os resultados eram ótimos; se não, era preciso refazer boa parte do trabalho. Era terrível. Nossa largura de banda, nossa capacidade de realizar projetos, estava sendo limitada pela quantidade de líderes talentosos que tínhamos. Então foi preciso mudar o que estávamos fazendo. Estávamos recusando projetos. Chegava a doer."

"As técnicas do *obeya* aumentaram nossa largura de banda de liderança", ele continua. "Ele nos reúne e sincroniza todos esses subprojetos. É muito fácil para os líderes menos experientes quando os comportamentos de liderança certos são modelados todas as semanas. Eles pertencem a uma equipe. É incrível ver o nosso nível de competência crescer, ver o nosso pessoal crescer." Tyler enxerga nisso uma grande oportunidade de desenvolvimento de pessoal no futuro, à medida que o *obeya* se expande para o resto da empresa.

Por ora, no entanto, Tyler está focado no Gemini: "Nossa maior narrativa (sobre a gestão *obeya*) é que esta é uma das primeiras vezes em 30 anos em que um programa dessa escala cumpriu todos os seus objetivos de desenvolvimento e não estourou o seu orçamento."

O sistema *obeya* se ajustou perfeitamente com a cultura existente da Schilling, o que permitiu que a empresa avançasse rapidamente. Ele promovia claramente os valores que a empresa já valorizava, como colaboração, criatividade, transparência e paixão por criar grandes produtos. Mas o *obeya* também pode ser uma maneira de estimular o desenvolvimento e crescimento desses valores. Como disse nosso amigo John Shook, presidente e CEO do LEI: "às vezes, é melhor agir para criar um novo jeito de pensar do que pensar para criar um novo jeito de agir". Na Schilling, simplesmente ver e escutar sobre o *obeya* não bastava. A empresa teve que vivenciá-la e agir até produzir um novo jeito de pensar.

Redução do *lead time* através da gestão visual do fluxo de trabalho na Solar Turbines

A Solar Turbines, uma subsidiária da Caterpillar com sede em San Diego, é uma empresa de soluções de energia global que projeta e fabrica compressores e turbinas a gás industriais, oferecendo suporte durante todo o ciclo de vida do produto. As principais aplicações dos seus produtos incluem a geração de energia elétrica, a produção de petróleo e gás natural, e a transmissão de gás natural.

A Solar começou a sua jornada LPPD com a ajuda de Jeff e de nosso colega John Drogosz após a leitura de *Sistema Toyota de Desenvolvimento de Produto*. Os líderes começaram com o mapeamento do fluxo de valor e o estabelecimento de um sistema de gestão *obeya*. O nível mais profundo de entendimento e a maior transparência criados por esse trabalho levaram a melhorias significativas na qualidade do produto e reduziram o tempo de lançamento no mercado. Examinaremos esse início mais tarde, no Capítulo 9.

Devido ao sucesso desse trabalho inicial com mapeamento do fluxo de valor e *obeya*, Howard Kinkade foi convidado a expandir o LPPD para toda uma linha de produtos. Bill Watkins, seu supervisor e diretor de Compressores a Gás, viu que havia a necessidade de aumentar o *pipeline* de desenvolvimento de novos produtos nos próximos anos. O trabalho anterior de LPPD levou a melhorias locais, mas alguns departamentos ainda estavam tendo dificuldade para cumprir seus compromissos em termos de prazos. O desempenho geral do desenvolvimento para a linha de compressores a gás precisaria melhorar para que a equipe pudesse cumprir as metas definidas pela organização e atender as necessidades futuras dos clientes. Mas por onde começar?

Eles decidiram se embasar em suas experiências e criar um nível ainda maior de transparência no trabalho. Havia várias perspectivas sobre o que estava causando os problemas de fluxo, desde recursos insuficientes a cronogramas irrealistas. Contudo, antes de saltar direto para as soluções, eles decidiram que o primeiro passo seria que cada equipe funcional tornaria o seu trabalho visível. Elas postaram todas as suas atividades em quadros individuais, para que todos pudessem enxergar quais trabalhos estavam em progresso e quais ainda estavam na fila. Os quadros foram todos postados em uma área em que todos veriam no que cada pessoa da organização estava trabalhando e o que estava no *backlog* de cada departamento. Com o trabalho exposto para todos, as equipes podiam começar a quantificar e priorizar todos os problemas do fluxo de trabalho e atacá-los individualmente.

Esse nível de transparência também permitiu que a equipe se afastasse e analisasse o processo geral do desenvolvimento de compressores a gás. Diversos desafios consistentes emergiram rapidamente:

- Priorização do trabalho
- Escopo de trabalho
- Trabalho demais no sistema
- Restrições de recursos

Priorização do trabalho Analisando o trabalho na parede, ficou evidente que as prioridades podiam até estar estabelecidas, mas nem todos estavam executando-as. Mas por quê? A equipe descobriu que as prioridades nos departamentos mudavam bastante com novos pedidos de diversos grupos. Na verdade, eles descobriram que os pedidos de trabalho chegavam ao setor de Compressores a Gás por 15 canais diferentes! Obviamente, os membros de equipe tentavam ajudar e responder a todos os pedidos, o que fazia com que os colaboradores frequentemente abandonassem uma tarefa ou projeto e passassem para outro.

Havia reuniões para debater as prioridades, mas claramente não havia um processo real para priorizar o trabalho dos seus diversos clientes de forma eficaz e consistente. A equipe montou um processo padrão para receber, avaliar e priorizar os novos trabalhos. Foram aplicados os critérios padrões de valor para o cliente, segurança, qualidade e desempenho financeiro, além das considerações orçamentárias. A fila de pedidos e o processo de avaliação também foi visibilizada, de modo que a priorização era transparente para todos. Acima de tudo, o processo criou uma estrutura consistente para a equipe de gestão discutir e alinhar as prioridades para toda a linha de produtos. O processo foi o primeiro passo para a criação do seu sistema de gestão do fluxo de trabalho.

Escopo de trabalho Outra questão que preocupava os membros de equipe era a falta de clareza nos pedidos de trabalho apresentados pelos clientes a montante. Faltava entendimento nos pedidos, eles não tinham as informações corretas para que as tarefas pudessem ser completadas e/ou o escopo de trabalho mudava no meio do caminho. Muitas vezes, pressionados pelos prazos, os colaboradores começavam a trabalhar sem as informações necessárias, forçando-os a parar e refazer boa parte do serviço. Esse desperdício de paradas constantes era uma fonte de frustração para muitos dos membros da equipe, além de caro e demorado para a Solar.

Os gerentes de projeto e de departamento trabalharam juntos para definir um padrão para o limite informacional mínimo necessário para começar cada tipo de trabalho. Isso eliminou a ambiguidade entre o colaborador e o solicitante. Agora, os pedidos de trabalho permaneciam na fila e não eram liberados para o funcionário até as informações padrões estarem disponíveis. As filas de trabalho eram representadas visualmente e mostravam o que estava pronto para ser trabalhado e o que ainda estava à espera de dados. A prática de não repassar pedidos de trabalho incompletos teve um impacto considerável na redução do retrabalho e da rotatividade entre os departamentos.

Trabalho demais no sistema Outra questão que se tornou evidente quando a equipe da Solar começou a utilizar os quadros de fluxo de trabalho foi a grande quantidade de estoque em processo presente no sistema. Parte disso era o resultado natural das mudanças de prioridade, escopo e o retrabalho associado. Outra demanda importante era a falta de um processo para gerenciar a entrada de trabalho no sistema. Durante o ano, mais trabalho entrava no sistema do que saía. O trabalho era alocado a um departamento e a uma ou mais pessoas assim que era autorizado ou orçado, sem considerar a carga de trabalho existente. O resultado é que alguns departamentos ficavam sobrecarregados e se tornavam gargalos, enquanto outros não tinham nada para fazer.

Quando a equipe se afastou e refletiu, percebeu-se que não havia um processo para medir a capacidade de cada departamento. Na melhor das hipóteses, faziam-se estimativas baseadas na experiência prévia. Assim, os chefes de departamento trabalharam com as suas equipes para determinar a WIPCAP (sigla em inglês para "capacidade máxima de estoque em processo") máxima efetiva dos seus departamentos e colaboradores. Após um padrão ser estabelecido para cada departamento, não se liberava trabalho alguma acima desse limite até os departamentos estarem abaixo do seu WIPCAP.

Restrições de recursos Muitos membros de equipe acreditavam que havia restrições de recursos significativas no sistema, mas que era difícil identificar exatamente onde e em que quantidade. Com a equipe trabalhando os desafios com prioridades, escopo e estoque em processo, os verdadeiros gargalos baseados em recursos se tornaram visíveis nos quadros de fluxo de trabalho. Dar visibilidade ao trabalho permitiu que a equipe enxergasse melhor que o problema não era que precisavam de mais pessoas e sim que os colaboradores precisavam expandir seu portfólio de habilidades. Isso lhes daria flexibilidade para se adaptar à variação no trabalho disponível e reduziria o ônus imposto a um conjunto de indivíduos-chave com habilidades especializadas.

Integrar a aprendizagem e a melhoria contínua À medida que identificava e resolvia as questões no sistema de gestão do fluxo de trabalho, a equipe também obtinha um entendimento mais aprofundado do seu trabalho. Isso levou as equipes a criarem melhores padrões de trabalho. Com as melhorias, o trabalho padronizado foi atualizado e compartilhado com os membros de equipe. Os padrões também ajudaram a acelerar o crescimento dos conjuntos de habilidades dos colaboradores.

Resultados A implementação do sistema de gestão visual do fluxo de trabalho resultou em um fluxo de trabalho mais nivelado e cadenciado por todo o fluxo de valor geral. No primeiro ano de implementação:

- As interrupções no fluxo de trabalho foram reduzidas em 60%.
- O trabalho atrasado diminuiu em 29%.
- O número de projetos gerados pelo sistema com sucesso aumentou em 41%.
- A capacidade de trabalho aumentou em 30% sem a inclusão de recursos adicionais.
- O alinhamento e a colaboração melhoraram significativamente entre os departamentos e projetos.

Conclusão Adicionar o processo de gestão do fluxo de trabalho ao sistema de gestão *obeya* ajudou a equipe de Compressores a Gás a melhorar significativamente o seu desempenho. Ele também ajudou a integrar um processo de melhoria contínua para atender as necessidades sempre mutantes do negócio e dos clientes. Hoje, os gerentes e os colaboradores acreditam que têm o conhecimento, a responsabilidade e as ferramentas de que precisam para continuar a melhorar o sistema de desenvolvimento.

O que mais nos impressionou nesse exemplo da Solar foi a abordagem de solução de problemas. Quando Howard e sua equipe começaram, a Solar já tinha experiência com diversas soluções de *software* para gestão do fluxo de trabalho. A equipe podia ter simplesmente implementado uma delas. Em vez disso, ela parou, pensou e decidiu destacar os problemas e identificar sistematicamente os elementos que bloqueavam o fluxo e experimentar com diversas contramedidas possíveis. A equipe adotou uma abordagem de aprendizagem e experimentação. Foi assim que ela desenvolveu soluções adequadas à situação e conheceu a paixão que nasce quando trabalhamos em equipe para fazer algo realmente bom.

Da repetição às rotinas que agregam valor

Visões instigantes exigem execução excelente para criar inovações genuinamente revolucionárias. A inovação é um processo inerentemente imprevisível. Não temos como prever exatamente o que aprenderemos e descobriremos ou quando. Os processos estruturados de desenvolvimento têm ajudado a impor alguma ordem ao caos e a melhorar significativamente o seu desempenho. Por outro lado, com a evolução desses processos estruturados de desenvolvimento, eles muitas vezes se tornam parte de uma burocracia coerciva. Organizações com equipes numerosas eram responsáveis pelo processo corporativo de desenvolvimento e continuaram a expandir o número de itens nas revisões de fase. Fichários grossos levaram a apresentações de PowerPoint compridas e a reuniões intermináveis, com um número crescente de participantes cansados que dividiam os itens entre vermelhos, amarelos e verdes. As conversas produtivas sobre questões de conteúdo foram substituídas por hábitos improdutivos de verificação do progresso.

Para não eliminar o trigo junto com o joio, nossa discussão abrangeu alguns dos tipos de revisão que podem agregar bastante valor e estrutura ao programa de desenvolvimento de produtos. Para contextualizar os esforços constantes de debate e solução de problemas, marcados por revisões periódicas, introduzimos o conceito de *obeya*. O fundador da Schilling Robotics lamentou que a energia e a animação com o desenvolvimento de produtos haviam se perdido com o aumento do tamanho e da complexidade da empresa, então ficou muito feliz quando o sistema *obeya* trouxe esses sentimentos de volta.

Por fim, a excelência na execução do desenvolvimento exige que você atinja o nível de equilíbrio certo entre estrutura e flexibilidade criativa no seu processo de desenvolvimento. Lembre-se que a ideia do *framework* é ajudar a equipe de desenvolvimento (e, logo, o produto) a ter sucesso, não um mecanismo de comando e controle para auditar organizações.

PRÓXIMOS PASSOS

Este capítulo se concentrou em como o nível certo de estrutura pode dar ordem a um processo inerentemente caótico: o desenvolvimento de algo novo. A estrutura em excesso, usando uma burocracia coerciva, sufoca a criatividade, enquanto a falta dela estende o *lead time*, aumenta o retrabalho e faz os produtos não cumprirem seus objetivos. Sugerimos que o nível certo de burocracia pode capacitar e apoiar a inovação.

Continuamos esse tema no Capítulo 3, adentrando na longa batalha entre quem considera que os padrões para o produto ou serviço sendo projetado são sufocantes e quem os considera uma bênção. Assim como fizemos neste capítulo, defenderemos que tudo depende dos padrões e como eles são usados. Utlizamos o exemplo de como a Toyota criou uma nova arquitetura global para suas plataformas de veículo, permitindo às equipes de projeto usarem sua criatividade para desenvolver *designs* de alto estilo, com desempenho muito superior. Na verdade, acreditamos que os padrões e a flexibilidade são o *yin* e o *yang* do desenvolvimento de produtos, complementando uns aos outros, criando tensões e forçando a equipe de projeto a desenvolver *designs* excelentes.

Sua reflexão

Criando uma visão

O foco deste capítulo é a excelência no processo de entregar um produto ou serviço com velocidade e precisão. As principais características da visão apresentada são:

- O trabalho flui harmonicamente entre especialistas funcionais, que sincronizam seu trabalho desde o início, identificam interdependências e aprendem a trabalhar mesmo quando os dados são incompletos, ainda que estáveis.
- O trabalho passa a ter visibilidade para diferenciar as condições normais das anormais e sinalizar a necessidade de ações corretivas rápidas.
- As revisões de marcos são usadas para avaliar o progresso em relação ao plano, verificar interdependências, executar ações corretivas e aprender.
- Os indicadores de tendência são desenvolvidos e utilizados para antecipar problemas antes que haja uma crise.
- As listas de verificação de viabilidade são utilizadas para promover a compatibilidade antes da conclusão.
- O sistema de gestão *obeya* é usado como ponto de planejamento centralizado, comunicação e colaboração para que a equipe interfuncional se reúna (semanalmente, no mínimo), identifique e resolva rapidamente os problemas interfuncionais à medida que ocorrem.
- Todos os participantes compreendem bem o processo de desenvolvimento.
- O processo de desenvolvimento em si é estudado, com reflexões regulares para aprender e melhorar continuamente.

Essa visão se encaixa com o que é necessário na sua empresa? Como você revisaria essa visão para se adaptar melhor à situação da sua empresa?

Sua condição atual

Você é bom na execução do desenvolvimento de produtos e processos?

1. A execução do desenvolvimento é uma vantagem competitiva para a sua organização? Em quais aspectos ela é? Em quais não é?
2. Seu sistema formal atual de gerenciamento de projetos, revisões de fase e revisões de *design* apoiam suas equipes de desenvolvimento na melhoria contínua para criar um fluxo paralelo e harmônico?

3. Considere a visão com a qual concordou para a sua organização. Que nota você daria para cada item (1: Fraco; 2: Bom; 3: Excelente)?

Entrando em ação

Escolha um dos seus pontos fracos e anote algumas ideias sobre como começar a trabalhar neles. Algumas direções possíveis incluiriam:

- Reúna um grupo interfuncional de múltiplos níveis hierárquicos para mapear e debater seu processo de desenvolvimento atual e sua capacidade de estabelecer um consenso sobre propósito, entregas e QEC em cada marco.
- Reúna um grupo de líderes de equipe de desenvolvimento para discutir como operam atualmente e como um sistema de gestão *obeya* ou mudanças ao processo de desenvolvimento em si poderiam ajudá-los a entregar os produtos com maior eficácia.
- Planeje um piloto do sistema de gestão *obeya* para um dos seus programas.

3

Fixo e flexível

O yin *e o* yang *do desenvolvimento* lean *de produtos*

O yin e o yang são o oposto um do outro, como todos sabem, então usamos os conceitos para generalizar elementos opostos, como alto e baixo ou dia e noite. Mas o yin e o yang não existem em formas separadas e independentes. São dois lados da mesma moeda. Poderia-se dizer que o yin e o yang se unem e se combinam para formar o todo.

— Jinghan He, Bagua Daoyin: A Unique Branch of Doaist Learning, A Secret Skill of the Palace

Criando equilíbrio na sua estratégia de desenvolvimento

Infelizmente, muitos desenvolvedores de produtos escolhem lados entre o potencial ilimitado da inovação humana e a potência incrível dos padrões (o que não é necessário). Em um lado, os "espíritos livres" temem que os padrões *lean* limitam a criatividade e levam a produtos terrivelmente tediosos. No outro, os tecnocratas são assombrados por visões de orçamentos estourados e caos operacional, resultados da imaginação irrestrita.

Esse pensamento binário pode ser bastante restritivo. Seria muito mais eficaz adotar esse conflito como fonte de inovação. Na nossa experiência, uma maneira eficaz de pensar sobre esse dilema é vê-lo como uma oportunidade de "e", não um problema de "ou". Em vez de conflito, esse é "o *yin* e o *yang*" do desenvolvimento de produtos: forças opostas e complementares que compõem o todo. O símbolo do *yin* e *yang* é, obviamente, uma parte famosa da filosofia taoista chinesa. Ele reflete o equilíbrio do que parecem ser duas forças opostas; nesse caso, as influências fixas e flexíveis do desenvolvimento *lean* de produtos (Fig. 3.1).

A filosofia fixa e flexível emergiu do trabalho que a equipe da Ford realizou com os seus colegas na Mazda há mais de uma década e que gerou benefícios significativos para ambas as empresas. A criação de uma estratégia fixa e flexível em torno de componentes *best in class* (melhores da classe) entre veículos permitiu que as empresas melhorassem tanto a qualidade quanto a escala. Os projetos e componentes padronizados eliminaram parte do trabalho de projeto de rotina, possibilitando que enfocassem problemas desafiadores que realmente precisavam de customização. Acreditamos que esse conceito, aparentemente tão simples, pode ter consequências profundas para a sua capacidade de desenvolvimento.

Os elementos *fixos* do desenvolvimento de produtos normalmente são expressos por meio de padrões, soluções baseadas na experiência para problemas típicos e recorrentes. Em geral, são aplicados quando novas soluções não agregam valor para o cliente. Os padrões são um mecanismo poderoso para aplicarmos a aprendizagem de um projeto no seguinte. Com o tempo, a experiência e o conhecimento se acumulam, os padrões são atualizados e os desenvolvedores são capazes de tomar decisões mais rapidamente e com melhor qualidade. Esses critérios claros (capturados e comunicados para a equipe) transformam a capacidade de aprender e aplicar novos conhecimentos em uma vantagem competitiva real. Os desenvolvedores não precisam desperdiçar tempo e recursos aprendendo tudo de novo. O alinhamento na parte fixa do projeto também é crucial para entender e gerenciar o perfil de risco e a energia do programa,

FIGURA 3.1 Fixo e flexível: o *yin* e o *yang* do LPPD.

orientando uma equipe de produto para que focalize principalmente os elementos flexíveis.

Os aspectos *flexíveis* do desenvolvimento de produtos são aqueles para os quais a inovação e a criatividade agregam valor para o cliente e diferenciam o produto. Eles estão no cerne da proposição de valor única do produto e muitas vezes são o porquê de estarmos realizando o projeto. Nesse caso, a visão de alto nível do que estamos tentando fazer pode ser entendida, mas o modo de trabalho não. Por consequência, o perfil de risco e as lacunas de conhecimento são significativas durante essa parte do projeto e exigem inovações substanciais.

Diferenciar entre o fixo e o flexível exige um entendimento profundo de como o produto agregará valor, aliado a uma visão instigante para o produto. É igualmente importante que a organização esteja alinhada em torno dessa visão e que cada membro de equipe entenda como contribuirá para o sucesso. O manual de conceito (*concept paper*) do engenheiro-chefe e as atividades relacionadas são incrivelmente úteis para estabelecermos essa delineação, pois identifica uma visão para os elementos criativos que mais importam para o cliente e especificam muitos dos elementos fixos.

O *yin* e o *yang* do fixo e do flexível oferece uma maneira poderosa de pensar sobre a sua estratégia de padronização, o que ajuda a garantir a qualidade, eliminar desperdícios e maximizar o valor produzido para o cliente. Na definição dos elementos fixos e alocação de tempo e energia para os flexíveis, pode ser útil pensar em duas categorias amplas: padrões de projeto e padrões de processos de fabricação.

Padrões de projeto

Os engenheiros poderiam começar todos os projetos com a mente aberta e uma folha em branco, o máximo em inovação aberta e também um desperdício monumental de tempo e energia. Em vez disso, o *yin* e *yang* do fixo e do flexível emergem dos padrões de projeto na forma de plataformas, especificações, regras de projeto e arquiteturas padronizadas, tornando o desenvolvimento mais rápido e eficiente e liberando o tempo dos engenheiros para a inovação e criatividade que agregam valor.

Plataformas

Uma plataforma de produto é um conjunto comum de tecnologias e componentes fundamentais ou básicos que suportam múltiplos produtos. O conceito pode ser diferente da modularidade, que sugere elementos de *plug and play*. Uma plataforma de produto padrão especifica a arquitetura e os padrões de projeto para uma classe de produtos, mas ainda precisam de algum nível de customização, ou sintonia fina, para cada produto específico. Isso acontece com os mais diversos produtos, incluindo os automóveis.

Cada empresa da indústria automobilística tem uma definição ligeiramente diferente, mas, em geral, as plataformas podem ser consideradas a base, ou metade inferior, sobre as quais novos veículos, ou *top hats* (cartolas), são desenvolvidos. O *top hat* é o que os clientes veem, é nele que encostam: a carroceria e o interior do veículo. A plataforma pode ter menos visibilidade, mas ainda tem um impacto fundamental em atributos como dirigibilidade, raios das curvas, ruídos, vibração, peso, segurança, até estilo. Ela é uma parte crítica do produto como um todo e da experiência do motorista.

Nas melhores empresas, muitos modelos de veículos diferentes podem ser desenvolvidos com base na mesma plataforma. Na verdade, as empresas devem ser capazes de obter várias gerações de múltiplos produtos com uma única plataforma. A engenharia de plataforma apresenta desafios consideráveis, como criar a capacidade de interagir de forma eficaz com diversas configurações de produtos, integrar a capacidade de sintonizar a plataforma de modo a corresponder a diversos requisitos de desempenho dos produtos e antecipar o ritmo das mudanças das tecnologias fundamentais. A maior parte das empresas está acostumada a ter um cronograma de vários anos para a atualização de produtos existentes e o desenvolvimento de novos. As plataformas também precisam ser atualizadas com o seu próprio cronograma, em geral com metade da frequência usada no ciclo de vida do produto. Por exemplo, se os produtos são atualizados a cada quatro anos, as plataformas seriam reprojetadas mais ou menos a cada oito. Planejar e executar uma estratégia de plataforma melhora a qualidade e o desempenho, reduz os custos de desenvolvimento e acelera o lançamento no mercado. Pode parecer que uma estratégia de plataforma eficaz não se aplica a todos os setores, mas, na nossa experiência, a maioria das empresas poderia se beneficiar de uma estratégia de plataformas, muitas vezes de modos que não são imediatamente óbvios.

Em 2007, a Ford utilizava 27 plataformas diferentes para todos os seus veículos, o que significa que a empresa gastava recursos de engenharia demais apenas para manter esse grande número de plataformas ao redor do mundo. Como haviam tantas, a Ford também tinha dificuldade para atualizar as tecnologias fundamentais importantes, o que levava a veículos menos competitivos. A consequência é que cada programa de produto ajustava as tecnologias das plataformas para tornar o seu veículo melhor, o que reduzia ainda mais os elementos em comum e exacerbava o problema.

A Ford decidiu empreender um esforço considerável para consolidar e então melhorar radicalmente suas plataformas. Para tanto, ela:

1. Avaliou o estado atual das plataformas na Ford e fez *benchmarking* rigoroso com a concorrência.
2. Identificou as plataformas que continuariam e organizou-as em equipes de plataformas interfuncionais, com representantes de toda a engenharia.
3. Reuniu equipes para trabalhar em metas futuras de desempenho para todos os aspectos das plataformas.
4. Formou equipes para implementar as mudanças nas plataformas apenas com base nos requisitos do plano do ciclo dos produtos.

Dez anos depois, a Ford conseguiu criar mais modelos individuais do que existiam em 2007 a partir de apenas oito plataformas globais.[1] O processo de consolidação ocorreu entre 2007 e 2016, com a maior parte da engenharia completada até 2013. Mais significativo do que a redução das plataformas, o trabalho reduziu de forma simultânea o tempo até o lançamento no mercado de produtos individuais, os custos de desenvolvimento de veículos e os requisitos contínuos de suporte de engenharia. Tudo isso liberou recursos de engenharia valiosíssimos para trabalharem em mais novos produtos e melhorou o desempenho dos veículos em todo o mundo. A economia atingiu a casa de centenas de milhões de dólares, e os produtos da Ford se tornaram muito mais competitivos.

O investimento da Ford na reformulação da sua estratégia de plataforma gerou grandes dividendos, mas nunca deveria ter chegado ao estado em que estava. A Ford precisou reaprender a importância de atualizar e manter a sua estratégia de plataformas. Ironicamente, foi uma lição difícil que a Toyota, pioneira das plataformas em comum, também teria que aprender, como veremos ainda neste capítulo.

Regras e especificações de projeto

Escrevemos bastante sobre as regras de projeto e listas de verificação em *Sistema Toyota de Desenvolvimento de Produto*.[2] Na Toyota, essas regras de projeto são literalmente parte das listas de verificação, originalmente a lápis. As listas ficavam em cadernos, mantidos pelos engenheiros mais graduados de cada área técnica, que tinham a palavra final quando se tratava de adições ou subtrações. As listas de verificação representavam a aprendizagem acumulada e eram tratadas como propriedade intelectual ultrassecreta. Os engenheiros literalmente anotavam na lista a sua conformidade com cada padrão enquanto projetavam o produto, e depois o supervisor aprovava cada item (com o tempo, as listas de verificação da Toyota migraram eletronicamente para um banco de dados de engenharia).

Os engenheiros da Toyota não consideravam as listas de verificação uma gaiola ou como o cerne do seu trabalho de engenharia. Como explicou um engenheiro sênior, "usar uma lista de verificação não transforma ninguém em um grande engenheiro". Pense nas listas de cheque pré-voo dos pilotos de avião: podem ser imprescindíveis para a segurança, mas não substituem a habilidade e experiência do piloto durante o voo em si.

Os engenheiros da Toyota podiam violar os padrões das listas de verificação, mas, no processo, precisavam defender esse raciocínio com dados. Por exemplo, os raios de uma peça da carroceria podiam ter uma amplitude além da qual a peça de aço racharia durante o processo de estampagem. Se um estilo novo e mais arrojado exigia um raio além desse limite, o engenheiro poderia violar o padrão conscientemente, mas teria que provar que o projeto seria fabricável com alta qualidade. Muitas vezes, violar os padrões levava a inovações e servia de base para novos padrões.

A Ford também desenvolvera padrões de projeto que serviam de alicerce para o trabalho de engenharia. Por exemplo, os padrões de interface das peças individuais para componentes que pertenciam a um sistema maior eram um bom ponto para aplicar essas regras de projeto. Qualidade do serviço, produtibilidade e durabilidade são outros exemplos de áreas em que as regras de projeto podem ser bastante úteis. A aplicação estratégica da Ford de padrões comprovados permitiu a maximização da criatividade e da flexibilidade na maioria dos projetos de componentes ao mesmo tempo que protegia o desempenho de sistemas críticos com alguns atributos de projeto fixos. Para tornar essas regras mais eficazes e aumentar o seu uso, a Ford:

- Organizou as regras de projeto em "pedacinhos".
- Disponibilizou-as JIT e no ponto do processo de projeto no qual eram necessárias.
- Integrou-as à ferramenta de *software* de projeto CAD.

Arquitetura padronizada

A primeira vez em nossas pesquisas em que ouvimos falar de arquitetura padronizada na Toyota foi há mais de 20 anos. A Toyota afirma categoricamente que "desenvolve arquiteturas padronizadas, não projetos modulares."[3] A imagem de módulos *plug and play* em setores como aparelhos eletrônicos é bastante popular, mas os executivos da Toyota acreditam que é relativamente limitada em aplicações estruturais complexas como as da indústria automobilística.

A arquitetura padronizada parece ter diversos significados, variando entre os setores da economia. Para os fins deste texto, estamos nos referindo à manifestação física da função da peça: a geometria física, o padrão ou a forma necessários para cumprir a intenção da peça ou grupo de peças. Ela também pode se referir ao arranjo básico ou elementos fundamentais de qualquer produto ou serviço.

Randy Frank, um dos gerentes de engenharia de carroceria de Jim, liderara parte da iniciativa de arquitetura padronizada na Ford. Foi ele que inventou uma analogia útil e inteligente para explicar o papel da arquitetura padronizada (Fig. 3.2): No nível básico, lições aprendidas de engenharia são como autópsias, fornecem uma oportunidade de aprendizagem valiosa em potencial para ajudar os pacientes futuros, mas, obviamente, o paciente nas mãos do legista não se beneficia. O próximo nível é composto de disciplinas de engenharia, como regras de projeto e análise de modos de falhas e efeitos, que são como a medicina preventiva (p. ex., vacinação e dieta). Esses antídotos podem salvar vidas, desde que sejam usados. A arquitetura padronizada e a engenharia baseada em conhecimento ocorrem no nível genético, integrando a solução ao DNA da peça. A arquitetura padronizada é extremamente poderosa, mas, se aplicada incorretamente, pode ser arriscada. Para evitar as consequências ines-

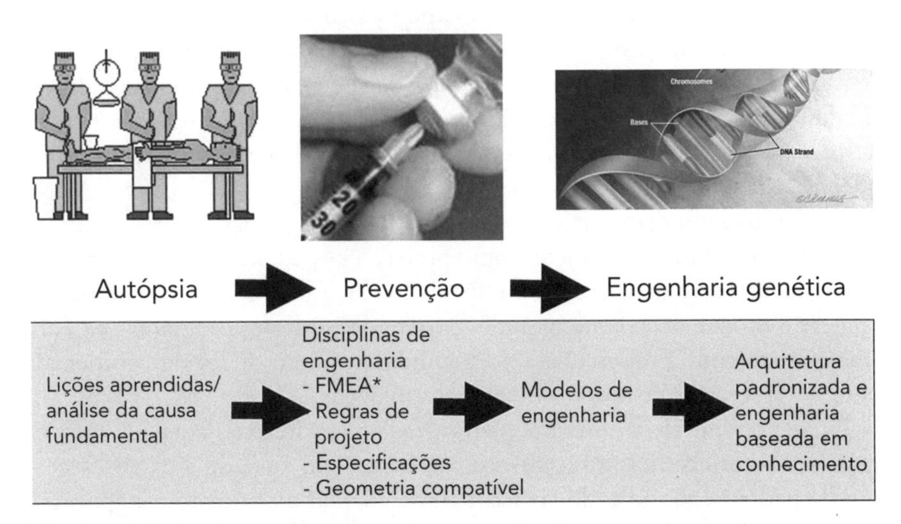

FIGURA 3.2 Analogia médica: estratégia de arquitetura padronizada.

* N. de E. A sigla FMEA, em inglês *Failure Mode and Effect Analysis* (Análise de Modos de Falha e seus Efeitos).

peradas, é preciso ter cautela, uma aplicação consciente e um entendimento profundo da função da peça, além de uma estratégia fixa e flexível robusta.

A jornada da engenharia de carroceria e estampagem (B&SE) da Ford até ter uma arquitetura padronizada começou com um exercício relativamente simples de *benchmarking* da montagem do capô dianteiro. O estudo determinou que as montagens de capôs da Toyota eram muito semelhantes entre os seus produtos, enquanto todos os da Ford eram únicos. O estudo foi pauta de uma das primeiras reuniões de Jim com o CEO Alan Mulally, que, como ex-engenheiro-chefe da Boeing, reconheceu imediatamente as consequências desse resultado. Uma imagem valia mil palavras, e ele se tornou um defensor ardoroso das arquiteturas padronizadas.

A montagem do capô é composta de um painel externo (a parte do capô com *design* de alto estilo, na parte externa do carro), um painel interno (a peça que dá resistência e rigidez à montagem) e uma série de peças mecânicas e de reforço. As desmontagens revelaram que todos os painéis internos da Ford eram diferentes uns dos outros. Era como se cada grupo de engenharia tivesse começado a projetar o seu capô com uma folha em branco e, consequentemente, todos precisavam reaprender muitas das mesmas lições todas as vezes.

Por outro lado, todos os painéis internos da Toyota tinham uma geometria básica bastante consistente e identificável, adaptada para os diversos modelos de automóveis. Independentemente de ser um Lexus ou um modelo Toyota básico, a arquitetura era a mesma. Os pontos em comum permitiam que a Toyota aplicasse uma solução comprovada e de alta qualidade aos seus produtos ao mesmo tempo que reduzia o tempo de engenharia, teste e os requisitos de desenvolvimento do processo de fabricação para cada programa. O mais surpreendente é que essa padronização afeta apenas elementos invisíveis para o cliente, sem subtrair nada do estilo.

Enquanto aprendiam mais sobre os múltiplos programas da Ford e enfrentavam novos desafios de projeto, como proteção de pedestres e regulamentação sobre acidentes, os membros de equipe da B&SE atualizavam a geometria. Ao contrário do que ocorria no passado, entretanto, todos os programas da Ford trabalharam com a mesma base e a geometria evoluiu de forma coordenada entre os programas de modo a manter as vantagens.

Nesse exemplo de arquitetura padronizada fixa e flexível, o painel interno, cuja função os clientes praticamente não percebem, é criado a partir da geometria padrão e modificado apenas para se adaptar ao formato e à aplicação de tamanho específicos (fixo). O painel externo, crucial para o estilo e apelo do veículo, entretanto, fica praticamente todo a cargo da direção criativa do projetista (flexível).

Mesmo os painéis de revestimento externos, as peças em que o estilo é mais relevante, estão sujeitas ao pensamento fixo e flexível. Um para-choque é uma peça externa visível que é, entre outros aspectos, crucial para o estilo do veículo. Obviamente, a segurança vem em primeiro lugar, mas o *design* é superior a todas as outras preocupações de engenharia em uma peça desse tipo. As partes funcionais ocultas do para-choque, como recursos de posicionamento, superfícies de montagem e geometria de rigidez, todo os quais são importantes para a função do para-choque em termos de formação, montagem e desempenho em colisões, se beneficiam significativamente do uso de arquiteturas padronizadas. O segredo é maximizar o espaço de projeto ao mesmo tempo que se padroniza os atributos que contribuem para outros aspectos do desempenho da peça.

Um benefício adicional dessa abordagem é a capacidade dos engenheiros de produto alavancar ferramentas de projeto poderosas. O "Smart CAD", com conhecimento de engenharia integrado e modelos de peças paramétricos, pode orientar os engenheiros, otimizar seu tempo e melhorar a eficácia do projeto, desde que a tecnologia tenha se baseado em uma estratégia de arquitetura padronizada bem pensada. Na nossa experiência, as ferramentas impressionam, mas o seu limite é a qualidade da estratégia e da filosofia de engenharia por trás delas.

A arquitetura padronizada pode ser um modo poderoso e de aplicação generalizada de melhorar a qualidade, reduzir os custos e focalizar os recursos nas áreas do produto que mais se beneficiariam com a diferenciação. Ao estabelecer a sua arquitetura, você precisará enfrentar diversos *trade-offs*. Depois, será preciso considerar as consequências da nova arquitetura para a qualidade, desempenho de atributos como peso ou resistência, produtibilidade, custos de desenvolvimento e investimento, e preço da peça. Para que tudo isso ocorra bem, primeiro entenda como o componente ou subsistema contribui para o valor definido pelo cliente, o que o ajuda a definir o que deve ser fixo e o que pode ser flexível.

Padrões de processos de fabricação

Os padrões de fabricação podem reduzir os custos de desenvolvimento e produção, melhorar a qualidade, aumentar previsibilidade do desenvolvimento e flexibilizar a fabricação (ou seja, produzir múltiplos produtos na mesma linha de produção). Entretanto, você deve manter em mente como o produto agrega valor para o seu cliente e deixar esse conceito orientar suas decisões sobre o que será fixo e o que será flexível. A capacidade de fabricação pode ser uma fonte de vantagem competitiva diferenciada, tanto para a produção eficiente e de alta qualidade quanto para a capacidade de produzir *designs* chamativos e alta qualidade de serviço. Aplicar o conceito de fixo e flexível aos padrões de fabricação ajuda a transformar tudo isso em realidade.

Processo de montagem padrão

Francamente, o valor de estabelecer um processo de montagem padronizado e robusto parecia tão fundamental que praticamente não o incluímos neste livro. Contudo, nosso trabalho em diversos setores revela que muita gente ainda não entende os seus benefícios. A ideia é uma das melhores formas de montar produtos e orientar os esforços de projeto e desenvolvimento, mas o fato é que o conceito ainda é desconhecido em um número grande o suficiente de empresas, então vale a pena descrevê-lo brevemente a seguir.

Um processo de montagem padrão pode trazer diversos benefícios, incluindo maior qualidade, menor investimento, custo variável e maior flexibilidade da fabricação. Para obter esses benefícios, no entanto, informações essenciais sobre o processo de montagem devem ser comunicadas e seguidas durante o processo de desenvolvimento. Para executar esse processo de maneira eficiente, utiliza-se um documento de processo de montagem padrão, frequentemente chamado de listas de processo (BOP, *bill of process*), que inclui três elementos principais:

- **A sequência da montagem de peças** é a ordem na qual as peças são montadas (p. ex., de dentro para fora, de fora para dentro ou de baixo para cima). Essas decisões têm muitas consequências, como acesso e visibilidade para pessoas ou máquinas, considerações ergonômicas e de segurança, repetibilidade e eficiência do trabalho. As consequências da ordem na qual você o constrói o item deve ser conhecida e controlada durante o processo de desenvolvimento.
- **A organização das linhas de montagem** determina o que será montado na linha principal e quais subsistemas devem ser trabalhados por linhas de apoio ou secundárias. A organização também abrange o local relativo das linhas para otimizar o fluxo das peças.
- **A estratégia padrão de localizador de peças** determina melhor maneira de localizar as peças na linha. Isso é possível com a identificação dos localizadores para acomodar a fixação de peças ou pela designação das superfícies de localização ou outros meios para fins de dimensionamento e tolerância geométrica. As consequências de qualidade dimensionais dessas decisões são importantes, mas estão muito além do escopo deste livro.

Com a padronização de uma sequência de montagem de alto nível, organização de linha e estratégia de localização, muitas vezes é possível montar muitos produtos na mesma linha com pouca ou nenhuma alteração. Isso reduz significativamente os custos de investimento e cria uma capacidade melhorada de se adaptar de forma rápida às variações na demanda pelos produtos. Uma metodologia de montagem comprovada também é o segredo da qualidade e previsibilidade na fabricação e no desenvolvimento.

Na indústria automobilística, alinhar o projeto de fabricação e do produto em torno do fixo (estratégias de localização de peças comuns e sequências de montagem padronizadas básicas contidas em um BOP) e do flexível (manter a maior parte do *design* do veículo aberto para cumprir sua proposição de valor única) gerou grandes dividendos, permitindo que as melhores empresas fabricassem seis ou mais veículos bastante diferentes uns dos outros na mesma linha de montagem, o que cria eficiências incríveis e grande flexibilidade na produção sem prejudicar o alto nível de qualidade. Aquelas que fizeram isso corretamente produzem veículos diferenciados na mesma linha, não apenas diferenciam logotipo entre os produtos.

Projeto de produtos orientado por processos para a estampagem

A estampagem pode parecer uma área muito obscura e especializada da engenharia para merecer tanta atenção (a menos, é claro, que seja o seu ramo). Contudo, acreditamos que as lições sobre *yin* e *yang* do projeto de produtos orientado por processos (PDPD, *process-driven product design*) transcendam as disciplinas de engenharia ou indústrias específicas.

Hiro Sugiura passou mais de 30 anos em diversos cargos importantes de engenharia de estampagem na Toyota, terminando sua carreira na empresa com a liderança dos esforços de engenharia de produção nos EUA. Jim conheceu Sugiura-san, então aposentado da Toyota, quando prestava assessoria em tempo integral para a Ford. Infelizmente, apesar de todo o seu conhecimento e experiência, seu impacto era quase nulo; ele fora trazido para a Ford pela liderança sênior anterior, que não tinha certeza do que fazer com ele. Esses líderes pareciam valorizar apenas o fato dele ter trabalhado na Toyota. A equipe de engenharia de estampagem estava se afogando sob uma carga de trabalho cotidiana gigantesca e não tinha tempo para os conceitos estratégicos de Sugiura-san. Foi só depois que a equipe liberou alguns recursos-chave para trabalharem diretamente com ele que a estampagem finalmente conseguiu acessar e aproveitar todo o seu profundo conhecimento.

Uma das principais iniciativas lideradas por Sugiura-san e a sua pequena equipe foi o PDPD. Com base no *benchmarking* detalhado, o PDPD definia processos de estampagem de classe mundial, incluindo o número de matrizes (ou de prensagens) permitidos para cada uma das principais partes estampadas. Além disso, ele comunicava as características de projeto das peças cruciais para possibilitar esse processo de fabricação, o melhor do setor, ao mesmo tempo que maximizaria a liberdade em todas as outras áreas do projeto.

Por exemplo, o PDPD definiria o processo padrão de alto nível para a estampagem de um para-choque em quatro matrizes (tração, recorte, rebordo e acabamento) e determinou os atributos importantes para tanto. Considerando que a Ford anteriormente precisou de sete ou mais matrizes para estampar para-choques e que a equipe trabalhava em todas as peças estampadas internamente na Ford, o potencial de economia de custos era imenso.

O PDPD gerava algumas preocupações legítimas: algumas pessoas acreditavam que o único jeito de cumprir essa missão seria sacrificar outros atributos das peças, como estilo ou qualidade do serviço, o que seria inaceitável. A Ford estava colocando o nível superior de qualidade do serviço, de *craftsmanship*, no âmago da sua reviravolta orientada por produtos. A equipe não confiava que seria possível ter *design* de classe mundial e eficiência na produção, mas concordou em rodar o experimento.

Essa iniciativa promoveu um nível extremamente alto de colaboração entre os engenheiros de carroceria e estampagem à medida que as equipes se uniram para criar soluções de eficiência e de *design*. Os desafios, aparentemente impossíveis e contraditórios, trouxeram à tona o que há de melhor em uma equipe de engenharia talentosa e possibilitou um nível de inovação e inventividade que provavelmente não teria acontecido sem a pressão das restrições opostas, das forças do *yin* e do *yang*.

A equipe também teve sucesso no cumprimento de ambos os imperativos, com benefícios significativos para os produtos da Ford. O trabalho também ajudou a destruir diversas crenças arraigadas, uma das quais era que quanto mais matrizes, melhores as peças. Era quase axiomática que a qualidade da estampagem estava positivamente correlacionada com o número de matrizes usadas para estampá-las. Na verdade, com o processamento correto, quanto menos a estampagem se move durante o processo e menos você precisa relocalizá-la em outra matriz, melhor a precisão dimensional. Quem poderia adivinhar?

Os requisitos de PDPD se tornaram um insumo importante da arquitetura padronizada das peças (discutida anteriormente). O PDPD tornou-se a nova prática padrão para o desenvolvimento de produtos e processos para todas as peças internas da Ford. Exceções são possíveis, normalmente debatidas nas revisões de *design*, mas bastante raras.

Redução da complexidade

A complexidade parece um mal necessário em muitos dos produtos sofisticados da atualidade, como automóveis, aeronaves, dispositivos médicos e equipamentos pesados. Em geral, ela é considerada parte do ambiente cada vez mais competitivo no qual as empresas existem. "Não dá para se livrar disso, é *essencial* para o nosso cliente". Mas em que momento toda essa complexidade para de agregar valor para o cliente e se torna só mais um ralo para recursos de engenharia preciosos? À medida que a customização se aproxima do extremo de projetar um produto diferente para cada cliente, qual será o limite dos engenheiros?

Respostas significativas para essas perguntas podem ser uma função do setor específico em que você opera, mas nós já visitamos empresas o suficiente para saber que a maioria, de quase todos os tipos, ultrapassou esse ponto há muito tempo. Na verdade, um dos motivos para poder ser tão difícil eliminar a complexidade é ela ser tão onipresente. Enfrentar a redução da complexidade pode ser um desafio aterrorador, além de claramente variar de uma indústria para a outra. Os exemplos simples a seguir são provocações para ajudá-lo a pensar sobre esse tema.

Um modo relativamente simples e direto de fazer isso é começar pelos parafusos. Os parafusos são uma parte aparentemente trivial, mas muitas vezes essencial, de muitos produtos. Como representam um custo pequeno em termos unitários, as empresas às vezes ignoram o quadro geral e desprezam a área, considerada uma atividade inconsequente. Mas a proliferação dos parafusos únicos, com cada engenheiro abrindo o seu catálogo favorito na internet e encontrando uma solução única para o desafio do momento, pode ter um impacto negativo no custo, na qualidade e nas operações de produção.

A criação de uma lista padronizada de parafusos para a empresa e suas aplicações aprovadas, auxilia a dar um pequeno passo em direção à tomada de decisões mais rápida, a custos reduzidos e à maior eficiência da produção. A seleção do material das peças também pode ser aprimorada com a criação de uma "lista de primeiras opções" recomendando o melhor material para cada aplicação específica. Será preciso abrir exceções, claro, então inclua um processo para elas. Na nossa experiência, as empresas muitas vezes têm diversas pequenas oportunidades para dar o pontapé inicial nos esforços de redução da complexidade.

Outro modo de enfrentar a complexidade é pensar além dos parafusos e materiais e entrar na reutilização de peças ou peças em comum (ou seja, as mesmas peças funcionais fundamentais em todas as linhas de produtos). Quando o conhecimento é compartilhado corretamente entre programas de produtos, os engenheiros são capazes de utilizar as mesmas peças para superar desafios de projeto. Obviamente, é importante partir de uma perspectiva de qualidade e desempenho do produto, pois, do contrário, os esforços de economia de custos podem afetar negativamente as vendas e se tornar muito, muito caros.

Oferecer diversas opções de produto e configurações opcionais pode disponibilizar uma fonte clara de vantagem competitiva e maior rentabilidade, mas também pode adicionar custos desproporcionais ao seu valor em relação às operações de desenvolvimento e fabricação. É um tema relativamente controverso em algumas empresas, especialmente entre os departamentos de *marketing* e de engenharia. Mas não precisa ser assim, se você deixar um conjunto de dados livre.

Comece pela análise do índice de uso para determinadas opções. Se as vendas de uma opção não compensam o custo de oferecê-la, essa é a sua primeira dica. Há, é claro, outros motivos para disponibilizar certas opções, e estes devem ser considerados. Mas os clientes estão votando com a carteira contra a opção, pode ser o momento de abandoná-la. Enquanto analisa os dados, converse com os clientes. Mais opções nem sempre são o mesmo que maior valor aos olhos dos clientes; a complexidade é uma fonte de confusão para eles, especialmente quando acham que você está forçando-os a tomar decisões que deveriam ser responsabilidade sua. Na década de 1980, a Honda e a Toyota ofereceram pacotes padronizados de itens opcionais com descontos e um número limitado de cores, e as vendas cresceram. Enquanto isso, as montadoras americanas pareciam vender uma infinidade de opções, o que confundia e frustrava os seus clientes.

Reunindo tudo: a nova arquitetura global da Toyota

Na nossa opinião, um dos melhores e mais recentes exemplos de pensamento fixo e flexível é a Nova Arquitetura Global da Toyota (TNGA, *Toyota's New Global Architecture*). Em resposta ao envelhecimento de plataformas cada vez menos competitivas, além da proliferação em massa dos números de peças únicas, a Toyota reenergizou suas plataformas e, mais do que isso, seguindo o melhor da tradição *lean* da empresa, aproveitou a oportunidade para criar uma vantagem competitiva potencialmente poderosa no seu sistema de desenvolvimento de produtos e nos produtos em si.

O pensamento que levou ao TNGA começou logo após Akio Toyoda assumir a presidência em fevereiro de 2009. Os executivos seniores de toda a empresa se reuniram para formar a "Comissão para Regenerar a Toyota, com a missão de identificar os desafios mais importantes para a Toyota enquanto empresa".[4] Um dos principais desafios identificados foi a necessidade de atualizar radicalmente todas as plataformas de veículos e trens de motores da Toyota. As plataformas, como discutido anteriormente neste capítulo, são o alicerce do desempenho dos veículos individuais e um elemento central da estratégia de desenvolvimento de produtos automotivos. Essa notícia se encaixava perfeitamente com a crença arraigada de Akio Toyoda de que o futuro da Toyota seria focalizar toda a organização na melhoria de produtos. Por consequência, a revitalização das plataformas se tornou um componente importante da proclamação de Toyota sobre carros cada vez melhores. Em 2010, nasce a equipe de Reforma do Negócio da Estrutura do Veículo, composta de executivos de alto nível com experiência e influência para repensar a estratégia de plataforma.

Os problemas de plataforma da Toyota começaram durante o período de alto crescimento de 2000 a 2010, quando as vendas globais dispararam de 5 milhões para 10 milhões de veículos por ano. Dizer que foi um nível avassalador de crescimento não seria exagero, considerando as consequências técnicas, logísticas, organizacionais e financeiras dessa expansão incrível. O que significa produzir um catálogo completo de 10 milhões de carros e caminhonetes todos os anos, com variações nacionais em todo o mundo? Para fins de escala e de comparação, a Tesla, uma suposta *start-up* de 15 anos de idade, teve dificuldades para entregar 100.000 veículos em 2017, apesar de ter apenas três modelos.

A pressão sobre a Toyota nessa época foi particularmente difícil para o seu pessoal mais experiente, em especial para os líderes técnicos com mais tempo de casa, que já estavam extremamente sobrecarregados. Na verdade, os engenheiros de produto da Toyota estavam tão ocupados com o suporte de novos produtos que não tinham recursos suficientes para atualizar as suas plataformas. Por exemplo, antes de 2000, a Toyota normalmente desenvolvia uma nova plataforma aproximadamente a cada dois ciclos completos de modelos. Contudo, o Camry passou por quatro ciclos completos sem uma reelaboração significativa da sua plataforma. Em resposta, um EC de produto individual, como o responsável pelo Camry, realizava mudanças no nível de plataforma na tentativa de melhorar o desempenho do produto e atender requisitos regulatórios. Mas os resultados dessa abordagem ainda estavam decepcionando os clientes e a própria Toyota. A falta de grandes atualizações das plataformas limitava a capacidade dos veículos individuais de competir com as melhores empresas do setor, especialmente em termos de dirigibilidade e estilo.

Para piorar ainda mais a situação, os ajustes do EC agravaram o problema de gestão de plataformas, pois resultaram na proliferação das subplataformas em toda a Toyota. O número total de plataformas e subplataformas da Toyota se inflacionou e quase chegou a 100. Isso, por sua vez, levou a uma hiperinflação dos números de peças únicas relacionadas a plataformas, que atingiu quase 1.000. A proliferação dos diversos motores foi igualmente ruim, partindo de 16 tipos básicos de motores para quase 800 variações. O resultado foi que os custos de desenvolvimento da Toyota decolaram, pois agora era preciso levar em conta o maior número de peças em cada novo programa.

As peças componentes das plataformas também se inflaram, de 72 por plataforma para cerca de 1.000, em grande parte devido às variações nacionais. Mais de 70% dos custos de plataformas vinham das peças dos fornecedores, sendo que os custos de P&D dos fornecedores também foi às alturas. Um estudo mostrou que os custos de desenvolvimento dos fornecedores da Toyota chegavam a sete vezes mais que os dos melhores concorrentes. Pior ainda, devido às limitações das plataformas, os clientes estavam começando a achar os *designs* da Toyota tediosos. Pela primeira vez na história, os índices de atratividade da Toyota estavam em queda. Esses problemas eram particularmente graves para a liderança da Toyota, pois a empresa fora a líder do setor em proporção de peças em comum e capacidade de derivar muitos veículos diferentes de um pequeno número de plataformas em comum.

O interessante é que a lucratividade da Toyota também estava disparando. Em termos de renda operacional, a empresa teve um ano recorde após o outro no período entre 2004 e 2008, mas análises mais detalhadas mostram que boa parte dessa maior rentabilidade seria explicada pelo enfraquecimento do iene. Sem ele, os lucros teriam sido estáveis durante o período.

A Toyota estava decidida a usar esse problema como oportunidade para reinventar suas plataformas, seu pensamento fundamental sobre a estratégia geral de arquitetura e plataformas, e a relação entre as plataformas e os produtos que atendiam. A empresa criou uma estratégia de fixo e flexível para produzir uma solução baseada em "e", não "ou", que permitiria estilos mais arrojados, melhoraria drasticamente o desempenho dos veículos, simplificaria o desenvolvimento e reduziria os custos.

Quando avaliamos veículos, estudamos subsistemas e dedicamos vários dias a conversas com pessoas de toda a Toyota, descobrimos que a TNGA era algo que tinham dificuldade para definir. É um pouco como a velha história sobre os cegos que encostam cada um em uma parte diferente de um elefante: tudo depende da sua perspectiva (Fig. 3.3). Seria útil falar sobre os elementos principais da estratégia da TNGA: redução e revitalização de plataformas, estratégia de compartilhamento de peças/peças em comum, otimização e redução do trem de motor e uma nova filosofia de desenvolvimento.

FIGURA 3.3 O que é o TNGA, exatamente? Depende da sua perspectiva.

Revitalização de plataformas

Os engenheiros da Toyota começaram esse processo desmontando veículos da Toyota e da concorrência em cada categoria de plataforma e executando uma avaliação rigorosa. Eles passaram um pente fino nos sistemas, subsistemas e componentes individuais para entender mais profundamente o impacto do *design* sobre o desempenho. Com base nesse *benchmarking*, foram definidas metas futuras ambiciosas para o desempenho dos veículos e subsistemas que provavelmente seriam os melhores das suas respectivas categorias pelos próximos cinco a dez anos. Eles também refletiram sobre como projetar plataformas mais sintonizáveis, o que permitiria que os produtos individuais aproveitassem ao máximo a capacidade de desempenho delas.

Eles estabeleceram dois pilares primários para a estratégia de *redesign* da plataforma TNGA: apelo do produto e desenvolvimento inteligente. Kazuhiko Asakura, gerente-geral da Divisão de Estratégia Corporativa, nos informa que essa relação é "um ciclo que reinveste as economias do desenvolvimento inteligente na criação de mais valor para o cliente". Os engenheiros que trabalharam anteriormente nos componentes que hoje servem de padrão e são compartilhados "podem ser liberados para trabalhar em áreas que agregam maior qualidade percebida para o nosso cliente em produtos individuais", afirma Asakura-san.

Apelo do produto Uma parte crucial do plano de melhorar as plataformas seria ter um centro de gravidade mais baixo e um *stance* (postura) mais largo.

Isso melhoraria a dirigibilidade, pois aumentaria a estabilidade e reduziria o rolamento do veículo, além de ajudar a capacitar um estilo mais moderno e dinâmico para cada produto. Por exemplo, um capô mais baixo permite possibilidades de *design* mais atraentes. A Toyota também queria projetar plataformas que pudessem ser sintonizadas mais facilmente às necessidades específicas dos produtos individuais. Ficou evidente que o processo era mais que um exercício no desenvolvimento das próximas gerações de plataformas, era uma reformulação do carro enquanto sistema. Todas as peças estão conectadas, o que leva a mudanças em quase tudo que o motorista encosta e vivencia.

Melhorar a experiência do cliente era de suma importância, então o desenvolvimento de plataformas sempre começava com uma revisão completa e detalhada de todos os aspectos da posição do motorista, desde a localização do ponto H do motorista até o encaixe do assento e o posicionamento do volante. A proporção áurea dos ajustes da Toyota criou uma posição que mantém o corpo do motorista firme no assento e seus olhos fixos na estrada, mesmo nas curvas, o que também facilita a experiência de quem dirige longas distâncias.

Outro objetivo do desenvolvimento de plataformas na TNGA seria criar um capô mais baixo, o que daria maior visibilidade para o motorista e contribuiria para as metas de estilo. O capô não é parte da plataforma, mas a capacidade de posicioná-lo exige mudanças fundamentais nela. Na engenharia da Toyota, muitos céticos não acreditavam que seria possível ter um capô aproximadamente 100 mm mais baixo do que os modelos atuais. Os desenvolvedores da TNGA acreditavam firmemente que esse seria um elemento essencial do *design*, então convenceram os departamentos relevantes a adotar o seu ponto de vista. Como eles achavam que palavras e diagramas não seriam uma maneira eficaz de comunicar a sua mensagem, eles construíram um protótipo de um carro real. Uma imagem vale mil palavras, mas um protótipo vale um milhão, e eles ganharam o capô que queriam.

Falar é fácil, mas colocar isso em prática em um veículo de produção envolveria reduzir a área no compartimento do motor, melhorar e refinar centenas de peças dentro daquela área. Muitas dessas vinham de fornecedores, o que exigiria utilizar os recursos de engenharia de fornecedores altamente comprometidos. O resultado foi um aumento significativo no desempenho para o motorista com a criação de um centro de gravidade mais baixo, e, ao mesmo tempo, permitia mais liberdade para os projetistas no *design*.

Os desenvolvedores da TNGA definiram um obstáculo extremamente alto para si mesmos. Ainda assim, foi possível concretizar essa transformação enorme dos veículos da Toyota, o que melhorou drasticamente o desempenho para o motorista e as oportunidades de melhorias de estilo.

Desenvolvimento inteligente Esta é a essência do fixo e do flexível e um dos segredos é definir o que deve ser fixo. O desenvolvimento inteligente cria uma estratégia funcional de fixo e flexível que oferece o melhor alicerce possível para os novos veículos e permite que os ECs enfoquem a otimização dos aspectos diferenciados dos seus produtos. Na Toyota, as revoluções de padronização gerados pela TNGA criaram um processo de desenvolvimento que consome cerca de 20% menos recursos e exige menos tempo, ao mesmo tempo que agrega maior valor para o cliente.

Estratégia de semelhança/compartilhamento de peças

"Cento e sete peças?", perguntamos.

"Sim, 107", respondeu Masashige Ono, gerente-geral do departamento de planejamento de peças da TNGA que liderou o esforço de semelhança de peças para o sistema.

O número era tão firme para Ono-san que fomos forçados a perguntar: "Por que 107?"

Ele explicou que esse era o número de peças de plataforma que poderiam ser padronizadas (fixas) para alicerçar o desempenho do produto ao mesmo tempo que daria a oportunidade para o EC sintonizar (flexível) as outras. Algumas empresas concentram seus esforços de semelhança de peças na economia de custos por meio de ganhos de escala, eficiência e buscam peças semelhantes em diversas linhas de produto, mas a Toyota optou por um caminho diferente. Ela começou pela perspectiva de desempenho do veículo e derivou os projetos de peças padronizadas diretamente dos requisitos de arquitetura necessários para produzir o desempenho sistêmico.

Os engenheiros da Toyota também fizeram algo inusitado no setor. Eles reconheceram que o trabalho de plataforma anterior se concentrava na sua maior parte em peças e subsistemas fabricados internamente. O resultado era uma restrição grave, pois quase 70% das peças de plataforma vinham de fornecedores. Para maximizar o impacto dessa iniciativa, seria necessário incluir as peças dos fornecedores. Por consequência, eles trabalharam lado a lado com os fornecedores para otimizar e padronizar 107 peças importantes. A relação forte com os fornecedores, forjada durante décadas de trabalho, permitiu que altos níveis de engenharia cumprissem o propósito geral da empresa.

A estratégia de plataforma padrão também permitiu a uniformização das peças de fornecedores, para o benefício destes. Por exemplo, quando projetaram a posição do motorista no assento, eles padronizaram o ponto H ideal. O número de projetos de *airbag* de joelho diferentes caiu de 50 para 10 tipos ou menos.

Quando trabalham com os engenheiros de fornecedores, os engenheiros da Toyota praticam o espírito de "ver por si mesmo". Eles foram ao *gemba* para trabalhar diretamente com os engenheiros dos fornecedores nos seus próprios ambientes, para ver com os próprios olhos como seria possível refinar os projetos para tornar a fabricação e montagem das peças em questão mais eficiente e confiável. Em um caso, os engenheiros estudaram um processo na linha da Tokai Rika da fábrica de Otowa. O processo anterior exigia 4 trabalhadores, 10,6 metros de espaço na linha de montagem e um tempo de ciclo de 1,7 minutos; com a ajuda dos engenheiros da Toyota, o número de trabalhadores necessários caiu para apenas 1, o espaço na linha de montagem foi reduzido para 2,7 metros e o tempo de ciclo permaneceu de 1,7 minutos.

Após um novo processo para peças ser estabelecido, os engenheiros de qualidade da Toyota realizam auditorias periódicas do processo para garantir a qualidade contínua, além de utilizarem a oportunidade para gerar mais melhorias. Com o tempo, cada uma das 107 peças recebeu seu próprio Cenário da Peça, que identificava as características determinantes que maximizariam o desempenho, a produtibilidade e a eficiência do projeto. Cada Cenário da Peça ilustra processos de fabricação detalhados e características críticas específicas do projeto. Se acreditam que é preciso mudar algo em uma das 107 peças, os engenheiros precisam participar das reuniões mensais de Cenário da Peça e defender o seu argumento.

Redução e otimização do trem de motor

Trem de motor se refere à toda tecnologia necessária para gerar potência e comunicá-la às rodas do carro. A Toyota descobriu que a situação dos trens de motores era semelhante às das plataformas. Diversos requisitos regulatórios, nas inúmeras regiões do mundo em que a Toyota opera, combinados com os pequenos ajustes dos ECs para melhorar o desempenho dos seus veículos, levou a cerca de 800 combinações de motores. A Toyota decidiu repensar a sua estratégia de trem de motor para melhorar o desempenho, expandir a amplitude de aplicação e reduzir os custos.

Os engenheiros de trem de motor analisaram os requisitos nessa área de cada veículo coberto por cada plataforma e projetaram motores para maximizar a cobertura de modelos. Por consequência, cada projeto de motor individual foi desafiado a atingir novos níveis de desempenho, eficiência e versatilidade. Obviamente, foi um empreendimento monumental, e o plano de migrar para uma nova linha consolidada de motores se baseou no plano do ciclo do produto.

Na época da produção deste livro, os números específicos de motores planejados não estavam disponíveis, mas se espera que a estratégia produza melhorias enormes. Por exemplo, o número de transmissões provavelmente cairá pela metade. Os projetos de motores anteriores tinham escapamentos em diversas posições, enquanto o novo projeto de motor padronizará a localização e fixação dessas peças. O mesmo vale para a passagem de água e óleo. O novo projeto também estabelece um ângulo e um formato de fixação comuns para o alternador, permitindo que a Toyota reduza o número de modelos únicos de alternadores de 14 para 6.

A nova filosofia de desenvolvimento

A TNGA é mais do que uma reelaboração das plataformas de produtos, mais do que uma iniciativa de semelhança das peças, mais do que uma reforma do trem de motor. É uma resposta genuinamente *lean* a um problema. Faça o problema emergir com transparência, entenda-o profundamente, ative os recursos corretos e transforme-o em uma oportunidade para elevar o desempenho a um novo patamar.

Podemos culpar a Toyota por crescer tão rápido que não colocou os recursos no desenvolvimento de plataformas, deixando a concorrência ultrapassá-la nesse sentido. A empresa voltou aos trilhos, entretanto, com base no pensamento de longo prazo e na prática de colocar os clientes em primeiro lugar.

O esforço também ajudou a revitalizar a engenharia de desenvolvimento na Toyota. Os ECs e suas equipes fizeram algo que muitos jamais haviam visto na vida: trabalhar em programas de novos veículos a partir da estaca zero e inovar em todas as peças. Agora, era possível trabalhar com uma plataforma que os deixava animados: estilo emocionante, dirigibilidade melhorada e economia de combustível excelente. A plataforma padrão não substituiu o trabalho dessas equipes. O grupo da TNGA forneceu padrões e algumas restrições, mas cada veículo projetado sobre a plataforma precisaria ser projetado de modo a atender certos requisitos de estilo e desempenho. Um veículo principal de cada programa exigia tanto trabalho de engenharia e tanto tempo quanto os programas de antes da TNGA. As equipes subsequentes que trabalharam nos veículos a partir das novas plataformas não os projetaram do zero, e foram significativamente mais rápidas, mas ainda tinham toda a emoção de desenvolver um carro do qual pudessem ter orgulho. O lema da Toyota era carros cada vez melhores, e o entusiasmo era palpável. Todos queriam desenvolver o próximo carro para ser melhor do que o anterior.

A equipe da TNGA desenvolvera muitos conceitos de *design* interessantes, mas foram as equipes de desenvolvimento que os colocaram em prática. Eles precisavam trabalhar dentro das restrições da plataforma, mas ainda produzir carros eletrizantes e que fossem os melhores da sua categoria. Isso revigorou a filosofia de *design* de colocar o cliente em primeiro lugar e levou o fixo e o flexível a um novo nível. Não conversamos com um único EC que se sentisse preso ou limitado pelas peças e plataformas padronizadas. Na verdade, eles só sabiam elogiar a sua nova liberdade, pois agora podiam se concentrar no estilo sensacional e em melhorar a experiência do motorista.

Na época das nossas entrevistas no Japão, o Prius, o Camry e o CHR eram os beneficiários do trabalho da TNGA. Foi possível avaliar versões novas e antigas do Prius e do Camry, e as diferenças na dirigibilidade eram óbvias. Os produtos melhorados pela TNGA vão vender mais? Na época do lançamento do Camry 2018 nos EUA, em novembro de 2017, as vendas foram 24% superiores às do mesmo mês no ano anterior. Em dezembro, as vendas subiram 35%. As vendas continuaram a aumentar no início de 2018, quando as vendas totais de veículos de passageiros estavam despencando.

E a Toyota obteve outros benefícios. Esperava-se que os custos de desenvolvimento de veículos caíssem 20% e que o custo por veículo da parte fixa do veículo também se reduzisse. A economia em tempo de engenharia permitirá que a Toyota agregue mais conteúdo à parte específica de cada produto ou aumente ainda mais o seu lucro por veículo, índice no qual já é líder da indústria automobilística.

Aproveite a tensão

O fixo e o flexível podem parecer forças opostas, mas entender como utilizar seus respectivos potenciais pode fortalecer a sua capacidade de desenvolvimento de produtos e seus produtos em si. Assim como o *yin* o *yang*, forças aparentemente em conflito podem na verdade ser complementares e fontes de equilíbrio. Quem sabe aproveitar essa tensão tem uma vantagem competitiva clara ao seu dispor.

Neste capítulo, oferecemos diversos exemplos para ajudá-lo a pensar sobre como empregar a estratégia de desenvolvimento fixa e flexível. A aplicação pode se estender além dos seus produtos. Por exemplo, quais aspectos da sua estratégia de atendimento podem ser fixos e quais podem ser variações de uma plataforma comum? O verdadeiro segredo para fazer o conceito funcionar para você está em entender qual valor é agregado para os seus clientes e equipes de desenvolvimento e como. A ignorância é cara e um grande desperdício, o conhecimento profundo é essencial. A tensão criativa é uma parte necessária do desenvolvimento: o conflito pode ser uma oportunidade incrível se você souber alavancá-lo para otimizar o seu sistema de desenvolvimento.

PRÓXIMOS PASSOS

Processos padronizados, padrões de projeto e ferramentas eletrônicas são mecanismos poderosos para melhorar a sua capacidade de desenvolvimento de produtos. O verdadeiro segredo para a criação de grandes produtos é ter grandes pessoas. Muitas empresas se apressam para reorganizar os processos e o modo como operam (talvez até demais) em resposta a desafios na área de desenvolvimento de produtos. Apenas as melhores estão dispostas a realizar o trabalho detalhado necessário para formar uma equipe talentosa e alinhada no longo prazo. No próximo capítulo, veremos como as melhores empresas organizam, desenvolvem e engajam toda a organização para integrar excelência à capacidade de desenvolvimento de produtos e processos.

Sua reflexão

Criando uma visão

O foco deste capítulo foi identificar o equilíbrio certo entre a padronização de determinados aspectos do produto ou serviço de modo a criar uma infraestrutura para customizá-los e atender as expectativas e necessidades futuras dos clientes. As principais características da visão fixa e flexível são:

- A filosofia certa não é pensar em padrões fixos ou projetos flexíveis que começam com uma folha em branco, mas sim encontrar o ponto de equilíbrio para maximizar o valor para o cliente e harmonizar "o *yin* e o *yang*".
- Os padrões podem ser uma forma eficaz de armazenar e aplicar conhecimentos e devem ser uma vantagem competitiva poderosa.
- Os produtos e serviços são estudados em profundidade para identificar os atributos que agregam valor para o cliente e diferenciam cada produto para um determinado contexto de uso. Os atributos genéricos que o cliente não enxerga ou vivencia diretamente são bons candidatos para algum nível de padronização.
- Os benefícios da padronização são úteis para o processo de desenvolvimento, não apenas para o produto, pois reduzem o *lead time* de desenvolvimento e os custos de fabricação, e da cadeia logística, além de melhorarem a qualidade do produto.

- A empresa está totalmente envolvida com as decisões sobre padronização, desde os fornecedores a montante aos grupos funcionais a jusante.
- Os componentes padronizados do projeto são considerados sistemas, ou plataformas, que servem de base para o desenvolvimento. A plataforma não precisa ser como um módulo fixo que é plugado no sistema; podemos interpretá-la de forma mais ampla, como requisitos padrões, regras de projeto, arquiteturas padronizadas, processos padronizados de fabricação e montagem e algumas peças em comum.

Como esse modelo do fixo e do flexível se encaixa com o que você considera necessário para os produtos e serviços oferecidos pela sua empresa? Como você revisaria essa visão para se adaptar melhor à situação da sua empresa?

Sua condição atual

Para começar a entender o *yin* e o *yang* dos seus processos atuais de desenvolvimento de produtos, considere as perguntas a seguir:

1. Você entende como cada um dos seus produtos ou serviços gera valor para o seu cliente? Você consegue traduzir esse entendimento em características de desempenho para as diversas peças dos seus produtos e aspectos do serviço?
2. Você está se embasando em conhecimentos prévios para utilizar eficientemente seu pessoal de modo a produzir o máximo de valor para os clientes por meio dos seus produtos ou serviços? Você precisa reaprender as mesmas lições para todas as suas ofertas de produtos ou serviços?
3. Em que aspectos você está criando com base em peças, plataformas, arquiteturas e processos de fabricação padronizados?
4. Avalie suas tendências de exagerar com padrões rígidos demais ou que permitem flexibilidade em excesso e a um alto custo.
5. Quanto você está envolvendo a empresa no desenvolvimento de projetos e processos padronizados?

Entrando em ação

Para começar a colocar o conceito de fixo e flexível em ação, conduza um estudo rápido para identificar as oportunidades de aplicação de uma estratégia de fixo e flexível com base no que aprendeu neste capítulo:

- Arquiteturas padronizadas
- Plataformas padronizadas
- Peças padronizadas
- Regras de projeto
- Mecanismos de entrega ou processos de fabricação padronizados

4

Como formar equipes e membros de equipe de alto desempenho

A força da alcateia é o lobo, e a força do lobo é a alcateia.
— Rudyard Kipling

As pessoas promovem a excelência em desenvolvimento de produtos

Seu pessoal fornece a criatividade, a energia e a motivação que alimentam o seu sistema de desenvolvimento de produtos e processos. Sua equipe é muito mais importante para a excelência do que qualquer nova tecnologia e provavelmente é mais importante do que ideias de produtos brilhantes. Concordamos com Ed Catmull, cientista da computação e presidente da Pixar e da Walt Disney Animation Studios, que escreveu: "Se der uma grande ideia para uma equipe medíocre, eles vão estragá-la. Mas se der uma ideia medíocre para uma grande equipe, eles vão fazê-la funcionar".[1]

O que cria grandes equipes no desenvolvimento de produtos e processos? Ter pessoas muito talentosas e aumentar continuamente a densidade de talento é importante, mas colecionar gente talentosa não chega. Simplesmente contratar os melhores cérebros e soltá-los na empresa é como compor um time apenas com "os melhores atletas", cujos egos os fazem competir mais uns com os outros do que com os adversários. Além do mais, como veremos, algumas características são muito mais importantes do que ter um QI descomunal.

Na nossa opinião, as melhores equipes lembram bastante a alcateia de Kipling, na qual a força do indivíduo alimenta o grupo e o grupo torna cada indivíduo melhor, gerando níveis cada vez maiores de desempenho para ambos. A responsabilidade bidirecional na alcateia (ou em uma organização) é essencial. A organização deve cultivar o crescimento da pessoa, ampliar suas capacidades e conquistar a sua contribuição. Ao mesmo tempo, cada um deve ser capaz de contribuir para o sucesso do grupo e para o sucesso dos outros membros do grupo. Sem isso, ele corre o risco de perder o seu lugar na equipe. Os líderes devem tomar cuidado para selecionar e desenvolver pessoas e encontrar as melhores maneiras para cada indivíduos contribuir o seu máximo. De tempos em tempos, pode até mesmo ser necessário remover um indivíduo em nome do benefício maior para a equipe.

Praticamente todas as organizações declaram que "as pessoas são o nosso ativo mais importante" ou algum outro clichê do tipo, mas poucas realmente se dão ao trabalho de recrutar, desenvolver, capacitar e reter pessoas talentosas. As organizações não poupam esforços em busca da mais nova tecnologia de fabricação aditiva ou colaboração baseada na nuvem, mas parecem dispostas a deixar o desenvolvimento da organizacional a cargo do RH, ou até ao acaso. Pior ainda, a mania recente por *start-up*, fusões e aquisições aceleradas parece ter exacerbado o problema. As empresas parecem cada vez menos dispostas a investir nas pessoas no longo prazo, uma tendência que consideramos preocupante.

As pessoas são o cerne de toda organização *lean* de verdade. É algo que os seus membros sentem quando trabalham nela, muitas vezes é algo que fica evidente durante uma visita. A natureza centrada em pessoas da comunidade *lean* é o que continua a atrair pessoas de todos os setores da economia, mesmo após mais de três décadas de prática.

Na verdade, a característica que mais nos atraiu na comunidade *lean* foi o valor dado às pessoas. No início da nossa jornada *lean*, mais de duas décadas atrás, dois comentários sobre o papel das pessoas no *lean* nos afetaram bastante. O primeiro foi quando John Shook, então gerente-geral do Toyota Technical Center em Ann Arbor, Michigan, e hoje presidente executivo do LEI, afirmou que "o *lean* não é agnóstico em relação às pessoas; as pessoas são o centro do *lean* e o motivo para ele existir". Jim viu isso em primeira mão na Ford, quando Alan Mulally levou seu estilo de liderança "pessoas em primeiro lugar" à montadora. O segundo foi quando Mike Masaki, presidente do Toyota Technical Center, explicou que, na Toyota, "desenvolvemos as pessoas e os produtos simultaneamente".

O que Masaki queria dizer era que, na Toyota, o desenvolvimento de pessoas não é uma atividade extracurricular a ser delegada ao RH. E não era aprendizagem em salas de reunião. É por meio do desenvolvimento de novos produtos no *gemba* que temos a oportunidade de desenvolver pessoas excepcionais e vice-versa. Aproveitar essa oportunidade exigiria que pessoas experientes atuassem como *coaches*, provocando todos os engenheiros a serem melhores e oferecendo *feedback* diário por meio do desenvolvimento no trabalho. Desenvolver pessoas era a alma de tudo que todos os líderes faziam. Era parte de como as pessoas trabalhavam todos os dias. E em nossos muitos anos de estudo e pesquisa, continuamos a ver como os líderes da Toyota orientam, mentoreiam e desenvolvem conscientemente os melhores engenheiros da indústria e transformam esse desenvolvimento em uma vantagem competitiva duradoura.

Hoje em dia, fala-se muito sobre cultura organizacional. Infelizmente, quase nunca passa de conversas e esperanças vazias. Não temos provas de que as empresas trabalham seriamente em prol do desenvolvimento necessário do sistema humano (contratação, desenvolvimento, questionamento e engajamento de pessoas) de modo a estabelecer uma cultura de desenvolvimento de produtos de alto desempenho.

Contratação do pessoal certo

Toda decisão de contratação influencia a sua cultura. As credenciais e a experiência prévia com certeza ajudam na triagem inicial, mas algumas características são mais cruciais para o sucesso da pessoa e da organização no futuro. A primeira é o ajuste. Ajustar-se à organização significa ter a ética de trabalho, os valores, a perspectiva e as expectativas certas. É uma questão de personalidade. Não existe uma cultura organizacional melhor do que todas as outras ou uma personalidade individual melhor do que todas as outras. Uma ampla variedade de culturas e personalidades pode levar ao sucesso, incluindo o que nosso amigo Rich Sheridan chama de "alegria" no local de trabalho.[2] Fortalecer a cultura e a personalidade exige encontrar pessoas que se ajustem à organização.

Mas falar é fácil, claro. Um dos motivos para as empresas dependerem de testes, diplomas e experiência prévia documentada é que esses são elementos quantificáveis e fáceis de comparar entre os candidatos. Na nossa experiência, entretanto, nenhum aspecto de formar uma equipe incrível é fácil ou deveria ser. Não defendemos a abolição total dos critérios mensuráveis, mas acreditamos que outros elementos são mais importantes para a tomada de decisões de contratação. As organizações de produtos com culturas fortes não apressam suas decisões de contratação:

- **Toyota.** Os diversos líderes da Toyota têm seus próprios métodos favoritos de contratação. Um líder conta que sempre faz uma pergunta crucial para filtrar os candidatos: "Se você pudesse ter qualquer carro, qual seria? E por quê?" Outra pergunta: "Se trabalhasse até tarde de noite e percebesse que o trabalho de um dos serventes estava incompleto, você limparia a sujeira?" Obviamente, mesmo as melhores perguntas são insuficientes. Em última análise, a melhor maneira de avaliar o desempenho é ver os engenheiros em ação. O Toyota Technical Center descobriu uma abordagem que funciona, os programas de educação cooperativa com as universidades locais. Investe-se tempo e energia significativos em cada indivíduo. Os estudantes trabalham intermitentemente no centro por vários anos, acompanhados de mentores, e quando se formam fica evidente se devem ou não receber uma oferta de emprego. Via de regra, a Toyota não contrata trabalhadores graduados de fora, preferindo cultivá-los dentro da própria empresa.

- **Apple.** O ícone da alta tecnologia cultiva sua equipe internamente, mas ocasionalmente contrata profissionais seniores de fora. Quando isso ocorre, a empresa fica obcecada pela ideia de encontrar pessoas que se encaixem. Por exemplo, a Apple explorou a possibilidade de chamar Jim para ser um dos diretores de engenharia. Durante vários meses, Jim se reuniu com mais de uma dúzia de pessoas, incluindo Jony Ive, o diretor de *design*, além dos vice-presidentes e diversos outros líderes de engenharia. Foi apenas após três visitas independentes que a Apple lhe ofereceu um emprego. O diálogo variava entre questões altamente técnicas e perguntas pessoais, incluindo diversos desafios do tipo "como você lidaria com X?". E como o ajuste é importante nos dois sentidos, houve diálogos francos em que ambos os lados tentaram determinar se um era certo para o outro. Por motivos pessoais, Jim decidiu não aceitar o emprego, mas foi uma grande tentação.
- **Menlo Innovations.** A grande inovadora no campo da tecnologia eleva a contratação a um novo patamar. De acordo Sheridan, seu CEO: "Os currículos são inúteis para o imperativo supremo do ajuste cultural, então não lemos eles muitos. E nas entrevistas, os dois lados quase sempre estão mentindo um para o outro". A Menlo prefere descobrir um recruta que é um ser humano e analisar como se adaptará à cultura com base no trabalho em equipe e no trabalho em dupla, obrigatório para todo o trabalho na Menlo. Para tanto, a empresa utiliza "eventos de entrevistas extremas" cerca de três vezes ao ano. Neles, de 30 a 50 candidatos formam duplas, com um menloniano atual observando cada dupla. As duplas recebem uma tarefa para ser trabalhada no papel. A ideia do exercício é ver como as pessoas trabalham juntas, e não demonstrar habilidades técnicas. Os candidatos são informados de antemão que não devem tentar dominar e que, pelo contrário, devem tentar ajudar seu parceiros e concorrentes.

Após os eventos, os menlonianos se reúnem para conversar sobre o que viram. Enquanto repassam cada entrevistado, eles se perguntam se gostariam de ser a dupla daquele candidato. O índice de rejeição é de cerca de 60%. Os candidatos bem-sucedidos são convidados para uma segunda entrevista, na qual cada um é pareado com dois menlonianos diferentes e recebe um contrato pago de um dia para trabalhar no projeto de um cliente real. No fim do dia, os menlonianos se reúnem com o gerente do chão de fábrica da Menlo para falar sobre o candidato. Cerca de metade deles é aprovada e recebe um contrato de três semanas. Ao final das três semanas, cerca de 50% dessas pessoas avançam e se tornam menlonianos.

Desenvolvimento de pessoas

Contratar a pessoa certa é só o início do seu investimento. Apoiar e guiar ativamente o desenvolvimento profissional dela é uma parte fundamental da formação da sua equipe. E é importante que os líderes considerem essa tarefa uma responsabilidade primária. Acreditamos que uma divisão de 80% para o mentoreamento no trabalho e 20% para o treinamento seja a combinação certa, mas nenhuma proporção é mágica.

É difícil superar o modelo tradicional de mestre e aprendiz para a aquisição das habilidades tácitas críticas que levam aos membros de equipe mais competentes. A aprendizagem pela ação no *gemba*, com a solução de problemas reais, trabalhando lado a lado com uma pessoa mais experiente, aliada a um pouco de treinamento formal apenas quando necessário, é um método poderoso e comprovado de desenvolver pessoas incrivelmente habilidosas e é utilizado pelos melhores engenheiros e artesãos há décadas. Infelizmente, a prática parece ter saído de moda em muitas das empresas que visitamos, e elas com certeza não ganharam nada com isso. Não é o caso na Toyota, que ainda se baseia nas suas raízes japonesas tradicionais.

Desenvolvimento de pessoas na Toyota

O mentoreamento é a filosofia original da Toyota Motor Company desde os seus primeiros dias, com a invenção de novos tipos de teares. Sakichi Toyoda era filho de um carpinteiro pobre e utilizou tudo o que o pai lhe ensinou para inventar teares de madeira semiautomatizados. O resultado foi uma vida inteira de invenções produzidas com as próprias mãos, terminando com um dos primeiros teares totalmente automatizados do mundo.

Sakichi ensinou seu filho Kiichiro, que viria a fundar a Toyota Motor Company. O filho aprendeu com a paixão do pai pela criação e o ensino direto. "Engenheiro nenhum merece esse nome se não lavar as mãos pelo menos três vezes ao dia", Sakichi lhe dizia. Um dia, enquanto trabalhavam no chão de fábrica, Kiichiro notou um trabalhador que parecia confuso, sem saber como consertar uma retificadora estragada. "Kiichiro olhou para ele por um instante, então arregaçou as mangas e enfiou as mãos no cárter de óleo. Ele tirou duas mãos cheias de resíduos, que atirou no chão imediatamente. 'Você acha que vai fazer o seu trabalho sem sujar as mãos?'"[3] (foi uma demonstração de que o presidente da empresa também sujaria suas mãos e que estudar cavacos de metal pode fornecer informações sobre a causa do problema). O modo mestre-aprendiz de desenvolver pessoas sempre foi parte da Toyota, então não precisou ser reintroduzido como programa; os detalhes de como aplicá-lo, entretanto, mudaram com o tempo.

Aprendizagem do básico do STP em um ambiente automatizado

Podemos começar com o treinamento mais tradicional na Toyota, que é ensinar as pessoas a pensar e fazer *kaizen* no chão de fábrica. A maioria dos leitores deve estar familiarizada com o STP (Sistema Toyota de Produção) na forma como é aplicado a um processo de montagem manual: movimentos de desperdício são eliminados das tarefas do operador e o trabalho é equilibrado de acordo com o *takt* e padronizado. Mas o que fazer quando estamos lidando com um processo automatizado, com longas filas de equipamentos, e quando as operações em si estão ocultas? Isso não impediu Mitsuru Kawai de encontrar maneiras de desenvolver seus membros de equipe. Ele estava preocupado com os jovens que haviam sido contratados após as operações de usinagem e forjaria da empresa terem sido automatizadas, pois acreditava que eles não entendiam o que acontecia por trás dos painéis que os separavam dos equipamentos.

Kawai é especial, mesmo na Toyota, sendo o único ex-trabalhador de produção a conquistar um alto cargo executivo na Toyota, incluindo um assento no conselho de administração. Ele teve a rara oportunidade de ser treinado pelo próprio Taiichi Ohno no início da década de 1960. Kawai internalizou profundamente o modo de pensar do mestre e o utilizou para realizar feitos incríveis durante a sua carreira. Tivemos diversas oportunidades de visitar as fábricas em que ele trabalhou, admirar suas criações e aprender com as suas explicações sobre o modo como pensa.

Kawai trabalhou por 50 anos na fábrica da Toyota em Honsha (matriz) que produzia peças usinadas e forjadas para motores e transmissões, onde tinha uma ordem permanente de aumentar a produtividade em 2% *ao mês*. Todos os meses, o número voltava ao zero. Se em um mês atingia-se um índice de 4%, no seguinte ainda era preciso obter no mínimo 2%. Ele começou quando os processos eram majoritariamente manuais, e cinco décadas depois os processos eram quase completamente automatizados.

Boa parte do STP se concentra na redução do desperdício no trabalho dos seres humanos, mas Kawai acreditava que os mesmos princípios eram válidos independentemente de uma pessoa ou uma máquina estar realizando o trabalho. "Os materiais fluem e mudam de forma à velocidade em que conseguimos vender o produto. Tudo mais é desperdício", explica. "Os operadores precisam aprender a usar a máquina, os materiais e aplicar seus cinco sentidos para criar uma peça boa a um preço razoável. Depois, pode-se desenvolver automação inteligente para reduzir o máximo possível qualquer transporte ou movimento que não altere a forma ou formato do produto". Isso significa entrar nos equipamentos e reprojetá-los de modo a eliminar os desperdícios.

Ele tornou-se um grande especialista nisso, mas havia um problema. Kawai não trabalharia lá para sempre. Os engenheiros e os gerentes mais jovens não tinham a sua experiência diferenciada com máquinas manuais. Ele estava profundamente preocupado com a mentalidade de "você aperta um botão vermelho e sai uma peça". Ele precisava que os engenheiros, os gerentes e os membros de equipe de produção entrassem na máquina e aprendessem a enxergar os desperdícios mesmo no interior de processos automatizados. Para tanto, ele decidiu que toda a equipe menos graduada, incluindo os engenheiros, precisaria desenvolver as quatro habilidades a seguir:

- Visualizar a produção.
- Desenvolver conhecimento explícito do processo.
- Padronizar o conhecimento.
- Desenvolver automação inteligente por meio do *kaizen*.

Com base no método de ensino de Ohno, ele acreditou que essas quatro habilidades somente poderiam ser aprendidas no *gemba*, e que mesmo os engenheiros precisariam aprender os processos reais manualmente.

Ele adotou diversas medidas para desenvolver as pessoas em seus anos de trabalho. Primeiro, os engenheiros e os gerentes precisavam sujar as mãos. Todos eles deviam realizar funções de forjaria e usinagem manualmente.

Segundo, ele criou uma linha de montagem manual para que os engenheiros e gerentes pudessem vivenciar uma aplicação tradicional do STP e criar melhorias. Kawai não ficaria satisfeito com simulações usando peças de Lego, ele queria uma linha de produção real. Ele viu a oportunidade quando se decidiu fechar uma fábrica no Brasil que montara transmissões por 75 anos. Era uma operação de montagem manual e, no início da sua existência, a Toyota questionara se economicamente faria sentido executar montagens de baixo volume na fábrica brasileira. Ohno insistiu que seria possível fabricar a transmissão no Brasil de forma lucrativa, mesmo com baixo volume e alta variedade, então ele foi pessoalmente à fábrica e ensinou o STP aos trabalhadores. A fábrica passou a render lucros e produziu peças por mais algumas décadas, mas finalmente se tornara desatualizada demais para continuar. Kawai pediu que a linha de montagem de transmissões fosse empacotada e levada para a sua fábrica no Japão. Ele raciocinou que seria possível usar uma operação de montagem manual para produzir eficientemente modelos de baixo volume, modelos para os quais não valeria a pena aplicar a produção em massa automatizada.

A missão dada aos engenheiros, gerentes e membros de equipe de produção foi trabalhar na linha e montar manualmente uma ampla variedade de modelos de baixo volume economicamente. Além disso, tudo seria feito sem eletricidade. Ele batizou a novidade de linha de aprendizagem básica do STP. Os estudantes recebiam missões de *kaizen* desafiadoras específicas, aprendiam na linha manual e então passavam para as linhas de forjaria e usinagem, onde deveriam melhorar os processos automatizados. Com o tempo, o espaço ocupado por uma célula de montagem de transmissões já bastante eficiente foi reduzida à metade, e ela se tornou flexível o suficiente para trabalhar com apenas uma pessoa, ou com um número pequeno de indivíduos quando os volumes eram maiores.

Muitas inovações nasceram dos objetivos desafiadores da linha STP, com as restrições de se utilizar dispositivos mecânicos simples a um custo quase nulo. Por exemplo, um dos desafios foi encontrar uma maneira de selecionar corretamente as peças certas para cada transmissão a partir de uma ampla variedade de opções. Com a tecnologia atual, isso poderia ser feito eletronicamente, usando cortinas ópticas, códigos de barra e computadores. A caixa da próxima peça a ser escolhida se acenderia e o trabalhador que tentasse pegar a peça errada dispararia sirenes e luzes piscantes. Como fazer isso tudo sem computadores ou eletricidade?

Os alunos inventaram um dispositivo engenhoso, o "*kanban* de chave", que realizava duas funções: servia de *kanban* e permitia que as peças fossem reabastecidas com baixos volumes, além de atuar como dispositivo à prova de erros. Um pequeno número de cada peça era mantido na linha de montagem. Quando os operadores de produção usavam peças suficientes para atingir o ponto de acionar o reabastecimento, um *kanban* de chave metálico retangular (exclusivo para a peça) era levado ao estoque. O *kanban* tinha cores e informações de identificação que correspondiam à caixa específica onde as peças eram armazenadas. Uma tampa de plástico transparente tinha uma imagem da peça e as informações de identificação. O operador colocava o *kanban* de chave em uma fenda e puxava para baixo, o que erguia uma tampa, e apenas uma: a tampa da peça certa (Fig. 4.1).

Para aprender o *kaizen* com processos automatizados, Kawai designou um equipamento específico a cada operador, que deveriam chamar de minha máquina. A função de cada operador seria desenhar à mão cada detalhe do que acontecia com a peça, de segundo em segundo, enquanto era movida, girada e transformada. Os gerentes e engenheiros precisariam estudar muito para responder as perguntas difíceis feitas por operadores de equipamentos que esperavam que aqueles fossem seus mentores. A curva de aprendizagem foi difícil, e a curva de melhoria da qualidade não foi mais leve. Com o tempo, os defeitos foram reduzidos exponencialmente até serem quase zerados.

Os trabalhadores mais velhos da Toyota fazem *kaizen* e transferem conhecimento

Quando Kawai foi promovido por Akio Toyoda e se tornou vice-presidente executivo e membro do conselho, seu escopo se expandiu. Agora, ele ensinaria o desenvolvimento de pessoas em nível global. Ele voltou à ideia das linhas de

FIGURA 4.1 *Kanban* de chave manual abre a tampa da peça correta.

aprendizagem, que começaram a ser desenvolvidas nas fábricas da Toyota ao redor do mundo.

Ele liderou a criação de uma segunda linha de desenvolvimento de habilidades em uma unidade de montagem de motores no Japão, que serviria como mais um modelo. Desta vez, o desafio estaria nas características demográficas de uma força de trabalho mais velha. Nas últimas décadas, no Japão, a força de trabalho envelhecera rapidamente, os índices de natalidade diminuíram e a imigração foi baixa. O resultado é uma escassez de mão de obra que só promete piorar com o tempo.

Kawai teve a ideia de que os trabalhadores mais velhos poderiam ajudar a resolver essa escassez. Eles tinham uma experiência enorme em indústria e no STP, mas muitas vezes não estavam mais fisicamente à altura da tarefa árdua de executar trabalho manual durante um dia de trabalho completo. Ele queria mudar isso e ainda aproveitar a engenhosidade dos trabalhadores mais velhos. Ele montou uma linha de super-habilidades, com uma missão em quatro partes:

- Voltar aos fundamentos do trabalho manual e então buscar a automação definitiva.
- Criar um grupo de elite de trabalhadores altamente qualificados e então evoluir.
- Utilizar essa linha como ideal para a transferência de habilidades para os membros em geral.
- Criar uma linha receptiva para membros de equipe em sua fase pós-aposentadoria.

Os trabalhadores escolhidos para desenvolver essa linha estavam aposentados ou nos últimos anos das suas carreiras na Toyota. Eles trabalharam com a engenharia para montar a linha inicial, que monta manualmente motores para o Lexus LC. A linha de super-habilidades monta à mão uma pequena percentagem dos motores dos veículos Lexus LC (a maior parte dos quais é construída em linhas maiores e mais automatizadas), mas o seu objetivo principal é o desenvolvimento de habilidades. Todos os processos, incluindo a inspeção final, é manual, com apenas algumas luzes conectadas a sensores para indicar problemas. Não são usados dispositivos mecânicos para ajudar na construção, apenas ferramentas manuais. Mesmo o teste de bancada final, normalmente informatizado, é 100% manual, testando desempenho, som e vazamentos. O desafio não é simplesmente montar um motor, é desenvolver super-operadores, capazes de construir e testar motores perfeitos com eficiência.

Por que feito à mão? "Se um defeito chega ao final ou alguma coisa quebra", Kawai explica, "você desmonta com as próprias mãos e substitui as peças. Se não puder fazer isso, não pode ser chamado de pessoa altamente habilidosa. Na nossa cabeça, uma pessoa altamente habilidosa precisa saber tudo. Se vai realizar uma operação manual, precisa saber, para cada peça, qual será a força mais apropriada para apertar os parafusos aqui ou ali. Ela precisa saber tudo."

A meta de Kawai é fortalecer as habilidades dos trabalhadores para que "possam montar um motor sozinhos até de olhos fechados." Ao mesmo tempo, ele quer que desenvolvam a habilidade de realizar estudos, análises e melhorar o processo.

A linha de super-habilidades faria todo fã de engenhocas malucas aplaudir de pé. As peças entram e saem deslizando, sobem e descem e dançam de um lado para o outro sobre rolamentos. Os parafusos são colocados nas fendas e, se um é ignorado, uma luz vermelha acende no dispositivo à prova de erros. Para apertar os parafusos, os operadores simplesmente puxam uma alavanca para baixar a ferramenta que aperta com o torque correto. A eletricidade e o esforço físico dos operadores são ambos mínimos. Ainda assim, todos estão montando um motor de Lexus sofisticado, com peças bastante pesadas, à mão.

Um problema é retirar o motor acabado da linha de super-habilidades. Seria um local óbvio para utilizar um sistema de transferência elétrico, mas os trabalhadores inventaram um método mecânico: o motor fica sobre um carrinho com rodas; o operador chuta uma alavanca que solta uma mola, fazendo o carrinho deslizar cerca de 3 m por conta própria. Enquanto se move, o carrinho comprime a mola de volta, armazenando mais potência.

Os tipos de mecanismos usados na linha de super-habilidades são chamados de *karakuri,* e eles se espalharam por todas as fábricas da Toyota. Originalmente, o termo *karakuri* se referia a bonecas de papel que se movem sem eletricidade.[4] Na Toyota, esses dispositivos simples são customizados para cada aplicação permitindo o movimento de materiais sem eletricidade. Por exemplo, uma fábrica de RAV4 no Canadá tinha peças grandes, que precisavam ir de uma operação para outra, atravessando um corredor sem interromper a entrega de materiais nele. A solução: um motor pequeno eleva os recipientes de peças, que se movem sobre o corredor e são baixados no local certo para serem montadas, usando mecanismos mecânicos e gravidade. Cada fábrica possui uma área de treinamento em *karakuri* que contém os blocos fundamentais padronizados do sistema, que podem ser esticados, moldados e adaptados em uma infinidade de combinações, de acordo com as condições de movimentação de materiais. Além disso, para poupar dinheiro com motores e eletricidade, o *karakuri* se tornou uma maneira divertida de exercitar toda a criatividade dos operadores, que adoram assistir suas criações em ação.

A linha de super-habilidades de Kawai tornou-se uma ferramenta para o treinamento contínuo em como montar motores, usar todos os seus sentidos e desenvolver as habilidades e mentalidade do *kaizen*. Dois a três alunos por vez são retirados da sua função atual por três meses e se tornam membros da equipe de montagem de motores. Eles recebem uma meta aparentemente impossível, que precisam atingir usando o *kaizen*: reduzir defeitos, reduzir o nível de esforço físico e aumentar a produtividade. Todos os dias eles analisam a linha, desenvolvem e testam hipóteses e recebem *feedback* contínuo de *coaches* mais habilidosos. Eles vivenciam os experimentos fracassados e são elogiados por se esforçarem e por aprenderem. Eles também vivenciam o sucesso e, em última análise, cumprem a meta. Ao final de três meses, são pessoas transformadas, capazes de levar essas habilidades de mais alto nível para o seu emprego normal.

O propósito da linha de super-habilidades não é substituir a automação. Pelo contrário, é melhorar a automação. A linha serve como piloto para a criação de um fluxo de trabalho mais suave, que por sua vez informa a automação. Pense na discussão sobre protótipos no Capítulo 1. O objetivo era identificar o protótipo mais simples possível para testar ideias rapidamente e então construir protótipos de produção mais complexos. A linha de super-habilidades é uma maneira de testar as ideias rapidamente, sem adquirir equipamentos automatizados, que tendem a ser caros e inflexíveis. Com a linha manual, fica mais claro onde a automação pode ser útil, de modo que a automação simples e as pessoas possam trabalhar em harmonia. As ideias da linha manual estão espalhadas pelas linhas automatizadas de alta velocidade por toda a fábrica.

Desenvolvendo os engenheiros da Toyota durante toda a carreira

A dedicação intensa ao desenvolvimento de pessoas nas fábricas da Toyota também se aplica a todos os engenheiros. Para a Toyota, gerentes de projetos técnicos não são engenheiros. Engenheiros projetam coisas. Engenheiros criam cosias novas com base na ciência da engenharia e na experiência direta.

Desenvolver engenheiros de desenvolvimento de produtos é uma atividade com um padrão bastante claro, sendo o treinamento distribuído por toda a carreira do indivíduo. A maior parte dele ocorre no *gemba*, usando o modelo de mestre e aprendiz, mas também há bastante treinamento em sala de aula.

A Toyota não acredita que os engenheiros saem prontos da faculdade, mesmo aqueles que tiraram as melhores notas e estudaram nas melhores universidades. Os recém-contratados são selecionados cuidadosamente, mas são considerados matéria-prima pura, a ser moldada e transformada em engenheiros de verdade.

O currículo de treinamento em engenharia da Toyora evoluiu com o passar das décadas, como resumido na próxima seção deste capítulo ("O Currículo de Engenharia da Toyota"). Na empresa, essa informação é simplificada e formatada em uma matriz grande, sobre quatro folhas de papel A3. Nossa versão não é completa, mas oferece exemplos dos diferentes tipos de conhecimento e habilidade que os engenheiros da Toyota precisam ter.[5]

Nós segmentamos esse currículo em cinco categorias: habilidades fundamentais, conhecimentos específicos ao trabalho principal, conhecimentos das tarefas auxiliares, políticas e julgamento, e *know-how* acumulado. A Toyota não usa essa terminologia internamente; contudo, esses títulos refletem as categorias que a companhia adota. Por exemplo, aquilo que chamamos de conhecimentos específicos ao trabalho principal é encontrado na matriz da Toyota sob as classes chamadas divisões técnicas. Uma divisão técnica é delegada ao engenheiro, sua especialidade funcional (p. ex., o exterior da carroceria, os detalhes internos do veículo, o chassi, o motor, os materiais, os instrumentos, os elementos de engenharia elétrica, etc.), com treinamento técnico detalhado para cada especialidade. A maior parte do que chamamos de habilidades auxiliares é descrita como técnicas de negócios e propriedade intelectual na matriz da Toyota.

O CURRÍCULO DE ENGENHARIA DA TOYOTA

Ano 1: Conhecimentos gerais sobre a empresa e avaliação dos principais clientes da engenharia

No Japão, os engenheiros calouros são contratados ao mesmo tempo, logo que saem de uma grande universidade. Centenas de engenheiros começam a trabalhar no mesmo dia, com um encontro em um grande auditório. Neste ponto, os engenheiros ainda não foram delegados a uma divisão, portanto, ninguém sabe em qual especialidade irão trabalhar.

O primeiro ano do treinamento geral inclui três ou quatro meses de trabalho no chão de fábrica, montando automóveis, como colaborador iniciante. Os engenheiros são ensinados por trabalhadores de produção. Nessa etapa, eles não trabalham necessariamente na mesma área em que mais tarde se especializarão. A intenção é que obtenham um conhecimento geral do Sistema Toyota de Produção, das demandas de uma atividade rotineira e um entendimento dos principais clientes do engenheiro de produto – o funcionário do chão de fábrica que constrói o que o engenheiro projeta. Quando o assunto é o projeto para montagem e fabricação, essa experiência oferece ao engenheiro perspectivas bastante diferentes.

Os engenheiros também passam vários meses nas vendas, trabalhando em uma concessionária, vendendo carros. No Japão, parte desse tempo é passada em vendas a domicílio. No país, é comum que as concessionárias tenham bancos de dados abrangentes e mandem seus clientes fazer uma visita quando, por exemplo, um dos filhos está prestes a tirar sua carteira de motorista. Com essa experiência os novos engenheiros ganham um entendimento do que os clientes procuram em um carro, bem como dos desafios presentes na concretização de uma venda.

Uma das habilidades fundamentais dos engenheiros da Toyota é o desenho à mão livre, sem o auxílio do computador. Existe uma habilidade nativa no desenho à mão, e pede-se que os novos engenheiros desenhem algo durante o processo de avaliação dos recém-contratados. Na Toyota, diz-se que o desenho manual cria uma conexão mais forte entre corpo e mente do que usar computadores e que o engenheiro que não consegue desenhar à mão livre não consegue projetar um carro. Mesmo hoje, acredita-se que um engenheiro incapaz de desenhar apenas com as mãos também será incapaz de desenhar adequadamente com a ajuda de um computador.

No Toyota Technical Center em Ann Arbor, estado de Michigan, uma aula semanal de desenho à mão livre com 30 minutos de duração é dada por um engenheiro experiente. Os alunos recebem a tarefa de desenhar algo, e o professor avalia e opina, dando notas a cada desenho. Os alunos continuam com essas aulas semanais até a qualidade de seus desenhos ser aceitável. Mesmo após o primeiro ano no Japão, há um conjunto de aulas avançadas com foco em desenhos geométricos.

Ed Mantey, então vice-presidente da engenharia do Toyota Technical Center, explicou: "Há vezes em que espio o trabalho que os jovens engenheiros fazem com o computador, usando o CAD, e percebo que o projeto não vai funcionar. Daí eu pergunto 'Você fez este desenho? Você projetou as relações com as outras peças à mão livre?' Claro que a resposta é não".

As tarefas auxiliares aprendidas no primeiro ano incluem os elementos básicos de planejamento e redação de relatórios. É aqui que os engenheiros da Toyota aprendem a elaborar o chamado Relatório A3, descrito no Capítulo 6. Os engenheiros também precisam entender os diversos sistemas de suporte ao projeto, como a elaboração de protótipos; políticas básicas de pessoal da empresa; e políticas de segurança de dados e propriedade intelectual.

No primeiro ano, os engenheiros começam a aprender o *know-how* essencial que desenvolverão ao longo de suas carreiras. A aprendizagem mais profunda é obtida com a experiência, como o trabalho na fábrica e na concessionária. Converse com um engenheiro que trabalha na empresa há 20 anos, e ele será capaz de relatar com clareza as experiências iniciais que teve no chão de fábrica e na batalha pela venda de automóveis. Por meio dessas experiências, e também daquelas que surgem na sala de projeto, eles também aprendem a respeitar as pessoas que fazem todos os tipos de trabalho na organização.

Anos 2 a 10: Tornando-se um engenheiro de verdade

Como mencionado, a Toyota não vê um jovem que acabou de concluir seu curso universitário como um engenheiro. A empresa sabe que as principais universidades no Japão selecionam os melhores alunos do ensino médio, e que os alunos dos cursos de engenharia recebem uma ampla base educacional (p. ex.: leitura, escrita, matemática), disciplinas elementares da engenharia (p. ex.: termodinâmica, mecânica estrutural) e conhecimentos de informática. Essas habilidades aceleram o processo de aprendizagem na Toyota, mas esses jovens ainda não sabem como ser engenheiros, muito menos engenheiros da Toyota.

À medida que se desenvolvem, espera-se continuamente que eles utilizem o desenho manual e façam seus próprios trabalhos no computador, sendo o desenho no CAD uma habilidade fundamental para um engenheiro da Toyota. A empresa não aceita o modelo em que os engenheiros conduzem apenas projetos técnicos, deixando o desenho para os especialistas em CAD (apesar de contar com especialistas em CAD que atuam como técnicos). No Japão, os engenheiros passam seu segundo ano em um departamento de desenho, onde aprendem a usar o CAD com especialistas no sistema.

Os engenheiros começam em suas divisões técnicas no segundo ano, e o trabalho com o CAD é incluído nessa especialidade de engenharia. Eles também recebem a incumbência de um projeto calouro na especialidade, que consiste em uma tarefa de engenharia real e desafiadora, conduzida sob a supervisão de um mentor altamente crítico. Para muitos desses jovens, esta é a primeira vez que eles projetam algo, de verdade. O projeto calouro é outra destas lembranças que o engenheiro rememora por toda a vida.

Ao término do segundo ano, o jovem engenheiro está trabalhando em sua especialidade em tempo integral. Ele agora faz parte de uma equipe de trabalho comandada por um engenheiro mais experiente, que atua como líder de equipe (uma equipe é composta de quatro a seis engenheiros). A equipe de trabalho é apenas uma entre os vários grupos de trabalho aos quais os engenheiros pertencem. Alguns são equipes de desenvolvimento modular multidisciplinar que executam engenharia simultânea (p. ex., entre estilo, outras especialidades de engenharia e fabricação). Mas essa equipe tem sua função, e o trabalho de seu líder é ensinar aos jovens engenheiros como se tornar um engenheiro da Toyota para aquela especialidade. Os líderes de equipe sabem que uma de suas principais atividades é a de ser um professor, e a avaliação de desempenho que conduzem considera como os estudantes estão se saindo.

São muitas as aulas que os engenheiros frequentam, muitas vezes ministradas por engenheiros seniores e concentradas em tópicos técnicos específicos de uma especialidade (p. ex., moldagem por injeção, características de polímeros). Muito desse conhecimento específico ao trabalho é obtido por meio do método da Instrução de Trabalho, com o auxílio de um líder de equipe. A política da Toyota diz que são necessários dois ciclos da produção de automóveis para alguém ser considerado um engenheiro completo. Ed Mantey explica, "São necessários entre quatro e seis anos para um engenheiro passar por dois ciclos, e assim se tornar um engenheiro completo, não importa em que fábrica você trabalha – seja projetando uma peça, negociando com fornecedores, com os projetistas, trabalhando no setor de compras. O engenheiro que consegue desempenhar todas essas funções, incluindo o projeto funcional daquela peça, é um engenheiro completo". Ed Mantey era o responsável pela engenharia de carroceria, e somente nesta área os engenheiros da Toyota precisam frequentar cerca de 60 cursos, todos lecionados internamente.

Depois do ano 10: aprendendo a ser um especialista sênior ou gerente-geral

Depois do décimo ano, os engenheiros precisam ter desenvolvido seus conhecimentos técnicos em primeira especialidade e, em geral, recebem a incumbência de estudar uma segunda, relacionada àquela. Os engenheiros devem continuar a aprimorar seus conhecimentos e habilidades, tornando-se especialistas de verdade. Um dos aspectos-chave do trabalho de especialista em uma função é o ensino de outras pessoas – aprender a ser um líder de equipe a desenvolver de futuras gerações de especialistas. Alguns engenheiros especialistas desenvolvem patentes e obtêm fundos para dar a partida em empresas subsidiárias ou terceirizadas.

Os engenheiros experientes têm planos de carreira duplos à sua disposição: alguns permanecem no caminho técnico, tornando-se um engenheiro sênior e concentrando-se na arte da engenharia – aperfeiçoando o próprio trabalho e instruindo outras pessoas – sem assumir muitas responsabilidades administrativas. Alguns engenheiros mudam de estrada, indo para a área administrativa, tornando-se gerentes adjuntos de um departamento ou talvez um gerente-geral. Eles frequentam aulas de especialização ensinadas por gerentes gerais e executivos seniores. Essa é mais uma prova da importância que a Toyota dá ao aprendizado prático, mostrando o caminho, com mentores experientes.

É importante lembrar que na Toyota o trabalho mais importante de qualquer gestor é ensinar. A premissa de que "o maior sucesso de um gestor é o sucesso das pessoas que treinou" foi martelada na cabeça de Ed Mantey. Ele exige que todos os gerentes gerais sob sua responsabilidade ministrem aulas formais aos engenheiros mais jovens, além de suas responsabilidades cotidianas de mentoreamento.

Às vezes, a Toyota diz que esses planos de carreira seguem um formato de T invertido, ou usa a metáfora de uma árvore que desenvolve um tronco forte antes de brotar ramos. A parte inferior do T invertido é a educação e experiência ampla que os engenheiros obtêm em seus dois primeiros anos, como as raízes de uma árvore. Depois vem o aprofundamento em uma disciplina técnica, encorpando o tronco. É ainda mais estreito do que você pode imaginar. Digamos que um jovem engenheiro seja alocado à equipe de engenharia da carroceria e, no primeiro projeto de desenvolvimento, seja escolhido para projetar o para-choque dianteiro integrado com as peças dos fornecedores. É provável que o engenheiro execute a mesma tarefa no segundo projeto de desenvolvimento, antes de expandir seus horizontes. Pode soar redundante, mas esses jovens engenheiros estão aprendendo muito mais do que os detalhes técnicos envolvidos no desenvolvimento de um para-choque. Eles estão aprendendo todo o processo de desenvolvimento e a trabalhar com outras pessoas, incluindo produção e fornecedores. Manter constante a peça a ser projetada os ajuda a focar no aprendizado de todo o processo de desenvolvimento.

Revisões de *design* como desenvolvimento de pessoas

A Toyota e outras organizações centradas em pessoas estão sempre em busca de oportunidades para desenvolver as pessoas como parte do seu trabalho cotidiano. As revisões de *design*, que consideraremos em mais detalhes no Capítulo 6, são uma oportunidade excelente para desenvolver talentos técnicos. Na Ford, Jim e sua equipe de liderança a transformaram em um elemento central da sua estratégia de desenvolvimento de pessoas. Como se focam na solução de problemas difíceis, este é um momento excelente para mentorear, guiar e demonstrar comportamentos, como colaboração, que são importantes para uma organização de alto desempenho. É também uma boa oportunidade para descobrir como seus engenheiros estão pensando sobre problemas e os desafios do seu trabalho em geral. Fazer perguntas inteligentes durante as revisões é uma das melhores maneiras de fazer isso, enquanto dar a resposta provavelmente é a pior.

As revisões de *design* têm um efeito colateral interessante: as expectativas aumentam. À medida que os participantes-chave começam a elevar seu nível, os outros se sentem pressionados para elevá-lo também. Isso é especialmente válido para os membros da equipe de liderança, que estão tentando ficar sempre um passo à frente da equipe. O resultado é um ciclo virtuoso de aumento de expectativas e melhoria contínua que impacta a cultura de uma forma bastante positiva. Não é uma competição. Está mais para um esforço para manter o movimento no lado certo e não ser o elo mais fraco no processo. É uma oportunidade tremenda para os líderes modelarem comportamentos direcionados, como preparação, colaboração e atenção a detalhes.

Criando uma infraestrutura para apoiar o desenvolvimento de pessoas

A melhor maneira de desenvolver pessoas é pelo seu trabalho. Uma infraestrutura de apoio pode ser bastante útil, especialmente para organizações globais maiores que distribuem o desenvolvimento por múltiplos locais ao redor do mundo. Uma infraestrutura pode oferecer um mecanismo em comum, usado para entender e alinhar as expectativas e capacidades técnicas atuais em diversos locais de uma empresa decentralizada.

Conversamos com diversas empresas que criaram uma infraestrutura de maturidade técnica para cada especialidade importante para os seus produtos, como engenharia elétrica, mecânica ou de produção. Os especialistas de recursos humanos e técnicos de cada disciplina trabalham juntos para criar um caminho de aquisição de habilidades ao longo do qual os engenheiros avançam pela demonstração de habilidades técnicas progressivamente mais difíceis no trabalho. Essas capacidades estão ligadas ao seu nível e à sua remuneração. O caminho começa relativamente estreito e então se ramifica, entrando em áreas de especialidade em potencial.

Para guiar o processo, cada engenheiro recebe formalmente um mentor, em geral o seu supervisor, que assume responsabilidade pelo seu crescimento técnico. Os engenheiros e os gerentes de engenharia de toda a organização completam um plano de desenvolvimento técnico que descreve as suas pretensões técnicas específicas. O progresso em relação a essas metas normalmente é avaliado duas ou três vezes ao ano. Com base nessas revisões, os indivíduos recebem desafios maiores e treinamento focalizado para ajudar a cumprir os seus objetivos. Para que infraestruturas desse tipo tenham sucesso, o desenvolvimento de pessoas deve ser uma prioridade para os líderes. Sem isso, o processo se transforma em só mais um formulário a ser preenchido. É muito difícil encontrar tempo para isso, dadas todas as outras demandas enfrentadas pelos líderes, mas orientar, mentorear e oferecer *feedback* contínuo para o seu pessoal produzirá dividendos significativos no longo prazo.

Diálogo contínuo e *feedback* sobre desempenho Oferecer *feedback* sobre desempenho formal para as pessoas algumas vezes por ano pode ser necessário, especialmente em grandes organizações, mas o conteúdo dessas conversas jamais deve ser uma surpresa. Quando os gerentes realmente se interessam pelo desenvolvimento do seu pessoal, o *feedback* é constante e o diálogo flui em ambas as direções. Lembre-se que há uma responsabilidade recíproca pelo desempenho nas organizações eficazes.

Os cinco itens a seguir são características de uma conversa sobre desempenho que você deve levar em consideração:

- **Seja sincero.** Vocês não chegarão a lugar algum mentindo um para o outro. Para ser respeitoso, ofereça uma avaliação honesta dos pontos fortes e das oportunidades.
- **Transforme em uma *conversa*.** Faça perguntas. Escute as respostas, de verdade. Envolva o seu pessoal com o seu processo de desenvolvimento.
- **Forneça conteúdo *real*.** Dê exemplos específicos para apoiar a conversa. Não faça a outra pessoa adivinhar. E crie um plano consensual, incluindo o seguimento no futuro.
- **Seja *construtivo*.** Todos devem sair da conversando se sentindo melhores sobre si mesmos e sobre a organização. Se isso não acontecer, você perdeu uma bela oportunidade. Mulally era um mestre da conversa construtiva.

- **Estabeleça um diálogo *contínuo*.** Lembre-se de garantir o seu lado do relacionamento antes de questionar as ações alheias.

Lembre-se que todas as pessoas são diferentes e contribuem de formas únicas, mas também que contribuir é uma obrigação. É de responsabilidade do líder trabalhar com o indivíduo para identificar a melhor trajetória para o futuro. Uma das práticas mais destrutivas que conhecemos é o ordenamento forçado de pessoas com níveis salariais semelhantes, isso reforça comportamentos extremamente negativos e não colaborativos que deveríamos tentar eliminar da organização de desenvolvimento de produtos, além de criar uma desculpa fácil para os pobres gerentes ("O que você esperava? Estou preso com o time C"). E é uma "marcação" desnecessária de indivíduos que raramente motiva o comportamento colaborativo. Você pode diferenciar a contribuição por meio de remunerações, promoções e outras formas de reconhecimento, mas não há por que promover ativamente a competição interna negativa.

Busca pessoal do domínio O desenvolvimento de pessoas é uma responsabilidade dupla. A empresa deve criar a oportunidade para aprendizagem e crescimento, mas cada indivíduo precisa assumir a responsabilidade pelo seu crescimento profissional. Os engenheiros devem buscar continuamente a elevação do seu próprio padrão e devem testemunhar todos fazendo o mesmo ao seu redor. É praticamente impossível que a empresa desenvolva você se não for você mesmo apaixonado pela aprendizagem. A busca do domínio deve ser um valor básico e fundamental de cada indivíduo na sua organização, e ela começa na fase de seleção dos funcionários.

Acreditamos que a maioria das pessoas tem um desejo inato de ser excelente no seu trabalho. Esse é o espírito do domínio. É universal, algo que conecta as pessoas ao seu trabalho de um modo bastante pessoal ao dar orgulho e significado ao trabalho. Sejam os cortes exatos do cirurgião que dominou a sua arte, a atenção meticulosa aos detalhes de um maquinista altamente habilidoso ou a execução precisa dos movimentos do Jiu-Jitsu brasileiro do lutador faixa preta, Marcelo Garcia, que deixa todos os observadores boquiabertos. Por consequência, ter domínio sobre a sua área de trabalho cria uma alegria que só é possível quando fazemos algo incrivelmente difícil e pessoal. E essa jornada árdua tem um impacto duradouro em todos que escolhem trilhar esse caminho.

Um aviso, entretanto: Em um mundo de atalhos até o topo, reconhecimento imediato e pivotagem, essa jornada exigirá muito esforço e muita perseverança. E alguns dos interessados pelo caminho mais rápido vão desistir. Mas somos pensadores *lean*, então criação de valor e busca da perfeição é o que somos.

O espírito do domínio é um componente importante para a criação de algo com valor duradouro, e a busca mudará a natureza do trabalho e do trabalhador.

Educação profissional Acreditamos que muitos dos problemas do desenvolvimento de pessoas nas organizações começa muito antes delas chegarem à empresa. Muitas vezes, tudo começa com a sua educação básica.

Em um artigo na revista *Fast Company*, Alan Webber reconta uma pergunta reveladora feita por Jeffrey Pfeffer, professor da Stanford Graduate Business School: "Você aceitaria ser operado se o cirurgião cardíaco tivesse sido treinado do mesmo modo como algumas escolas de administração ensinam os seus alunos? Imagine que o cirurgião tivesse ficado na escola de medicina conversando sobre casos de cirurgias cardíacas, assistindo vídeos de cirurgias cardíacas e escutando grandes cirurgiões falando sobre o que fizeram... mas agora você está deitado na mesa e é o primeiro paciente de verdade desse jovem cirurgião. Você deixaria mesmo ele usar o bisturi em você?"[6]

Mas as escolas de administração não são as únicas com esse problema. Robert McMahan, presidente da Kettering University, afirma que "se ensinássemos os músicos como ensinamos os engenheiros, eles fariam 12 anos de teoria da música antes de encostar em um instrumento". Esse foco na aplicação é o que separa um punhado de escolas de engenharia, como a Kettering, que insiste em estágios de engenharia, dos seus concorrentes nas torres de marfim. Em semestres alternados, os alunos da Kettering trabalham em uma empresa patrocinadora, aplicando o que aprenderam em sala de aula. Nos outros semestres, voltam à escola para estudar em tempo integral e continuar a ampliar o seu conhecimento.[7]

Outra escola que está rompendo com o modelo e enfatizando a aplicação do conhecimento em ambientes do mundo real é o MIT. Nos D Labs do MIT, os alunos trabalham e aprendem juntos em equipes para assumir projetos de desenvolvimento de produtos no mundo real para mercados carentes. O "D" em D Lab significa Desenvolvimento pela Descoberta, *Design* e Disseminação, e é assim que os alunos correm atrás dos seus objetivos. Não importa se o desafio é fornecer água potável, melhorar o trabalho árduo e sofrido dos cafeicultores da Tanzânia ou transformar resíduos agrícolas em briquetes de carvão no Haiti, os alunos dos D Labs criam produtos que resolvem problemas reais e podem até gerar novos negócios. As habilidades reais e conhecimento profundo conquistados durante o desenvolvimento de processo, desde o entendimento do cliente e do seu contexto até a ampliação da escala de produção, são valiosíssimos para os alunos e ajudam a transformar o mundo em um lugar um pouquinho melhor.

Empresas de produtos excelentes estabelecem e ampliam parcerias de longo prazo com escolas como a Kettering e o MIT para influenciar o desenvolvimento de engenheiros e outros profissionais técnicos desde o início. Elas se certificam que os alunos estão recebendo experiência direta, tão fundamental para a sua formação. Acreditamos que se mais escolas e empresas emulassem esses elementos em suas estratégias de educação, os engenheiros chegariam aos locais de trabalho muito melhor preparados para contribuir para a capacidade de aprendizagem das suas organizações. Contudo, mesmo com engenheiros saídos de programas excepcionais, as empresas devem continuar a se concentrar no desenvolvimento do seu próprio pessoal. Nem mesmo os melhores alunos são engenheiros de verdade até se desenvolverem em programas reais, sob a orientação de engenheiros-mentores que sabem ensinar. Neste livro, enfatizamos que mesmo com o processo de seleção cuidadoso da Toyota, que busca ajuste e habilidades comprovadas, os engenheiros recém-formados são considerados apenas matéria-prima excelente, ainda a ser desenvolvida.

Envolvendo pessoas em uma só equipe

Em 1987, Kiyoshi Suzaki escreveu *Novos Desafios da Manufatura.*[8] Carinhosamente conhecido na comunidade *lean* com o nome de "o livrinho vermelho", o texto é recheado de desenhos maravilhosos com pessoas de palitinhos e demonstra os construtos fundamentais da então nova ciência do desempenho organizacional centrado no cliente.

Você provavelmente já viu o diagrama onipresente das pessoas remando em um barco para ilustrar o trabalho em equipe; foi no livro de Suzaki que o encontramos pela primeira vez. Ele também desenhou um outro barco antes desse, no qual um grupo de pessoas rema e tira água de um barco cercado de tubarões. Na legenda, lemos: "estamos todos no mesmo barco". A ideia era que as organizações bem-sucedidas precisam desenvolver um sentimento de destino coletivo. Uma responsabilidade fundamental da liderança é estabelecer uma ideia de propósito comum e recrutar toda a empresa para buscá-lo. Os talentos e capacidades individuais podem ser diferentes, mas todos se unem em torno de um propósito maior para o qual podem e devem contribuir.

Como discutido anteriormente, quando chegou à Ford, Mulally descobriu uma organização profundamente dividida, turbulenta e internamente competitiva. As fissuras organizacionais não paravam de se expandir. E a pressão do ambiente externo estava ampliando e aprofundando essas divisões. O problema da Ford não era a falta de pessoas extremamente talentosas e trabalhadoras, mas ela precisava urgentemente de uma visão unificadora e um modo de todos se unirem e trabalharem em conjunto para avançarem em direção ao futuro.

No dia 13 de outubro de 2006, uma sexta-feira, algumas semanas após assumir o cargo, Mulally enviou um e-mail brilhante para toda a empresa. A mensagem dizia, em parte:

> Ninguém precisaria de muito tempo para reconhecer que a Ford é cheia de vencedores por natureza. O orgulho no valor que a Ford sempre criou em mais de um século de trabalho é óbvio e justificado. E fico encorajado em ver as muitas áreas de excelência que encontramos na nossa empresa neste momento. Mas bolsões de sucesso não bastam. Não hoje. Não neste ambiente competitivo. Precisamos de sucesso em toda a empresa. Para chegar lá, precisamos de um plano com entendimento e consenso universais. Precisa ser um único plano e precisa funcionar para toda a empresa. A concorrência pode tentar nos dividir e conquistar, mas estou decidido a não deixar que façamos isso com nós mesmos.

Mulally então descreveu detalhes específicos da revisão semanal do plano de negócios, com a participação de toda a alta liderança sênior regional e funcional da empresa. Ele observou que todos os líderes trabalhariam no mesmo plano, com os mesmos planos, disse que o disseminariam e ampliariam pelo resto da organização. Ele encerrou o e-mail com o seguinte:

> Sei que o pessoal da Ford passou por tempos difíceis nos últimos anos. (...) Sei por experiência própria como uma queda pode ser desmoralizante, mas a volta por cima é infinitamente mais eufórica. E não há sentimento melhor do que saber que a sua contribuição pessoal está ajudando a levar essa grande empresa a avançar mais uma vez.
>
> Todo mundo adora uma história de reviravolta. Vamos trabalhar para escrever a melhor de todas!
>
> Muito obrigado!

Foi o início da sua visão *One Ford* e o esforço constante para unir a organização e realizar todo seu potencial. A visão era ao mesmo tempo simples e difícil:

- **Uma equipe.** Pessoas trabalhando juntas em uma empresa *lean* e global, em busca da liderança automobilística, medida em termos de clientes, funcionários, concessionárias, fornecedores, investidores e satisfação da comunidade.

- **Um plano.** Reestruturar agressivamente para operar de forma lucrativa com a demanda atual. Acelerar o desenvolvimento de produtos que os clientes querem e valorizam. Financiar nosso plano e melhorar o balanço contábil. Trabalhar realmente como uma só equipe.
- **Um objetivo.** *One Ford* viável e emocionante que produz crescimento lucrativo para todos.

Mulally continuou a comunicar essa mensagem em todos os canais possíveis, e por toda a empresa. Ele foi conhecer os laboratórios de testes de colisão ao lado de Jim, visitou os projetistas trabalhando em novos veículos, fez *tours* da Dearborn Tool and Die e participou de praticamente todas as reuniões globais de Jim. Ele subia ao palco com Jim e começava as conversas agradecendo à equipe por convidá-lo à "Engenharia de Carroceria e Estampagem, o centro do universo conhecido". A seguir, ele dava notícias sobre o progresso da empresa em relação ao plano, agradecia pessoas por iniciativas específicas que sabia que estavam desenvolvendo para apoiar o plano e passava uma hora respondendo perguntas de todo o mundo. A mensagem era sempre a mesma: é a nossa Ford, é o nosso plano, juntos vamos conseguir. Afinal, ele dizia com um sorriso nos olhos, "os engenheiros são a fonte de toda a criação de valor, não é mesmo?" A reação da equipe, na qual quase ninguém jamais vira um CEO da Ford pessoalmente, era fenomenal. Milhares de pessoas participavam dessas reuniões presencialmente ou por videoconferência, mas a maioria sentia uma ligação pessoal com Mulally e com o plano.

Mulally também liderava suas próprias assembleias globais, visitas a fornecedores, concessionárias e eventos de mídia. A mensagem era basicamente a mesma dentro e fora da empresa. Uma vez, durante uma coletiva de imprensa, lhe perguntaram se a Ford estaria considerando uma fusão. "Sim", Mulally respondeu. "Vamos nos fundir com nós mesmos". Entendido.

O resto dos líderes da Ford, incluindo a B&SE, seguiram o exemplo de Mulally e trabalharam para reunir a sua equipe diversa com o foco na sua função dentro do plano *One Ford*. Seria preciso atuar como uma única equipe global, alinhada em torno da criação de grandes produtos que os clientes valorizam de fato, e não haveria motivo para complicar ainda mais a mensagem. Eles utilizaram o processo anual de A3 estratégico para desenvolver e executar um plano que apoiaria a estratégia da empresa.

Todos os anos, parte desse plano seria melhorar o envolvimento dos engenheiros. Assim como muitas empresas, a Ford tinha uma pesquisa de envolvimento anual que dava a todos a oportunidade de comunicar como estavam se sentindo em relação à empresa e em que situação poderia melhorar. A equipe de liderança da B&SE utilizou essas informações, aliadas às reuniões *skip-level meetings* quinzenais e às assembleias globais semestrais, para desenvolver contramedidas de melhoria específicas que se tornariam parte dos objetivos de desempenho organizacionais e A3 anuais.

Desafiando pessoas

Quando Akio Toyoda tornou-se presidente da Toyota em 2009, choveram problemas. Ele precisou lidar com o maior *recall* e a maior crise de imagem da história da empresa. No seu segundo ano, ocorreu o maior terremoto-tsunami da história do Japão, causando problemas graves no abastecimento de peças. O terceiro ano não foi cheio de alegrias: a Tailândia sofreu as piores inundações da sua história, e a Toyota fabrica muitos veículos e peças no país. Mas o legado duradouro da sua presidência provavelmente será o desafio que fez para a organização, de criar carros cada vez melhores.

No Capítulo 3, discutimos a Nova Arquitetura Global da Toyota (TNGA), uma contramedida para o mau estado do projeto de plataformas após uma década de vendas globais dobradas. A Toyota nunca foi quase à falência como a Ford, mas teve que enfrentar o seu próprio projeto de reforma e reconstrução. O que injetou energia nos produtos e processos na Toyota foi o grito de guerra de "carros cada vez melhores" e a paixão do presidente Toyoda por carros emocionantes e que os motoristas gostam de dirigir.

Mas um desafio global como esse não basta, a menos que seja transformado em desafios locais para cada unidade organizacional. Vimos que o desafio da equipe da TNGA seria desenvolver veículos atraentes sobre cada plataforma, capazes de criar uma vantagem de cinco a dez anos na sensação de dirigibilidade. Enquanto isso, a engenharia de produção teria o desafio de reformar radicalmente as tecnologias de fabricação seguindo o lema de "simples, enxuta e flexível". Esses desafios de alto nível seriam então transformados em desafios específicos para unidades ainda mais especializadas. Por exemplo, um desafio da TNGA seria baixar o centro de gravidade da perspectiva do motorista e se tornar a melhor do mundo nesse aspecto, o que significaria uma série de desafios para diversos grupos funcionais e reprojetar centenas de peças da Toyota e de fornecedores.

Ganhamos o que medimos, segundo o ditado. Seria mais correto dizer que ganhamos o que desafiamos. As equipes respondem a desafios se estão bem desenvolvidas e apoiadas e se eles podem ser executados profundamente para as tarefas de cada equipe.

Organizando a sua equipe

A reorganização utilizando a estratégia *go-to* parece ser a preferida para consertar tudo que há de errado nas empresas. Algumas ficam viciadas nela, achando que é um remédio milagroso para todos os males organizacionais, e isso fica evidente nas pessoas. Mesmo nos melhores casos, a reorganização suga energia, cria confusão e dilui o foco durante a transição, que sempre demora mais do que se imaginava.

Mas o modo como você está organizado, e como as equipes estão organizadas, é importante. Ela pode ter um impacto significativo no desempenho da equipe, especialmente no longo prazo. É essencial organizar-se de um modo que enfoque a criação de valor para o cliente, mas também é preciso potencializar a aprendizagem entre os diversos programas e a melhoria contínua.

A estrutura da Toyota

No nível sênior, a estrutura organizacional da Toyota foi mudando com o tempo. Por exemplo, a organização dos centros de veículos se alterou diversas vezes na tentativa de tornar-se mais sensível aos segmentos de clientes. Mas a estrutura de partes mais profundas da organização tem demonstrado uma estabilidade espantosa. A Toyota usa diversas formas de organizações matriciais. Da perspectiva da maioria dos engenheiros de desenvolvimento, eles estão no lado funcional da matriz. Os engenheiros respondem a um super-engenheiro dentro da sua especialidade técnica, um indivíduo que cresceu dentro dessa especialidade. Por exemplo, o gerente-geral de engenharia de carroceria de qualquer centro de veículos aprendeu essa forma de engenharia com múltiplos mestres durante a sua carreira. Mesmo no cargo de gerente-geral, ele continua a ensinar os princípios fundamentais das estruturas de carroceria.

O outro lado da matriz é composto de programas de veículos, liderados por EC (como discutido em detalhes no Capítulo 5). A Toyota pode redistribuir as missões dos ECs – por exemplo, um EC de mais alto nível do Toyota Camry global pode apoiar os ECs do Camry em diferentes regiões do mundo – mas a função do EC não sofreu nenhuma alteração fundamental desde que foi criada na década de 1950.

Nas nossas entrevistas, descobrimos que a Toyota estava trabalhando para melhorar a velocidade da tomada de decisões e aprofundar o entendimento dos clientes por meio do que chamavam de uma estrutura de gestão de empresas internas. Essas empresas dentro da empresa são organizadas em torno de áreas de produto ou iniciativas específicas e geram maior agilidade e foco no cliente individual ao mesmo tempo que preservam a integridade e o equilíbrio da matriz original.

A jornada organizacional da Ford

A Ford experimentou com diversas estruturas organizacionais no desenvolvimento de produtos com o passar dos anos. A empresa sempre foi conhecida por ter organizações funcionais forte e competentes, com membros que se orgulhavam muito de pertencer às suas respectivas equipes. Cada disciplina buscava a excelência na sua área, sendo a maioria bem-sucedida. Contudo, isso nem sempre levava a produtos melhores e muitas vezes criava barreiras impenetráveis entre as funções. O resultado é que uma mentalidade de soma zero dominava a organização.

Na tentativa de resolver as armadilhas da organização funcional, a Ford deu mais foco aos produtos e reorganizou-se em grupos baseados em produtos. Esses grupos se organizavam em torno de tipos de veículos específicos, como caminhonetes, carros econômicos, SUVs, etc., cada um dos quais seria uma unidade operacional independente e autocontida. O problema, obviamente, seria a menor capacidade de aprendizagem entre programas e de maximização das capacidades funcionais. Essa estrutura também era bastante cara, inibia todo tipo de padronização e produzia insumos altamente variáveis para as fábricas, que ainda precisavam montar veículos de diversos grupos. Em suma, o foco no produto criou um novo tipo de silo e continuou a atrapalhar o progresso.

A Ford decidiu voltar à organização matricial. Isso permitiu que os fluxos de valor horizontais fossem equilibrados para criar produtos específicos, com capacidade funcional de engenharia forte, e maximizar a oportunidade de aprender e de melhorar continuamente. A matriz também tinha um foco organizacional no sucesso dos produtos. Os grupos funcionais passaram a ser medidos principalmente pela sua contribuição para grandes produtos, não pela excelência funcional em si. Em outras palavras, a capacidade funcional seria valorizada na medida em que contribuísse para a criação de grandes produtos. O próximo passo seria globalizar as funções de engenharia para aumentar ainda mais os benefícios. O que uniu toda a empresa foi o foco implacável na criação de grandes produtos. E tudo começou com a liderança.

A criação de produtos é uma atividade organizacional

O desenvolvimento *lean* de produtos e processos não é apenas uma atividade de engenharia ou de *design*. Ela nunca deve ser algo que os *designers* e projetistas infligem à organização. O sucesso exige que você envolva o empreendimento como um todo no desenvolvimento de produtos e processos. Por consequência, quando pensar na sua equipe de desenvolvimento de produtos de alto desempenho, você precisa incluir pessoas talentosas da produção e de toda a cadeia logística. Eles não podem ser um toque final, devem ser membros plenos e responsáveis que contribuem para a equipe de desenvolvimento.

Know-How de fabricação no desenvolvimento de produtos

Por mais poderosa que seja a tecnologia de informática moderna para análise e visualização, saber como fazer coisas é importante. O conhecimento e a capacidade de produzir bem é uma vantagem competitiva significativa no desenvolvimento de produtos e processos. Saber como fazer coisas que a concorrência não sabe é algo revolucionário. Cada vez mais encontramos uma diferença crucial entre a inovação e ideação de produtos, de um lado, e o processo e a ferramentaria, do outro. A aplicação do *know-how* de fabricação e criatividade ao desenvolvimento de grandes produtos está longe de receber a atenção que merece. Vale a pena repetir: saber fazer coisas bem e integrar esse conhecimento completamente ao fluxo de desenvolvimento é uma vantagem competitiva enorme. Os exemplos a seguir demonstram a importância do *know-how* de fabricação no desenvolvimento de produtos.

A Apple amplia as fronteiras da indústria Você pode não considerar a Apple uma empresa industrial, especialmente quando terceiriza boa parte da fabricação dos seus produtos para organizações como a Foxconn. Mas quando examinamos os produtos da Apple de perto, ficamos espantados com a excelência do produto físico e somos forçados a nos perguntar: "Como é que conseguem, especialmente nesse volume?" O *design* icônico da Apple, a sua qualidade de serviço de classe mundial e o sucesso da empresa dependem absolutamente da capacidade de entender e promover a arte da fabricação. Por consequência, os executivos se importam profundamente com o modo como os produtos são feitos. Jony Ive, o líder de *design* icônico da Apple, trabalha constantemente para aprender mais e ampliar as fronteiras da arte do possível na indústria, enquanto seus *designers* continuam a ampliar suas próprias capacidades, trabalhando diretamente com os maiores especialistas do seu campo, tanto dentro quanto fora da Apple.

A Apple demonstrou mais uma vez o seu comprometimento com o avanço da capacidade de fabricação de seus produtos quando Tim Cook, CEO da empresa, anunciou, em maio de 2017, um Advanced Manufacturing Fund de 1 bilhão de dólares e um investimento de 200 milhões de dólares na Corning para "apoiar P&D, equipamento de capital e processamento de vidro de última geração".[9] Os investimentos demonstram que a Apple entende a importância da fabricação para preservar a sua vantagem competitiva.

Parcerias em todo o fluxo de valor da Ford Colocar uma carroceria de alumínio na caminhonete F-150 foi uma das apostas mais arriscadas da história da Ford. A F-Series tivera as caminhonetes mais vendidas dos últimos 37 anos e ninguém jamais produzira carrocerias em 100% alumínio em alto volume. Mas a equipe sabia que a única maneira de preservar a liderança da Ford seria continuar a inovar e expandir a arte do possível, incluindo a maior economia de combustível e melhor desempenho das carrocerias ultraleves. A equipe também sabia que, para ter sucesso, a empresa precisaria de engenheiros de produto, de materiais e de fabricação perfeitamente integrados desde o início do projeto. Esse processo de aprendizagem de longo prazo exigiria inovação em larga escala em todo o fluxo de valor, incluindo projeto, materiais, revestimentos, formação, articulação e logística. A equipe enfrentaria muitos desafios, a maioria deles proprietários. Vamos falar sobre vários deles:

- **Formabilidade.** As propriedades materiais do alumínio significam que ele é inerentemente muito mais difícil de produzir nos formatos complexos exigidos para a carroceria de uma caminhonete. A equipe da Ford atacou esse desafio com uma estratégia em três frentes:
  1. Os engenheiros de fabricação, de materiais e de produto da Ford trabalharam diretamente com os fornecedores de materiais para equiparar ou desenvolver propriedades de materiais específicas correspondentes aos requisitos de desempenho dos veículos e aos desafios de formabilidade de peças críticas.
  2. Os engenheiros de produto trabalharam com os engenheiros de fabricação para modificar o *design* de peças quando necessário para acomodar condições de formação particularmente difíceis.
  3. Os engenheiros de fabricação modificaram ferramentas e processos e também permitiram que houvesse um tempo significativamente maior para experimentação e testes com ferramentas desde o início do programa para peças críticas. Eles identificaram peças de alto risco no início e integraram um período de experimentação mais longo aos planos de custo e tempo de desenvolvimento.
- **Custo.** Em geral, o alumínio é mais caro do que o aço, e simplesmente repassar o custo para os clientes diminuiria a proposição de valor total e colocaria em risco a liderança nas vendas. Engenheiros de produto, de materiais e de fabricação trabalharam em cada peça para maximizar o uso eficiente do material. A estampagem de peças de grande porte é um processo ineficiente

em termos de uso de materiais, com até 30% da geratriz (a peça de material inicial) recortada e transformada em sucata após a formação das peças mais difíceis. A equipe modificou projetos, processos e formatos de geratriz, além de formar peças menores com as áreas de sucata das peças maiores sempre que aceitável, o que melhorou significativamente o rendimento. A Ford também trabalhou com fornecedores de materiais para projetar o fluxo de valor de reciclagem de materiais mais eficiente possível.

O resultado foi uma caminhonete mais de 300 kg mais leve que a sua predecessora, elogiada pelas suas "capacidades de carga e reboque, estimativas de economia de combustível de ponta, recursos tecnológicos impressionantes e espaço amplo para seis pessoas".[10] Ela também conquistou a classificação de segurança de cinco estrelas e o prêmio Top Safety Pick do Insurance Institute for Highway Safety,[11] além de ser escolhida a Caminhonete do Ano pela *Motor Trend*[12], e Melhor Caminhonete Grande e Caminhonete Verde do Ano pela *Consumer Reports*.[13] Esse produto revolucionário jamais teria sido possível sem uma abordagem de nível organizacional ao desenvolvimento de produtos, incluindo um nível inacreditável de inovação em materiais e fabricação desde o início do programa. A F-Series acabaria por completar 41 anos consecutivos como caminhonete mais vendida, além de ser o veículo mais vendido da América do Norte.

Dearborn Tool and Die Como vimos, a engenharia de processos e a fabricação de ferramentas e equipamentos são determinantes para a criação de produtos físicos. Contudo, muitas das empresas que encontramos continuam a tratar a liberação de ferramenta como o tempo para atirar o desenho do produto na parede e cruzar os dedos. Elas não reconhecem a possível vantagem competitiva que têm em mãos. Esse era absolutamente um dos problemas enfrentados pela equipe da Ford no início da sua transformação.

Um fato era claro quando Terry Henning tornou-se gerente de fábrica nas instalações da Dearborn Tool and Die (DT&D), uma empresa da Ford: ela não era competitiva. Menos evidente era exatamente o que representava o desempenho superior na fabricação de ferramentas e matrizes. Era um fator particularmente problemático para uma montadora, cuja capacidade de criar ferramentas, matrizes e acessórios de fixação é essencial para o desenvolvimento de novos produtos. Henning sabia bem disso, assim como Henry Ford. As instalações de 39.000 m² tinham sido lindas, projetadas por Albert Kahn e construídas pelo fundador da empresa para serem as instalações de produção de ferramentas mais tecnologicamente avançadas do mundo. Mas anos de negligência e complacência a reduziram a uma operação lenta e cara e à fonte de ferramental que menos interessava os engenheiros. Henning, gerente de estampagem de longa data, ele próprio fabricante de ferramentas e matrizes, estava decidido a mudar essa situação. Ele formou uma parceria com John Davis, gerente de engenharia de estampagem da Ford, e os dois começaram a traçar um mapa para o futuro.

Para descobrir exatamente qual era a situação da DT&D, Henning, Jesse Jou (gerente de ferramental da B&SE da Ásia-Pacífico), Eric Frevik (supervisor de engenharia de estampagem), Jim e suas contrapartes no setor de compras decidiram estudar a capacidade de ferramentaria ao redor do mundo. Eles visitaram oficinas nos EUA, Alemanha, Japão, Coreia do Sul, Taiwan, China e Tailândia. Também estudaram profundamente o desenvolvimento de ferramentas realizado em Dearborn, trabalhando diretamente com a equipe de chão de fábrica que melhor entendia o processo. A partir disso, a equipe de engenharia de estampagem e ferramentaria desenvolveu um gráfico de lacunas que identificava as falhas de desempenho enfrentadas pela empresa em cada fase do processo no chão de fábrica e com o desenvolvimento de matrizes. Para cada uma dessas lacunas, a equipe utilizou relatórios A3 para desenvolver contramedidas. Algumas lacunas eram tecnológicas, muitas eram processuais, mas algumas eram causadas pelo desalinhamento e pela falta de integração entre a engenharia e a DT&D. Devido à má reputação da DT&D, a entidade se tornara praticamente isolada da equipe de engenharia de carroceria da Ford e não estava bem integrada ao sistema de desenvolvimento, o que produzia má comunicação e falta de entendimento sobre os processos ou desafios uns dos outros.

Foram realizadas reuniões de pé semanais na DT&D, com os engenheiros de estampagem de Davis trabalhando com os ferramenteiros de Henning para revisar coletivamente cada conjunto de ferramentas e as peças resultantes. Eles trabalharam no *gemba*, avaliaram o progresso e desenvolveram um plano conjunto para o futuro. Henning tinha um parceiro poderoso nesse processo, ainda que improvável: Joe Sammut, chefe de integração da equipe de B&SE. Engenheiro de carroceria e líder de engenharia de longa data, sua equipe era responsável pela entrega de programas de produtos do início ao fim para a função de B&SE. Sammut resistiu no início, mas logo enxergou o valor da organização integrada e foi fundamental para o envolvimento dos engenheiros e a comunicação direta com os EC dos programas, além de ajudar a fortalecer o trabalho em equipe e preservar a responsabilidade em ambos os lados. A liderança de Sammut e Henning foi o segredo para integrar os esforços da B&SE e produzir resultados cada vez melhores para as equipes de programa da Ford.

Para aumentar o processo de comunicação e coordenação da ferramentaria, Henning concordou com a engenharia de estampagem e colocalizou diversos projetistas de ferramentas e engenheiros de processos na DT&D para que pudessem responder mais rapidamente aos problemas e aprendessem em primeira mão os problemas enfrentados pelos ferramenteiros. Esses engenheiros de processos e ferramenteiros trabalharam juntos em iniciativas de melhoria que impactavam tanto a DT&D quanto a engenharia.

Além de participar de algumas dessas reuniões semanais de pé, Jim visitou o local para revisões mais formais uma vez por trimestre. Enquanto Henning e a equipe analisavam o progresso em relação ao plano em cada visita, ele observava o desempenho, a energia e o entusiasmo crescendo. A liderança sindical da UAW não teve muita confiança no início, mas tornou-se uma parceira forte e passou a participar das visitas também. Logo essas ocasiões se tornaram um dos dias preferidos na agenda de Jim. Cerca de um ano e meio após o início dessa jornada, Jim decidiu levar um amigo a uma dessas revisões. O nível de energia e emoção quando Mulally entrou na fábrica foi espetacular. A equipe compartilhou suas conquistas incríveis com o CEO enquanto ele caminhava pelo chão de fábrica, apertava mãos, distribuía abraços, fazia perguntas e agradecia os membros de equipe pelo seu esforço. Nada poderia detê-los.

Os resultados foram impressionantes: de 2004 a 2010, a DT&D reduziu o *lead time* em cerca de 50%, atendendo completamente os requisitos do GPDS. Reduziu os custos fixos de mão de obra na mesma proporção e melhorou a qualidade das ferramentas, matrizes e de primeira peça em relação à bitola em cerca de 80%. A contribuição desse trabalho para a capacidade de desenvolvimento de produtos e processos da Ford foi enorme. Mas como muitas ferramentas são produzidas fora da Ford, por fornecedores, beneficiar-se completamente com esses resultados exigiria que as melhorias também fossem disseminadas para essas outras matrizes.

Após a DT&D dominar o processo, Henning e sua equipe compartilharam abertamente com os fornecedores; às vezes individualmente, mas também em eventos mais formais, em escalas maiores, que integravam o departamento de engenharia, DT&D, compras, qualidade dos fornecedores e um grande número de fornecedores, nos quais se compartilhavam métodos e expectativas. No primeiro desses eventos, a diretora de qualidade dos fornecedores começou dizendo que "primeiro, gostaria de parabenizar a equipe da Dearborn Tool & Die. Preciso admitir que, alguns anos atrás, não imaginaria que isso tudo seria possível".

Henning e sua equipe continuam a realizar visitas de *benchmarking* à DT&D até hoje. Depois que a notícia se espalhou, não foram apenas os fornecedores que passaram a visitar; outras montadoras e empresas de outros setores vão à DT&D aprender sobre os seus processos e tecnologias de classe mundial. Mas muitas ainda ignoram o verdadeiro segredo por trás da transformação: as pessoas!

Engenharia simultânea na Toyota A Toyota usa a sua excelência em fabricação como vantagem competitiva há décadas. Seria difícil encontrar um líder industrial de qualquer setor que não conhece o potencial do Sistema Toyota de Produção. Menos conhecido é que a excelência da Toyota na produção começa a montante, no processo de desenvolvimento, por meio da engenharia de produção.

O Centro de Engenharia de Produção da Toyota em Motomachi, no Japão, é a fonte de inúmeras das inovações em métodos e tecnologias de produção que transformaram a indústria. Desde as linhas de montagem mais flexíveis do setor às linhas de pintura mais curtas, ou a fabricação individual de fáscias (para-choques) com estoque zero entre moldagem e pintura, foi o esforço e o conhecimento especializado dessa equipe que manteve a Toyota na liderança em termos de desempenho de fabricação. Mas o grupo é igualmente crítico para o objetivo da Toyota de ter "carros cada vez melhores". A Toyota gira em torno de produzir *e* encontrar soluções, de criar grandes produtos *e* melhorar a produção *lean*, ou de criar grandes produtos *e* praticar responsabilidade ambiental.

Imagine um excelente meio-campista que faz passes brilhantes para os atacantes, que por sua vez quase sempre têm a bola roubada pelos zagueiros adversários. Um grande engenheiro de produto não tem como entregar grandes produtos se os engenheiros de produção estão pisando na bola. Temos falado sobre engenharia simultânea há mais de 40 anos, mas esta depende de duas partes: engenheiros de produto e engenheiros de processo. Infelizmente, muitas empresas terceirizam a capacidade fundamental de engenharia de produção e criam uma lacuna enorme entre produtos e processos. Utilizar a capacidade extraordinária e a inovação em fabricação no processo de desenvolvimento, e reforçá-los mutuamente, é de suma importância para a excelência nos produtos. Acreditamos que os dois exemplos a seguir oferecem *insights* sobre essa característica organizacional:

- **Melhoria da dirigibilidade.** A Toyota melhorou radicalmente as características de dirigibilidade dos veículos com a TNGA. Aumentar a rigidez da carroceria melhora a dirigibilidade, então a Toyota estabeleceu o objetivo de aumentar a rigidez de 30% a 60%, dependendo do modelo. Uma maneira de atingir esse objetivo é aumentar o número de soldas a ponto na carroceria, mas isso pode aumentar significativamente o tempo de ciclo e/ou exigir investimentos dispendiosos em equipamentos de solagem adicionais. Em muitas empresas, o conflito provocaria batalhas interfuncionais, comprometeria o desempenho dos produtos e processos e agregaria muito menos valor para o cliente.

Os engenheiros de processos e de desenvolvimento de produtos da Toyota trabalharam *juntos* para melhorar a geometria do produto e desenvolver uma tecnologia de soldagem a *laser* (LSW, *laser screw welding*). Ela exige menos de metade do tempo de ciclo da soldagem a ponto convencional e menos da metade do espaço no chão de fábrica, mas ainda produz os índices de rigidez exigidos para a carroceria. Não foi necessário dobrar os equipamentos ou a área ocupada. Nada menos do que isso teria sido aceitável. A LSW também tem o benefício de ser muito mais flexível do que a soldagem a ponto tradicional, sendo aplicável a diversos novos produtos e múltiplos tipos de materiais, o que contribuiu para reduções significativas no tempo e custo de lançamento de novos veículos.

- **Redução do peso.** Outra prioridade da Toyota em termos de produtos é reduzir o peso para aumentar a eficiência do combustível. Um dos caminhos para tanto é produzir peças usando materiais leves e de alta resistência, com uma bitola menor, para substituir subsistemas mais pesados com múltiplas peças. Contudo, alguns desses materiais precisam ser superaquecidos antes da formação, o que normalmente exige fornos a gás exclusivos e de larga escala, que aquecem geratrizes de aço em grandes lotes, além de uma operação adicional para remover a oxidação causada pelo processo de aquecimento. Seria uma concessão aceitável para muitas empresas, mas trabalhar com lotes e adicionar operações vai contra os princípios do STP.

  Mais uma vez, os engenheiros de processos e de desenvolvimento de produtos da Toyota colaboraram para adaptar as geratrizes e criar um processo de aquecimento de Joule que aquece as geratrizes individualmente, em cinco a dez segundos, sem a necessidade de operações adicionais. Algumas empresas melhoram os produtos e repassam o custo extra para os clientes; o sistema LPPD da Toyota permite que a empresa produza veículos mais leves e seguros a *custos menores* do que os modelos originais.

Evolução do *know-how* de fabricação no desenvolvimento de produtos

O nível de integração da fabricação que ocorre na Toyota e outras empresas que usam o LPPD é inédito em muitas organizações. Na verdade, algumas empresas têm dificuldade para visualizar como ele funcionaria no seu ambiente. Um jeito de entender isso e avançar na direção dessa integração, mesmo que artificialmente, é imaginar que sobre o papel da fabricação no desenvolvimento de produtos e processos evolui por quatro estágios de maturidade.

Estágio 1: sobrevivência Nele, a fabricação funciona em modo de sobrevivência, à medida que novos produtos parecem ser infligidos à função. Os sintomas nesse estágio normalmente incluem mais reclamações do que ações de melhoria reais. Retrabalho, heroísmo, reelaboração improvisada de projetos e pavios curtos são a ordem do dia. Os problemas de lançamento são uma questão de "quando", não "se". Os engenheiros de produto não se envolvem até "ser tarde demais" e ficam presos no modo de lançamento, o que acaba atrasando o seu trabalho em outros novos programas e lançamentos, e que por sua vez leva à espiral da morte do desenvolvimento de produtos. Questões de qualidade significativas são frequentes para os produtos, tanto na fábrica quanto em campo. O inferno de produção de Elon Musk na Tesla parece ser um exemplo disso. Todas as frustrações e a ideia de que deve ter um jeito melhor motivam a fabricação a avançar para o Estágio 2.

Estágio 2: avaliações de viabilidade da fabricação Os gerentes de fabricação querem melhorar a situação, mas não têm certeza de como proceder. Eles levam a fabricação a montante para influenciar o projeto do produto, mas os engenheiros não têm uma boa infraestrutura para trabalharem. Quando pedem a sua opinião, em geral só sabem oferecer avaliações resumidas e isoladas. Essas avaliações de viabilidade vão mudando à medida que o produto físico começa a surgir, o que resulta em muitas mudanças tardias, retrabalho e frustração de ambos os lados. Há mais atividade do que criação de valor real, mas pelo menos é um bom começo. E esse trabalho muitas vezes eleva a visibilidade dos problemas para a gerência sênior. O resultado final quase sempre é um imperativo organizacional de projetar para a fabricação.

Estágio 3: projeto para a fabricação Agora a fabricação tem voz nas decisões. A organização começa a criar e utilizar ferramentas como o projeto para a fabricação (DFM, *design for manufacturability*), análise de modos de falhas, efeitos de processos e muitas métricas e escores. A organização estabelece equipes de fabricação avançadas que podem até estar colocalizadas com os engenheiros de produto. Os avanços não são nulos, mas o foco tende a ficar na rejeição por parte do departamento de fabricação da viabilidade de qualquer atributo de produto que represente um desafio para as capacidades de produção atuais. Alguns engenheiros se comportam como se o DFM fosse um fim, não um meio. A empresa pode ter reduzido os problemas de lançamento e fabricabilidade, mas os problemas de integração ainda impedem a criação dos produtos revolucionários que são cruciais para o crescimento. As empresas também ignoram e negligenciam o papel dos fornecedores no desenvolvimento de produtos. Além disso, novos tipos de problemas de desenvolvimento e lançamento começam a surgir e são caracterizados incorretamente como parte do processo de desenvolvimento. Muitas empresas param nesse estágio, algumas poucas perseveram e criam uma parceria real e fluxos de valor lucrativos.

Estágio 4: colaboração projeto-fabricação Neste estágio, forjou-se uma parceria real entre fabricação e desenvolvimento de produtos, com objetivos alinhados que enfocam a produção de grandes produtos *e* a excelência do fluxo de valor. A produção estabeleceu um sistema robusto de desenvolvimento de fabricação, plenamente integrado e capaz de promover o desenvolvimento de produtos e processos. Ela oferece a infraestrutura crítica, uma linguagem em comum, um processo que permite o JIT nos insumos, as habilidades corretas, funções e responsabilidades claras e ferramentas poderosas, além de promover a colaboração.

O estresse não desaparece, ou mesmo o conflito, mas eles se transformam em uma tensão criativa, emergindo de profissionais que ampliam a capacidade da organização. Além de grandes produtos inovadores, o resultado também inclui processos e capacidades de produção que apoiam vantagens competitivas duradouras e poderosas. Os fornecedores também são parceiros valiosos e capturam conhecimentos sobre produtos e processos que alicerçam a melhoria contínua. Um sistema baseado em colaboração e foco organizacional maximiza o valor para o cliente, cria uma vantagem competitiva poderosa e serve de base para uma *lean enterprise* de verdade.

A empresa estendida: fornecedores no desenvolvimento de produtos

Muito já foi escrito sobre a função dos fornecedores no desenvolvimento de produtos, incluindo nosso livro anterior. A versão resumida é que o cliente não vai perdoá-lo, mesmo que culpe um fornecedor pelo mau *design*. Todas as peças que você vende são responsabilidade sua e devem cumprir os mesmos padrões de qualidade, aparência e função. Assim, os fornecedores precisam estar integrados ao processo de desenvolvimento. Nem todas as peças de terceiros são criadas iguais. Alguns fornecedores vendem *commodities* amplamente disponíveis, então justiça e diligência prévia em torno de qualidade, custo e entrega quase sempre são suficientes para a gestão desses relacionamentos. Mas o restante dos seus fornecedores, aqueles que criam peças e subsistemas essenciais para as proposições de valor dos seus produtos, exigem algo mais. Esses fornecedores são parceiros no seu produto e devem ser tratados como tais. Todos são partes fundamentais da sua equipe, lobos da mesma alcateia, por assim dizer, com a mesma expectativa de respeito e desempenho mútuo que qualquer outro membro de equipe. O sucesso de ambos está inexoravelmente interligado.

Historicamente, a Ford sempre teve problemas nos seus relacionamentos com fornecedores, ficando eternamente entre as últimas colocadas na pesquisa anual de fornecedores da indústria automobilística que identifica as melhores e piores montadoras com as quais trabalhar. E em 2007, finalmente aconteceu. A Ford ficou em último lugar. Talvez não seja surpresa que trabalhar com os fornecedores da Ford também havia se tornado absolutamente terrível. Problemas de qualidade, entregas atrasadas e custos inesperados eram o normal para todos.

À medida que começaram a estudar o problema em detalhes, os membros da equipe de liderança da Ford perceberam que a melhoria nos relacionamentos com fornecedores precisaria começar com a sua própria equipe. Era evidente que a organização da Ford estava menos alinhada internamente do que precisaria para trabalhar com os fornecedores. Ordens confusas ou até contraditórias para fornecedores claramente estavam agravando os problemas nesses relacionamentos e precisariam ser trabalhadas.

As equipes de liderança dos departamentos de engenharia e compras se reuniram para formular uma contramedida organizacional usando pares correspondentes. Esses pares uniam os líderes de cada organização com base nos subsistemas pelos quais eram responsáveis. Por exemplo, na organização de Jim, o líder da engenharia de estruturas de carroceria globais trabalhava diretamente com o líder de aquisição de aço, alumínio e estampagem; o líder de engenharia de lâmpadas global trabalhava com o líder global de aquisição de iluminação; e assim por diante. A dupla de Jim era Susan DeSandre, diretora global de todos os *commodities* e materiais para o exterior de carrocerias em nível mundial. DeSandre e sua equipe aplicaram o tino comercial, o conhecimento profundo sobre os fornecedores e suas capacidades ao desenvolvimento conjunto de estratégias de curto e longo prazo para cada um dos subsistemas e das empresas fornecedoras. Não demorou para se formar uma parceria entre os pares correspondentes que se estenderia aos principais fornecedores.

As estratégias de curto prazo foram especialmente importantes durante a Grande Recessão, quando a viabilidade comercial de diversos fornecedores ficou em dúvida, os dois grupos precisaram atuar com rapidez e perfeitamente integrados para evitar possíveis desastres. Esse trabalho de curto prazo também incluía o negócio cotidiano normal de atingir metas de custos de programas, gerenciar o desempenho dos fornecedores e cumprir os requisitos anuais de economia de custos para a área de responsabilidade de cada par. Por meio do sistema de pares correspondentes, as duplas podiam falar com uma única voz alinhada e utilizar soluções técnicas e comerciais como nunca fora possível. Esse trabalho em conjunto de curto prazo foi gerenciado principalmente por reuniões semanais dos pares correspondentes, presidida por Jim e DeSandre. Além disso, os dois também se encontravam regularmente em reuniões individuais, além de reuniões especiais com fornecedores específicos e o par correspondente do subsistema em questão. As reuniões semanais tinham participação de todos os pares correspondentes de subsistemas, e ocasionalmente também de representantes dos fornecedores, para criar uma relação mais direta e transparente.

Ademais, as equipes de pares correspondentes desenvolveram estratégias de longo prazo com base nos requisitos técnicos e comerciais dos seus subsistemas. Essas estratégias eram representadas em grande parte pelos planos de negócios de cinco anos para *commodities*. Os planos tentavam antecipar mudanças importantes nas características de desempenho dos produtos, como redução de peso para melhor economia de combustível ou melhor desempenho da iluminação, e definiam uma estratégia para cumprir esses requisitos técnica, comercial e logisticamente para os seus subsistemas em todos os produtos e ao redor do mundo. Esses planos integrados foram uma ferramenta poderosa de planejamento e alinhamento para a equipe de compras, de engenharia e os fornecedores, muitas vezes se tornando parte essencial do seu desenvolvimento. Os planos foram aprovados pela hierarquia de liderança dos pares correspondentes para garantir a coordenação entre subsistemas e foram atualizados continuamente.

As equipes de pares correspondentes também fizeram questão de visitar diversos fornecedores todos os anos. Essas visitas de dois dias (um dia para o comercial, outro para o lado técnico) foram uma maneira excelente de fortalecer os relacionamentos, trabalhar problemas, melhorar a comunicação e compartilhar novas tecnologias e planos.

Por exemplo, um benefício dos relacionamentos melhores com fornecedores aparece nas novas tecnologias aplicadas ao desenvolvimento do pilar B (o pilar central entre as portas) do Fusion. Esse subsistema é importantíssimo para o desempenho, integridade e segurança da carroceria, e normalmente é soldado a partir de múltiplas peças de aço de alta resistência estampadas. Um fornecedor ensinou à Ford sobre avanços na tecnologia de hidroformação (processo de usar fluidos em alta pressão para formação) que teria o potencial de criar um método muito mais preciso e trabalhar com aços de alta resistência e alta engenharia. Os engenheiros de produtos e processos da Ford trabalharam diretamente com o fornecedor para amadurecer a tecnologia e adaptar o projeto do produto e do processo de montagem para integrá-la. O resultado foi um subsistema muito mais leve e resistente, com menos peças e custo menor do que nas versões anteriores.

A equipe da Ford tomou cuidado para não sobrecarregar esses relacionamentos melhorados e pedir que os fornecedores fizessem algo que a Ford não conseguiria ou não estaria disposta a fazer. Um exemplo é a história da Dearborn Tool and Die, na qual a Ford reduziu o custo e o *lead time* e melhorou a qualidade da sua própria ferramentaria antes de pedir que os fornecedores fizessem o mesmo. A Ford então compartilhou abertamente sua jornada de melhoria e seus métodos com os fornecedores. Outro exemplo dessa filosofia foi o conhecimento especializado de projeto, formação e montagem de peças de alumínio da Ford. A empresa investiu por anos no desenvolvimento dessa capacidade internamente antes de trabalhar com os seus fornecedores para ajudá-los a expandir essas mesmas habilidades.

O resultado do trabalho mais próximo e colaborativo com os fornecedores foi o melhor desempenho da pesquisa anual com fornecedores (em 2010, a Ford foi a montadora americana melhor posicionada) e, mais do que isso, um desempenho muito superior por parte dos fornecedores e uma relação incrível entre as equipes de engenharia e de compras. Trabalhar com essas e outras equipes de alto desempenho foi extremamente gratificante para todos os envolvidos. Considere a reflexão de Jim sobre como foi pertencer a equipes de alto desempenho, apresentada na seção a seguir.

JIM: SOBRE SER UM MEMBRO DE UMA EQUIPE DE ALTO DESEMPENHO

Desde que me aposentei e entrei no mundo praticamente solitário da escrita de livros e do *coaching*, nada me dá mais saudade do que pertencer a uma equipe de alto desempenho. Como tudo na vida, é algo que só valorizamos quando perdemos. Por mais impactantes que tenham sido minhas experiências de trabalho em equipe, elas são muito difíceis de descrever. Tenho certeza que, com o passar dos anos, minhas lembranças provavelmente serão um pouco mais positivas do que a experiência foi no momento, então meu entusiasmo precisa ser interpretado com um pouquinho de ceticismo por parte dos leitores.

Fiz parte de várias equipes memoráveis. Os desafios enfrentados por cada equipe foram muito diferentes, mas tinham algumas características em comum. Falei com diversas pessoas que tiveram experiências bastante semelhantes, com características semelhantes, dentro e fora da Ford.

- **Aceitar um desafio.** Minha experiência e a das pessoas com quem conversei normalmente começava com um desafio que animava alguns membros da equipe e eliminava outros. Quem não queria se juntar ao esforço acabava por sair da equipe de algum jeito. O desafio provoca um reconhecimento geral de que não vamos conseguir fazer nada se não trabalharmos juntos. Ele cria uma pressão para reunir todos com um senso de urgência para superar um objetivo difícil e importante.

  Como a liderança enquadra o desafio também é fundamental. Mulally nunca dourava a pílula quando falava sobre a nossa situação, mas também nunca sugeria que poderíamos não ter sucesso. "Vai ser tão bom quanto cruzarmos a linha de chegada!" O desafio não precisa ser salvar a empresa ou crescimento em larga escala. Pode-se criar um produto revolucionário, mudar o modo ou aplicar o *lean* para modificar como se trabalha no seu setor.
- **Criar um contexto maior.** A maioria das pessoas quer ser parte de algo especial, de algo que importa. Nossa perspectiva sobre a organização quase sempre é limitada e nos impede de enxergar o quadro geral em meio às dificuldades cotidianas. A liderança apresenta esse quadro geral, mostrando como a contribuição de cada um cria algo maior do que a soma das partes e demonstra como as contribuições individuais são importantes.

  Vale a pena recontar aqui uma velha história sobre as perspectivas diferentes de três talhadores. "Tenho que trabalhar nesse sol escaldante o dia inteiro, levantando essas pedras sujas e pesadas", diz o primeiro. "Minhas mãos estão calejadas, minhas costas doem e ninguém se importa". "Bem, minha vida pode não ser perfeita, mas eu me concentro em ser o melhor talhador que posso ser, apesar das condições" responde o segundo. "Mantenho minhas ferramentas afiadas, treino na minha arte e me foco em talhar as melhores pedras possíveis". O terceiro talhador olha para cima e diz: "Eu estou construindo uma catedral".
- **Responsabilidade perante os pares.** O papel da liderança é importante para criar o contexto certo nos primeiros momentos, mas, com o tempo, o foco emocional dos membros de equipe passa por uma transição sutil. A liderança ainda importa, mas os membros se preocupam muito mais com não decepcionar uns aos outros e se esforçar para fazer a sua parte. Ninguém quer deixar

os colegas na mão. Esse ciclo continua a se expandir, elevando o padrão de desempenho de toda a equipe, muitas vezes acima do que qualquer líder imaginaria estar ao alcance da equipe.

- **Confiança.** À medida que a responsabilidade perante os pares cresce e os membros continuam a contribuir em níveis mais elevados, o respeito profissional mútuo evolui e se transforma em confiança. Os membros conquistam a confiança uns dos outros com o seu desempenho. Ninguém mais acha que precisa conferir o que os outros estão fazendo. Eles confiam nos colegas. Estão aprendendo juntos e compartilham o que sabem sem medo ou hesitação. Essa confiança pode ser frágil, mas representa uma vantagem competitiva significativa enquanto durar.
- **Expandir a "arte do possível".** Acontece uma coisa interessante quando os membros de equipe continuam a trabalhar juntos com confiança uns nos outros. Eles passam a confiar mais em si mesmos (sem arrogância, ainda que isso possa acontecer se você deixar). Surge um entendimento consciente de que a equipe é muito mais competente do que se acreditava. A equipe se estende e desafia a si mesmo e os membros se orgulham do que conquistaram juntos, geram mais entusiasmo e formam laços ainda mais fortes entre si. Para não deixar essa confiança se tornar excessiva, a liderança tem um papel importante. É preciso elevar seu foco e criar um padrão mais difícil. É um trabalho delicado, porque você certamente não quer destruir essa conquista. Conhecer e interpretar a equipe corretamente é crucial.
- **Senso de humor.** Essa característica pode parecer estranha, e não acredito que seja uma condição necessária para o sucesso, mas as grandes equipes das quais pertenci e com as quais conversei tinham um senso de humor próprio que servia de combustível nos dias compridos e quando surgiam obstáculos pelo caminho. As piadas quase sempre eram à própria custa e se baseavam na sua situação atual. O humor funcionava como válvula de escape. Às vezes, ele nos ajuda a enxergar a situação com uma nova perspectiva. Mais do que isso, participar dessas brincadeiras significa que você faz mesmo parte da equipe.
- **Um laço.** Os membros de equipe se importam de verdade uns com os outros. Honestamente, não sei se isso vem de enfrentarem as adversidades juntos ou se é o que permitiu que triunfassem; talvez seja um pouco dos dois. Seja como for, os membros

de equipe se importam uns com os outros, o que estabelece um laço inegável entre eles. Um laço duradouro. Foi algo que descobri no processo de conversar com as pessoas sobre este livro. Eu não falava com algumas delas havia muitos anos, mas era como se tivéssemos conversado ontem. É o laço da alcateia, implícito na citação de Kipling que abre este capítulo.

- **Por que compartilhar tudo isso?** O motivo pelo qual Jeff e eu decidimos compartilhar essa experiência subjetiva é que estamos tentando comunicar por que é importante se esforçar para formar uma equipe de alto desempenho. Além de levar a resultados melhores em termos de desempenho, ela também representa uma experiência pessoal incrível. Por que diabos você não iria querer ser parte de algo tão bom? E por que não iria querer dividir isso com os outros. O desejo e, idealmente, a capacidade de desenvolver equipes de alto desempenho é uma ferramenta de recrutamento e retenção poderosa. A remuneração, os benefícios e as oportunidades de crescimento pessoal precisam ser competitivas, mas, quando todos esses fatores estão equiparados, a maioria das pessoas prefere pertencer a uma equipe de alto desempenho.

PRÓXIMOS PASSOS

O canto de sereia das novas tecnologias é tentador e muitas vezes contribui para os seus esforços de melhoria, mas, acima de tudo, é a sua equipe e o modo como os membros trabalham em conjunto que determina o seu sucesso no desenvolvimento de produtos e processos. A sua equipe de desenvolvimento deve incluir todos os indivíduos necessários para contribuir para a criação de um novo fluxo de valor e o desenvolvimento contínuo de todos os membros deve ser prioridade para a liderança em todos os níveis.

No próximo capítulos, falaremos sobre a liderança e o papel dos líderes nas organizações de desenvolvimento de produtos de alto desempenho.

Sua reflexão

Criando uma visão

Em certo sentido, este capítulo é o centro do livro: o desenvolvimento de equipes e membros de equipe de alto desempenho. A visão para o desenvolvimento e apoio de equipes de alto desempenho descrita aqui inclui:

- Um comprometimento mútuo entre a organização que apoia, reconhece e recompensa indivíduos, e os indivíduos que se comprometem em trabalhar da melhor forma possível para a organização e os seus clientes
- Uma cultura consciente e claramente definida para o alto desempenho que é reforçada de forma consistente pela liderança em todos os níveis
- Pessoas que são contratadas pelo ajuste com a cultura desejada, não apenas as suas credenciais técnicas
- Um processo de desenvolvimento de pessoas desde o momento em que entram na empresa e que abrange suas carreiras por completo, com a combinação certa de treinamento profissional e aprendizagem no *gemba* com um *coach*
- *Feedback* contínuo sobre desempenho nos menores intervalos práticos possíveis, com orientações construtivas sobre como melhorar
- Líderes com as habilidades necessárias para envolver indivíduos e formar uma equipe de alto desempenho
- Um ambiente no qual as pessoas são desafiadas continuamente com a próxima grande oportunidade de satisfazer e emocionar seus clientes
- Uma estrutura organizacional apoiadora, capaz de encontrar o equilíbrio certo entre desenvolvimento profundo de conhecimento funcional especializado e foco multifuncional dos clientes
- Funções a jusante responsáveis por construir e entregar o produto ou serviços que se integram completamente com a equipe no início do processo de desenvolvimento
- Uma empresa engajada, incluindo todas as principais funções internas e fornecedores externos de sistemas e componentes críticos, transformados em uma só equipe

Como esse modelo de formação de equipes e membros de equipe de alto desempenho se encaixa com o que você considera necessário para os produtos e serviços oferecidos pela sua empresa? Como você revisaria essa visão para se adaptar melhor à situação da sua empresa?

Sua condição atual

A sua organização é boa em desenvolver talentos e formar equipes de alto desempenho?

1. Quanto tempo e esforço é dedicado a formar equipes de alto desempenho e desenvolver as habilidades técnicas e organizacionais de todos os membros de equipe da sua organização? Esta é uma prioridade em todos os níveis da liderança?
2. O seu trabalho de desenvolvimento de produtos e processos é uma atividade que realmente abrange toda a empresa? Como você poderia envolver a empresa estendida de forma mais eficaz?
3. Qual é a sua opinião sobre pertencer à sua equipe? Você poderia gostar mais? E o que você poderia fazer nesse sentido?

Entrando em ação

1. Forme uma equipe interfuncional empoderada, com representantes de funções de todo o fluxo de valor de desenvolvimento de produtos.
2. Enquanto equipe, reflita sobre o estado atual do seu desenvolvimento de pessoas e equipes. O que poderia ser melhor? Como seria o estado futuro? Como ele funcionaria diferente do que acontece hoje em dia?
3. Aja com base nesse trabalho, reflita sobre o que funcionou e o porquê e considere onde ainda há desafios, tanto em termos de lacunas organizacionais quanto no progresso enquanto equipe de alto desempenho.

5

Liderar o desenvolvimento

Não existem más equipes, só maus líderes.
— Jocko Willink e Leif Babin,
Oficiais dos SEALs da Marinha dos EUA na Força-Tarefa Bruiser

Por que a liderança importa no desenvolvimento?

A boa liderança é um ingrediente indispensável das equipes bem-sucedidas em todas as situações. Equipes de alto desempenho (Capítulo 4) não surgem por acaso. Elas são desenvolvidas e cultivadas continuamente por líderes excelentes. Isso com certeza vale para o desenvolvimento de produtos e processos, em que os problemas são uma realidade cotidiana, os líderes enfrentam centenas de decisões urgentes, e os esforços de pessoas talentosas com históricos diversos precisam ser integrados para fazer a equipe avançar em direção à criação de algo novo para o mundo.

Os líderes eficazes montam todas as peças do quebra-cabeças do LPPD e criam um todo maior do que a soma das suas partes. Todos os princípios e práticas deste livro não passam de um bom tema para conversas e visualizações até os líderes transformá-los em realidade por meio do trabalho de pessoas inteligentes, motivadas e capacitadas. Como veremos neste capítulo, os líderes são necessários em todos os níveis organizacionais e têm diversas funções no desenvolvimento, mas a sua tarefa unificadora é focalizar os esforços de pessoas altamente habilidosas de toda a empresa na criação de novo valor excepcional para o cliente e um futuro melhor para todas as partes interessadas. O que transforma os conceitos e princípios do LPPD em comportamento real é a liderança excepcional.

Escrever um livro que distribui conselhos é uma grande forma de desenvolver a sua humildade; dizer às pessoas como devem liderar seria presunçoso e não é a nossa intenção. Nossa meta é compartilhar nossas experiências sobre as características que definem os grandes líderes que conhecemos e enfatizar que líderes desse tipo podem e devem ser desenvolvidos. Como todos os nossos leitores, encontramos líderes medíocres em nossas carreiras, mas também tivemos experiências maravilhosas com grandes líderes.

A diferença entre a liderança eficaz e a ineficaz ficou evidente durante a reviravolta da Ford. A diferença de liderança entre quem criou a crise e seus sucessores, o CEO Alan Mulally e sua equipe, foi como da noite para o dia. Os grandes líderes ajudam a transformar grupos de pessoas comuns em equipes de alto desempenho, mas os maus líderes destroem esse potencial.

A grande liderança começa com a humildade

Habilidades de liderança podem ser aprendidas. Não, não é bem isso. Habilidades de liderança *devem* ser aprendidas. Algumas pessoas parecem ter dons inatos de liderança, nada substitui a aprendizagem obtida com os desafios reais de liderar equipes sob os olhos vigilantes de um mentor: experimentando, fracassando, recebendo *feedback*, ajustando, tentando de novo. Não temos dúvida alguma que existe um ciclo PDCA da liderança.

Jim atuara em funções de liderança por mais de uma década antes de ir trabalhar na Ford, mas as lições mais valiosas que recebeu ocorreram durante a reviravolta tumultuosa da empresa. Ele teve a sorte de ter mentores extraordinários que lideravam por exemplo e não hesitavam em oferecer *feedback* útil e direto. Essas lições valiosas começaram com um bilhete simples, escrito à mão, que recebeu em uma tarde pelo correio interno da empresa. Mulally acabara de sair da Boeing para se tornar presidente e CEO da Ford durante um momento difícil e crucial na história da empresa. O bilhete modesto de Mulally, sugerindo que os dois se reunissem, foi o início de um relacionamento de sete anos no qual Jim aprendeu muitas coisas, como a importância de dar um contexto às pessoas, o valor de sempre trabalhar em *um plano melhor* e a magia de trabalhar em equipe de verdade. Mas nenhuma dessas lições foi mais importante do que ver em primeira mão como Mulally executava a sua função de liderança na empresa todos os dias. Ele possuía uma humildade autêntica e um profundo respeito e carinho pelas pessoas. Ele nunca era o importante, sempre era a Ford. Isso nunca mudou, mesmo nos momentos mais tenebrosos da crise corporativa da Ford ou quando o sucesso não parava de crescer e Mulally se transformou em um astro entre os CEOs. Sua abordagem, colocando as pessoas em primeiro lugar, permitiu que Mulally estabelecesse uma ligação poderosa com as pessoas e liderasse a Ford em uma das reviravoltas mais dramáticas da história empresarial.

Após trabalhar com Mulally por algum tempo, Jim percebeu que já havia visto aquela abordagem antes. Muitos anos atrás, quando começou o seu treinamento, entrou no *dojo* East West Brazilian Jiu-Jitsu (BJJ) e viu os dizeres "Deixe o Seu Ego no Outro Lado da Porta" sobre a área de treinamento. Assim como Mulally, Jim descobriu que os melhores lutadores de Jiu-Jitsu brasileiro quase sempre eram os mais humildes.

Sam Sheridan, autor de um livro bastante perspicaz chamado *A Fighter's Heart: One Man's Journey Through the World of Fighting* (O Coração de um Lutador: A Jornada de um Homem pelo Mundo da Luta), parece ter captado a mesma mensagem quando entrevistou alguns dos melhores lutadores do mundo, pois o mesmo refrão se repetia durante as entrevistas: "a humildade é o atributo mais importante dos grandes lutadores".[1] Em certa medida, é a natureza do BJJ que preserva a humildade do lutador. Assim como qualquer outra habilidade, certas rotinas básicas precisam ser aprendidas para servirem de alicerce. Mas ao contrário de muitas artes marciais praticadas em ginásios e em competições simuladas, o BJJ se baseia na briga real com adversários. Ele não tem ambiguidades ou racionalizações: "Você perdeu, aprenda a lidar". Isso esmaga as ilusões e nos força a uma autoanálise crítica, necessária para a melhoria. Mas o motivo mais importante para os grandes lutadores saberem deixar seu ego de lado é que este impede o progresso. Ninguém se esforça mais do que eles, sempre em busca de lacunas nas suas habilidades, constantemente tentando expandir seus limites. Um ego forte cria o medo de transcender limites, de experimentar coisas novas, de se abrir, de crescer. O ego nos deixa gordos e acomodados e faz você ter medo de correr riscos. Você fica preso onde está.

Contudo, nunca cometa o erro de confundir humildade com fraqueza. Os melhores lutadores escondem ferocidade e foco por trás de um semblante calmo e possuem uma motivação implacável para fazer tudo o que for preciso. Da mesma forma, quando vê o sorriso fácil e a atitude sincera de "fico honrado em servir" de Mulally, um observador casual poderia facilmente não enxergar o seu estoicismo resoluto, a ética de trabalho incrível e a motivação ultrafocada que tornaram Mulally um dos líderes mais bem-sucedidos da história empresarial americana.

Muitos anos de experiência nos ensinaram que a liderança, assim como o BJJ, pode ser aprendida, e que as capacidades podem ser melhoradas constantemente. Mas como acontece com quase todas as habilidades tácitas e difíceis, só é possível aprender a liderança na prática, e a aprendizagem constante se baseia na experiência. Seus esforços avançarão significativamente mais se trabalhar com mentores de altíssimo nível, capazes de guiá-los na sua jornada, pessoas que trilharam o mesmo caminho no passado.

Características de liderança

Nosso objetivo não era desenvolver o próximo grande modelo de liderança. O mundo não precisa de mais um. E o que apresentaremos a seguir não é para ser uma lista definitiva de princípios de liderança. São apenas algumas observações nascidas de muitos anos de trabalho e estudo sobre pessoas altamente bem-sucedidas na missão de liderar outras pessoas. Na nossa experiência, essas características de liderança são comuns a quem lidera uma equipe que precisa superar um desafio, que talvez precise fazer algo que nunca foi tentado.

A equipe é tudo

Em 1983, Bo Schembechler, o lendário técnico dos Wolverines, o time de futebol americano da University of Michigan, afirmou em um discurso emocionado: "Ninguém é mais importante do que o time, nenhum técnico é mais importante do que o time. O time, o time, o time!" Quase nada do trabalho de desenvolvimento acontece no campo de futebol americano, mas a mensagem não é menos importante fora dele. A essência da liderança é ampliar a capacidade e o desempenho da sua equipe. A equipe vem em primeiro lugar. Se esquecer isso, ou se os líderes ou membros de equipe se colocarem acima da equipe, você estará em sérios apuros.

No desenvolvimento de produtos e processos, você está tentando reunir pessoas com históricos e conjuntos de habilidades diversos para atingir uma meta em comum, geralmente bastante difícil. A função do líder é criar uma visão instigante e inclusiva do que é possível com a contribuição de todos e formar uma equipe cujos membros deixam seus egos do lado de fora.

Construir uma única equipe alinhada e focada

Muitas empresas colocam a palavra "uma" antes do seu nome para sugerir que querem algumas coisas em comum em toda a organização e que todos devem compartilhar da mesma visão: um conjunto central de valores, um conjunto central de crenças e uma direção em comum. Contudo, poucas empresas parecem realmente capazes disso.

A Toyota pode ser estranha em ter uma cultura mais ou menos comum desde a sua fundação. O Modelo Toyota não foi documentado até 2001, mas ele remonta a quase um século, quando a organização era uma fabricante de teares. Os dois pilares do Modelo Toyota são respeito por pessoas e melhoria contínua, e a expectativa é que os membros tenham todos os objetivos comuns da empresa ligados ao seu plano de negócios anual, ou *hoshin*. O respeito por pessoas, clientes, membros de equipe e comunidades é fundamental para a liderança *lean*, e se importar com as pessoas é essencial para a criação de equipes de alto desempenho sustentáveis. Em nossas pesquisas para este livro, descobrimos que os líderes incrivelmente bem-sucedidos são aqueles que representam essa filosofia.

O que ajudou a preservar a cultura da Toyota é a liderança consistente nos níveis mais altos da empresa, principalmente entre os membros da família Toyoda. Poucas empresas têm esse luxo familiar, então os líderes muitas vezes acabam presos em situações nas quais precisam costurar uma empresa dividida para unificar a sua direção. Na nossa experiência, Mulally é um dos melhores nesse sentido.

Antes de se tornar presidente e CEO da Ford e liderar a reviravolta orientada por produtos, Mulally teve uma longa história de liderança de equipes diversas, altamente habilidosas, focadas em produtos e bem-sucedidas sob condições extremamente adversas. Ele liderou o desenvolvimento altamente técnico dos sistemas de gerenciamento de voo dos Boeing 757 e 767, orientou milhares de pessoas em todo o mundo no desenvolvimento completo do 777 e atuou como CEO da Boeing Commercial Airplanes, integrando a aquisição dos ativos de defesa, espaciais e informacionais da McDonnell Douglas e da Rockwell pela empresa para formar a maior empresa aeroespacial do mundo. Em nossas entrevistas com ele para este livro, Mulally afirmou que, durante toda a sua carreira, "[usou] os mesmos princípios e práticas de trabalho em conjunto".

Historicamente, tanto na Boeing quanto na Ford, esses princípios centrados na equipe eram fracos ou estavam ausentes. Mulally deu vida a eles, esforçando-se para atingir o objetivo de criar "uma empresa emocionante, viável e de crescimento lucrativo para o benefício de todas as partes interessadas: os clientes, funcionários, fornecedores, investidores, sindicatos e comunidades nas quais operamos em todo o mundo. O crescimento lucrativo para todos é igual à receita multiplicada pela margem. E o único jeito de crescer lucrativa e sustentavelmente é trabalhando como uma equipe focada em criar produtos e serviços que as pessoas querem e que valorizam".

Para Mulally, liderança eficaz significa colocar as pessoas em primeiro lugar e ser responsável pela criação de um ambiente no qual todos podem prosperar e trabalhar como uma única equipe alinhada. Esses valores transparecem claramente em nossa entrevista com ele, e acreditamos que a melhor maneira de representar essa visão de mundo é com as suas próprias palavras:

> Pessoas em primeiro lugar. É código para "Eu te amo enquanto ser humano". Esse é o propósito da vida, amar e ser amado, incluindo todos. Sempre respeitei as pessoas. Queria ajudá-las a encontrar sentido no que faziam. Quero escutar o que tinham a dizer. Quero valorizar o seu trabalho. Quero reconhecer o seu trabalho. Quero incluí-las. O que você vê é eu mesmo, é disso que tratam os princípios e as práticas do trabalho em conjunto, tanto os processos quanto os comportamentos de liderança esperados.
>
> Eu te amo. Eu amo as pessoas, de verdade. O jeito que eu cresci... Não tínhamos muita coisa. Mas tínhamos o amor da nossa família. Minha mãe dizia todos os dias: "Lembre-se qual é o seu propósito na vida: amar e ser amado, nessa ordem. E também servir é viver, e é bom ser importante, mas é muito mais importante ser bom". Esse é o meu alicerce.
>
> Algumas pessoas me dizem: "Alan, olha... vejo esses princípios e práticas de trabalho em conjunto e seu sistema de gestão de trabalho em conjunto e parece que você quer remover o medo e a intimidação das nossas ferramentas de gestão. É isso?" E minha resposta é sempre "sim". Depois conversamos sobre o porquê. O mundo é muito competitivo e todos têm acesso a pessoas talentosas. O fundamental é ter pessoas habilidosas e motivadas que trabalham juntas para criar uma organização emocionante, viável, sustentável e crescente, com ou sem fins lucrativos.
>
> Para criar ambientes nos quais pessoas habilidosas e motivadas podem aplicar suas capacidades e trabalhar juntas em um local seguro e inteligente de modo a produzir os melhores produtos e serviços do mundo, tornando-se mais eficiente em cada ano que passa, precisamos conquistar seus cérebros e seus corações.
>
> Todos já lemos pesquisas com funcionários em que menos da metade dos membros da organização se sentem bem por trabalharem na empresa. Isso significa que a maioria dos funcionários vai trabalhar todos os dias só pelo salário, não para construir uma catedral. Quando analiso esses dados, sei que a vantagem competitiva de fazer bons produtos para tantas pessoas quanto possível ao redor do mundo se baseará nos princípios e práticas do trabalho em conjunto.

> Sabemos que esses princípios e práticas funcionam há muitos e muitos anos. Sabemos que funcionaram por muitos anos para reunir pessoas e ajudá-las a fazer coisas importantes. Sei que estou honrado em ter a oportunidade de nos responsabilizar por trabalharmos dessa maneira.
>
> Sei que as pessoas sairão das trevas, a mãe de Grendel e os pântanos, o resto da família de Grendel,[2] para a luz. Depois que chega à luz, você sente o calor e percebe como é eficaz, você vê as pessoas trabalhando juntas e nunca mais quer voltar.
>
> Pessoas em primeiro lugar, com todos inclusos, visão instigante, estratégia abrangente, plano de implementação implacável, metas de desempenho claras, um só plano.

Tivemos uma resposta incrivelmente parecida em nossas conversas com Tyler Schilling, fundador e CEO da Schilling Robotics. Além de ser comercialmente bem-sucedida, a Schilling Robotics é um lugar absolutamente incrível para se trabalhar. Ouvimos isso de todos os funcionários com os quais conversamos e sentimos em todas as nossas interações com eles. Schilling dividiu conosco suas ideias sobre liderança e pessoas:

> Nossa história é que fundei a empresa em 1985 e então a vendi para uma multinacional chamada GEC Alsthom em 1992. Após 11 anos, decidi que deveríamos retomar o controle da empresa e tentar de novo, e que desta vez não deveríamos tratar tudo como um exercício de treinamento no trabalho. Queria contratar pessoas com experiência em organizações mais maduras e desenvolvidas, então recrutamos algumas pessoas muito competentes.
>
> É interessante, pois tinham muitas experiências importantes, mas várias delas também trouxeram consigo algo que eu não queria, uma atitude um pouco impiedosa com as pessoas.
>
> Na verdade, o pior erro que eu costumava cometer no processo de contratação é quando via um currículo em que a experiência parecia perfeita e a carreira do indivíduo correspondia exatamente ao que queríamos, pois sempre provocava uma espécie de cegueira para as habilidades interpessoais. Quando trazíamos essas pessoas para dentro da organização, elas eram tóxicas em termos do que buscamos em um líder.
>
> Gostaria de adicionar mais uma *nuance* sobre o líder ser obcecado por chegar ao destino. Você está tentando encontrar um ponto de equilíbrio. Não é uma questão de sucesso a qualquer custo, especialmente quando se trata de arruinar vidas pelo caminho. Não é uma circunstância

duradoura. Comportar-se mal com respeito às pessoas provavelmente é a pior coisa que um líder poderia fazer, pois basta fazer isso com uma pessoa para que praticamente toda a organização descubra quem você é. Chegar ao destino e deixar vítimas pelo caminho não é sucesso, na minha opinião.

Tenho um segredo nesse espaço, na verdade. Quero patentear isso, está na minha lista de tarefas. Funciona em todas as situações quando se trata do modo como as pessoas o veem. É assim: Qual é o melhor jeito de fazer uma pessoa achar que você se importa com ela? É se importar de verdade.

Funciona em todos os aspectos, pois você está interessado no que o outro pensa. A outra dimensão que considero determinante é ser respeitoso. Einstein supostamente disse que tratava o zelador do mesmo jeito que tratava o reitor da universidade.

Acho que a moeda de troca mais clara para demonstrar respeito pelas pessoas é ser generoso com o seu tempo. (...) Quando me perguntam, "Tyler, tem um minuto?", a resposta tem que ser "sim", a menos que esteja em cima de uma maca, sendo levado para a sala de cirurgia.

Responsabilize-se

Um dos livros favoritos de Jim sobre liderança é *Extreme Ownership (Responsabilização Total: Como os U. S. Navy Seals lideram e vencem)*,[3] de Jocko Willink e Leif Babin, dois ex-oficiais dos SEALs da Marinha dos EUA. Não apenas porque as lições sobre liderança emergiram de alguns dos ambientes mais difíceis e desafiadores imagináveis, mas por reforçar uma verdade básica da liderança: se você é o líder, é sempre sua culpa. Essa revelação deve deixá-lo emocionado, não deprimido. Ela significa que a liderança importa e que você pode fazer a diferença. E que a capacidade de fazer a diferença está totalmente sob o seu controle. Não é culpa do seu chefe, não é culpa da sua empresa e definitivamente não é culpa do time C com o qual é forçado a trabalhar.

Extreme Ownership - Responsabilização Total tem muitas histórias excelentes, mas uma que se destaca vem do treinamento de oficiais subalternos dos SEALs no programa Demolição Subaquática Básica/Treinamento SEAL (BUD/S, Basic Underwater Demolition and SEAL Training). Provavelmente é o treinamento militar mais difícil do planeta, sendo especialmente difícil para quem pretende liderar os guerreiros de elite dessa divisão. De acordo com Willink e Babin, os oficiais subalternos atuam como líderes de tripulações de sete marinheiros que, entre outras tarefas, são desafiados a remar grandes barcos de borracha no Oceano Pacífico e bater corrida à margem de Coronado, na Califórnia.

Durante a "semana do inferno", as equipes trabalham sem descansar nem dormir, atormentadas constantemente pelos instrutores dos SEALs, enquanto seus barcos enormes e desajeitados não param de virar nas águas agitadas do oceano, forçando as equipes a saltarem de volta para continuar a corrida. Durante uma determinada evolução de treinamento, a equipe do barco II ganhou quase todas as corridas. Ela se esforçou bastante, trabalhou em uníssono e executou tudo em equipe. Um outro barco também se destacou, mas por motivos muito diferentes. O barco IV estava sempre na lanterna. Em vez de trabalhar em conjunto, a equipe vivia "batendo boca" e culpando uns aos outros. Eles foram ficando para trás. O jovem líder da equipe de baixo desempenho recebeu muita atenção indesejada dos instrutores. "Mas ele parecia indiferente, como se tivesse comprado as cartas erradas do baralho: uma equipe de incompetentes que, por mais que ele se esforçasse, jamais conseguiriam fazer o trabalho". Os instrutores decidiram trocar os líderes entre o II e o IV. A tripulação do barco IV, com o seu novo líder, venceu a próxima corrida, superando por pouco o barco II. Depois disso, o barco IV ganhou quase todas as corridas daquela evolução. Trocar os líderes mudou tudo para o barco IV: sumiram os dedos apontados, as brigas, as derrotas. O que Willink e Babin têm a dizer sobre essa reviravolta miraculosa? "Foi um exemplo gritante e inegável de uma das verdades mais importantes e fundamentais de *Extreme Ownership - Responsabilização Total*: Não existem más equipes, só maus líderes."

Tome uma decisão, dê um jeito

O filme *Mestre dos Mares - O Lado Mais Distante do Mundo* tem uma cena incrivelmente tensa, na qual a tripulação veterana de um navio de guerra britânico de 1805 encara um jovem oficial hesitante, esperando suas ordens. Os segundos se arrastam e a tripulação começa a resmungar, até que um colega do jovem oficial por fim sussurra enfaticamente: "Pelo amor de Deus, tome uma decisão!" A história do oficial indeciso não termina bem no filme.[4] O exemplo pode ser extremo, mas ilustra bem duas ideias críticas:

- Ser líder não é fácil.
- Às vezes, o líder precisa tomar uma decisão difícil.

Você não precisa ser perfeito, não precisa ter todas as respostas. Às vezes, vai estar errado. Todos erramos de vez em quando. Mas isso não o absolve da responsabilidade por encontrar o caminho certo para a equipe. É o que os líderes fazem. Envolva-se totalmente com a sua equipe, busque a opinião dos outros, faça o dever de casa, forme um consenso se puder, mas tome a decisão. Se não tomar, as pessoas logo vão procurar liderança em outros lugares. Na próxima seção, compartilhamos a história de um EC que demonstrou a coragem das suas convicções conscientes e tomou a decisão certa para o seu programa.

Liderando o 747 Joe Sutter afirma humildemente que foi convidado para liderar o desenvolvimento do Boeing 747 e mudar o mundo da aviação comercial "porque estava no lugar certo, na hora certa".[5] Sutter tinha inúmeros problemas para resolver e decisões incrivelmente difíceis para tomar na criação de algo que muitos consideravam um produto impossível.

Um dos primeiros desafios que Sutter enfrentou envolvia a arquitetura da fuselagem desse avião gigantesco. O pressuposto original é que seria um avião estreito, de dois andares. Mas com bilhões de dólares em jogo e centenas de engenheiros loucos para começar o trabalho, Sutter continuou a estudar o problema. Quanto mais analisava a questão, mais fazia sentido criar uma aeronave de fuselagem larga. Quando levou essa ideia à liderança sênior da Boeing, foi informado que Juan Trippe, o líder autocrático da Pan Am, de longe a maior cliente da Boeing, estava decidido que queria um produto estreito de dois andares e não aceitaria nada de diferente. As experiências anteriores haviam ensinado a Boeing que contrariar Trippe seria uma péssima ideia, mas Sutter não desistiu. Ele foi até a sede da Pan Am para se reunir com Trippe e sua equipe de engenharia. Após uma reunião dificílima, Sutter recebeu permissão para criar um modelo em escala da versão com fuselagem larga. Após analisar o modelo, Trippe e os engenheiros da Pan Am concordaram que seria a opção certa. Daquele momento em diante, Sutter assumiu o comando real do programa. Por ter estudado a situação, tomado a decisão e encontrado um jeito de avançar, todos passaram a reconhecê-lo como o verdadeiro líder do programa.

Mas ser reconhecido como líder não bastaria para Sutter não precisar enfrentar mais nenhum desafio pelo resto do programa. Outro desafio, grande e importante, veio de dentro da empresa.

A Boeing passava por um momento difícil financeiramente e Sutter recebeu a ordem de cortar 1.000 engenheiros do programa. "Quantas semanas posso adicionar ao cronograma?", Sutter perguntou. "Nenhuma", veio a resposta. Naquele momento, Sutter tinha cerca de 4.500 pessoas trabalhando no programa, das quais 2.700 eram engenheiros. Ele voltou à sua equipe e pediu ao chefe de cada área que analisasse possíveis reduções de pessoal. Como esperado, todos voltaram com a mesma resposta: zero.

Sutter se reuniu diversas vezes com o seu chefe para explicar que não poderia implementar os cortes e ainda executar o programa, mas foi ignorado. Sutter foi convidado para uma reunião com o presidente da empresa e pensou: "Bem, acho que hoje é um bom dia para ser demitido". O presidente entrou na sala às pressas, anunciando que já estava atrasado para o seu voo. Sutter começou a sua apresentação, mas em vez de mostrar como cortaria mil engenheiros do programa, demonstrou que na verdade precisaria de mais 800 para cumprir os prazos. "Você não vai levar mais engenheiros!", seu chefe exclamou. "Eu sei, mas queria que você soubesse por que estamos fazendo tantas horas-extras", ele respondeu. A sala ficou em silêncio. De repente, o presidente se levantou e saiu da sala. Um por um, os outros executivos foram saindo. Sutter imaginou que estava tudo terminado. Após duas semanas sem nada acontecer, Sutter decidiu que "notícia nenhuma é uma boa notícia" e continuou a liderar um programa de sucesso. Ele nunca foi demitido.

Resiliência emocional

Não fique chocado, mas: alguma coisa vai dar errado. Você vai pisar na bola. Sua equipe, também. Coisas ruins vão acontecer, coisas que estão além do seu controle, incluindo decisões questionáveis da alta gerência. Garanto que vão. A única questão é como você vai lidar com isso.

Tempos difíceis não são novidade para líderes tentando cumprir um grande objetivo sob alta pressão. Mais de dois mil anos atrás, o filósofo estoico grego Epiteto afirmou que "não é o que acontece com você que importa, é como você reage". Adoramos o termo *resiliência* para descrever essa característica pessoal. A resiliência é a capacidade de persistir quando enfrentamos obstáculos difíceis (internos e externos) e esforçar-se para atingir a sua meta. É uma abordagem que não aceita desculpas quando tentamos cumprir um objetivo e pode ser mais importante para o sucesso do que ter talento.

Muitas vezes, é uma questão de perspectiva. O modo como você caracteriza uma situação difícil pode ter um impacto enorme na sua reação: será uma oportunidade de aprender e crescer? Ou será o fim do mundo? É com você. Mas quando está em uma posição de liderança, o modo como reage e a decisão que toma impactam toda a equipe. As pessoas seguem o exemplo do líder. Confiança e resiliência são contagiosas, e o mesmo vale quando estão em falta.

Durante o período mais difícil da história da indústria automobilística americana, Mulally manteve a sua compostura e concentrou a empresa em executar o plano: ter os carros mais eletrizantes do mercado. A engenharia desses produtos não estava sob o seu controle direto, mas o compromisso era seu. Ele estava investindo no futuro, não batendo em retirada, encolhendo a organização ou exigindo reduções de custos gerais. A imprensa estava dando os toques finais no obituário da Ford, mas ele se manteve calmo, confiante e disponível. Ele nunca dourou a pílula, mas também nunca exagerou na sua reação. Mulally acreditava na sua visão. Era contagioso.

No final de janeiro de 2009, logo após Mulally famosamente recusar o pacote de ajuda do governo, a Ford divulgou um prejuízo de 14,8 bilhões de dólares. Para piorar ainda mais a situação, a falência da Lehman Brothers desintegrara 900 milhões de dólares da liquidez da Ford; diversos outros bancos importantes para a Ford estavam por um fio. Isso forçou a Ford a recorrer à sua linha de crédito rotativo enquanto ainda existia para poder continuar as suas operações. Todos sabiam que era a última carta financeira no baralho.

Mulally e sua equipe respiraram fundo coletivamente e analisaram os dados. Havia algumas boas notícias escondidas nele: a participação de mercado da Ford crescera, o que apoiava o foco em produtos, e a taxa de uso de caixa estava diminuindo continuamente devido às iniciativas rigorosas de melhoria do desenvolvimento de produtos. A conclusão é que eles deveriam se ater ao plano. Na verdade, deviam acelerá-lo.

Por consequência, em uma audioconferência com analistas e repórteres para anunciar o prejuízo enorme de 2008, Mulally afirmou que "a Ford tem liquidez suficiente para atravessar essa recessão global e manter nossos planos de produto atuais sem recorrer aos empréstimos-ponte do governo".[6]

Em uma das reuniões gerais de Jim na Ford, Mulally recontou uma história desse período tenso. Um membro da sua equipe entrou no seu escritório no início da manhã e o encontrou apertando uma bolinha de espuma. "Ah, não", ela exclamou. "Se você está nervoso desse jeito, a situação deve ser preocupante de verdade". Mulally só riu. "Não é isso, eu só torci o pulso jogando tênis ontem à noite."

Tanto dentro quanto fora da organização, as pessoas seguem o exemplo do líder. A resiliência do líder dá estabilidade à equipe; as pessoas dependem dela, especialmente durante os momentos difíceis.

Autenticidade

Todos podemos crescer, evoluir e melhorar, e devemos. Mas você vai desperdiçar muita energia se tentar ser alguém que não é. A farsa quase nunca se sustenta e todo mundo acaba descobrindo a verdade mais cedo ou mais tarde.

Quando isso acontece, a confiança mútua que é fundamental para o relacionamento se torna ainda mais difícil. Acreditamos que os líderes devem manter uma relação honesta e aberta com as suas equipes. Cumpra sua palavra, admita seus erros e lidere da melhor maneira que puder imaginar. Outra lição extraída da época de Mulally na Ford pode ser útil.

Em uma indústria na qual muitos executivos seniores se orgulham dos seus ternos de alfaiates caros e usam relógios ou bolsas exclusivas, imagine a reação quando Mulally apareceu vestindo um blazer azul e uma calça cinza. Seu vocabulário recheado de palavras como *legal* e *bacana* provavelmente não ajudou a melhorar a primeira impressão entre os colegas.[7] Inicialmente, seu hábito de abraçar, desenhar aviões sorridentes ou desenhar corações ao redor do seu nome foi desconcertante, não vamos negar. Era um pouco difícil saber se aquilo era tudo de verdade. Com o tempo, a sua abordagem à liderança provou sua autenticidade; mais do que isso, ela se tornou absolutamente contagiante. O comportamento de Mulally demonstrava a mesma transparência e o mesmo amor pelas pessoas que esperava de todos os membros da sua equipe de liderança. E muitos daqueles líderes cresceram com a experiência.

Mas os Jumbos sorridentes resumem quem Mulally era? É claro que não. Ele também possuía um nível impressionante de determinação e força de vontade, que se manifestava de muitas maneiras. Ele pedia aos líderes um plano melhor ou sugeria que alguém poderia "desabrochar em outro lugar". Seus momentos de rigidez eram extremamente intensos. Contudo, na nossa opinião, a sua abordagem era uma expressão honesta da sua energia, entusiasmo e prioridade. Era quem ele era, e funcionara por muitos anos, então ele não ia mudar sua personalidade só para os executivos das montadoras. E a sua equipe o amava por isso.

Quando recruta novos líderes, Schilling concorda com essa atitude: "Eles transmitem autenticidade. É uma qualidade muito importante. O lado técnico pode ser ensinado, mas os aspectos de coisas que as pessoas precisam aprender na infância... muitas vezes, só dá para ensinar uma parte".

Gestão da saúde pessoal

Este provavelmente é um aspecto subestimado da liderança. Ele pode até não ocorrer a quem não passou por uma transformação difícil, mas liderar uma equipe durante um programa difícil ou uma transformação organizacional exige bastante energia pessoal. Parte do processo de gerenciar a sua energia é cuidar da sua saúde. Durma o suficiente, seja qual for o fuso horário. Coma bem. E ache tempo para se exercitar. São elementos fundamentais para você conseguir dar o melhor de si enquanto líder.

Viver uma vida integrada, na qual pode expressar seus valores pessoais por meio do trabalho e ter algum equilíbrio na sua vida pessoal, é saudável para você e para as pessoas ao seu redor. Parar para refletir sobre como está gastando seu tempo e sua energia representa quem você é e aonde quer ir. Por fim, envolver-se com um trabalho pelo qual tem paixão, um trabalho que importa, vai turbinar a sua energia, não sugá-la. Também é por isso que é tão importante que o indivíduo e a organização formem um bom par.

Funções de liderança no desenvolvimento de produtos

O trabalho dos líderes de todos os níveis tem semelhanças, mas suas contribuições específicas dependem das suas funções na organização. Nesta seção, vamos focar em como os líderes seniores criam um ambiente que aumenta a probabilidade de sucesso das suas equipes; a eficácia dos centros de excelência funcional em produzir vantagens competitivas; e o papel diferenciado do EC.

Liderança sênior

Os líderes seniores, especialmente os CEOs, têm uma ampla gama de responsabilidade, de modo que uma análise completa da sua função iria muito além do escopo deste livro. Contudo, acreditamos que o desenvolvimento de novos produtos deve ser uma das maiores prioridades de qualquer CEO. Como disse Mulally, "o trabalho do CEO é se responsabilizar e responsabilizar a equipe por um plano viável para expandir a organização de forma lucrativa com base em produtos e serviços que as pessoas querem, valorizam e pelos quais pagariam, bem como por melhorar a qualidade e a eficiência todos os anos, para sempre".

Criar um contexto para o sucesso Em qualquer organização de médio ou grande porte, os líderes seniores normalmente não agregam valor diretamente ao desenvolvimento de produtos. Eles não projetam produtos. Contudo, a liderança sênior tem uma influência enorme no contexto organizacional. Nossa ideia é que os líderes seniores contribuam para a criação de grandes produtos em três aspectos fundamentais:

- Criar uma cultura para o sucesso
- Desenvolver e implementar uma estratégia organizacional

- Estabelecer um sistema operacional para fazer a organização avançar em direção às suas metas

Criar a cultura A liderança sênior tem um impacto enorme na cultura organizacional, afetando-a diretamente por meio do seu comportamento e dos comportamentos que tolera, bem como por meio das pessoas que escolhe como líderes. Todos os olhos estão voltados para ela, de forma que acaba por influenciar e definir o tom da organização, esteja ou não consciente desse processo.

O anúncio de Akio Toyoda de que a organização da Toyota deveria criar carros cada vez melhores estabelece o desenvolvimento de produtos como prioridade nº 1 para a organização. Ele reúne toda a organização em torno da produção de cada vez mais valor para os clientes por meio dos produtos que a Toyota cria, e também estabelece claramente a prioridade que orientará a empresa.

Toyoda lidera por exemplo. Ele participa de corridas de automóvel. Aparece em concessionárias e ajuda a consertar carros. E quando há um ponto fraco na empresa, ele assume a liderança direta; por exemplo, quando liderou uma nova unidade de negócios do Lexus e quando liderou uma nova divisão de veículos elétricos, após a Toyota perceber tardiamente a rapidez do crescimento desse mercado. O modo como modela a cultura desejada unificou a Toyota, uma organização altamente dispersa, de uma forma poderosa. Durante a pesquisa para este livro, em todos os lugares do mundo que visitamos e departamentos que estudamos, vimos as pessoas da Toyota contribuindo para a criação de produtos cada vez melhores. Depois, vimos os resultados se manifestando de forma surpreendente no modo como novos veículos foram lançados usando a plataforma TNGA.

Dar a direção estratégica A liderança sênior cria e comunica a estratégia e os objetivos principais para a organização. O *hoshin kanri* e o processo de revisão do plano de negócios de Mulally são ambos métodos comprovados para implementar e executar a estratégia de uma empresa. O produto deve ser um componente fundamental dessa estratégia. Ele orienta ou estabelece o portfólio de produtos, plano de ciclos e estratégia de execução de produtos da organização. A liderança sênior está na linha de frente da batalha contra a estagnação e precisa manter toda a organização focada em avançar.

Para tanto, a liderança sênior precisa ser capaz de reunir as peças e ajudar todos os membros da organização a enxergar a situação como um todo e os modos como poderia contribuir. A Schilling está sempre monitorando o ambiente na Schilling Robotics, pensando sobre as consequências de longo prazo do que está vendo e em como impactam as decisões sobre produtos:

> Me esforço muito para ligar os pontinhos, para esquematizar o "se isso acontecer, então um ou dois resultados são prováveis, isso poderia acontecer e depois aquilo". Isso significa refletir em profundidade sobre as consequências. Tive experiências na minha carreira em que algo inócuo aconteceu três meses antes, evoluiu e criou um conjunto de circunstâncias quase fatais. Algumas pessoas descrevem o sucesso como pensar em tantas jogadas no futuro quanto possível.
>
> É o que mais gostei da abordagem de projeto baseado em alternativas. Muitas vezes na minha carreira, vi pessoas se apaixonarem por um conceito logo no início e passarem o resto do desenvolvimento com o conceito na UTI, tentando salvar uma má ideia.

Schilling também acredita que a comunicação instantânea e o nível de acesso a informações da atualidade criam um ambiente inundado por ruídos, quase ensurdecedor, o que pode impedir os executivos de identificarem resultados possivelmente fatais que estão longe, mas que se aproximam rapidamente. Quando finalmente superam o ruído e escutam o que está acontecendo, é tarde demais. Um CEO com a agenda lotada contribui ainda mais para esse ruído. "Isso me deixa apavorado", ele completa.

Estabelecer um sistema operacional eficaz A liderança sênior não pode elevar o nível continuamente. Ela também precisa estabelecer e melhorar constantemente o sistema operacional que permite que as suas organizações tenham sucesso. Esse é o sistema no qual a organização deve trabalhar (falaremos mais especificamente sobre o papel do sistema operacional em uma seção posterior deste capítulo). É o conjunto integrado de padrões de trabalho e gestão que guia a organização em direção aos seus objetivos para realizar a sua missão. É um sistema de execução que transforma a estratégia em realidade.

Um sistema operacional cria uma cadência de atividades de gestão que ocorrem regularmente, não intervenções de gestão episódicas. Um bom sistema operacional capacita os líderes com a criação de uma infraestrutura e uma rotina de engajamento, entendimento e execução. "Ajudar a empresa a encontrar uma direção é uma parte importante", Schilling explica. "Mas ainda mais importante é alimentar a força de vontade para chegar a esse destino. Na minha opinião, você precisa mesmo é colocar toda a sua energia e toda a sua obsessão em chegar ao destino. (...) Na verdade, chegar lá é o que separa os vencedores dos perdedores, não a ideia de que eles magicamente escolheram 'o destino certo'". É responsabilidade da liderança sênior criar um sistema operacional que ajude a organização a chegar ao seu destino e maximizar o seu sucesso.

Centros de excelência funcional

Scott Tobin, nosso amigo e diretor de desenvolvimento de produtos da linha Lincoln na Ford, costumava dizer que "os diretores de engenharia funcional trabalhavam debaixo do convés, na sala de máquinas". Eles podem não receber o mesmo nível de reconhecimento público que um CEO ou EC, mas realizam a parte principal do trabalho de valor agregado. Estejam eles liderando a engenharia de *software*, engenharia elétrica, engenharia de fabricação ou alguma outra disciplina, esses líderes são responsáveis por criar centros de excelência (CEs) que se tornam uma fonte de vantagem competitiva na criação de grandes produtos para a empresa.

Se o EC é responsável por determinar "o que" o produto precisa ser, são os líderes funcionais que determinam "como" alcançar esse objetivo dentro da sua área de especialização. Eles fornecem orientações críticas para o EC nas suas áreas e devem ter o direito de dizer não ao EC caso isso sirva os interesses do produto. A maior parte dos textos sobre LPPD se concentra na importância do EC, mas todos os líderes de CEs têm uma função crítica no sucesso dos produtos da empresa. Em uma organização matricial de produtos bem-sucedida, os líderes de CEs funcionais são responsáveis por três coisas:

- **Produzir excelência funcional.** Os líderes de CEs contribuem para a organização ao formarem uma equipe que é absolutamente a melhor no que faz. Para tanto, esses líderes devem ser o melhor exemplo possível de organização de aprendizagem, extraindo, criando e aplicando conhecimentos de todos os programas de produtos. Eles aprendem com os programas de produtos internos e também com o ambiente externo, sendo capazes de transformar essa aprendizagem em uma capacidade comprovada que se manifesta nos produtos. Eles buscam o estado da arte das suas disciplinas, entendem a capacidade da concorrência na sua totalidade e questionam continuamente a arte do possível em nome de criar valor cada vez maior para os seus clientes por meio dos produtos para os quais contribuem.

  Essa responsabilidade abrange todo o seu fluxo de valor e inclui trabalhar com fornecedores dentro das suas disciplinas. Os líderes de CEs são responsáveis por desenvolver, aplicar e melhorar constantemente as normas da sua área, além de desenvolverem a estratégia de longo prazo das suas áreas de responsabilidade para ajudar a garantir que a empresa permanecerá totalmente competitiva em tais capacidades funcionais. Quando os executivos da Ford tomaram a decisão audaciosa de construir uma caminhonete F-Series em 100% alumínio, foram as décadas de aprendizagem funcional no projeto, estampagem e montagem de carrocerias de alumínio que transformou essa ideia em realidade.

- **Desenvolver engenheiros excepcionais.** Os líderes dos CEs são responsáveis por contratar e desenvolver engenheiros e especialistas nas suas respectivas áreas. Seu pessoal é o segredo para a criação de uma vantagem competitiva sustentável, então é aqui que tudo começa. Os líderes dos CEs são responsáveis pelo crescimento e os planos de carreira da maioria das pessoas que executam o trabalho de desenvolvimento prático de novos produtos. Já falamos sobre a importância e também sobre alguns dos métodos do desenvolvimento de pessoas. Nem sempre é uma questão de contratar talentos; às vezes, é preciso contratar pessoas que se ajustam à empresa e cultivar o seu talento. A gestão de talento no nível funcional é uma responsabilidade decisiva e fundamental da equipe de liderança do CE. Como vimos no Capítulo 4, os líderes seniores da Toyota lecionam cursos para engenheiros juniores nas suas áreas de especialização.
- **Garantir o sucesso de programas de produtos.** As duas primeiras áreas de responsabilidade só importam na medida em que tornam os produtos melhores e os programas de produtos mais bem-sucedidos. Os clientes não se importam se você é o melhor em uma determinada disciplina ou se seus engenheiros são ótimos, exceto se isso leva a uma solução melhor para o seu problema. Os líderes do CE trabalham com o EC para desenvolver o "como" do manual de conceito (*concept paper*), alocam os recursos apropriados para apoiar o conteúdo do programa e cumprem os compromissos de qualidade, custo, cronograma e desempenho dos atributos para que o programa seja um sucesso. Quase sempre há uma tensão criativa entre o CE e a liderança do programa, mas é um conflito de ideias, não de pessoas, o foco é melhorar o produto.

O engenheiro-chefe: Liderando a criação de novo valor para os clientes

O EC recebe quase toda a atenção na literatura sobre LPPD, incluindo o nosso último livro,[8] e com razão. Ele ou ela é o responsável final pelo sucesso do produto – de *todos* os aspectos do produto. E com pouquíssimas pessoas diretamente subordinadas ao EC, este é o verdadeiro teste da capacidade de liderança. Hau Tai Tang, ex-colega de Jim na Ford, que era vice-presidente executivo de desenvolvimento de produtos e compras da Ford na época da produção deste livro, chama isso de "o melhor suporte e entrega de um trabalho".

Dependendo da escala do programa, os ECs normalmente lideram um pequeno grupo que inclui um diretor financeiro, um de *marketing* e um para cada um dos principais CEs, além de um gerente de programas responsável pela gestão do programa de desenvolvimento. Eles também podem ter um EC assistente na equipe, responsável pela regionalização em um programa global ou algum outro atributo crítico do produto, como uma nova tecnologia. É a visão, a paixão e a energia do EC que propulsionam todo o programa. O EC pode ampliar a escala de um problema se necessário, obviamente, mas todos com quem conversamos na Ford e na Toyota disseram que considerariam isso um fracasso pessoal da sua parte. Escalar o problema minaria sua liderança e provavelmente significaria que uma ideia não era boa o suficiente ou que eles não souberam explicá-la. A responsabilidade é deles, sem desculpas.

Apesar da atenção que nós e outros autores demos à função de EC, muitas empresas hesitam em experimentá-la. Algumas observam realisticamente que não desenvolveram pessoas capazes de ter sucesso nessa função. Outras têm um sistema tradicional que depende de gerentes de programa, que enfocam em custos e cronogramas e temem que um EC inventasse que recursos luxuosos para o produto provocaria atrasos e orçamentos estourados. Algumas até rejeitam ao nome. Elas não acreditam que alguém chamado de "engenheiro" poderia liderar todos os aspectos de um programa de produtos, preferindo diretores técnicos subordinados a gerentes de programa com foco em negócios.

São todas preocupações legítimas em organizações que não desenvolveram os líderes diferenciados, que combinam em doses certas um entendimento profundo sobre o cliente, capacidade de engenharia de sistemas e tino para os negócios. A Toyota introduziu a função de EC à indústria automobilística. A empresa recrutou no setor aeroespacial, em que ECs eram a prática padrão. Claramente, empresas que não passaram décadas cultivando pessoas para o cargo, como faz a Toyota, terão dificuldade de incorporar a função. Ainda assim, conhecemos empresas que não começaram com esses líderes especiais, mas que perseveraram e trabalharam para desenvolver pessoas qualificadas para a função e criaram um ambiente na qual podem ter sucesso. Em todos os casos, vimos melhorias incrementais em relação à abordagem anterior, de desenvolvimento por comitê. Com revisões eternas, supervisão constante e foco em concessões, nada muito idiota acontece sem um EC, mas provavelmente nada brilhante de verdade acontece também. Desenvolver ECs é um desafio, mas vale a pena. Mas como uma organização que não tem essa função poderia selecionar e desenvolver pessoas para um cargo tão importante?

Seleção de candidatos a EC Com base em nossas conversas com ECs de sucesso e líderes seniores de organizações que investiram em adotar essa nova função, acumulamos uma série de critérios amplos que podem ser considerados na seleção de candidatos em potencial:

- **Paixão.** Eles precisam desejar ansiosamente a chance de liderar a criação de grandes produtos. A paixão foi o atributo universal identificado por praticamente todos com quem conversamos. Na verdade, vários ECs afirmaram que a paixão é característica mais importante de todas para um EC bem-sucedido e que a falta de paixão desqualifica um candidato automaticamente. Na Ford, Pericak diz que conseguia determinar essa qualidade essencial após poucos minutos de conversa. Akihiro Wada, ex-vice-presidente executivo responsável por engenharia e desenvolvimento de produtos da Toyota, vai além: "Basta olhar para o rosto do indivíduo para saber se ele está pronto para ser um engenheiro-chefe".[9] A paixão sustenta o EC por muitas dificuldades.
- **Aprendiz.** Os ECs aprendem com rapidez e eficácia. É provável que não saibam tudo que precisariam saber quando iniciam o projeto, então a capacidade de aprender durante o processo é muito importante.
- **Visão estratégica.** Têm a capacidade de montar o quebra-cabeças. Os bons sabem "ligar os pontinhos" e enxergar o quadro geral. Eles entendem como todas as peças se encaixam para criar valor, o que lhes permite tomar boas decisões de *trade-off*.
- **Comunicador.** São comunicadores excelentes e inclusivos. A capacidade de compartilhar a sua visão e comunicar-se de forma eficaz com uma equipe de especialistas diversos é fundamental para o seu sucesso.
- **Entendimento técnico.** São inteligentes e perceptivos para questões técnicas. Não precisam ser super-engenheiros ou magos da tecnologia, mas precisam dominar o campo suficientemente para entender o produto ou processo que estão desenvolvendo.
- **Integrado.** Entendem os sistemas informais da empresa e simplesmente sabem como fazer as coisas acontecerem.
- **Decidido.** Possuem um nível especialmente alto de resiliência. São tenazes e não se intimidam facilmente quando tentam completar a sua missão. Não estamos dizendo que cumprem seus objetivos a qualquer custo, mas ser um EC não é um trabalho fácil e os medrosos não precisam nem se candidatar.

Desenvolvendo ECs Desenvolver um EC não é fácil. Na nossa experiência, um processo que coloca os candidatos em funções de liderança interfuncional cada vez mais desafiadores pode ser bastante eficaz.

Por exemplo, na Ford, um candidato a EC passaria tempo suficiente em uma organização funcional para desenvolver proficiência e poderia se tornar o único ponto de contato da função para um programa específico. Nesse cargo (chamado de gerente de integração na Ford), o candidato precisaria integrar os diversos subsistemas de uma determinada função e representá-la perante a equipe geral do produto. Na engenharia de carroceria e estampagem, os gerentes de integração eram responsáveis pelos subsistemas dos programas de veículos, como estruturas das carrocerias, mecanismos, acabamento, iluminação, vidro e estampagem. Um candidato avançando por esse processo assumiria então a gerência de um programa, trabalhando diretamente para o EC, coordenando o trabalho de todos os grupos funcionais e sendo responsável pela entrega do projeto. O gerente de programa é um membro essencial da equipe do EC e entende mais profundamente como o programa é administrado. Por fim, o candidato se tornaria EC assistente, uma função focada em um aspecto específico da entrega do produto (p. ex., liderar a regionalização de um produto para um determinado país ou região). Essa trajetória também seria típica para a carreira de um EC na Toyota.

Não conhecemos nenhum método garantido de desenvolver ECs, e muitas pessoas abandonam voluntariamente essa ambição à medida que avançam por essas funções. Contudo, acreditamos que esse processo é um investimento necessário no que pode ser a função de liderança mais importante do desenvolvimento de produtos e processos. A Toyota também tem um cargo de engenheiro-chefe de produção para o desenvolvimento de processos e lançamento de novos produtos. Assim como a função de EC, o trabalho é dificílimo. Com certeza não é para qualquer um. Nossas recomendações têm o objetivo de melhorar a sua probabilidade de sucesso, mas ele não depende apenas dos indivíduos e da sua preparação. Um fator muito subestimado é o contexto ambiental adequado para o sucesso.

Criar o contexto para o sucesso Mesmo os melhores ECs podem ser derrotados por um sistema operacional ineficaz ou uma cultura disfuncional. O EC representa o cliente, e o seu sucesso deve ser a meta de toda a organização. Reflita: Isso não significa baixar a cabeça e dizer sim para o EC em tudo. Também não significa empurrar todas as decisões para ele. O que significa de fato é fazer tudo que você pode para garantir o sucesso do EC e do seu programa e compartilhar totalmente dessa responsabilidade.

O foco organizacional precisa se concentrar em garantir o sucesso dos fluxos de valor horizontais – os programas de produtos e, logo, o EC. Essa prioridade deve se refletir no seu sistema operacional e nos seus comportamentos de liderança em toda a organização. É algo que ficou muito claro durante a transformação da Ford. Um EC de baixo desempenho nunca foi desculpa para ter um produto mal-sucedido. Nem todos os ECs eram astros, especialmente nos primeiros anos. Alguns tiveram sérias dificuldades com a função. Às vezes, esses problemas levavam à indecisão e a mudanças de prioridades que corriam o risco de impactar a capacidade da função de gerar resultados. Mas todos sabiam que esses problemas seriam trabalhados com o tempo e nunca foram uma desculpa aceitável para não cumprir os compromissos funcionais firmados com o programa. Afinal, o foco era o cliente e a criação de bons produtos e serviços, capazes de gerar valor para ele.

A seguir, apresentamos cinco sugestões para ajudar a criar um ambiente que apoie os ECs:

- Permita que os ECs se concentrem nos seus produtos e não os sobrecarregue com grandes responsabilidades de desenvolvimento de pessoal, que deve ficar a cargo dos líderes funcionais. Contudo, sempre solicite a sua opinião sobre as pessoas que contribuem para o seu programa.
- Estabeleça as métricas mais importantes para a sua equipe com base no sucesso do produto.
- Integre ferramentas e métodos centrados no EC ao seu processo de desenvolvimento. O manual de conceito, as reuniões de início e as revisões do EC são exemplos disso.
- Crie fóruns para a liderança sênior centrados no EC dentro do seu sistema operacional para promover um foco de produto em primeiro lugar.
- Prepare alguns dos seus melhores colaboradores para a função de EC e ofereça o reconhecimento apropriado.

Estendendo o modelo de liderança do EC "A recompensa do EC por um produto bem-sucedido é que ele pode fazer tudo de novo" é algo que ouvimos muito na Toyota em nossas pesquisas anteriores. Faz muito sentido. Liderar múltiplas gerações do desenvolvimento de um produto pode levar a um entendimento e um conhecimento profundos sobre quem é o cliente do produto e como ele agrega um valor bastante específico para ele. Isso dá ao EC *insights* poderosos, que podem resultar nos melhores produtos das suas respectivas classes. É uma estratégia que já produziu grandes resultados para a Toyota no passado.

Mas vamos considerar uma perspectiva adicional. O EC também pode ser uma função de desenvolvimento excepcional para membros em potencial da liderança sênior: os ECs são responsáveis por todos os aspectos do produto (*design*, engenharia, fabricação, financeiro, *marketing*, etc.). Não é fácil obter essa perspectiva diferenciada em outras funções. Ser um EC também exige que você lidere especialistas nessas funções, que quase sempre sabem mais sobre as suas respectivas áreas de especialização do que os ECs, o que os incentiva a serem mais colaborativos e a focarem em um objetivo de equipe. É o grande teste da liderança.

Pericak, que liderou o desenvolvimento incrivelmente bem-sucedido do Mustang 2015, se tornou líder da Ford Performance, responsável pelos produtos especiais da empresa (GT40, Mustang Shelby Cobra, Focus ST e Raptor, além das equipes de corrida, produtos do *aftermarket* e vestuário). Basicamente, ele comanda uma grande empresa global. Pericak acredita que as habilidades que desenvolveu atuando como EC são 100% transferíveis para a sua nova função. "Desde que não ache que é o cara mais esperto sempre, você vai ficar bem", aconselha. "As pessoas querem alguém com visão e com foco, com tenacidade, e alguém que tome uma decisão. Querem um líder que sabe aproveitar ao máximo toda a experiência e a capacidade da equipe." Mulally começou a carreira como engenheiro aeroespacial, liderou o desenvolvimento dos sistemas de gerenciamento de voo e cabine do Boeing 757 e 767 e terminou como EC do desenvolvimento do 777. Essas experiências o ajudaram a salvar a Boeing Commercial após o desastre de 11 de setembro, além de orquestrar a reviravolta histórica da Ford. "Usei os mesmos princípios das equipes motivadas e habilidosas, e os princípios e práticas do trabalho em conjunto" em cada um desses desafios de liderança, ele explica. "Projetar significa criar algo do zero que melhora as vidas das pessoas e que tem valor; equilibrar centenas de objetivos, sempre seguindo um cronograma; cumprir um compromisso; empregar centenas de pessoas; e fazer tudo trabalhando juntos. Essa é a essência, não importa se são programas ou projetos pequenos ou se são enormes, se é ser CEO de aviação comercial ou da Ford. Para mim, é tudo a gestão de um programa de produtos."

Não estamos defendendo que a função de EC se torne apenas mais um degrau da carreira de quem busca algo mais. Na verdade, muitos ECs excelentes se adaptam melhor e preferem muito mais permanecer onde estão. Kelly Johnson, o famoso engenheiro aeronáutico e de sistemas da Lockheed, supostamente recusou a promoção de EC para vice-presidente diversas vezes, pois temia ficar afastado demais da sua verdadeira paixão, mas acabou por aceitar.[10] As empresas também precisam tomar cuidado para não promover os ECs cedo demais. O que estamos dizendo é que as características que levam ao sucesso na função de EC e as habilidades que as pessoas desenvolvem nela também podem fazer com que sejam bem-sucedidas em cargos de liderança mais graduados.

Criando um sistema de gestão (CL × SO = SG)

Uma pesquisa analisou as práticas de gestão e desempenho de 12.000 empresas em 34 países e revela que a excelência operacional e administrativa é uma vantagem competitiva. "Analisando os dados, fica evidente que as práticas fundamentais de gestão não são um ponto passivo. (...) Empresas com processos gerenciais fortes têm desempenho significativamente melhor em métricas de alto nível, como produtividade, lucratividade, crescimento e longevidade. Além disso, as diferenças na qualidade desses processos, e no desempenho, persistem no longo prazo, o que sugere que a gestão competente é difícil de replicar." Os autores por trás da pesquisa também observam que "produzir competência gerencial exige muito esforço, entretanto: é preciso fazer investimentos significativos em pessoas e processos, nos tempos bons e nos ruins. Acreditamos que esses investimentos representam uma barreira enorme à imitação".[11] Estamos de acordo. Vimos muitas e muitas empresas que tentaram sem sucesso criar um sistema de gestão eficaz e pagaram o preço no seu desempenho.

O termo *sistema de gestão* é usado de maneiras diferentes, mas acreditamos que ele é o produto de dois elementos: os comportamentos de liderança e um sistema operacional (CL × SO = SG). Se algum dos fatores dessa multiplicação for fraco, o produto resultante sai enfraquecido. Os comportamentos de liderança e o seu sistema operacional são interdependentes. Ninguém seria capaz de elaborar um sistema operacional capaz de compensar a liderança incompetente; e, obviamente, como disse W. Edwards Deming, "um mau sistema (operacional) sempre derrota as boas pessoas". Um sistema de gestão forte exige que você fortaleça ambos os elementos. Falamos bastante sobre comportamentos de liderança neste livro. Eles são cruciais para o sucesso, mas são apenas parte da história. Os líderes energizam e dão vida ao sistema de gestão, e um sistema operacional eficaz pode focalizar e ampliar a eficácia da liderança assim como um sistema ruim pode prejudicá-la. Mas o que é um sistema operacional, afinal?

O sistema operacional e as suas características

Um sistema operacional é composto por ferramentas, processos, trabalho padronizado, atividades cadenciadas e outros mecanismos que permitem que o trabalho seja realizado. Se o líder é o artesão, o sistema operacional é o seu *kit* de ferramentas. Mas um bom sistema operacional é muito mais do que a soma das suas partes.

Um sistema operacional eficaz faz a organização avançar em direção aos seus objetivos de modo a cumprir a sua missão. Ele cria uma cadência de atividades de gestão que ocorrem regularmente, não intervenções gerenciais episódicas. É um sistema único e integrado, não uma salada de frutas de planos departamentais disparatados. É transparente, tem múltiplos níveis e se dissemina e amplifica por toda a organização. Estabelece objetivos, aloca recursos e cria funções e responsabilidades claras e alinhadas para cumprir o plano. Gera uma estrutura que capacita as pessoas a fazerem o seu trabalho (ou as inibe). Costura todo o sistema e promove atividades críticas de criação de valor, como desdobramento da estratégia, melhoria contínua, entrega de novos produtos, desenvolvimento de pessoas e funcionalidade do ambiente, produção e cadeia logística. Por fim, o sistema operacional gera o seu próprio *feedback* sobre o seu desempenho.

Um sistema operacional eficaz ajuda a concretizar a estratégia. Ele sincroniza atividades decisivas, permite que a organização reaja rapidamente a um ambiente mutante e permite que os planos e as equipes andem no mesmo compasso. Quando executado com disciplina e aliado a comportamentos de liderança eficazes, ele gera uma vantagem competitiva gigantesca para qualquer organização.

Um sistema operacional deve cumprir seis funções básicas:

- Implementar a sua estratégia organizacional, alinhar a sua organização e alocar recursos para garantir o sucesso.
- Promover a criação de novo valor por meio de produtos e serviços que seus clientes valorizam de fato.
- Apoiar as operações diárias, oferecendo auxílio para o trabalho básico da organização.
- Desenvolver pessoas e criar um excelente ambiente de trabalho, projetado de forma a gerar uma vantagem competitiva por muitos anos.
- Estabelecer um sistema de *feedback* contínuo sobre o desempenho do sistema e capacitar a melhoria contínua. O sistema deve ter capacidades integradas de melhoria e redirecionamento.
- Criar uma infraestrutura para o trabalho padronizado do gestor, capaz de oferecer uma cadência disciplinada de atividades de gestão (diárias, semanais, mensais, trimestrais) que organizam o trabalho do líder e aumentam a sua eficácia.

Um sistema para criar foco

As empresas falam muito sobre como suas novas iniciativas aumentarão a sinergia organizacional; contudo, o resultado quase sempre está mais para antagonismo organizacional, com o desempenho todo muito menor que a soma do talento dos indivíduos. Na esperança de concretizar o potencial humano inaproveitado, líderes bem-intencionados criam novas iniciativas, mas acabam enfrentando uma maior entropia devido ao caos ainda maior que a iniciativa cria no sistema.[12]

Com certeza foi o caso quando Mulally chegou à Ford em 2006. Como descrito no início deste livro, em A reviravolta histórica da Ford, não faltavam iniciativas para melhorar o desempenho organizacional. Havia programas de projeto para a fabricação, programas para integrar fornecedores e assim por diante. Os programas eram simplesmente sobrepostos uns aos outros, competindo por tempo e recursos preciosos. Infelizmente, essas iniciativas caóticas serviam em sua maior parte para causar fricção organizacional, desperdiçar recursos e incentivar o ceticismo. Mas então qual era o problema? Em grande parte, era a falta de foco organizacional e de um sistema operacional em comum para alinhar a empresa.

E não acreditamos que a falta de foco organizacional seja um problema raro. Jeff Pfeffer, professor de Stanford, explica que "as empresas conseguiram se convencer de que, se só o que é medido é realmente feito, quanto mais medirem, mais será feito". Ele nos contou sobre a conversa que teve com uma mulher que trabalha em uma grande empresa petrolífera, em que é responsável por 105 métricas. A quantas ela prestava atenção de verdade? Zero, foi sua resposta. Era simplesmente demais. Esse comportamento levou ao que Pfeffer batizou de "Teoria Otis Redding da Mensuração", em homenagem à sua canção "Sitting on the Dock of the Bay". Nela, Redding canta "não posso fazer o que dez pessoas me mandam fazer, então acho que vou continuar o mesmo".[13] Frente a tanta coisa, as pessoas inevitavelmente fazem muito pouco, ou até mesmo não fazem nada.

Acreditamos que o foco criado pelo sistema de gestão de trabalho em conjunto de Alan, e o foco em si que ele criou, foi um dos elementos mais importantes da reviravolta da Ford. Com a sua cadência disciplinada, ele esclareceu prioridades e iniciativas focalizadas, aplicando as suas interdependências em busca de um conjunto de objetivos em comum. Acima de tudo, ele recrutou todos para o esforço.

Um sistema para destacar anormalidades e acelerar a resposta

Um sistema operacional permite a execução em mais alto nível do planejamento do portfólio, priorização e alocação de recursos, ele também precisa criar mecanismos e práticas que dão aos membros da equipe a capacidade de diferenciar as condições normais das anormais, comunicar as condições anormais com eficácia e reagir a elas de forma eficaz e consistente.

Distinguir anormal do normal Resolver problemas, mitigar riscos e sanar lacunas de conhecimento são uma parte fundamental do trabalho de desenvolvimento, tanto que os desenvolvedores muitas vezes têm dificuldade para diferenciar as situações normais das anormais. Por consequência, as equipes de desenvolvimento devem ter um método para entender o seu posicionamento em relação a uma norma de desempenho. Elas estão onde precisam estar em um determinado ponto do projeto para terem uma alta probabilidade de sucesso?

Os engenheiros muitas vezes não revelam os problemas "cedo" por não terem certeza absoluta de quando é cedo. Eles não têm um modelo para servir de base de comparação. Não defendemos que centenas de requisitos sejam agregados aos seus padrões de gerenciamento de projetos; na verdade, requisitos demais (se é serão lidos) quase sempre prejudicam a capacidade do desenvolvedor de identificar os critérios realmente críticos. Recomendamos diretrizes escaláveis, que geram para os desenvolvedores perfis de risco aceitáveis com o tempo (ou seja, o número aceitável de questões em aberto em cada marco, junto com os níveis de gravidade correspondente), saneamento cadenciado de lacunas de conhecimento (ou seja, a porcentagem aceitável de finalização do projeto do produto em cada fase) e foco na convergência sincronizada em soluções para todas as funções (ou seja, os requisitos de insumos e produtos, com prazos, para todas as funções). Os requisitos de qualidade dos marcos, como atributo (custo, qualidade, desempenho), trajetórias de conquistas e gráficos de saneamento de lacunas de conhecimento/problemas, podem ser úteis.

Comunicar efetivamente as condições anormais Após ter estabelecido os critérios importantes, você precisa encontrar uma maneira de dar visibilidade às condições normais para os participantes importantes do sistema de desenvolvimento. Na produção *lean*, isso acontece com o sistema *andon*. É um alerta (p. ex., luz piscando, som) que chama a atenção da equipe para um problema na produção. Imagine que esse passo é a criação de um *andon* para o sistema de desenvolvimento. A gestão visual *obeya* e as estratégias de painel de controle associadas que contêm os poucos indicadores essenciais são duas maneiras poderosas de atingir esse objetivo. Revisões semanais ou diárias desses indicadores-chave dão aos membros de equipe a oportunidade de puxar a corda de *andon* e pedir ajuda. Os requisitos de qualidade dos marcos são importantes, mas os melhores sistemas de gestão *obeya* enfocam os indicadores de tendência antes dos marcos principais. Se esperar até o marco, é provável que acabe impactando uma parcela maior do programa, pois os marcos também servem como pontos-chave de integração. A ideia é identificar um problema em potencial cedo o suficiente para que seja resolvido antes de afetar o programa como um todo.

Obviamente, não basta dar visibilidade às condições anormais, assim como não basta detectar uma mina terrestre; é preciso desarmá-la ou evitá-la. A maioria dos engenheiros hesita em chamar a atenção para um problema, pois não tem uma expectativa realista de que receberão o apoio de que precisam para resolvê-lo. Imagine se o *andon* não causasse uma resposta na linha de produção. Por quanto tempo você acha que as pessoas continuariam a puxar a corda?

Reagir de maneira consistente e eficaz Uma das partes mais importantes desse sistema de gestão é uma resposta ao *andon* que a equipe realmente entenda como ajuda. Isso não inclui aumentar o número de relatórios e apresentações para a gerência. Em vez disso, deve se focar na equipe de desenvolvimento e em garantir o sucesso dela.

Quando as equipes precisam de ajuda (quando elas próprias admitem isso ou quando é óbvio), uma resposta é ligar a sua consciência das condições anormais à cadência de eventos recorrentes no sistema operacional; esses eventos são projetados para reagir a tais condições e oferecer apoio imediato. Por exemplo, revisões regulares e interfuncionais da liderança sobre custo, qualidade e questões técnicas criam oportunidades para que as equipes escalem problemas que estão além do seu escopo de controle. Um sistema operacional ultrassincronizado deve dar às suas equipes de desenvolvimento a melhor probabilidade de sucesso possível, especialmente quando surgem os problemas.

Sistema de gestão *obeya* Neste livro, falamos bastante sobre o uso do sistema de gestão *obeya* para o gerenciamento eficaz de programas. Ele foi desenvolvido originalmente para a entrega de programas de produtos e processos, mas já vimos o conceito ser aplicado com sucesso em diversos outros contextos. As reuniões no *obeya* atuam como turbinas para alinhar os participantes, energizar a equipe e gerar confiança, fazendo o programa avançar continuamente. Entre os eventos, a área do *obeya* serve como central em que os subgrupos se reúnem para compartilhar informações e estudar o progresso das outras áreas.

O sistema *obeya* estende a eficácia da liderança e cria um fórum no qual demonstra os melhores comportamentos de liderança. O sistema de gestão *obeya* cria uma cadência disciplinada e um alto nível de transparência para toda a equipe, o que leva um grau muito maior de inclusividade e colaboração, melhor solução de problemas e tomada de decisões melhor e mais rápida. Por causa disso, além de demonstrar sua eficácia para equipes de desenvolvimento de produtos e processos, o sistema também se revelou eficaz como capacitador da gerência sênior ou funcional e como centro de melhoria contínua, além de apoiar esforços isolados do tipo força-tarefa. Nós criamos, usamos e ajudamos outras empresas a adotar esse sistema poderoso nos mais diversos setores, incluindo saúde, automobilístico, eletroeletrônicos, equipamentos pesados, serviços de robótica e aeroespacial, entre outros. Quem sabe não é um sistema que você poderia considerar?

A questão do ajuste

Vale a pena repetir: para obter os benefícios de um sistema de gestão eficaz, é importante que o sistema operacional e os comportamentos de liderança estejam alinhados e sejam consistentes. Por exemplo, os elementos do sistema operacional do *obeya* e A3 são excepcionalmente úteis para promover a transparência, colaboração e solução de problemas. Mas se os líderes não querem ouvir falar de problemas, atacam as pessoas que os revelam, não usam as ferramentas e não colaboram com os colegas, as ferramentas serão inúteis. Se você instala um sistema operacional que inclui um desdobramento da estratégia anual e um processo de revisão cadenciada para promover o foco, mas os líderes estão constantemente correndo atrás da última novidade... De que adianta? Você entendeu. Tanto o seu sistema operacional quanto a capacidade de liderança devem ser cultivados e evoluir contínua e intencionalmente de modo que se reforcem de forma mútua e estejam sempre melhorando.

PRÓXIMOS PASSOS

A boa liderança é importante e não acontece por acidente. As equipes com líderes eficazes se saem melhor, sejam elas uma tripulação de sete em um barquinho ou uma megacorporação com centenas de milhares de funcionários. Não é fácil ser um bom líder. As organizações e os indivíduos investem esforços e recursos significativos no trabalho consciente de cultivar características e desenvolver habilidades. Aliados a um sistema operacional eficaz, os comportamentos de liderança podem criar um sistema de gestão poderoso que faz a organização avançar consistentemente em direção aos seus objetivos. Para uma organização de desenvolvimento de produtos, em última análise, o objetivo é ter grandes produtos.

Os líderes não trabalham no vácuo. Outra forma de visualizar o papel dos líderes é considerar o contexto em que operam. Os líderes vendem uma visão alinhada com o direcionamento estratégico da empresa. A qualidade dessa visão depende de todas as organizações funcionais para produzir pessoas altamente capacitadas e com forte foco no cliente. Elas trabalham dentro do sistema estabelecido de funções e responsabilidades, e do sistema operacional discutido aqui. Elas podem contribuir para uma cultura de aprendizagem, mas esta precisa ser estabelecida como um contexto para cada programa de desenvolvimento.

No próximo capítulo, o foco será na criação de uma cultura de aprendizagem. O que queremos dizer por cultura de aprendizagem? Como criar um ambiente que apoie a aprendizagem? Como desenvolver pessoas que tenham as habilidades e a mentalidade para aprender continuamente?

Sua reflexão

Criando uma visão

A partir da nossa experiência, identificamos as principais características dos líderes altamente eficazes. Eles:

- São humildes
- Seguem os próprios conselhos
- Dão *feedback* construtivo e despretensioso
- Colocam as outras pessoas e a equipe em primeiro lugar
- Constroem uma única equipe alinhada
- Têm respeito por todas as pessoas
- São persistentes e decididos para cumprir todos os objetivos
- Têm resiliência emocional
- São autênticos
- São física e mentalmente saudáveis
- Têm funções e responsabilidades claras, incluindo a função de engenheiro-chefe

- Criam um contexto para o sucesso
- Criam e sustentam um sistema operacional de gestão

Poderíamos continuar, listando dezenas de características, e nossos leitores também. Como você revisaria essas características dos líderes eficazes para que se adaptassem melhor à situação da sua empresa?

Sua condição atual

1. Quem é o responsável final pelo sucesso dos seus novos produtos? O que você fará para garantir que a sua organização se reunirá em torno dessa pessoa para ajudá-la a criar produtos altamente bem-sucedidos?
2. Como você esclarece as funções e responsabilidades do líder no desenvolvimento de novos produtos e serviços?
3. Quanto tempo e esforço você está dedicado a identificar e desenvolver seus líderes? É o suficiente?
4. Quanto seus líderes representam as características desejadas dos líderes eficazes? (Classifique os pontos fortes de cada um.)
5. Como é o desempenho do seu sistema operacional atual? Como seria possível melhorá-lo? Onde estão as lacunas? Ele funciona harmoniosamente com comportamentos de liderança para criar um sistema de gestão poderoso?

Entrando em ação

1. Selecione um subconjunto dos líderes mais importantes no desenvolvimento de produtos e processos na sua organização. Avalie os líderes em relação à visão que você desenvolveu para líderes altamente eficazes e identifique as lacunas para cada indivíduo.
2. Que ações podem ser tomadas e que apoio oferecido para sanar as lacunas? Por exemplo, o sistema operacional não possui a estrutura de revisão e cadência para manter os líderes cientes e envolvidos cotidianamente com as questões? Você está oferecendo mentoreamento e outros treinamentos em nível suficiente para desenvolver intencionalmente e melhorar de forma contínua? a capacidade de liderança? Alguns líderes estão nos cargos errados?

6

Criar e aplicar conhecimento enquanto organização de aprendizagem

Aprender não é obrigatório... e a sobrevivência também não.
— W. Edwards Deming

Desafios de aprendizagem

Tenho a impressão que estamos falando sobre organizações de aprendizagem há muito tempo. Em meados da década de 1980, o Dr. W. Edwards Deming declarou que as empresas americanas precisariam melhorar a sua capacidade de aprender se pretendiam acompanhar o ritmo das japonesas, como a Toyota, que estavam começando a dominar os seus setores. Em 1990, no clássico *A Quinta Disciplina*, Peter Senge nos apresentou o potencial incrível de se tornar uma "organização de aprendizagem" de verdade.[1] Chris Argyris, professor da Harvard University, entrou em mais detalhes no seu excelente *On Organizational Learning*, diferenciando aprendizagens de ciclo único, focadas apenas em correr desvios em relação a uma direção definida, da aprendizagem de ciclo duplo, que questiona a direção continuamente.[2] Em 1995, Ikujiro Nonaka concluiu que "uma fonte de vantagem competitiva duradoura é o conhecimento".[3] Takahiro Fujimoto escreveu que a criação e transmissão de informações por meio de ciclos de aprendizagem rápida é o principal fator dos sistemas de produção e desenvolvimento de produtos da Toyota.[4] Em nosso último livro, detalhamos como a Toyota utiliza a sua poderosa rede de aprendizagem para melhorar continuamente a qualidade de novos produtos, enquanto inúmeros outros livros e artigos acadêmicos identificaram a capacidade de criar e aplicar conhecimentos como sendo essencial para o sucesso das organizações.

Mas apesar do alto nível de conscientização e um ambiente cada vez mais dinâmico, com novas informações sendo geradas a uma velocidade avassaladora, a maioria das organizações que encontramos não avançou muito na criação de ferramentas de armazenamento de conhecimento, como livros, bancos de dados ou *wikis*. Em alguns casos, elas podem ter estabelecido um evento de reflexão ao final do programa. Ainda assim, continuamos a escutar as mesmas preocupações e a encontrar empresas que, apesar dos seus esforços constante, não souberam realizar uma fração dos benefícios que esperavam.

Em 1999, Robert Cole observou que a vantagem japonesa durante a década de 1980 se devia principalmente à sua capacidade de aprendizagem organizacional, enquanto no ocidente éramos melhores na aprendizagem individual.[5] Ele descreve a aprendizagem organizacional como o processo de transformar aprendizagem individual em rotinas organizacionais, padrões situados acima de qualquer indivíduo específico: "O processo pelo qual transmitimos as rotinas organizacionais e fazemos elas evoluírem é a aprendizagem organizacional. Podemos, é claro, aprender coisas boas e coisas ruins. No entanto, queremos definir a aprendizagem organizacional em termos de identificar e criar rotinas de trabalho de melhores práticas, padronizar essas práticas, difundi-las (ou seja, realizá-las) por toda a organização para, então, renovar o processo".

Criar e aplicar novos conhecimentos é a chave para a excelência no desenvolvimento de produtos e processos. É a essência da criação de um novo valor. Tornar-se uma organização de desenvolvimento de produtos de alto desempenho significa essencialmente se tornar aprendizes eficazes. Muitas empresas reconhecem esse fato, e é comum nos perguntarem sobre alguma ferramenta ou uma nova tecnologia que poderia ajudá-las a desenvolver a sua proficiência nessa área. É claro que existem ferramentas que podem ser úteis, como os A3s; na nossa experiência, contudo, as dificuldades encontradas pela maioria das empresas raramente são causadas pela falta de ferramentas ou de tecnologias; suas raízes estão em problemas organizacionais mais fundamentais. Quatro obstáculos à aprendizagem eficaz são relativamente comuns:

- **Medo de compartilhar informações abertamente.** É o inibidor nº 1 para tornar-se uma organização de aprendizagem. Os efeitos do medo são multidimensionais e destroem a aprendizagem de diversas maneiras. Primeiro, líderes com egos grandes normalmente têm medo de promover uma cultura autêntica de investigação e questionamento por medo de descobrirem que estão errados, o que poderia, de alguma forma, prejudicar seus egos e reduzir sua autoridade. Segundo, o medo de perder o emprego faz algumas pessoas acumularem e esconderem conhecimentos. O conhecimento se torna poder e uma forma de proteger o seu cargo ou emprego. Terceiro, pessoas em organizações dominadas pelo medo passam a maior parte do seu tempo em modo de autoproteção e raramente revelam seus erros, uma fonte poderosa de aprendizagem. O medo cria estresse e ansiedade, reconhecidamente fatores que inibem a aprendizagem. Além disso, se essas condições são vivenciadas por longos períodos de tempo, o resultado pode ser uma situação de desamparo aprendido entre os funcionários. E quem ia querer trabalhar em um ambiente hostil desses afinal? Parece a verdadeira definição do inferno de trabalho. Por consequência, os mais inteligentes e competentes tendem a pedir demissão, o que diminui ainda mais a capacidade de aprendizagem da organização.

- **Aprendizagem não é valorizada de verdade.** Os líderes da organização podem falar sobre a importância de aprender, mas as suas ações frequentemente dizem "queremos ver resultados já" e todos sabem. O tempo para a aprendizagem fica em segundo plano. Os sintomas são muitos: Os eventos de reflexão são irregulares e a participação, fraca. Os padrões e repositórios de conhecimento raramente são usados ou sequer citados pelos líderes. Não se aloca tempo para aprendizagem e experimentação. Ferramentas que fortalecem o conhecimento, como listas de verificação ou A3s, se tornam exercícios vazios. Novas ideias quase nunca têm chance e os experimentos praticamente não existem.

  Muitos motivos podem explicar essas condições. Talvez a empresa seja lucrativa e fique contente em seguir como está. Talvez os líderes não entendam o valor de dedicar tempo à aprendizagem, uma atividade vaga e incerta em comparação com ações que produzem resultados concretos no presente. Talvez tenham medo de investir na aprendizagem quando são pressionados a obter resultados imediatos. Seja qual for o caso, essas empresas muitas vezes ficam tão presas que se tornam incapazes de aprender e reagir até mesmo a ameaças iminentes.

- **As empresas confundem falar com fazer.** Em um livro maravilhoso intitulado *The Knowing-Doing Gap*,[6] Jeffrey Pfeffer e Robert Sutton, dois professores de Stanford, explicam a diferença entre saber e fazer. Ela ocorre quando os gerentes acham que apresentar, discutir ou até mesmo decidir é o mesmo que fazer alguma coisa. O diálogo substitui a ação, escolher um caminho passa a ser o mesmo que trilhá-lo e apresentações em PowerPoint usurpam as mudanças de verdade. Pior ainda, como Pfeffer informa em um artigo na revista *Fast Company*, o falatório pode tornar-se mais valorizado do que as ações: "Ser crítico é interpretado como um sinal de inteligência. O jeito mais fácil de eu parecer esperto é derrubar você. Então você tem uma ideia e eu penso em mil motivos para essa ideia não funcionar. Agora todo mundo acha que você é um imbecil e que eu sou inteligente, mas o resultado é um ambiente em que ninguém quer ter ideias".[7]

- **A aprendizagem não é integrada harmonicamente ao "trabalho real" da organização.** Obviamente, esse pode ser o resultado da subvalorização da aprendizagem, mas também pode ser causado por não saber como aprender. As organizações precisam buscar ativamente a aprendizagem, explorar modos de aprender e integrar esses modos ao trabalho no cotidiano. É uma habilidade e, como qualquer habilidade, ela melhora com a prática. As organizações precisam aprender a aproveitar as atividades de rotina para promover a aprendizagem e a melhoria. Os inúmeros problemas que surgem em problemas, revisões de projeto, testes e muitos outros elementos do trabalho de desenvolvimento são oportunidades riquíssimas de aprendizagem, mas as empresas muitas vezes não sabem como aproveitar o potencial dessas atividades.

Acreditamos que uma organização de aprendizagem possui um conjunto de características críticas que são fundamentais para aprender, armazenar e compartilhar essas informações, como mostra a Tabela 6.1. Inicialmente, conceitualizamos a ideia na forma de uma equação. Pode não fazer sentido matematicamente, mas pensando na forma de uma equação, estamos lidando mais com uma multiplicação do que com uma soma. Em outras palavras, se qualquer um desses fatores é igual a zero na empresa, então ela não é uma organização de aprendizagem eficaz.

TABELA 6.1 Organização de Aprendizagem = Cultura × Ocasiões × Pensamento Científico × Guardiões do Conhecimento × Comunicação

Cultura	Cultura apoiadora para a aprendizagem
Ocasiões	Oportunidades de aprendizagem (p. ex., revisões de projeto, reflexão, *obeya*)
Pensamento científico	Pessoas desenvolveram o hábito de pensamento sistêmico científico
Guardiões do conhecimento	Guardiões técnicos da base de conhecimento
Comunicação	Comunicação simples e clara para colaboração e transferência de conhecimentos

Cultura apoiadora para a aprendizagem

O que é uma cultura de aprendizagem? É algo um pouco difícil de descrever. Peter Senge definiu uma organização de aprendizagem como aquela na qual a aprendizagem e a capacidade se expandem e os resultados são obtidos continuamente. Acreditamos que uma cultura de aprendizagem é semelhante à arte, pois é algo que sabemos reconhecer quando a vemos – ou melhor, quando a vivenciamos. É algo palpável na Toyota, que percebemos em conversas com o pessoal da Schilling Robotics e que sentíamos na Ford durante a presidência de Mulally. Ela é frágil e não acontece por acidente. É preciso esforço constante e constância de propósito, para citar Deming mais uma vez. Onde encontramos uma cultura de aprendizagem, também observamos algumas características importantes em comum.

Líderes como aprendizes

Tudo começa com líderes comprometidos com eliminar o medo da organização. Observamos como Mulally exigiu que os líderes tirassem o medo do seu *kit* de ferramentas, mas isso é só o começo. Criar uma cultura de aprendizagem exige que os líderes liderem por exemplo, demonstrem curiosidade intelectual ativa e trabalhem pessoalmente para crescer e aprender. É só assim que podem esperar o mesmo das outras pessoas.

Kelly Johnson, o líder icônico do famoso Lockheed Skunk Works, foi um grande líder-aprendiz. No incrível *Skunk Works*,[8] de Ben Rich, gerente de engenharia e sucessor de Johnson, em coautoria com Leo Janos, vemos uma descrição da cultura dinâmica e intensa de experimentação e aprendizagem que levou a níveis inéditos de produtos revolucionários e grandes avanços científicos. Johnson insistia em um ambiente de prática direta, em que os engenheiros estavam sempre a dois passos do trabalho físico; um ambiente em que as ideias eram testadas, em que havia uma expectativa de experimentação e a arte do possível era expandida regularmente. Pelo que se conta, Johnson tinha grandes expectativas e zero paciência para engenheiros que não entendiam da coisa, mas julgava a si mesmo por padrões ainda mais elevados e sabia que aprender seria o segredo para a criação de produtos inovadores.

A paixão de Johnson pela aprendizagem parece ter começado quando era aluno de engenharia na University of Michigan e continuou durante o início da sua carreira na engenharia aeronáutica, quando passou suas férias resolvendo todos os problemas nos livros *Aircraft Propeller Design*[9] e *Differential and Integral Calculus*[10] para se manter afiado na engenharia.[11] Posteriormente, ele passou a pilotar aviões experimentais para entender melhor os desafios enfrentados pelos pilotos e ver o desempenho dos seus produtos em primeira mão. Johnson assistia aulas noturnas regularmente na Cal Tech e mais tarde atuou pessoalmente para estabelecer seminários para os seus engenheiros e gestores na Lockheed por meio da Cal Tech.

Problemas, problemas e mais problemas

Muitos praticantes do mundo real têm dificuldade para valorizar e respeitar a alegria dos problemas promovida por alguns membros da comunidade *lean*. Na verdade, os problemas quase sempre provocam uma reação inicial que é o contrário da alegria, para começar porque sempre parecem ocorrer no pior momento possível. Jim, por exemplo, tem certeza que os problemas que enfrentou nos programas de desenvolvimento de produtos roubaram alguns anos da sua vida. Ainda assim, os problemas, sejam eles grandes ou pequenos, são uma parte essencial do desenvolvimento de produtos; ignorá-los (ou, pior ainda, criticar quem os revela) apenas deixa a situação ainda pior, além de ter um efeito nocivo na cultura organizacional no longo prazo. Cria-se um culto de silêncio e sarcasmo. Os líderes de desenvolvimento devem estar à vontade com os problemas e vê-los como uma grande oportunidade para aprendizagem e melhoria.

Alan Mulally os chamava de "pedras preciosas" e insistia que os líderes da Ford os minerassem ativamente, considerando-os oportunidades para avanços. E como os problemas são uma parte fundamental do desenvolvimento de produtos (e dos negócios em geral), faz sentido que, quanto melhor você aprende com eles, mais ganha no desenvolvimento. Então não tente ignorá-los ou escondê-los. Em vez disso, ataque-os.

Primeiro, é preciso criar um ambiente no qual quem reconhece e destaca problemas não sofre as consequências, em que ter más notícias não limita a carreira de ninguém. "Você pode ter um problema, mas o problema não é você", como Mulally gostava de dizer. Ele reconhecia que a função da liderança é reagir oferecendo uma ajuda útil e real para solucionar o problema, não apenas exigir cada vez mais apresentações e relatórios.

As verdadeiras organizações de aprendizagem desenvolvem e empregam protocolos poderosos de solução de problemas que as permitem resolver e aprender de forma eficaz com os problemas que, inevitavelmente, enfrentam pelo caminho. Posteriormente neste capítulo, falaremos mais sobre como as empresas usam A3s, revisões de projeto e outros mecanismos para melhorar constantemente essa capacidade. Mas tudo começa com fundar uma cultura de experimentação.

Uma cultura de experimentação

Uma das melhores contramedidas para acabar com a diferença entre saber e fazer é desenvolver uma cultura que se alimenta da experimentação, uma organização com viés a favor da aprendizagem ativa no *gemba*. Em vez de apresentações intermináveis e debates inúteis nas salas de reuniões, pergunte o seguinte: "Como poderíamos entender isso melhor? Que experimento simples poderíamos fazer agora para provar ou rejeitar o que estamos pensando?" Imagine uma cultura em que falhar é mais do que OK, em que falhar é considerado uma parte fundamental de como avançamos enquanto organização.

Pelo que conta a história, o laboratório de Thomas Edison em Menlo Park, Nova Jersey, era assim, um lugar onde as ideias eram testadas constantemente e os limites estavam sempre em expansão. Era um lugar onde as coisas explodiam (metafórica e literalmente) e o fracasso era parte do sistema. O laboratório também gerou um número incrível de revoluções tecnológicas. A Menlo Innovations também é assim. Experimentar é parte do DNA da Menlo, como era a sua inspiração. Em entrevistas para este livro, Rich Sheridan, autor de *Joy Inc.*[12] e cofundador e CEO da Menlo, nos disse que "se não estamos tentando coisas novas, não estamos aprendendo. E se não estamos aprendendo, estamos ficando para trás".

Sheridan diz que para convencer as pessoas a experimentar novidades, é preciso "mandar o medo para fora da sala e fazer com que cometam erros, mostrar que fracassar não é ruim". O pessoal da Menlo trabalha continuamente nisso. "Enquanto profissionais, preferiríamos nunca cometer erro algum. Mas somos seres humanos, o que significa que vamos errar". Isso é especialmente verdade se você experimenta de fato e tenta expandir as suas capacidades. Na Menlo, "aceitamos que vamos cometer erros, cometemos rapidamente, nos ajustamos com base no que aprendemos e seguimos em frente".

Integrando aprendizagem ao trabalho

Nas melhores culturas de aprendizagem, esta é tão prevalente que parece imperceptível. Em vez de grandes eventos enxertados nos projetos, a aprendizagem é integrada ao modo como o trabalho é realizado todos os dias. É "o que fazemos", não "algo mais que vamos ter que fazer". As pessoas compartilham informações abertamente, a transparência é a regra e a aprendizagem é integrada a tudo.

A aprendizagem é fundamental para quase tudo que a Toyota faz. Quando realiza tarefas do cotidiano, forma uma parceria com a General Motors na NUMMI ou desenvolve e constrói o Mirai para entender células de combustível (CC), a Toyota exemplifica uma empresa em que a aprendizagem é integrada perfeitamente ao seu trabalho.

Em nosso último livro, falamos sobre a incrível rede de aprendizagem da Toyota e o impacto na sua capacidade de desenvolvimento de produtos. Seja no trabalho durante a fase de estudo (*kentou*), solução de problemas estruturada, eventos de demonstração de tecnologia de fornecedores, listas de verificação ou um banco de dados de *know-how*, eventos de reflexão (*hansei*) ou conferências para gerentes de programas, a aprendizagem é fundamental para o desenvolvimento na Toyota. E com base em nossas pesquisas recentes, essa rede está mais forte do que nunca. Nos capítulos anteriores, compartilhamos inúmeros exemplos de como a Toyota integra o desenvolvimento de pessoas ao modo como todos trabalham no dia a dia. A empresa também aproveita todas as oportunidades para integrar a aprendizagem.

Oportunidades de aprendizagem

A inovação e a solução de problemas criativa são incrivelmente importantes para a capacidade de desenvolvimento de problemas. Em busca desses objetivos, as empresas muitas vezes recorrem a estratégias especiais e extraordinárias e a eventos com facilitadores externos. Não nos opomos necessariamente a esses eventos, mas existe uma maneira muito mais orgânica, eficaz e integrada de cultivar a criatividade e a colaboração na sua organização. E provavelmente é uma prática que você já está adotando e que ajudará a criar uma cadência contínua de desenvolvimento e atuar como uma alavanca poderosa de transformação cultural: as revisões de projeto.

Revisões de projeto

As revisões de projeto (*design reviews*) são uma oportunidade muito ignorada, até malquista, para inovação e aprendizagem em tempo real. Mas não estamos falando das revisões de projeto capengas que vemos em muitas empresas, que usam os primos pobres das revisões de *status*, "lixam" quem identifica os problemas, pressionam os engenheiros para acelerar os prazos de finalização do projeto e início do ferramental e montam um teatrinho pré-marco que só serve para dar à alta gerência a sensação de segurança que tanto deseja, apesar de quase sempre ser falha. O objetivo principal da maioria dos engenheiros durante esse tipo de revisão de projeto é "sair dos holofotes" com um mínimo de exposição negativa e nunca violar o acordo tácito de que se você não espezinhar o meu projeto, eu não espezinho o seu.

As revisões de projeto eficazes podem ser o pulso do seu projeto de desenvolvimento e uma parte crítica do seu sistema operacional de desenvolvimento como um todo. Elas estabelecem um ponto de ligação para equipes distribuídas e são um mecanismo primário para a aprendizagem e a prática, na velocidade do programa. Em geral, dividimos as revisões de projeto em duas categorias amplas:

- A *revisão cadenciada* é usada para revelar e resolver questões técnicas com rapidez. Ela produz um fórum consistente e recorrente, com os participantes interfuncionais necessários trabalhando nos desafios técnicos inevitáveis que vêm com o desenvolvimento. Isso previne o desperdício do tempo dos engenheiros, que não precisam ficar correndo atrás da ajuda de que precisam.
- A *revisão sistêmica* é programada de modo a apoiar os eventos de integração mais importantes. Em geral, envolve representantes de toda a equipe de desenvolvimento, que se concentram nas interfaces e interdependências. Esse tipo de revisão é agendado de forma que haja tempo suficiente para realizar trabalhos pós-revisão sem atrapalhar o programa.

Ambos os tipos de revisão de projeto podem ser desafiadores, rigorosos e, acima de tudo, energizantes. Eles devem elevar as expectativas de desempenho para o produto e para a equipe, com a meta de melhorar ambos. Não é um evento para repassar uma lista sem pensar em nada. Longe disso. É uma usina de ideias, com testes, desafios e melhorias, que gera luz e calor.

As revisões de projeto eficazes não são um *show* de PowerPoint. Os participantes devem trazer os materiais que já estão utilizando no desenvolvimento, como primeiros protótipos, dados de teste, resultados de simulações ou CAD, possivelmente com uma declaração de problema de uma página. Os eventos em si devem ser realizados no *gemba* sempre que possível, pois isso cria uma dinâmica poderosa, nos quais os problemas não são uma anomalia e a aprendizagem real é o objetivo.

Como discutido no Capítulo 4, as revisões de projeto também devem ser uma grande oportunidade para o desenvolvimento de pessoas e a mudança cultural. São uma oportunidade para a liderança avaliar as soluções de projeto e as ideias por trás delas, fazendo perguntas profundas e inteligentes e oferecendo *coaching* ativamente e em tempo real. Acima de tudo, são uma oportunidade para a liderança demonstrar os comportamentos que esperam das suas equipes, como colaboração, experimentação, rigor, detalhes e responsabilidade total. O ambiente não é punitivo; na verdade, a liderança está sob muito mais pressão, pois precisa estar sempre atenta e enxergar oportunidades de oferecer *feedback* e fazer perguntas construtivas. A ideia é expandir a capacidade dos membros de equipe e autopressurizar de modo a produzir mais juntos do que jamais seria possível em separado.

Sua equipe não ficará confortável nos primeiros momentos, mas logo aprenderá a crescer com esses eventos, adorando a oportunidade de se engajar e progredir enquanto líderes e engenheiros, desde que os líderes lembrem de fazer perguntas difíceis, questionar ideias e sempre apoiar o seu pessoal. Não é um espaço para avaliações de desempenho individuais ou para encontrar culpados. A ideia é trabalhar em equipe para melhorar constantemente e agregar valor cada vez maior para o seu cliente.

A seguir, apresentamos alguns pontos que você poderia considerar enquanto reflete sobre a sua próxima revisão de projeto:

1. Gerencie ativamente a pauta e o cronograma. Garanta que todas as pessoas certas estão presentes para as conversas certas (incluindo os especialistas) e ausentes quando não são necessários (desperdício). Também garanta que haverá tempo suficiente para diálogos aprofundados sobre os temas.
2. Esteja preparado. Isso se aplica a todos os participantes, especialmente os líderes. Envie as informações importantes com antecedência sempre que possível. Os apresentadores devem ter uma declaração do problema clara, mostrar o trabalho até o momento e explorar soluções alternativas (A3s podem ser úteis nesse sentido). Não é o momento de despejar um problema no colo da equipe e esperar *feedback* de volta.
3. Realize a revisão no *gemba* sempre que possível. Garanta a disponibilidade do produto real, de dados críticos e do CAD.
4. Faça perguntas significativas e profundas. Os líderes não devem brincar de "te peguei" para mostrar como são espertos ou simplesmente dar respostas. Com a primeira tática, as pessoas ficam caladas; com a segunda, você logo acaba responsável por muitos e muitos problemas.
5. Incentive um diálogo robusto e franco e faça perguntas difíceis. A tensão criativa é uma parte importante da criação de grandes produtos. Contudo, nunca, jamais, permita que pessoas sejam atacadas. Reflita sobre interfaces e interdependências e sobre onde o programa está no processo de desenvolvimento.
6. Lembre-se de executar o experimento. Não é um clube de debate. Pergunte-se se há uma maneira simples e eficaz de testar uma hipótese.
7. Capture e aplique o conhecimento. Estes são os seus ciclos de aprendizagem e a sua oportunidade de aplicar, atualizar e criar padrões por meio da aprendizagem. Lembre-se de aproveitar ao máximo o conhecimento existente e capturar novas informações.
8. Torne as revisões de projeto um elemento básico do seu sistema operacional de desenvolvimento como um todo. Nas organizações maiores, pode ser

adequado utilizar uma rede integrada de revisões de *design*. E a participação não é opcional.

9. Defina expectativas altas para o produto e para os participantes. Defina expectativas ainda mais elevadas para si mesmo.

Ciclos de aprendizagem de liderança

Enquanto os engenheiros projetam, testam, aprendem e capturam conhecimentos, seus líderes devem fazer o mesmo. Os líderes precisam monitorar o progresso interno em relação ao plano e analisar continuamente o ambiente externo em busca de mudanças que possam impactar a organização. Eles precisam trocar essas informações uns com os outros e fazer os ajustes necessários. Esses ciclos de aprendizagem devem ocorrer em toda a organização e estar fortemente interligados. A seguir, compartilhamos dois mecanismos para a criação de ciclos de aprendizagem de liderança eficazes.

Aprendizagem *obeya* O *obeya* é o pulso da aprendizagem e uma central do programa. O *obeya* é onde as pessoas atualizam suas informações constantemente ou consultam as informações atualizadas de terceiros. As paredes do *obeya* estão repletas de informações visuais sobre o *status* atual em relação ao objetivo das informações mais críticas do manual de conceito (*concept paper*). Cronogramas, *feedback* do cliente, resultados de experimentos, *storyboards*, gráficos de trajetória de desempenho de atributos, testes críticos, os últimos desenhos ou protótipos e outras informações estão sempre disponíveis para todos os membros da equipe.

As reuniões regulares no *obeya* são semelhantes às revisões de projeto, mas ocorrem com maior frequência, sendo semanais ou até mesmo diárias em algumas organizações. Em cada reunião, a equipe do programa repassa o programa de projeto geral, área por área, e compartilha atualizações, problemas e riscos recém-identificados. Todos se envolvem e todos aprendem uns com os outros, apesar do trabalho detalhado normalmente não ser realizado durante a reunião no *obeya*. As atualizações de cada função também costumam ser breves, focadas nas áreas que não cumprem as normas (principalmente os itens em vermelho). Os problemas são alocados a indivíduos específicos para serem resolvidos, muitas vezes com uma equipe interfuncional, e os resultados são apresentados em reuniões futuras no *obeya*.

Esse fórum de aprendizagem também ajuda a demonstrar a essência de um sistema operacional eficaz. Devido ao nível de transparência, amplitude de participação e cadência rápida do ciclo de aprendizagem, o efeito pode aumentar assintoticamente. Se aprender a utilizar os marcos ou outros mecanismos como forma de evento de reflexão integrado, você pode criar uma oportunidade para o que Argyris chama de aprendizagem de ciclo duplo. A aprendizagem de ciclo único é como um termostato. Define-se um padrão e são realizados ajustes para levar o processo de volta ao padrão. Na aprendizagem de ciclo duplo, você questiona o padrão regularmente antes de defini-lo como meta do ajuste. Por exemplo, o projeto vai satisfazer o cliente? Tem certeza que essa é a tolerância correta? Faltou alguma coisa no plano?

Infelizmente; algumas empresas adotam uma abordagem muito limitada ao seu sistema de gestão visual. Elas reconhecem o poder de reunir a equipe todas as semanas, mas apenas usam o *obeya* para gerenciar o *status* do programa em relação ao cronograma. É melhor do que esconder as informações em algum computador, mas desperdiça uma oportunidade enorme de aprender em conjunto, incluindo todos os *deliverables* do programa. Entrar no espaço *obeya* deve ser uma experiência imersiva, com todas as informações mais recentes e importantes do projeto disponíveis. Não é tanta informação de uma vez só quanto parece. Lembre-se que você deve lidar com os poucos elementos críticos do programa, os mais importantes, e que a responsabilidade é dividida entre diversos membros de equipe, que fornecem diferentes informações críticas. Uma das funções do *obeya* é diferenciar as informações importantes do ruído branco em torno de todos os programas. Na verdade, é uma das primeiras coisas que a equipe deve aprender com o *obeya*, a saber, o que é realmente importante nesse programa.

Revisão do plano de negócios como ciclos de aprendizagem rápida Imagine que esta é um *obeya* para a liderança e pode até merecer a sua própria sala de planejamento visual. Os ciclos devem começar com os mais altos níveis de liderança da empresa. A revisão do plano de negócios (BPR, *business plan review*) de Mulally na Ford permitiu que os líderes seniores de cada grupo funcional e organização geográfica se reunissem toda semana e compartilhassem as mudanças no seu progresso em relação ao plano, assim como mudanças no seu ambiente externo específico. Se alguma dessas mudanças fosse considerada suficientemente grave ou exigisse um aprofundamento para ser melhor compreendida, ela era repassada para uma revisão de atenção especial (SAR, *special attention review*), na qual um subconjunto da liderança, especialmente aquele em particular impactado pela mudança ou com conhecimento específico, dedica tempo adicional à questão. As equipes de SAR então reapresentariam a questão para o grupo maior na BPR, se necessário.

O nível de simplicidade nos relatórios, a transparência e a cadência semanal do BPR permitiram que a equipe de liderança criasse ciclos de aprendizagem rápida altamente eficazes em um mínimo de tempo. A BPR criou uma cadência de PDCA natural e um referencial para a equipe de liderança. Essa prática se disseminou por toda a organização por meio da liderança sênior, atingindo todos os níveis. Com a aprendizagem em conjunto constante e os ajustes necessários, os líderes conseguiram guiar a organização por um dos períodos mais turbulentos da história empresarial moderna.

Desenvolvendo pessoas para pensarem e agirem científica e sistemicamente

A capacidade de aprendizado individual é fundamental para a aprendizagem organizacional, e aprender a pensar cientificamente pode fortalecer a capacidade de aprendizagem dos indivíduos. Pode parecer estranho sequer mencionar a necessidade de ensinar engenheiros a pensar cientificamente. Não seria um ponto passivo? Afinal, todo o treinamento deles é em ciência e inovação, não é mesmo? Não necessariamente.

Com a melhoria das suas habilidades de pensamento científico, os engenheiros e desenvolvedores trabalham os pontos fracos inerentes de duas maneiras, o que melhora o seu desempenho:

- Os engenheiros de desenvolvimento costumam se concentrar mais no que estão projetando do que nos processos de trabalho que utilizam para o desenvolvimento. Alguns acham que não precisam de estrutura alguma. São engenheiros, vão resolvendo enquanto trabalham. Aplicar o pensamento científico ao modo como trabalham impõe uma estrutura ao seu processo.
- Apesar de serem bastante científicos em muitos aspectos do desenvolvimento (analisar estresses e tensões, realizar cálculos, testar protótipos e pensar criativamente sobre as alternativas), em outros casos tendem a tirar conclusões precipitadas, sem refletir profundamente; por exemplo, no estágio de entendimento dos clientes. O pensamento científico pode ser aplicado a todas as suas atividades.

Provavelmente a melhor representação do pensamento científico no *lean* é o PDCA. Antes vamos considerar uma maneira comum, mas muito fraca, de pensar sobre o PDCA, e então a contrastaremos com uma abordagem mais científica.

Parece haver uma tendência natural, à qual os engenheiros não são imunes, de pressupor que o mundo é um lugar ordeiro e previsível, sob o nosso controle. Não é simplesmente uma forma de pensamento mágico. É um processo relacionado à nossa herança evolucionária, na qual os sobreviventes foram aqueles que conseguiram ganhar todas as batalhas contra animais hostis, o clima e outras pessoas. A sobrevivência era uma questão de entender e reagir, não de analisar e refletir profundamente. Os seres humanos precisavam estar hiperalertas, mas também seguir seus instintos sobre o que era a coisa certa a fazer em cada momento. Foi um período que exigiu ação e raciocínio rápidos e resultados claros, no que chamamos de PDCA reativo (Fig. 6.1):

1. **Planeje** a solução e a implementação. É principalmente uma questão de reagir com rapidez ao problema com base nos seus conhecimentos e habilidades atuais.
2. **Execute**, ou seja, implemente. Concretize o plano com o máximo de velocidade e eficiência.
3. **Verifique** os resultados. Nós vencemos? O animal morreu?
4. **Aja**, o que significa controle. Confirme que a situação está sob controle e resolvida para que estejamos prontos para a próxima crise.

O PDCA reativo é aplicado em muitas circunstâncias em que pressupomos saber o que fazer e como, ou seja, de certeza pressuposta. Se estamos certos, ganhos. Se estamos errados, paciência. Quem acerta mais pode se tornar líder. Em programas de desenvolvimento de produtos mal organizados, especialmente quando o *front end* é apressado, acabamos tendo que consertar maus pressupostos e apagar incêndios sob pressão; muitas pessoas são boas nisso e são aclamadas como heróis.

Mas o que acontece quando entramos em território inexplorado e dedicamos algum tempo a uma abordagem mais sistemática? Se começamos com uma abordagem científica no *front end*, incluindo um entendimento profundo sobre o cliente, temos menos tendência a descobrir que estamos com o crono-

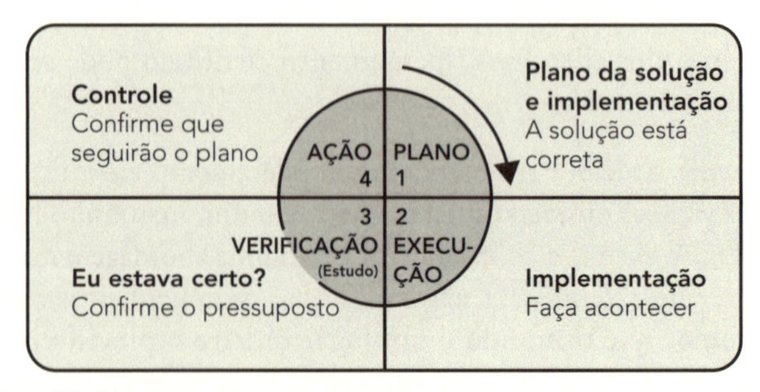

FIGURA 6.1 PDCA reativo com certeza pressuposta.
(*Fonte: Modificada de Mike Rother,* Toyota Kata Culture, *NY: McGraw-Hill, 2017*)

grama atrasado e trabalhar em modo de crise. Nesse caso, podemos seguir a verdadeira intenção daquilo que chamamos de PDCA refletivo (Fig. 6.2):

1. **Plano.** Estabeleça uma previsão específica sobre o que acontecerá devido a uma decisão. Essa é a sua hipótese, e também planejaremos como testar a hipótese.
2. **Execução.** Realize o experimento para testar a hipótese.
3. **Verificação.** O que aconteceu de verdade? Descubra os fatos.
4. **Ação.** Avalie o que aconteceu, o porquê e o que aprendemos.

Um ciclo PDCA leva a algum conhecimento e algumas perguntas, e muitas vezes leva naturalmente ao próximo ciclo. Quanto mais rápido executamos um ciclo PDCA, mais rápido aprendemos e mais rápido obtemos o resultado desejado. Esse é um dos motivos para a Toyota gostar tanto da prototipagem rápida. Boa parte da discussão sobre prototipagem no Capítulo 1 tratou da iteração rápida e da aprendizagem com o uso do protótipo menos complexo possível para a questão do momento.

O PDCA refletivo pode ser aplicado ao desenvolvimento de produtos e processos, a começar pelo entendimento sobre o cliente e a formulação dos requisitos. Ele também pode ser aplicado ao processo de desenvolvimento em si: "O que aprendemos com isso? Como poderíamos levar a ideia para o próximo passo? Quais são os métodos alternativos? Com o que deveríamos experimentar a seguir?"

Infelizmente, quase sempre há uma diferença entre o que precisamos e o que fazemos naturalmente. O PDCA reativo é mais natural devido à nossa herança genética, mas o fato é que precisamos de uma abordagem mais refletiva. Para sanar essa lacuna, precisamos ser ensinados a forma refletiva de pensar e agir, que é menos confortável. Na Toyota, essa é a função crítica da liderança.

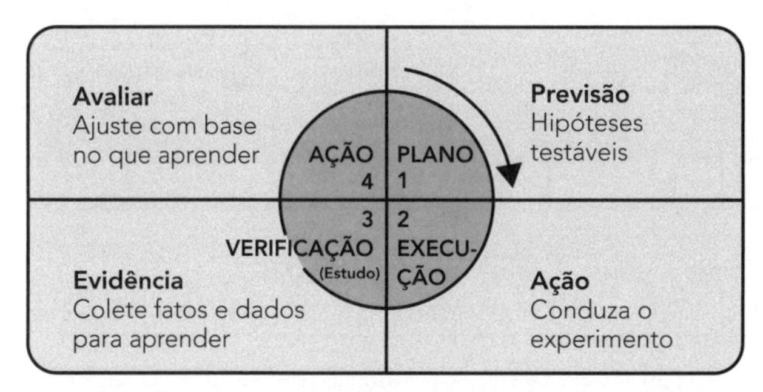

FIGURA 6.2 PDCA refletivo com incerteza pressuposta: uma abordagem científica. (*Fonte: Modificada de Mike Rother,* Toyota Kata Culture, *NY: McGraw-Hill, 2017*)

Em 2001, a Toyota produziu e publicou pela primeira vez "The Toyota Way" ("O Modelo Toyota"), um documento interno que descreve um programa de treinamento para todos os executivos. Logo em seguida, a Toyota publicou as Práticas de Negócios Toyota (PNT ou TBP, Toyota Business Practices), um método concreto para transformar o Toyota Way em ações. A PNT é um processo de solução de problemas em oito passos ensinado formalmente durante um período de cinco a oito meses. Ele segue o PDCA, com forte ênfase no planejamento nas fases iniciais.[13]

A liderança tem uma função bastante explícita nos processos de ensino da PNT. Os líderes precisam aprender primeiro, executando um projeto de PNT com um *coach*. Depois, devem treinar seus subordinados diretos, que executam seus próprios projetos de PNT. A introdução inicial da PNT se disseminou em cascata desde os mais altos níveis da Toyota, de camada em camada, à medida que os líderes recebiam *coaching* e então se tornavam *coaches* eles próprios. A visão é uma cultura de liderança baseada mais em ensinar do que em mandar. Em todos os níveis, os líderes são mentores, ensinando os outros todos os dias sobre como seguir o pensamento científico. Quando os "alunos" pressupõem que sabem, o professor intervém com uma simples pergunta: "Como você sabe que isso é verdade? Já confirmou essa premissa?"

Mike Rother trabalhou para sistematizar o processo de transformar o PDCA refletivo em hábito por meio dos *kata*. Os *kata* são pequenas rotinas que praticamos para desenvolver uma habilidade complexa. Em um mundo ideal, as rotinas são treinadas pelo "aprendiz" ao lado de um "treinador" todos os dias, sendo que o segundo oferece *feedback* corretivo para que possamos desenvolver novas formas habituais de pensar e agir (Fig. 6.3).

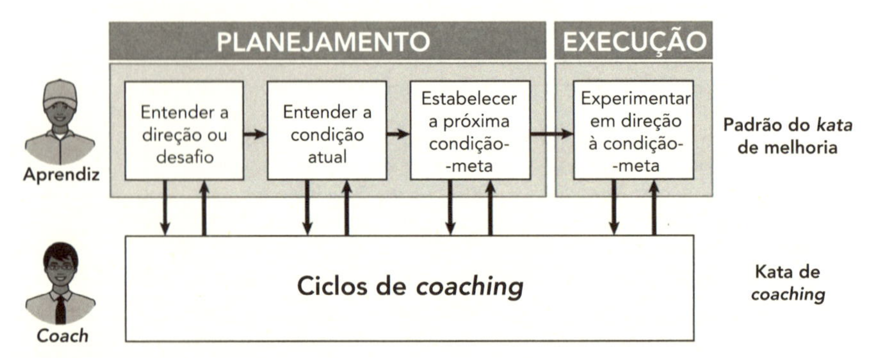

FIGURA 6.3 As rotinas de prática do *kata* de melhoria e do *kata* de *coaching* são os exercícios iniciais para desenvolver um modo científico de pensar.
(*Fonte: Mike Rother,* Toyota Kata Culture, *NY: McGraw Hill, 2017*)

O *kata* de melhoria foi projetado especificamente para ajudar o aprendiz a dar os primeiros passos na jornada do pensamento científico:

1. Tudo começa com um modelo ou padrão de pensamento científico prático, que ocorre em quatro passos: entender o desafio organizacional amplo, compreender a condição atual ligada ao desafio, estabelecer uma condição-meta que ajuda a trabalhar o desafio e realizar experimentos para se aproximar da condição-meta.
2. Foram desenvolvidas rotinas de prática para os iniciantes, usadas enquanto aprendem cada passo, chamadas de *kata iniciais*.
3. Existe um *kata* de *coaching* complementar que ajuda os *coaches* iniciantes a treinar o processo de intuir como o aprendiz está pensando e oferecer *feedback* corretivo eficaz nas suas interações diárias. São os chamados *ciclos de coaching*.
4. O aprendiz e o *coach* repetem o ciclo diariamente, com o primeiro buscando a condição-meta iterativamente ou, caso a alcance, desenvolvendo e buscando a próxima condição-meta. Assim como acontece com o PDCA de reflexão, há uma melhoria incremental, mas ainda significativa.[14]

Os *kata* estão amplamente documentados, sendo que a sua aplicação crescente nos fornece indícios de que o pensamento científico e a ação científica podem ser ensinados não apenas como um conceito, mas como um novo conjunto de hábitos para substituir os hábitos frequentemente nocivos do PDCA reativo. Assim como uma habilidade complexa na música, esporte, arte ou até luta, precisamos aprender com a prática consciente todos os dias. Também precisamos de um *coach* para observar o que estamos fazendo e dar *feedback*. Poucas pessoas sabem se autoavaliar bem, especialmente quando estão tentando mudar um hábito arraigado. O *coach* (que pode ser o seu chefe) precisa aprender a ensinar, não a mandar, e fazer perguntas em vez de dar respostas.

Guardiões técnicos da base de conhecimento

O acúmulo e a aplicação de conhecimento técnico especializado profundo é um aspecto importante do desenvolvimento bem-sucedido de produtos e processos em muitas organizações. Existem muitas tecnologias poderosas que podem auxiliar na organização desse conhecimento para torná-lo mais acessível. Mais do que tecnologias sofisticadas, é preciso ter especialistas capazes de validar e ajudar a aplicar esse conhecimento. Dessa maneira, bancos de dados de *know-how* e guardiões do conhecimento técnicos se combinam para se tornar uma vantagem competitiva.

Bancos de dados de *know-how*

Passamos anos ouvindo falar das listas de verificação de engenharia da Toyota e da sua importância para o desenvolvimento de produtos. Eram listas de papel, guardadas em fichários, organizadas por especialidade funcional ou peça do carro (para-choques de plástico, peças da carroceria estampadas, vidro, sistema de aquecimento e arrefecimento, etc.). Elas incluíam as mais diversas informações, desde detalhes técnicos, como características das peças que tensionam as matrizes de estampagem e podem levar a defeitos, até minúcias administrativas, como preencher corretamente uma caixa de título e datar os desenhos. Enquanto trabalhavam, os engenheiros marcavam na lista cada item que haviam trabalhado. Isso nem sempre significa conformidade com um padrão; podia significar "estou desviando do padrão e tenho uma contramedida que foi testada adequadamente".

Os engenheiros da Toyota eram bastante zelosos no uso de listas de verificação para cada projeto. Eles repassavam todo o caderno e riscavam e assinavam seus nomes após cada item resolvido. Depois, o supervisor assinava para confirmar que os itens da lista haviam sido trabalhados de maneiras apropriadas. Alguns leitores podem estar reconhecendo uma semelhança com as listas de cheque pré-voo dos pilotos de avião, que fizeram uma diferença enorme para a segurança das companhias aéreas.

Após escrever sobre listas de verificação, recebemos muitas perguntas sobre se era mesmo necessário usar papel e lápis, não um banco de dados informatizado. Com o tempo, até mesmo a Toyota começou a migrar para um banco de dados de *know-how* computadorizado. As informações são basicamente as mesmas, mais dados de CAD, diversas fotos digitais, escaneamento tridimensional e informações técnicas extraídas de diversas fontes. Assim como o seu predecessor de papel, o banco de dados de *know-how* permite que os engenheiros marquem um item que foi trabalhado e que o supervisor confirme a finalização satisfatória de cada item. Assim, o banco de dados é uma representação digital do processo manual, agregando algumas melhorias.

A Troy Design and Manufacturing (TDM), uma empresa de engenharia e ferramentaria de médio porte, decidiu adaptar a ideia do banco de dados de *know-how* a uma aplicação de engenharia de processos logo após descobri-la. Uma equipe de engenharia interfuncional, liderada por Bill Anglin, Steve Guido e Steve Mortens, capturou e codificou projetos de ferramentas de estampagem bem-sucedidas e disponibilizou as informações para os engenheiros por categoria de peça. Esses "*templates* digitais", junto com escaneamentos tridimensionais, anotações de testes e requisitos de listas de verificação, se tornaram a base do trabalho de projetar novas ferramentas para peças (agrupadas por categoria de estampagem). O processo deu tão certo que Ned Oliver e Tim Jagoda liderou um esforço semelhante na área de acessórios e construção da empresa, que também tinha componentes reconfiguráveis. Juntos, esses esforços reduziram os custos e o *lead time* e aumentaram a qualidade inicial radicalmente.

Outras empresas também lançaram esforços significativos de captura e aplicação de conhecimentos com o emprego de tecnologias cada vez mais sofisticadas. Muitas estavam ansiosas para compartilhar os seus sucessos e as capacidades realmente impressionantes dos seus sistemas de TI. Mas havia um problema: as mesmas empresas muitas vezes tinham dificuldade para convencer os engenheiros a inserir as informações no banco de dados ou aproveitar todo o potencial da ferramenta. Algumas conversas com representantes da empresa revelaram que os engenheiros pensavam na ferramenta como uma solução de TI, não como uma ferramenta de engenharia. Na verdade, ela quase sempre era alocada ao departamento de TI, o que criava uma situação em que os programadores imploravam aos engenheiros para que fornecessem as informações técnicas a serem inseridas no banco de dados. Esse mal-entendido era um problema sério.

Refletindo sobre essa questão, percebemos que essas empresas estavam trabalhando com o processo de captura e aplicação de conhecimentos de pernas para o ar. O conhecimento é gerado durante a execução do trabalho de engenharia. Ele se origina com as pessoas, são elas que precisam decidir o que capturar, o que inserir no computador e o que levar a sério e utilizar em um projeto. O que as empresas estavam esquecendo eram as pessoas, ou seja, a função crucial dos especialistas e guardiões do banco de dados de conhecimento, como vimos na Toyota e na TDM.

A função dos guardiões do conhecimento técnicos

Quando era um jovem engenheiro de desenvolvimento de produtos na General Motors, Charlie Baker leu *A Máquina que Mudou o Mundo.*[15] O livro teve um impacto enorme no modo como pensava sobre o seu trabalho, deixando Baker muito interessado no que as montadoras japonesas estavam fazendo no desenvolvimento de produtos. Ele decidiu que precisava aprender sobre o desenvolvimento *lean* de produtos e compartilhar o que descobrisse com o mundo. Baker escreveu uma carta para um executivo da Honda of America e ficou chocado quando recebeu o convite de ir à Honda para uma reunião. Na verdade, era uma entrevista de emprego. Baker foi contratado, tornando-se o primeiro americano a ser líder de um programa de grande porte (engenheiro-chefe) em uma mudança de modelo completo, e acabaria sendo o primeiro VP americano de engenharia de produtos da Honda North America.

Quando saiu da Honda e assumiu seu novo cargo na Johnson Controls (JCI), Baker estava ansioso para descobrir o estado atual da empresa. O que ele encontrou foram lacunas enormes dos fatores de sucesso que vivenciara na Honda e o que estava observando na JCI.[16] Uma das diferenças mais gritantes era o papel do conhecimento especializado profundo.

Na Honda, ele era considerado um aprendiz, estudando a arte da engenharia. Os professores-mestres ficavam quase todos no Japão. Enquanto engenheiro-chefe do Acura CL, depois do Acura MDS, Honda Pilot e Honda Accord, sucessivamente, ele teve que se apresentar para esses especialistas em revisões de projeto centradas no ponto em que a função encontra a fabricabilidade. Não eram festinhas para comemorar o seu sucesso. Para cada especialidade (carroceria, chassi, elétrica, trem de motor, exterior, interior) havia um especialista que dedicara sua carreira a acumular conhecimento na disciplina. As revisões deixariam qualquer um com os nervos à flor da pele, pois os especialistas enxergavam todos os pontos fracos do seu projeto no primeiro instante em que deitavam os olhos sobre o papel. Charlie explica como era:

> Em geral, alguém menos graduado criava e apresentava o projeto, com o apoio do seu supervisor direto. A equipe de desenvolvimento (eu e a minha equipe direta) opina sobre a aceitabilidade e adequação do ponto de vista do cliente e do valor, incluindo requisitos, prazos e custos. Os especialistas técnicos opinam sobre os riscos e otimização (curvas de *trade-off*), conjuntos de soluções apropriadas, requisitos, prazos e custos. As pessoas saíam das suas raias e davam suas contribuições. O debate era acalorado. O segredo é sair com um consenso para o futuro, ou pelo menos um plano claro.

A Honda, a Ford e a Toyota têm esse nível de conhecimento, pessoas capazes de dissecar e validar as informações para o banco de dados de conhecimento. Nada entra ou sai do banco de dados sem a aprovação do guardião técnico da área. Ninguém do departamento de TI precisa pressionar ninguém para adicionar conhecimentos ao banco de dados. Ele é mais do que uma lista. A discussão ativa é forte, como observa Charlie:

> Nem todo conhecimento era uma questão de marcar itens; parte girava em torno do debate sobre como um princípio básico precisaria ser aplicado em diversas situações, o que exigiria bom senso e diálogo. Ouvi um exemplo, atribuído à Toyota, sobre uma lista de verificação para rangidos e chacoalhadas. Muitas empresas tradicionais gerariam grandes volumes de dados definindo espaços de até 0,1 mm. A abordagem da

Toyota foi definir que os rangidos precisariam ser prevenidos com (1) a garantia dos espaços entre as pessoas (conversa sobre o que isso significa em um determinado exemplo), (2) a garantia de NÃO haver espaço entre as peças (de novo, conversa) ou (3) materiais que não geram ruído com movimentos relativos (mais conversa ainda). Essa é a essência das listas de verificação dos projetos *lean*: o porquê, não apenas o quê.

Na JCI essas funções não existiam. Uma das muitas mudanças introduzidas por Baker foi criar a função do especialista técnico (SMTE, subject matter technical expert) e, para a sua surpresa, as pessoas com esse nível de conhecimento especializado já existiam na JCI: "A JCI (e a maioria das empresas) tinha especialistas técnicos de verdade, mas esse pessoal normalmente era desperdiçado, sendo aplicado em apenas um projeto, no cargo de engenheiro de projeto (apesar de normalmente receberem projetos difíceis). Minha maior inovação foi definir a função do SMTE que não pertencia a projeto nenhum, mas que seria responsável por todos os projetos de uma especialidade técnica. Com isso, e com o giro do PDCA, você amadurece rapidamente. Sem isso, na minha experiência, você nunca amadurece".

Comunicação simples e clara para colaboração e transferência de conhecimentos

Frequentemente, o desenvolvimento de produtos é um ambiente de alta pressão e prazos apertados, no qual problemas complexos precisam ser trabalhados, analisados e decididos por equipes interfuncionais que podem se comunicar de maneiras muito diferentes. Três métodos únicos ajudam a enfrentar esses desafios com clareza e eficiência: relatórios A3, curvas de *trade-off* e eventos de reflexão.

Colaboração A3

Em nosso livro anterior, escrevemos sobre os quatro tipos de A3 da Toyota e como são usados no sistema de desenvolvimento de produtos da empresa. Desde então, muito foi escrito sobre os A3s, incluindo nosso livro *Managing to Learn*,[17] de John Shook, nosso livro favorito sobre o processo de usar o A3 como ferramenta de desenvolvimento de pessoas. Nunca encontramos uma ferramenta mais eficaz para a solução de problemas, comunicação e aprendizagem colaborativas quando praticada no espírito A3 de investigação e melhoria contínua.

Os relatórios A3 ganharam esse nome por causa do formato de papel utilizado (29,7 × 42 cm). Eles são uma maneira de estruturar e compartilhar informações que ajuda as equipes a praticar o pensamento científico de forma colaborativa. Em seu livro, Shook define os A3s como "uma manifestação visual de um processo de raciocínio de solução de problemas que envolve o diálogo contínuo entre o responsável por uma questão e outros membros da organização. É um processo de gestão fundamental e incentiva a aprendizagem por meio do método científico". E o A3 tem eficácia comprovada no desenvolvimento de produtos. Os benefícios do uso do A3 como ferramenta de aprendizagem e colaboração incluem:

- **Promover a colaboração.** Muitos engenheiros têm a tendência de resolver problemas por conta própria. Ser bons solucionadores de problemas é parte do que os levou a ser engenheiros, afinal. A prática é reforçada ainda mais pelo que lhes é ensinado na faculdade. Infelizmente, o ambiente de desenvolvimento de produtos do mundo real é muito mais complexo e interdependente que as aulas de engenharia. A solução isolada de problemas pode levar a soluções subótimas e mal comunicadas. Como Jim Womack gosta de dizer, "não dá para fazer A3s sozinho". Desenvolver A3s é um esporte coletivo, exige que os engenheiros busquem e envolvam pessoas com outras perspectivas e que trabalhem juntos na solução. Quando revisam um A3, os líderes e mentores devem se perguntar se todos os participantes críticos foram considerados.
- **Desacelerar o seu raciocínio.** Sherlock Holmes, o detetive genial de Sir Arthur Conan Doyle, afirmou que "nada é mais enganoso do que um fato óbvio". Os seres humanos tiram conclusões precipitadas por natureza. Achamos que sabemos, que os fatos são óbvios, e é muito tentador entrar no modo de solução antes de entender tudo o que precisamos. Essa tendência é exacerbada pela pressão enorme sofrida pelas pessoas em programas de desenvolvimento de produtos, a pressão para cumprir metas de custo, qualidade e desempenho de atributos. Para piorar ainda mais, temos a pressão do tempo. Os ponteiros nunca param. Prazos devem ser cumpridos e, no calor do momento, as pessoas nem sempre dedicam o tempo necessário para refletir sobre a definição do problema, as causas, possíveis contramedidas e como testar rapidamente as contramedidas.

  Em sua obra-prima *Rápido e Devagar: Duas Formas de Pensar*,[18] o vencedor do Prêmio Nobel Daniel Kahneman propõe dois personagens fictícios que moram no nosso cérebro e controlam o modo como pensamos. O Sistema 1 é um automático e de baixo esforço, enquanto o Sistema 2 é mais lento e exige mais esforços. Kahneman demonstra que muitas vezes cometemos erros por nos apressarmos em aceitar informações do Sistema 1 sem analisá-las suficientemente. Ele postula que o cérebro é naturalmente preguiçoso e que procura atalhos. Kahneman caracteriza esses erros como uma série de vieses específicos, como excesso de confiança no que sabemos, que representam falhas no nosso raciocínio. Ele sugere que é possível combater esses vieses se desacelerarmos e reconhecermos que podemos ser vítimas dessas armadilhas. O Sistema 2 é uma abordagem mais lenta e sistemática à análise de informações e à criação de ideias úteis e que podem ser testadas. Ele afirma que as organizações podem melhorar a sua eficácia se impuserem procedimentos ordeiros e de rotina que enquadram o problema, coletam os dados necessários, aplicam listas de verificação, refletem e revisam. As organizações também devem buscar continuamente maneiras de melhorar em cada um desses passos.

Um truque para verificar a qualidade do seu A3, recomendado por Eric Ethington e Tracey Richardson, *coaches* do LEI, é ler o seu A3 de trás para a frente. A3s combinados com listas de verificação e usados na revisão do projeto podem se beneficiar do uso dessa abordagem.

- **Tornar a comunicação mais precisa.** Um dos principais desafios do desenvolvimento de produtos é que ele envolve muitas disciplinas funcionais: finanças, engenharia, *design*, *marketing* e fabricação são mais do que perspectivas diferentes e jeitos diferentes de ver o mundo, elas têm linguagens diferentes e bastante especializadas, o que dificulta a solução de problemas e até a comunicação. Como o A3 exige que você resuma os problemas aos seus elementos essenciais, sem passar de uma página, ele incentiva o uso de gráficos e figuras, minimizando o espaço e a utilização de texto. Isso ajuda a eliminar o jargão e incentiva o uso de uma linguagem simples e direta. O A3 também exige que você resolva problemas em conjunto, o que incentiva a comunicação presencial e direta, na qual é possível fazer perguntas e esclarecer dúvidas.
- **Tornar-se um repositório de conhecimento.** O conhecimento gerado pelo processo A3 pode ser um ativo valiosíssimo para a sua organização. Por consequência, ele deve ser protegido e alavancado, como aconteceria com qualquer outro ativo. Além da solução implementada pela equipe, o A3 contém o problema específico que buscou resolver e pode incluir também as contramedidas que foram testadas e não funcionaram.

  Ao organizar e disponibilizar os A3, você cria um recurso de conhecimento potente para os desenvolvedores e uma possível vantagem competitiva. Vimos que a Toyota organizou os A3s de diversos engenheiros de fabricação em fichários, ordenou-os por tópico e disponibilizou-os para todos os funcionários. Além disso, era responsabilidade de cada engenheiro que desenvolvia um A3 pensar quem poderia se beneficiar com essas informações e enviá-lo por e-mail para essas pessoas. Os engenheiros também distribuem *white papers* ou "livros brancos". O nome nos sugere relatórios compridos, mas, na Toyota, os *white papers* são histórias em A3 que compartilham algum conhecimento técnico.

Para engenheiros de desenvolvimento de produtos, especialmente aqueles que trabalham em ambientes de engenharia distribuídos, os A3s podem ser disponibilizados digitalmente. Criar os A3s à mão pode ser muito valioso, mas com a introdução da tecnologia de reconhecimento óptico de caracteres (OCR), você pode simplesmente tirar uma foto do A3 finalizado para torná-lo acessível para buscas em todo o mundo. Obviamente, ainda é preciso ter um processo de governança e um responsável, como seria o caso em qualquer sistema de padrões eficaz. A Ford utilizava o grupo de qualidade da engenharia de cada disciplina nessa função, avaliando o valor do A3 para o banco de dados de padrões. Por outro lado, dado o crescimento exponencial dos dados no desenvolvimento de produtos moderno, seria possível, como sugere Mary Morgan, investir em um especialista em ciências da informação para organizar e atuar como responsável por esses dados.[19] É um investimento pequeno, considerando o que está em jogo. Em ambos os casos, se usar o A3 apenas no problema inicial, vai estar perdendo, no mínimo, metade do benefício.

- **Melhorar a produtividade das revisões de projeto.** Os A3s são úteis em muitas situações diferentes, mas podem funcionar especialmente bem nas revisões de projeto. Como discutido, eles promovem o pensamento científico e facilitam a colaboração. Os A3s também exigem que os engenheiros desenvolvam um enunciado sucinto do problema, descrevam a situação atual apoiados em dados, definam possíveis contramedidas específicas (experimentos) e forneçam um plano de ação com prazos. E o formato de uma página força os autores a reduzir os problemas aos seus elementos essenciais, o que torna as conversas sobre revisões de projeto muito mais produtivas. O A3 também serve como registro do plano formulado por consenso e pode ser armazenado e recuperado após o problema específico ser resolvido. Não defendemos que você deve criar um A3 para cada item do seu plano de revisão de projetos. Contudo, se tem um problema difícil e que envolve múltiplas disciplinas, uma decisão importante que exige entender um *trade-off*, um problema recorrente que não conseguiu eliminar ou um fenômeno relativamente novo que precisa entender melhor, um A3 pode ser uma ferramenta excelente para ajudar na revisão.

Curvas de *trade-off*

Em *Lean Product and Process Development,*[20] Al Ward e Durward Sobeck afirmam o seguinte: "Se eu só pudesse ensinar uma ferramenta *lean*, seria a curva de *trade-off*". As curvas de *trade-off* são um método poderoso para representar diversos tipos de informação. Como Ward costumava dizer, elas transformam os dados em conhecimento reutilizável. Muitas vezes, a melhor forma de representar a química ou física fundamental de um projeto ou entender o desempenho final e o relativo é com uma curva de *trade-off*.

As curvas de *trade-off* foram introduzidas no primeiro artigo que Ward e seus colegas escreveram sobre o sistema de desenvolvimento de produtos da Toyota: "The Second Toyota Paradox: How Delaying Decisions Can Make Better Cars Faster" ("O segundo paradoxo da Toyota: Como atrasar decisões pode criar carros melhores e mais rapidamente").[21] A sua obra introduziu o conceito de engenharia simultânea com múltiplas alternativas. O título dava a impressão de que o propósito seria manter múltiplas possibilidades de projeto em aberto por tanto tempo quanto fosse possível, o que, na verdade, seria apenas uma possibilidade. A Toyota usava o pensamento com múltiplas alternativas de diversas maneiras, um dos quais sendo as curvas de *trade-off*, que representam o conjunto das soluções possíveis.

Para o artigo, os autores entrevistaram engenheiros e fornecedores da Toyota no Japão. As curvas de *trade-off* eram mencionadas com frequência. Uma curiosidade era o grande número de protótipos construídos pelos fornecedores da Toyota em comparação com os seus colegas nos EUA. Um fornecedor de sistemas de escapamento no Japão esclareceu a questão para nós. Não é que estivessem fazendo vários protótipos do mesmo projeto, apenas protótipos isolados de diversos projetos diferentes, que eram testados na bancada e representados nessas curvas de *trade-off*. O fornecedor nos mostrou um exemplo de *trade-off* entre acúmulo de contrapressão no silenciador e a capacidade de redução de ruídos. "O EC quer ver os *trade-offs* para poder tomar a decisão final", explicou o fornecedor.

Na Honda, Charlie Baker também aprendeu sobre a importância das curvas de *trade-off* e levou-as para a JCI: "Quando fui para a JCI, um problema grave era simplesmente não entender de fato a causa fundamental, ou complicá-la demais com um excesso de informações desnecessárias. Desafiei a organização a encontrar um problema que exigisse mais de uma curva de *trade-off* para ser resolvido. Perdi, mas demorou 3 meses (e centenas de problemas) antes de acharmos um problema que absolutamente precisava de mais de uma curva de *trade-off*".

Reflexão para aprender com a experiência

Na Grécia Antiga, o filósofo Sócrates supostamente afirmou que "a vida não examinada não vale a pena ser vivida". Não temos certeza de que diríamos que um programa de desenvolvimento de produtos não examinado não merece ser executado, mas se não aprender intencionalmente com os seus programas de desenvolvimento, você vai perder uma oportunidade enorme de melhorar os seus produtos e o seu desempenho em desenvolvimento.

Em nosso livro anterior,[22] contamos detalhes sobre os eventos de reflexão, ou *hansei*, da Toyota e sobre a prática semelhante das revisões pós-ação (AARs, after-action reviews) criada pelo Exército dos EUA. Ambas as organizações usaram esses eventos como parte de um sistema de aprendizagem maior para obter uma vantagem competitiva significativa; desde então, muitas outras organizações agregaram essa prática aos seus repertórios. Também identificamos os principais obstáculos a eventos de reflexão eficazes, além das principais características dos eventos bem-sucedidos. Não repetiremos essas informações aqui, mas vale a pena compartilhar alguns *insights* adicionais que descobrimos desde a publicação de *Sistema Toyota de Desenvolvimento de Produto*.

Integre ao trabalho

Esperar até o fim do projeto é um dos modos de falha mais frequentes nas organizações que tentam usar a reflexão como mecanismo de aprendizagem. Quando esperam até o final, informações demais se perdem, os participantes passam para outros projetos e as memórias vão perdendo a sua clareza e definição.

Não é fácil. Aprender com o passado é um grande desafio. Em *O Cisne Negro*,[23] Nassim Taleb descreve como as nossas tentativas contínuas de impor sentido ao mundo resultam em histórias problemáticas sobre o passado que acabam impactando a nossa visão de mundo. Em *Rápido e Devagar: Duas Formas de Pensar*,[24] Kahneman também nos lembra como os vieses embutidos do Sistema 1 (o pensamento rápido) dificultam o processo de aprender com o passado. Por exemplo, eles podem fazer "nos concentrarmos em alguns poucos eventos marcantes que aconteceram, não nos inúmeros eventos que não chegaram a acontecer", de modo que atribuímos crédito ou culpa demais a esses eventos. Outro fator importante que afeta a nossa opinião sobre o passado, de acordo com Kahneman, é o viés retrospectivo. O viés retrospectivo, também chamado de viés de resultado, faz avaliarmos o passado de forma mais ou menos favorável dependendo do projeto ter ou não tido sucesso. No caso de um empreendimento que fracassou, muitas coisas que fizemos poderiam ter sido boas e merecer ser compartilhadas, sendo que o fracasso do projeto pode não ter tido relação com essas boas práticas. É importante estar ciente desses vieses e chamar a atenção para eles quando refletimos sobre um evento.

Outra forma de ajudar a combater as dificuldades de se aprender com o passado e realizar os seus eventos mais frequentemente. Adicione minipontos de reflexão ao processo de desenvolvimento. Por exemplo, você pode adicionar um componente de reflexão às suas revisões de marcos, talvez até alguns minutos para refletir ao final de cada reunião no *obeya*. Dessa forma, as informações estão mais disponíveis na memória e menos sujeitas ao impacto do tempo. Além disso, com a reflexão mais frequente, você aprende a analisar melhor. A prática adicional ajuda. Vai ser mais natural e as equipes provavelmente ficarão mais abertas. Por fim, as informações acumuladas com cada minievento alimentam o evento de reflexão final, que se torna muito mais eficaz.

A Caterpillar é um exemplo de empresa que descobriu os benefícios produzidos por eventos de reflexão regulares para acelerar a aprendizagem e melhorar continuamente seus programas de desenvolvimento. A Caterpillar pratica o LPPD há mais de uma década. Nas primeiras fases, a empresa enfocava principalmente o mapeamento do fluxo de valor e o *obeya* para acelerar um número especialmente grande de programas de DP relacionados a novas normas de emissões. À medida que amadureceu, a empresa percebeu que não estava se saindo muito bem nas fases "C" e "A" do PDCA. Decidiu-se realizar eventos de reflexão formais para capturar a aprendizagem e usá-la como base para avançar. O piloto envolveu o grupo que estava projetando pás-carregadeiras médias. Inicialmente, a equipe se ateve ao *hansei* formal e às perguntas associadas que descrevemos em nosso livro anterior.

No início, os membros da equipe descobriram diversos desafios de projeto que exigiria um investimento de tempo significativo para identificar a causa fundamental. A conclusão é que os eventos de reflexão formais eram bastante valiosos para aprofundar a aprendizagem e tomar decisões melhores.

À medida que foram conquistando experiência, os membros da equipe desenvolveram uma história de *A3 de decisão* como forma de esclarecer suas ideias, disseminar o documento para obter contribuições de um grupo mais amplo e documentar seu raciocínio, considerações e justificativas de modo a informar decisões semelhantes no futuro. Capturar o conhecimento em tempo real com os A3s de decisão foi um fator determinante para a eficácia das reflexões futuras, pois ele cria uma trilha de migalhas a ser seguida pelas equipes, ajudando-as a entender por que decisões específicas foram tomadas. Agregar eventos de reflexão formais e o A3 de decisão teve um efeito transformacional para as equipes da Caterpillar.

A Toyota realiza grandes eventos de reflexão, com duração de vários dias, ao final de cada programa de desenvolvimento. Os participantes de cada grupo de programas são trazidos para uma sala, onde anotam suas reflexões em *flipcharts*. Os especialistas funcionais são escolhidos para compartilhar lições importantes com as partes relevantes, enquanto o gerente de programa se apresenta em uma reunião de gestão de programas global. Mas esse grande evento de reflexão é, na verdade, apenas o produto de muitas reflexões menores que acontecem durante o processo de desenvolvimento.

Os eventos de *hansei* da Toyota e os AARs do Exército dos EUA funcionam com perguntas relativamente simples. Por exemplo:

- O que pretendíamos fazer?
- O que aconteceu de fato?
- Qual é a lacuna?
- Por que a lacuna ocorreu?

Quem já tentou fazer tudo isso sabe que responder essas perguntas é mais difícil do que parece, especialmente quando faltam dados de apoio, evidências sobre o que ocorreu de fato e um registro do que você estava tentando fazer. Mas se criou um manual de conceito e usou um *obeya*, não faltaram dados para o processo.

O manual de conceito deve afirmar claramente o que você estava tentando fazer. Os gráficos de trajetória de produção de atributos, cronogramas rabiscados e diversos outros artefatos do *obeya* produzem um histórico rico do desempenho planejado do programa em relação aos resultados reais. Na verdade, muitas organizações *lean* avançadas realizam seus eventos de reflexão no *obeya*. Se usou A3s para resolver problemas pelo caminho, terá guardado excelentes documentos de referência, informando quais ações tomou e o porquê. E se fez minieventos de reflexão nos marcos, terá os relatórios gerados por esses eventos. Utilizando esses documentos em um diálogo aberto e honesto, sem procurar culpados, você conseguirá montar o quebra-cabeças da história do programa e ter uma base para debater oportunidades de melhoria para os seus produtos futuros e o desempenho dos esforços de desenvolvimento. Os eventos de reflexão eficazes podem ajudar a acelerar a sua aprendizagem e disseminar conhecimentos por toda a sua organização.

Encerramento

A ideia fundamental deste capítulo é bastante simples: a aprendizagem organizacional não é mais um item opcional. As empresas que não melhoram a sua capacidade de aprender, evoluir e melhorar não terão sucesso no desenvolvimento de produtos. Sugerimos diversas maneiras de integrar a aprendizagem ao modo como você trabalha. Contudo, em última análise, aprender é uma escolha e precisa ser uma prioridade organizacional que começa com a liderança.

PRÓXIMOS PASSOS

A busca da perfeição nos produtos pode ter um impacto transformacional no seu produto e na sua organização. No Capítulo 7, enfocamos o objetivo final dos grandes produtos e serviços. Qual é a diferença entre um produto qualquer e um grande produto? Como medir a eficácia de um produto? E como desenvolver a mentalidade de equipe para considerar o desenvolvimento uma arte, com a excelência do produto como objetivo?

Sua reflexão

Criando uma visão

Tornar-se uma organização de aprendizagem pode parecer um pouco abstrato. É mais fácil entender o que significa se tornar um indivíduo que aprende. Entretanto, um conjunto de indivíduos que aprendem independentemente não formam uma organização de aprendizagem. É preciso haver maneiras de compartilhar, armazenar e reutilizar o conhecimento. Neste capítulo, descrevemos algumas das principais características das organizações de aprendizagem:

- A aprendizagem individual é codificada na forma de padrões que são compartilhados e utilizados.
- A cultura apoia o compartilhamento aberto da aprendizagem, mesmo do que aprendemos com os nossos erros.
- As oportunidades de aprendizagem são integradas ao processo de projeto (p. ex., revisões de projeto, reflexão, reuniões no *obeya*)
- As pessoas desenvolvem o hábito de pensamento sistêmico científico por meio da prática diária com *coaching*.

- Os guardiões do conhecimento tem domínio profundo da sua arte e cuidam formalmente da base de conhecimento.
- A comunicação é simples, clara e sucinta para incentivar a colaboração e transferência de conhecimentos (p. ex., por meio de relatórios A3).

Essa visão se encaixa com o que você considera necessário para a sua empresa se tornar uma organização de aprendizagem? Como você revisaria essa visão para se adaptar melhor à situação da sua empresa?

Sua condição atual

1. Avalie sua organização como um todo em relação às características de uma organização de aprendizagem.
2. Quais restrições organizacionais estão inibindo a aprendizagem na sua empresa?
3. Você está maximizando o resultado das suas revisões de projeto? Como poderia melhorá-las?
4. Você aprende com os problemas que vivencia? As mesmas questões parecem estar se repetindo?
5. Você usa um *obeya*? O seu *obeya* é a central dos seus programas? É um centro para aprendizagem imersiva?
6. Você está ensinando seu pessoal a aplicar o pensamento científico continuamente, usando projetos de melhoria reais e acompanhados de um *coach* qualificado?

Entrando em ação

1. Crie um A3 de estratégia de aprendizagem e recrute apoio interfuncional para desenvolvê-lo.
2. Identifique claramente no A3 por que sistemas de aprendizagem precisam ser desenvolvidos (contexto), a condição atual da aprendizagem no desenvolvimento de produtos e a lacuna entre as suas capacidades atuais e o que espera atingir.
3. Desenvolva contramedidas experimentais com o objetivo de sanar a lacuna, capturar e compartilhar a aprendizagem resultante dos experimentos e refletir sobre o que ocorreu.

7

Em busca da perfeição do produto

A perfeição não é possível. Mas se corrermos atrás dela, podemos chegar na excelência.
— Vince Lombardi

A busca da perfeição captura a imaginação humana há milhares de anos. É uma força que nos leva a melhorarmos quem somos. Desde o início da história, debatemos o que é e como alcançá-la. Gostamos da ideia de Aristóteles de que não é uma meta de sucesso e sim um modo de ser: "Nós somos aquilo que fazemos repetidamente. Excelência, então, não é um modo de agir, mas um hábito". Essa mentalidade ainda divide as organizações e indivíduos excepcionais dos meros aspirantes.

Em *A Mentalidade Enxuta nas Empresas*, James Womack e Dan Jones escrevem que a "busca da perfeição" é um princípio fundamental do pensamento *lean* e o alicerce da melhoria contínua.[1] É um conselho poderosíssimo para os desenvolvedores de produtos e processos e o objetivo implícito dos processos, ferramentas e métodos descritos neste livro.

Neste capítulo, discutimos diversas características importantes dos produtos excelentes e compartilhamos alguns exemplos de práticas usadas por empresas de produto bem-sucedidas para criá-los de maneira consistente. Acima de tudo, produtos e serviços excelentes agregam valor para os seus clientes; eles resolvem os problemas dos clientes de maneiras inovadoras e simpáticas. Mas eles não param por aí: os melhores produtos, diferenciados pela beleza do *design* e a qualidade superior, são confiáveis e sustentáveis e têm engenharia sustentável, produzindo uma solução elegante. Em suma, eles produzem uma experiência completa e deixam a concorrência para trás.

O primeiro passo para desenvolver a capacidade de produzir produtos e serviços excepcionais é envolver toda a organização com o empreendimento. Para criar um ambiente em que se espera excelência, a diferença está no seu pessoal.

Paixão por excelência

Acreditamos que chegar na excelência não é tanto uma questão de genialidade, mas de esforço incansável em busca de algo que parece sempre ligeiramente além do nosso alcance. É preciso estar pessoalmente concentrado no trabalho, o que, infelizmente, é raro nas nossas experiências cotidianas. Na verdade, nossas experiências normais tendem a estar mais próximas do que aquelas descritas em *Zen e a Arte da Manutenção das Motocicletas*, o clássico maravilhoso de Robert Pirsig.[2] Na busca pela verdade do protagonista, um dos problemas que ele enfrenta é o significado existencial de qualidade em nossas vidas. Ele começa essa jornada em uma oficina de motocicletas. Após três reformas completas e independentes do motor, o narrador chega à oficina para pegar sua moto e, quando as tampas dos tuchos hidráulicos precisam ser removidas mais uma vez, ele observa:

> (...) Reclamei a um dos rapazes, que trouxe uma chave de boca ajustável, colocou as tampas de alumínio sobre os tuchos hidráulicos sem o menor cuidado, girando-as rapidamente. Resultado: estragou as duas. "Espero ter outras tampas dessas no estoque", disse ele. Concordei com a cabeça. Ele trouxe um martelo e uma talhadeira, e começou a bater nas tampas para afrouxá-las. A talhadeira perfurou a tampa, e vi que ele estava metendo a ferramenta bem no cabeçote do motor. No golpe seguinte, acertou o cabeçote em cheio, quebrando um pedaço de duas das aletas de resfriamento. "Pare, por favor", disse eu, educadamente, já me sentindo como em um pesadelo.

O motoqueiro de Pirsig finalmente dirige sua moto engraxada na estrada, apenas para descobrir que a oficina esquecera de fixar o motor completamente ao quadro. Ele fica se perguntando:

> Por que teriam eles matado o serviço daquele jeito? (...) Propunham-se a realizar um serviço, e saía aquele verdadeiro desastre. Não havia qualquer motivo pessoal. (...) A principal pista, porém, me pareceu ser

a expressão deles. Era difícil explicar. Eram bem humorados, amigáveis, amáveis – e neutros. Meros expectadores. Tinha-se a impressão de que estavam ali por acaso e que alguém lhes havia metido uma chave nas mãos. Não se sentiam identificados com o trabalho. Não diziam: "Eu sou mecânico." Às cinco da tarde, ou no momento em que terminassem a jornada de oito horas, eles paravam e não pensavam mais no serviço. Tentavam não pensar no serviço até mesmo durante o trabalho.

A história de Pirsig nos dá uma interpretação bastante humana da busca pela excelência. A busca precisa começar com pessoas que se importam de verdade com o seu trabalho. Conhecemos pessoas de todos os níveis da sociedade, realizando todo tipo de trabalho, que ficam energizadas e emocionadas com o seu trabalho. Os líderes precisam recrutar suas equipes com uma visão clara e instigante do propósito do trabalho e então devem liderar por exemplo. Os líderes escutam, não só ensinam. Os membros de equipe são tratados como importantes, não como um mero par de mãos, e entendem como a sua contribuição é relevante para o que estão fazendo.

As empresas que não criam condições para engajar as pessoas de verdade muitas vezes acabam com esforços de qualidade do tipo cumprir listas ou centrados em ferramentas. Para elas, a qualidade é coisa do grupo da qualidade, que tenta aplicar as normas da empresa. Como Tom Peters e Robert Waterman escreveram em seu clássico *Vencendo a Crise*,[3] "sem exceção, a dominância e coerência de uma cultura foram qualidades essenciais das empresas excelentes". As empresas excepcionais envolvem seus funcionários e lhes dão a oportunidade de realizar o seu potencial e de ser algo maior do que eles mesmos. A sua cultura serve de base para criar excelência em produtos.

Então como criar uma cultura de grandes produtos? Em geral, aplicando as mesmas práticas de contratação, desenvolvimento de pessoal e liderança que discutimos nos Capítulos 4 e 5. As equipes de alto desempenho com líderes excelentes tendem a produzir resultados excepcionais. E a verdadeira liderança é especialmente importante na busca da excelência em produtos. Falar de qualidade é fácil, mas como os líderes se comportam de fato? E onde passam o seu tempo? Quais as expectativas que criam? Como envolvem os membros de equipe?

No início da reviravolta da Ford, a equipe de carroceria e estampagem se esforçou ao extremo para melhorar a qualidade da carroceria externa. A equipe fizera *benchmarking* com os melhores do mundo e estabelecera suas metas nesses níveis ou até acima. Mas ficou evidente que nem todos os gerentes estavam comprometidos com o esforço. Em meio a um debate particularmente intenso sobre requisitos de qualidade para peças em uma revisão de produto, um gerente de longa data da Ford exclamou, frustrado: "Não vamos vender uma droga de carro a mais por causa de raios mais fechados ou margens mais apertadas!" A afirmação estava errada (a montagem e acabamento da carroceria externa foi uma das características que mais chamou a atenção nos novos produtos), mas, mais do que isso, essa não era a ideia. A ideia era criar um ambiente em que havia uma expectativa de excelência. Quando cria esse ambiente, a excelência se espalha. É responsabilidade do líder criar esse ambiente, especialmente nos momentos mais difíceis. Você não pode escolher onde quer excelência e onde vai se contentar com a mediocridade.

O foco em produzir excelência tem um efeito colateral positivo e inesperado: o impacto nas pessoas envolvidas. Concordamos com Richard Sennett, professor de sociologia da London School of Economics, a maioria das pessoas tem um desejo inato de fazer um trabalho bem feito como um fim em si só.[4] Esse é o espírito da *craftsmanship*. É um desejo universal que liga as pessoas ao seu trabalho de uma forma bastante pessoal, dando orgulho e sentido ao que fazem. Por consequência, dominar a sua profissão produz uma alegria interna que só é possível quando fazemos algo incrivelmente difícil e pessoal. Sim, claro, essa jornada árdua tem um impacto duradouro em quem escolhe trilhar esse caminho. Mas, enquanto pensadores *lean*, a criação de valor e a busca da perfeição são fundamentais para o que estamos fazendo. O espírito da *craftsmanship* é um componente fundamental da criação de algo que tenha valor duradouro.

Valor definido pelo cliente

De acordo com Womack e Jones, o primeiro princípio do pensamento *lean* é entender e produzir valor definido pelo cliente. É também a base para a excelência em produtos. Se o seu produto não resolve o problema do cliente ou gera a experiência desejada, é improvável que ele o considere excelente. No Capítulo 1, discutimos as funções que o EC, a imersão, os antropólogos *high-tech*, as *hackathons*, a experimentação rápida e o manual de conceito (*concept paper*) têm no entendimento e alinhamento da organização em torno de como produzir valor máximo para o cliente. Mas agregar valor para os clientes merece uma discussão mais aprofundada e é essencial para qualquer conversa sobre excelência em produtos.

Também gostaríamos de enfatizar que para ter sucesso, o foco na criação de valor excepcional para o cliente precisa ir muito além das ações de uma equipe de produto individual. Ele precisa permear toda a organização. Explicando o tema de próximo ao cliente, Peters e Waterman escrevem: "A boa notícia das empresas excelentes é a extensão e profundida com o qual o cliente se infiltra em cada pedacinho do negócio: vendas, produção, pesquisa, contabilidade".[5]

A Toyota tem um jeito bastante simples e desafiador de pensar sobre a satisfação do cliente: "Se um único cliente recebe um produto defeituoso, isso representa 100% dos nossos produtos para aquele cliente" e "o produto é o veículo que o cliente compra e a sua experiência geral, incluindo a experiência na concessionária e de serviços" (ver Fig. 7.1).

A filosofia de colocar o cliente em primeiro lugar na Toyota remonta às ideias inovadoras de Sakichi Toyoda, muitos anos atrás. Essa filosofia foi expandida com o espírito de melhoria contínua de Kiichiro Toyoda. A consequência foi uma cultura que dá atenção especial à qualidade vivenciada pelo cliente e ao *kaizen* contínuo produzido pelo *genchi genbutsu* (experiência direta no local). Isso ajuda a explicar por que os EC da Toyota passam tanto tempo observando como os clientes usam os seus carros em seus ambientes naturais.

A paixão pelos clientes ajuda a manter os clientes felizes, mas o contrário também é verdade. As pessoas se animam com a ideia de deixar os clientes felizes, algo que raramente se vê durante um desfile de apresentações de PowerPoint sobre os custos, benefícios e lucros esperados para a empresa. O foco no cliente motiva os membros de equipe e os deixa ainda mais centrados no cliente. E com o foco mais profundo em como o produto cria valor para o seu cliente, seu pessoal entende melhor como cada um pode contribuir diretamente para a sua missão.

FIGURA 7.1 Modelo da Toyota de valor definido pelo cliente.
(Fonte: http://www.toyota-global.com/sustainability/society/quality/)

Design orientado pelo cliente

Grandes *designs* têm um impacto emocional, sejam eles de carros, *smartphones*, eletrodomésticos ou barbeadores. Em *O Design do Dia a Dia*,[6] um livro esclarecedor, Donald Norman, cientista cognitivo, engenheiro de usabilidade e professor emérito da University of California, San Diego, demonstra que "o *design* é, na verdade, um ato de comunicação, o que significa ter um entendimento profundo sobre a pessoa com quem o *designer* está se comunicando". Essa é a essência de uma abordagem *lean* ao *design*.

É fácil ficar tão preso à eficiência operacional e excelência na execução que ignoramos o contexto geral. Os clientes não estão comprando uma grande execução, estão comprando um grande produto. A indústria automobilística acordou para essa realidade quando Elon Musk apresentou o Tesla Model S para o mundo. Todos os aspectos do *design*, da aparência exterior à velocidade e à interface do usuário digital limpa, eram emocionantes e pareciam superar a concorrência. Indo além do veículo, era evidente que a execução da Tesla estava longe dos padrões do setor: prejuízos financeiros, entregas atrasadas com baixa qualidade (ver Capítulo 8). Mas os clientes eram tão apaixonados pelo produto que correram para comprar o Model S e se inscreveram na lista de espera para encomendar o Model 3. Não estamos dizendo que execução não importa. Claro que importa. E a má execução da Tesla ainda pode acabar matando a empresa. Contudo, o produto claramente estabeleceu uma conexão especial com os clientes.

O comprometimento da Apple com o *design*

Steve Jobs era obcecado pela aparência dos produtos da Apple. Jony Ive, *designer* chefe da Apple, é igualmente obcecado pela beleza, pela sensação e por cada milissegundo da experiência do usuário. Jobs compreendia profundamente o valor de uma ligação emocional com os clientes e acertou ao apostar que as pessoas pagariam mais pela excelência no *design* dos seus produtos. E a aposta com certeza rendeu.

Começando pelo retorno de Jobs à Apple em 1997, o *design* diferenciou a empresa drasticamente em relação à concorrência. Foi o ingrediente secreto nos produtos que transformou uma empresa moribunda naquela que é provavelmente a organização mais bem-sucedida da contemporaneidade. Walter Isaacson, biógrafo de Jobs, escreveu que a paixão de Jobs pelo *design* chegava ao nível da obsessão. Ele insistia que os computadores tinham que parecer perfeitos por dentro e por fora: "O *design* diferenciado – limpo, simpático e divertido – se tornaria a marca dos produtos da Apple sob o comando de Jobs. Em uma era pouco conhecida por grandes *designers* industriais, as parcerias de Jobs com Hartmut Esslinger nos anos 1980 e então com Jony Ive a partir de 1997, criaram uma estética de *design* e engenharia que diferenciou a Apple das outras empresas de tecnologia e ajudou a transformá-la na empresa mais valiosa do mundo".[7]

Hoje, todos sabem que Jobs valorizava a simplicidade no *design* acima de tudo. Em 1977, o primeiro folheto da Apple declarava que "a simplicidade é o máximo em sofisticação". De acordo com Jobs, "é preciso muito esforço para deixar algo simples, para realmente entender os desafios fundamentais e produzir soluções elegantes".[8] Enquanto muitos fabricantes atulhavam os produtos de recursos na esperança de agregar valor para o cliente, a abordagem da Apple dava espaço para os consumidores respirarem, uma estratégia que deu muito certo para a empresa.

Jim teve a sorte de se reunir com Ive durante suas conversas sobre a Apple e ficou impressionado com a humildade, o comprometimento absoluto com a criação de grandes produtos e o conhecimento profundo de Ive sobre engenharia, materiais e fabricação, não apenas sobre *design* em si.

Assim como os líderes descritos anteriormente neste livro, Ive reconhece claramente e valoriza as muitas contribuições necessárias para se criar grandes produtos. Ele fala consistentemente sobre o que "nós" fizemos, não o que "eu" fiz. Ele parece valorizar o trabalho em equipe, tão crucial para a criação dos produtos icônicos da Apple, e sua mentalidade de equipe se estende muito além da equipe de *design* direta, alcançando os grupos mais amplos no resto da empresa e nos fornecedores. "Mais do que nunca, estou ciente de que os nossos sucessos no *design* dependem absolutamente do comprometimento de muitas equipes diferentes com a solução dos mesmos problemas", afirma Ive.[9]

Na opinião dele, um novo produto precisa ser novo e diferente de modos que importam para o cliente: "A maioria dos nossos concorrentes está interessada em fazer algo diferente ou quer parecer diferente. Creio que são objetivos totalmente equivocados. Um produto precisa ser realmente melhor. Isso exige disciplina de verdade, e é isso que nos motiva: uma vontade sincera e genuína de criar algo melhor".[10]

A profundidade e extensão do conhecimento de Ive se estende aos materiais e à fabricação. É evidente que ele pensa no *design* como muito mais do que ideias e estilo. Ele quer entender tudo que puder sobre materiais e fabricação para que ele e a sua equipe possam continuar a ampliar as fronteiras do *design*, e está disposto a tomar medidas extraordinárias para isso. O esforço da Apple para aplicar o vidro Gorilla Glass é famoso, assim como a história da usinagem de produtos usando um único bloco de alumínio. Em uma história famosa, Ive levou sua equipe para visitar mestres-forjadores de espadas samurai para entender melhor os seus materiais e os princípios da sua arte.[11]

A paixão por excelência no *design* de Akio Toyoda

Em janeiro de 2016, Akio Toyoda fez uma apresentação para uma plateia lotada durante o Detroit International Auto Show. Ele queria que os espectadores soubessem que estava escutando os clientes da Lexus e concordava que o *design* dos seus veículos estava enfadonho. Continuando, ele afirmou que "nunca mais queria ver 'Lexus' e 'enfadonho' na mesma frase de novo". E, com isso, revelou o LC500, um dos *designs* mais audaciosos de um carro produzido em massa de todos os tempos. Mas Toyoda não parou por aí. Toda a linha Toyota, do SUV/crossover compacto C-HR ao novo Toyota Camry, tinha *designs* atrevidos e fortes. Toyoda, um piloto de corrida que ama carros, claramente ouvira os clientes da Toyota em alto e bom som: chega de carros chatos! Sem desistir da proposta de valor original, a Toyota agora pretendia alavancar o *design* para fortalecer a sua conexão com o cliente. Um *design* vibrante nunca fora um dos pontos fortes da empresa, mas está claro que o atual CEO reconhece o potencial desse elemento de agregar valor para o cliente e está determinado a melhorar.

O trabalho para fortalecer a relação com o cliente usando o *design* continua firme na Lexus. Em nossa conversa com Yoshihiro Sawa, presidente da Lexus e diretor da Toyota, ele se emocionou falando sobre a importância do *design* e de formar uma relação forte com a próxima geração de criativos de todo o mundo. A Lexus identifica e apoia artistas e outros profissionais criativos mundialmente. Por meio de histórias e de termos-chave de *design* como *integrado*, *gravidade zero*, *elegância*, *simplicidade incisiva* e *fronteira*, ela compartilha com eles o espírito da Lexus. Depois, os *designers*, que podem vir da Europa, do Japão ou dos EUA, criam a sua perspectiva sobre a visão de mundo da Lexus na sua mídia específica. Em alguns casos, os artistas vêm a trabalhar diretamente com os estúdios da Lexus e ajudam a projetar um veículo da próxima geração. A Lexus também foi a primeira montadora a patrocinar grandes competições de *design* em cidades como Milão, de modo a apoiar jovens artistas e trabalhar de perto e aprender com os participantes desses eventos, fortalecendo a ligação estética com a próxima geração de compradores de veículos de luxo.

O *design* capacitado pela engenharia da Ford

O *design* cinético e eletrizante foi uma parte importante da revitalização da Ford e um diferencial poderoso para os produtos da empresa. Os *designs* do Mustang, Fusion e Focus os diferenciaram em suas categorias e deram início a uma tendência no setor. O *design* cinético era audacioso e emocionante, sim, mas também um grande desafio da perspectiva da engenharia e da produção.

E isso foi particularmente problemático na Ford, em que a engenharia (tanto de produtos quanto de produção) passou muito tempo inibindo o bom *design*, protegendo as operações de fabricação de *designs* audaciosos que causariam problemas para as fábricas. Essa prática pode ter matado alguns dos melhores projetos da empresa.

A equipe de engenharia de carroceria e estampagem (B&SE) decidiu mudar isso tudo. A equipe queria tornar-se um capacitador de grandes *designs*, então trabalhou lado a lado com os colegas nos estúdios de *design* e nas fábricas para descobrir como produzir *designs* de alta qualidade sem "jogar areia nas engrenagens" das fábricas. Criar produtos com alto nível de precisão e fidelidade ao *design* tornou-se a nova missão da B&SE. A equipe de engenharia trabalhou a jusante com o estúdio de *design*, enquanto os *designers* trabalharam diretamente com os engenheiros e ferramenteiros a montante. Para vários dos *designers*, foi a primeira vez que visitavam uma montadora ou oficina de ferramentaria, o que teve um impacto significativo no modo como pensavam na sua arte dali em frente. O resultado foi uma série de produtos revolucionários, com alguns dos *designs* mais incríveis da história da Ford. Foi também o ímpeto para uma nova forma de pensar sobre excelência na fabricação, como uma vantagem competitiva no desenvolvimento de grandes produtos.

Craftsmanship

A paixão de Jim pela *craftsmanship* (qualidade do serviço ou, em tradução literal, artesanato) provavelmente começou com o comercial do Lexus de 1992, no qual a câmera faz *zoom* em um rolamento minúsculo que desliza suavemente pelas margens precisas dos painéis da carroceria externa do ES300. Ou talvez essa paixão tenha começado ainda mais cedo, quando produzia modelos no início da carreira, sob o olhar atencioso de artesãos altamente habilidosos e exigentes, enquanto construíam ferramentas e fabricavam à mão e soldavam carrocerias de alta precisão. Seja qual for o caso, ele começou a perceber que havia um forte contraste entre produtos artesanais bem-feitos e malfeitos, sem falar da diferença ainda maior entre as pessoas que produziam cada um. Ele imediata e instintivamente soube quais queria produzir e quem queria ser nessa história. Assim começou a obsessão de várias décadas de Jim com a *craftsmanship* e o espírito humano por trás dela.

É preciso deixar claro que não estamos falando do artesanato romântico e pseudomágico de um passado distante, mas sim de uma força criativa energética, de quem cria valor diferenciado e duradouro nos produtos e promove o desenvolvimento de pessoas realmente excepcionais nos tempos atuais, nos mais diferentes contextos. Em *The Craftsman* (O Artesão), Sennett descreve a relação entre fazer e pensar. "O carpinteiro, o técnico de laboratório e o maestro são todos artesãos, pois se dedicam a fazer um bom trabalho como um fim em si só", explica, e observa que "o artesanato (*craftsmanship*) dá nome a um impulso humano básico e eterno, o desejo de fazer um bom trabalho".[12] É um impulso humano poderoso, muito ignorado nas organizações atuais. É uma maneira orgânica e gratificante de trabalhar cuja natureza é capturada em um livro maravilhoso chamado *Shop Class as Soulcraft* (Aula de Artes Industriais como Artes da Alma).[13] Contudo, ele não se limita às pessoas que trabalham sozinhas, como sugere Matthew Crawford, autor do livro; ele pode ser, e é, forte em algumas organizações.

Elaboração de produtos diferenciados

O que significa elaborar novos produtos e serviços? Na nossa opinião, nada menos do que produzir as características visuais, táteis e audíveis de um produto, que determinam as percepções dos clientes sobre a qualidade. A excelência em *craftsmanship* aprimora a experiência total do cliente e cria um valor diferenciado. A elegância simples e a integração perfeita nos permite reconhecer a *craftsmanship* em produtos e serviços. Eles representam a eliminação do supérfluo e a execução exata do essencial. São as características do produto que dizem algo bem-feito e que nos atraem a ele. Assim como elegância simples e a montagem e acabamento de uma capa da Apple, do interior de um Audi ou de um banco de igreja do Katrina Furniture Project[14] (feito de destroços do furacão), o efeito é uma valorização profunda e emocional. E excelente *craftsmanship* não acontece apenas com produtos tradicionais. Como discutido em capítulos anteriores, também vemos nas interfaces do usuário criativas e baseadas em pesquisas profundas da Menlo Innovations, nos movimentos precisos de um cirurgião que domina suas técnicas, até no exigente Jiu-Jitsu brasileiro de Marcelo Garcia, todos os quais deixam os observadores boquiabertos.

Essa resposta a produtos de alta precisão também evidente na reação de "ah, entendi" que Jim viu tantas vezes entre engenheiros céticos e sobrecarregados após ver pela primeira vez o resultado físico do trabalho árduo combinado com padrões de *craftsmanship*. Longe de magia, o processo de criação de produtos realmente excepcionais nasce de normas de desempenho rigorosas e objetivas para pessoas e produtos. É preciso dar atenção incrível a milhares de detalhes, uma obsessão pela excelência e, acima de tudo, a colaboração perfeitamente integrada entre *design*, engenharia e fabricação para produzir algo com valor excepcional.

Criação de carrocerias com *craftsmanship* na Ford

Os membros da equipe de liderança da B&SE da Ford começaram a sua jornada de *craftsmanship* com uma viagem coletiva ao Detroit International Auto Show. O que viram os deixou muito preocupados. Os veículos da Ford estavam à altura dos concorrentes americanos, mas estavam muito atrás das melhores empresas da Europa e do Japão. Mais especificamente, o Audi e o Lexus eram mais do que um pouquinho melhores, eles estavam definindo um novo padrão de qualidade para exteriores. A diferença na percepção de qualidade dos produtos era tão grande que funcionou como um chamado à ação irresistível.

Quando voltou, a equipe da B&SE montou um plano composto de cinco elementos fundamentais para fortalecer significativamente os fatores existentes de *craftsmanship* e adicionar outros: melhores padrões de *craftsmanship*, um fórum global quinzenal sobre o assunto, um plano de *craftsmanship* integrado a todos os produtos por meio do processo de desenvolvimento de produtos, uma maior ênfase na construção funcional e fortalecimento dos eventos de auditoria e atualização do treinamento dos auditores.

Melhores padrões de *craftsmanship* A equipe da B&SE fez *benchmarking* com os melhores veículos do mundo e escolheu a dedo os de melhor desempenho em cada categoria. Em praticamente todos os casos, a equipe definiu as normas nesses níveis ou até acima deles. Os membros da equipe se reuniram com o estúdio de *design* da Ford para alinhar seus objetivos e priorizar a implementação com base em temas de *design* específicos. Os padrões para metais incluíam requisitos de *best-in-the-world* (BIW) para margens, raios, superfícies, alinhamento e espaços, enquanto outras normas trabalhavam mecanismos invisíveis, movimento das maçanetas, parafusos ocultos e até o som que a porta faria ao se fechar. A equipe criou um repositório de conhecimento fácil de usar, incluindo imagens detalhadas de exemplos BIW, além dos níveis aceitáveis e inaceitáveis de execução para cada padrão, cada um com o seu próprio valor numérico.

Os novos padrões criaram diversos desafios técnicos. A equipe interfuncional trabalhou e resolveu as soluções antes de implementar os novos padrões, mas ninguém tentou recuar dos novos objetivos. Em todos os casos, os membros de equipe se esforçaram para entender os fatores físicos que os permitiriam cumprir seus objetivos e só então aprovaram o padrão. Por exemplo, inicialmente, diversos fornecedores não quiseram produzir para-choques com raios mais fechados, pois havia o risco de má aderência da tinta. Os engenheiros da Ford foram despachados para trabalhar diretamente com os fornecedores para resolver os problemas. As equipes interfuncionais resolveram os problemas de formabilidade, acúmulos de tolerâncias e estratégias de fixação e produziram padrões atualizados à medida que criavam as melhorias.

Criação de um fórum de *craftsmanship* Com todos esses desafios, os membros da equipe logo perceberam que precisariam de um evento cadenciado, no qual especialistas em *craftsmanship*, *designers*, engenheiros e líderes da produção de todo o mundo poderiam se reunir e colaborar na melhoria da *craftsmanship* de novos produtos. O resultado foi um fórum global quinzenal sobre *craftsmanship*.

O fórum permitiu que o grupo interfuncional global revisasse e debatesse novos padrões e iniciasse novos experimentos. Ele também permitiu que as pessoas acompanhassem o progresso de programas individuais em relação aos objetivos de *craftsmanship*. Esse monitoramento periódico deu às equipes de programa um espaço para escalar e resolver problemas, além de capturar e compartilhar lições aprendidas nos diversos programas.

Integração da *craftsmanship* ao processo de desenvolvimento Para ter sucesso consistentemente, a *craftsmanship* não pode ser uma ideia secundária ou elemento *colado* no processo. Ela precisa ser uma parte central e totalmente integrada do processo de desenvolvimento como um todo. Para tanto, a equipe estabeleceu eventos progressivos e específicos sobre o assunto em todo o processo de desenvolvimento.

Os eventos de *craftsmanship* começaram logo no início dos programas, quando a equipe interfuncional revisava o modelo antigo da Ford em comparação com os concorrentes e definia metas para o novo modelo. Os eventos eram usados para analisar digitalmente problemas de projeto e produção, identificar acúmulos de tolerâncias e questões de formabilidade, que por sua vez eram resolvidas em revisões de projeto ou no fórum de *craftsmanship*, muito antes da criação de peças ou ferramentas físicas. Os eventos de análise completa dos veículos aconteciam primeiro no estúdio e depois passavam para protótipos, construções funcionais e primeiros veículos de produção. Os requisitos de *craftsmanship*, especialmente o controle dimensional, se tornaram mais uma parte importante das práticas de compatibilidade antes da conclusão (CbC, *compatibility before completion*) na Ford.

Construção funcional Um dos principais métodos para potencializar o esforço de *craftsmanship* foi o uso da construção funcional. Desenvolvida e praticada originalmente pela Toyota e a Mazda, a construção funcional é uma filosofia fundamentalmente diferente sobre como montar centenas de peças de metal para formar carrocerias complexas durante o processo de desenvolvimento.

O problema com as peças estampadas de metal é que pode ser difícil prever exatamente como será a aparência da peça até você estampá-la, especialmente com as muitas ligas metálicas especializadas que costumam ser empregadas para reduzir o peso e aumentar a resistência. O resultado pode ser a necessidade de esmerilhar de novo a matriz, usando tentativa e erro para se aproximar das especificações dos engenheiros de carroceria. A abordagem tradicional pressupunha que o engenheiro deve estar certo e gastava-se dinheiro esmerilhando e retrabalhando cada peça, com a crença de que peças perfeitas constroem carrocerias perfeitas. Por consequência, os ferramenteiros investiam quantidades enormes de tempo, dinheiro e esforço para produzir peças individuais que atendiam exatamente as especificações dos engenheiros, ironicamente apenas para descobrir que ainda tinham grandes problemas para encaixar as peças umas nas outras na carroceria final. O resultado era uma série de ciclos de retrabalho caros e demorados, com ferramentas quase acabadas precisando ser trocadas para resolver problemas de construção que, chegando até ou além da data de lançamento da produção do veículo. A abordagem tradicional também reduzia a oportunidade de otimização sistêmica e promovia o comportamento de chaminés funcionais: as pessoas concentravam suas energias em demonstrar que a sua peça individual estava certa e que os problemas de montagem e acabamento deviam ser problemas de terceiros.

A construção funcional é uma inversão completa da filosofia tradicional. Ela pressupõe que sempre haverá algum trabalho a ser feito nos ajustes finos para otimizar o sistema de carroceria como um todo. Ela adota uma abordagem sistêmica e colaborativa entre projeto e fabricação e é um exemplo excelente da compatibilidade antes da conclusão na prática (ver Capítulo 2). No início do processo de fabricação de ferramentas e matrizes, peças individuais que atingem um nível minimamente viável de precisão dimensional são aparafusadas em sistemas de fixação especiais, que permitem que uma equipe interfuncional de projetistas, engenheiros de carroceria, engenheiros de produção e engenheiros de fábrica para estudar a carroceria e avaliar a montagem e acabamento da carroceria enquanto sistema completo. As mudanças nas peças individuais se baseiam no que melhor atende a *craftsmanship* da carroceria *como um todo*, que é, obviamente, o que o cliente enxerga. Quando os membros de equipe têm a opção, eles podem corrigir as matrizes mais fáceis de alterar. Esse processo de aprendizagem iterativa produz uma carroceria que atende todos os critérios e tem o estilo pretendido. Mais do que melhor *craftsmanship* da carroceria, o processo também reduz drasticamente os custos e o tempo de desenvolvimento de matrizes.

Para implementar uma abordagem de construção funcional fundamentalmente diferente, a equipe da Ford recorreu à Troy Design and Manufacturing

(TDM) para facilitar as construções reais. A TDM, uma subsidiária da Ford, já gerenciava boa parte da porção dimensional digital do processo de CbC, além de ter a capacidade de criar sistemas de fixação especializados e fornecer os técnicos capacitados que um processo bem-sucedido de construção funcional exigiria. Além disso, a TDM atuou como uma espécie de anfitrião externo neutro para os diversos representantes funcionais envolvidos no processo.

Os engenheiros excepcionais da Ford foram essenciais para estabelecer essa prática importante, mas é improvável que a construção funcional e seus benefícios significativos teriam sido possíveis sem os esforços de John Lowery, Ned Oliver e o resto da equipe da TDM.

Auditorias de *craftsmanship* A Ford já tinha auditorias de *craftsmanship* e especialistas altamente capacitados para avaliar os produtos com escalas numéricas. Contudo, a empresa precisava atualizar os padrões de auditoria, combinar os auditores com desenvolvedores para fortalecer significativamente a voz dos primeiros e oferecer treinamento atualizado. Os auditores eram um grupo minúsculo e a equipe conseguiu aproveitar muito melhor o seu *know-how* combinando-os com os engenheiros nas atividades interfuncionais de *craftsmanship*. A equipe também fortaleceu o impacto das auditorias com a sua revisão no fórum de *craftsmanship*.

Só o começo Isso tudo foi só o primeiro passo na jornada de *craftsmanship* da Ford. Após estabelecer uma base sólida, a equipe da Ford continuou a melhorar todos os elementos do plano e expandiu-o para incluir requisitos tácteis para objetos como maçanetas e requisitos de áudio técnicos para o som da porta sendo fechada. O objetivo era simples, mas também um grande desafio: oferecer ao cliente uma experiência geral muito melhor com os produtos da Ford. Por meio desses esforços, a Ford conseguiu superar a maioria dos concorrentes, incluindo os japoneses, e a disputar com os BIW em desempenho. A mudança na percepção de qualidade sobre os produtos da Ford foi profunda e o *feedback* dos clientes, extremamente positivo.

Confiabilidade

Por confiabilidade, queremos dizer que o produto deve ter o desempenho esperado sob condições definidas, por um determinado período de tempo, e que, no processo, deve atender as expectativas dos clientes em termos de segurança, confiabilidade e durabilidade. Em certo sentido, é a expectativa de qualidade mais fundamental de todas. É uma parte essencial do que Joseph Juran, o profeta da qualidade, descreveu como "apto para o uso", e o que Noriaki Kano, guru da satisfação do cliente, chamou de dimensão "deve ter" do seu modelo de Kano bidimensional da qualidade. Ambos os ícones escreveram ampla e profundamente sobre esses temas e aconselhamos que você consulte os seus livros, assim como os de W. Edwards Deming, se estiver interessado em um debate técnico detalhado sobre confiabilidade. Nesta seção, pretendemos apenas compartilhar algumas práticas comprovadas de confiabilidade do nosso conjunto de empresas *lean*.

A confiabilidade da Toyota

A chamada do *Detroit Free Press*, de 19 de outubro de 2017, não surpreendeu nenhum estudioso da indústria automobilística: "Consumer Reports: Toyota Líder em Confiabilidade, Cadillac em Último Lugar". Na verdade, segundo o artigo, a Toyota e a Lexus eram nºs 1 e 2, respectivamente, pelo quinto ano consecutivo da pesquisa.[15] Nenhuma novidade. Em 2007, Thomas Stewart e Anand Raman escreveram que "há quase 15 anos, a J.D. Powers e outros institutos de pesquisa são consistentes em classificar a Toyota e a Lexus, a linha de luxo da primeira, como as melhores marcas automotivas em termos de confiabilidade, qualidade inicial e confiabilidade no longo prazo".[16] De acordo com uma retrospectiva das pesquisas sobre confiabilidade de automóveis da *Consumer Reports*, os produtos da Toyota foram líderes ou ficaram entre os mais confiáveis desde a década de 1970.[17]

A Toyota construiu uma cultura duradoura e excepcional de qualidade e confiabilidade em toda a organização, desde a sua ênfase no *andon* para sinalizar condições anormais ao foco na criação de uma empresa de solucionadores de problemas, da metodologia investigativa dos Cinco Porquês ao uso disciplinado de A3s. Menos conhecido é o impacto enorme do projeto de produtos e processos sobre a confiabilidade. Muitas das práticas e ferramentas descritas neste livro também contribuíram para o sucesso incrível da empresa, mas duas práticas de qualidade do projeto merecem mais atenção. E assim como acontece com quase todas as práticas neste livro, elas podem ser adaptadas para uso com processos ou serviços.

Prevenção proativa de problemas na Toyota A capacidade de aprendizagem formidável da Toyota (descrita em nosso livro anterior[18] e no Capítulo 6 deste) permitiu que a empresa capture, compartilhe e aplique conhecimentos de maneira eficaz em toda a sua organização global. A aplicação desse conhecimento no processo de projeto e desenvolvimento é um dos segredos para ela conseguir atingir os níveis inéditos de confiabilidade e robustez que caracterizam os produtos da empresa. Utilizando esse conhecimento para determinar a probabilidade de que um novo projeto sofra falhas em campo ou outros problemas de qualidade com base em problemas anteriores e bem documentados, a Toyota conseguiu integrar contramedidas comprovadas aos novos componentes e susbsistemas. Com o tempo, o sistema foi formalizado como o *mizenboushi*, compartilhado fora da Toyota pela primeira vez por Tatsuhiko Yoshimura, executivo de qualidade aposentado da Toyota e professor da Kyushu University. Como aprendemos a esperar da Toyota, o sistema é uma abordagem disciplinada aos elementos básicos, não um algoritmo de computador enxertado no sistema existente.

Yoshimura escreveu o livro *Toyota Styled Mizenboushi Method – GD3 Preventative Measures – How to Prevent a Problem Before It Occurs*[19] (O Método Mizenboushi Estilo Toyota: Medidas Preventivas GD3: Como Prevenir um Problema Antes que Ocorra). Como sugere o título, a metodologia é composta de três fases que começam com as iniciais "GD" em inglês (bom projeto, boa discussão e boas dissecação – *good design, good discussion, good dissection*) usadas para minimizar ou eliminar a probabilidade de problemas em potencial nos produtos:[20]

1. **Bom projeto.** Enfatiza a criação de um projeto robusto pela reutilização de componentes comprovados e características de projetos bem-sucedidos anteriores como parte de um processo baseado em alternativas sempre que possível. Além disso, os desenvolvedores devem minimizar o número de mudanças em cada peça isolada e gerenciar proativamente as influências disruptivas de novas tecnologias ou materiais. Por fim, os recursos do produto são projetados de modo que a presença de problemas incipientes ganhe visibilidade assim que possível. Pense em um detector de fumaça que começa a apitar quando está ficando sem bateria.
2. **Boa discussão.** O debate sobre os projetos deve ser interfuncional e focar as novas peças, recursos e interfaces ou outras mudanças em relação aos projetos anteriores ou o seu uso pretendido. Yoshimura nos ensina a não trivializar as mudanças (como tendemos a fazer) e entender completamente todos os riscos associados a elas, além de começar esse processo o quanto antes. Ele desenvolveu uma ferramenta para esse fim, chamada de revisão de projetos baseado nos modos de falha (DRBFM, *design review based on failure mode*), semelhante à análise de modos de falhas e efeitos (FMEA); contudo, a ferramenta de Yoshimura se concentra nas áreas do projeto ou da interface que mudam e a gestão dos riscos associados, o que pode torná-la mais eficiente

do que a FMEA ao mesmo tempo que preserva a eficácia de uma FMEA completa. Essa eficiência é muito bem-vinda, dado que avaliar e documentar meticulosamente todos os modos de falha possíveis, em combinação com um *lead time* de desenvolvimento menor, pode levar alguns engenheiros a procurarem atalhos no processo. A DRBFM pode ser combinada muito bem com outras melhorias de revisão de projetos (discutidas no Capítulo 6).

3. **Boa dissecação.** É uma metodologia para analisar resultados de testes, começando por uma revisão detalhada de quaisquer sinais de desempenho inaceitável ou inconsistente durante os testes. As peças do teste completado são dissecadas e estudadas de perto em busca de sinais de desgaste ou degradação que poderiam sinalizar possíveis pontos fracos do projeto. A prática é uma parte importante do desenvolvimento de produtos *genchi genbutsu*, discutido anteriormente. Yoshimura introduziu uma ferramenta, a revisão de projetos com base nos resultados de testes, para capacitar o processo, documentar resultados e observações, e permitir um debate robusto sobre problemas em potencial, liderado pelo engenheiro de validação (teste) com um grupo interfuncional para determinar quais e se algumas ações corretivas devem ser adotadas.

Conseguimos imaginar a reação de alguns leitores a essa ênfase intensa na confiabilidade: a inovação vai sair prejudicada, os produtos vão ficar enfadonhos. A Toyota tinha essa reputação, é verdade. Por outro lado, a filosofia da Toyota gira mais em torno de entender como o produto agrega valor para um cliente específico e focar a inovação nesse ponto, não nela mesma. O primeiro modelo do Lexus, discutido neste livro e em *O Modelo Toyota* (escrito por Jeffrey K. Liker, coautor desta obra) foi um exemplo em que o EC usou o seu entendimento sobre o cliente para desenvolver áreas revolucionárias em que poderia obter "isso e mais aquilo" e superar toda a concorrência. Todo EC da Toyota desenvolve áreas específicas para inovações revolucionárias, deixando o resto do veículo depender de projetos comprovados para minimizar os riscos desnecessários que seriam corridos para criar recursos, e que provavelmente não seriam muito valorizados pelo cliente.

Prevenção em nível de programa na Toyota É importante entender como o *mizenboushi* funciona no nível da seção de engenharia individual, mas também é essencial entender como todo esse trabalho bem-feito se manifesta no nível do programa. Foi por isso que falamos com Randy Stephens, EC da Toyota no Avalon 2018 e pessoa responsável pela qualidade geral do produto, para perguntar como todo o trabalho individual de engenharia de prevenção de problemas foi reunido e combinado no nível do programa.

Stephens explicou que de três a quatro revisões cadenciadas de qualidade do projeto ocorrem algumas semanas antes de cada marco importante. Nelas, cada um dos diversos grupos de engenharia repassa a sua documentação com o EC. As revisões podem ocorrer no carro, no local da construção ou com peças específicas, dependendo da pauta. O EC pode precisar de algumas semanas para analisar todos os dados gerados por essas revisões. O EC tem a obrigação de declarar por escrito que o veículo tem o nível de qualidade apropriado em relação a cada marco do projeto. A revisão final acontece logo antes do lançamento e exige assinaturas da qualidade e segurança na transição para a produção.

G3 aplicada a processos Mark Dolsen, Eric Legary e Murray Phillips descreveram a aplicação da metodologia *mizenboushi* G3 a diversos processos de produção de alto volume na TRQSS Inc., uma fornecedora de sistemas de cinto de segurança para a Toyota. Em um artigo interessante para a IEOM, os autores apresentam estudos de caso sobre como a TRQSS aplicou o sistema *mizenboushi* e focalizou as mudanças no processo de produção devido à flutuação de volumes, mudanças de produtos, mudanças no ritmo de produção e novos fornecedores, operadores ou materiais, entre outras variações. Eles também informaram como o sistema G3 para processos foi combinado criativamente com o método de *kata* de Mike Rother para promover atividades de *kaizen*.[21]

Teste até a falha para entender os limites Na nossa pesquisa anterior, descobrimos que a Toyota realizava um nível significativamente maior de teste até a falha do que os concorrentes. Tinham probabilidade muito maior de testar as especificações (ou seja, teste "passar ou reprovar") e aprovar protótipos com base no atendimento de um limite predeterminado. O teste das especificações é uma prática comum em muitos setores e totalmente apropriado para algumas aplicações, mas não se aprende nada com ele quando o componente ou subsistema é aprovado, exceto que ele é capaz de atender um determinado limite. No teste até a falha, os testes não param até ocorrer uma falha, que então é investigada para que se determine a sua causa fundamental.

Na Toyota, o teste até a falha também é chamado de teste *ijiwaru*. Em japonês, *ijiwaru* significa mais ou menos "pessoa rabugenta ou mal-humorada", uma terminologia que captura perfeitamente o espírito do teste. O teste é o mais oneroso e difícil possível, força os componentes e subsistemas além dos seus limites de modo a identificar e compreender profundamente os seus modos de falha. Após uma falha, os engenheiros da Toyota conseguem empregar melhor as suas ferramentas e habilidades de solução de problemas para desenvolver possíveis contramedidas.

O teste *ijiwaru* não é praticado com todos os componentes, todas as vezes. Como mencionado na seção sobre prototipagem no Capítulo 1, o escopo do teste depende do que a equipe precisa aprender sobre uma peça específica e em um momento específico. A prática também produz uma quantidade significativa de novos conhecimentos para alimentar a forte capacidade de aprendizagem organizacional da Toyota. Uma das maneiras de capturar e preservar esse conhecimento é com o uso de curvas de *trade-off*.

Matrizes da qualidade de novos modelos na Ford Após um problema ser resolvido com sucesso, é importante disseminar as contramedidas para outros produtos, quando adequado. Também é bom não precisar resolver o mesmo problema de novo. Uma ferramenta simples que ajudou a Ford nesse sentido foi a matriz da qualidade.

A matriz da qualidade era simplesmente uma planilha de Excel vinculada que capturava e organizava as contramedidas de qualidade de modelos atuais por subsistema. Entre outras informações, ela continha as peças afetadas, o problema, a contramedida e o líder a ser contatado para perguntas sobre cada questão. As linhas relevantes eram marcadas em vermelho (atualmente fora do plano, precisa de ação), amarelo (no plano, não executado) ou verde (implementada e completa) para programas de novos modelos de modo a garantir que as contramedidas ou uma versão mais eficiente fossem incorporadas aos novos projetos. As matrizes também ajudaram a garantir a disponibilidade de financiamento suficiente para o novo programa para que as soluções fossem incorporadas.

Projeto sustentável

Dado o que entendemos sobre a relação entre os produtos que criamos e a fragilidade do nosso meio ambiente, além da natureza finita dos recursos naturais preciosos do nosso planeta, qualquer conversa sobre excelência em produtos deve incluir a sustentabilidade no projeto. Por projeto sustentável, nos referimos a todo o fluxo de valor, não apenas ao produto, e essa definição mais ampla representa um desafio muito mais difícil. A abordagem ao desenvolvimento de projetar fluxos de valor do LPPD permite que os *designers* e projetistas considerem todas as possíveis consequências ambientais dos seus produtos ou processos. Recentemente, Jim Womack nos lembrou sobre isso com um artigo excelente no *site Planet Lean*.[22] Por exemplo, Womack nos conta que, de acordo com o modelo de Gases de Efeito Estufa, Emissões Regulamentadas, e Uso de Energia em Transporte (GREET, Greenhouse Gases, Regulated Emissions, and Energy Use in Transportation) do

Argonne National Laboratory, um veículo elétrico a bateria produz cerca de metade das emissões por quilômetro de um motor à combustão interna equivalente. Mas a história não termina por aí. O número pressupõe que a eletricidade é gerada de forma convencional. As emissões totais podem variar significativamente se a eletricidade for gerada em uma usina de carvão ou com placas solares. Mas a equação tem mais uma parte importante, muito negligenciada, que é os recursos consumidos e as emissões criadas no desenvolvimento e produção do produto. A melhor forma de impactar o projeto e fluxo de valor dos nossos produtos é no início do desenvolvimento. É aqui que o pensamento *lean and green* no projeto e desenvolvimento pode agregar valor significativo.

Há muito tempo o Sistema Toyota de Produção é referência global para a maximização do valor com o consumo mínimo de recursos na produção e logística, uma capacidade que tem início no processo de desenvolvimento. A Toyota também é líder na indústria automobilística em termos de produtos e práticas sustentáveis. Ela introduziu o primeiro veículo híbrido em 1997, atualmente produz o terceiro veículo elétrico mais vendido do mercado (Prius Prime)[23] e lidera em veículos a hidrogênio com o Mirai. A reutilização de baterias híbridas para armazenamento de energia nas fábricas da Toyota e outras práticas operacionais conquistaram 12 prêmios Energy Star Partner of the Year consecutivos da Agência de Proteção Ambiental dos EUA.

No Capítulo 4, contamos como os engenheiros de produto e de produção da Toyota se esforçam para criar um produto mais sustentável com a redução do peso do veículo e a melhoria consequente na economia de combustível e também trabalham juntos para criar um fluxo de valor de fabricação para as peças estampadas a quente que é muito mais sustentável do que aquele utilizado pela concorrência. Por consequência, a Toyota serve como modelo de como adotar o pensamento *lean and green* no projeto e desenvolvimento, mas acreditamos que ainda há muito a ser feito.

Um bom primeiro passo para as empresas é definir metas específicas para cada programa e adicionar verificações de fluxo de valor sustentável à produtibilidade e outras verificações ao processo de desenvolvimento por meio do trabalho de CbC. Monitore e publique os dados no seu *obeya*, como faria com qualquer outro atributo importante. Como você deve lembrar, um dos meios usados pela equipe de B&SE da Ford nesse sentido foi definir e controlar metas que reduziam significativamente o desperdício de materiais na estampagem e criar um processo eficiente de reciclagem de materiais. A sustentabilidade ambiental precisa ser parte de como as empresas pensam sobre o projeto eficiente.

Projeto eficiente: produzindo a solução elegante

Entender como o seu produto cria um valor diferenciado para o cliente, como discutido no Capítulo 1, é apenas o início do processo de projeto. Há muitas maneiras de agregar esse valor. Um projeto pode ser criado sem pensar nos desperdícios (ou seja, simplesmente despejar todos os recursos no problema) ou otimizado para ser eficiente com relação a praticamente qualquer quantidade de atributos ou características. Uma maneira de pensar sobre isso é caracterizar alguns atributos de produtos como prejudicando o valor para o cliente (p. ex., peso, custo ou complexidade em excesso, que são desperdícios) e identificar outros como agregando valor para o cliente (p. ex., melhor desempenho, segurança ou capacidade). O objetivo, obviamente, é minimizar os primeiros ao mesmo tempo que se maximiza os segundos. Duas abordagens básicas à eficiência no projeto podem ser utilizadas simultaneamente: uma abordagem cadenciada ou agendada entre programas e uma abordagem dentro de cada programa.

- **Melhorias anuais na eficiência entre programas.** Essas melhorias muitas vezes são realizadas para apoiar um *hoshin* (processo de desdobramento da estratégia) anual e/ou são o resultado do acúmulo das melhores práticas de diversos projetos individuais. Em outras palavras, as melhorias de um programa se tornam a referência para o próximo programa. Diversos mecanismos possibilitam essa abordagem; por exemplo, um processo forte de desdobramento da estratégia, planos de negócios para *commodities*, um sistema ativo de padrões e o apoio a repositórios de conhecimento. Atingir essas metas certamente serve para exercitar e testar seus músculos de aprendizagem organizacional. Uma lista de processo padrão, listas de materiais de primeira opção, parafusos em comum e arquiteturas padronizadas são exemplos de fatores capacitadores que, entre muitos outros, funcionam particularmente bem.
- **Melhorias de eficiência centradas em programas.** São metas de eficiência específicas, estabelecidas de modo a maximizar o valor de um produto individual para um cliente específico. Por exemplo, um cliente do Mustang pode valorizar a excelência na dirigibilidade mais do que um cliente do Explorer, que pode valorizar mais a robustez de um carro que vai a qualquer lugar. Essas e muitas outras preferências têm consequências específicas para decisões sobre a eficiência do projeto, tomadas durante o desenvolvimento. O papel do EC e do trabalho nas fases iniciais (p. ex., *front loading* e o *kentou*, ou fase de estudo) é crucial nesse sentido. Os programas individuais devem definir metas específicas para atributos críticos, positivos e negativos, para cada peça,

além de desenvolver um plano para atingi-las. Um entendimento profundo sobre o valor para o cliente e um bom manual de conceito servem de pedra fundamental para esse trabalho, sendo que o *monozukuri* (fazer coisas valiosas) será uma das suas ferramentas mais poderosas na fase inicial.

Minimização do impacto de atributos negativos

Excelência em projeto de produtos e processos é mais do que atingir um determinado conjunto de metas de desempenho para o produto. Praticamente qualquer empresa consegue cumprir uma tarefa realista de projeto se dedicar dinheiro, complexidade e recursos a ela. A excelência no projeto depende de produzir soluções apuradas para problemas difíceis. Da mesma forma, o desenvolvimento *lean* de produtos e processos pretende produzir o máximo de valor com o mínimo de desperdício. Mais do que isso, muitas vezes percebemos que as soluções de projeto mais inovadoras emergem quando enfrentamos restrições aplicadas inteligentemente. As restrições, quando aplicadas de maneira consciente, podem atuar como uma função de força para melhorar o produto em geral e o fluxo de valor e ajudar a otimizar o valor para o cliente.

Gestão do custo no desenvolvimento No projeto, o desperdício assume muitas formas: peso, complexidade, número de peças, etc. Contudo, o custo muitas vezes é um bom indicador para a maioria dos tipos de desperdício. A primeira coisa que você precisa entender é que o seu cliente paga por tudo e que a sua melhor oportunidade para aumentar o valor e reduzir o custo ocorre durante o desenvolvimento. Por consequência, o custo total do seu produto tem um impacto significativo sobre o valor real que você agrega. Acreditamos que o custo é como todos os outros atributos do produto: ele precisa ser entendido e os *trade-offs* precisam ser gerenciados durante todo o processo de desenvolvimento. O custo também possui consequências importantes para a utilização de recursos e a sustentabilidade ambiental.

É claro que não estamos dizendo que o barato é sempre melhor. Não é. O que estamos dizendo é que é importante entender totalmente seus custos, saber como maximizar os níveis de desempenho pelo menor custo possível e decidir de forma consciente sobre os *trade-offs* de custo e desempenho. As categorias de custos são várias, sendo que cada uma tem seu próprio conjunto de consequências. Eles podem variar um pouco entre os setores e indústrias, mas os custos normalmente são agrupados em custos de desenvolvimento, custo de investimento, custo variável ou por unidade e custo contínuo ou custo de propriedade (ver Tab. 7.1).

TABELA 7.1 Categorias de custos

Categoria de custo	Exemplo	Métodos de redução de custos
Custo de desenvolvimento	Horas de engenharia, protótipos e testes	Arquitetura padrão, reutilização de peças, otimização do processo de desenvolvimento, teste *lean* e centro de prototipagem, redução das mudanças de engenharia e prototipagem focada
Custo de investimento	Matrizes, ferramentas e instalações	Padronização do processo de ferramentas e fabricação, como PDPD ou lista de processo (BOP) padrão, trabalho com fornecedores em *trade-offs* e melhoria da capacidade de criação de ferramentas
Custo variável ou por unidade	Custo para fabricar o produto (p. ex.: mão de obra, materiais, componentes)	Projeto para a fabricação (DFM, *design for manufacturability*), utilização de materiais otimizadas, materiais e parafusos comuns, reutilização de peças, redução de peso e complexidade e contribuições dos fornecedores para reduções de custo
Custo contínuo ou custo de propriedade	Custos de instalação, manutenção e atendimento	Projeto para instalação e suportabilidade como parte do processo de CbC e *designs* robustos com o uso de prevenção de problemas (*mizenboushi*) e teste até a falha (*ijiwaru*)

Gestão ativa dos objetivos e *trade-offs* As ferramentas e métodos que discutimos neste livro contribuem para a redução dos desperdícios e o aumento das características de criação de valor dos seus produtos. Mas eles só funcionam se você trabalha *ativamente* para reduzir os desperdícios e aumentar a eficiência dos seus projetos. Na Ford, Jim e sua equipe aprenderam a gerenciar os custos como faziam com qualquer outro atributo e criaram documentos de resumo simples para apresentar o desperdício (custos, peso ou complexidade) em comparação com as características que criam valor (p. ex., segurança, rigidez torcional e *design*) e definir metas. Eles gerenciaram ativamente esses relacionamentos em gráficos de trajetória postados no *obeya*, além de trabalhar lado a lado com seus pares correspondentes em parceiros e com fornecedores para trabalhar os aspectos de projeto, de processo e comerciais das metas durante todo o processo.

Um exemplo poderosíssimo do uso das ferramentas e métodos do LPPD para criar um projeto de produto radicalmente mais eficiente não vem da indústria automobilística, mas sim da tecnologia de exploração submarina de petróleo e gás natural, uma área bastante desafiadora.

Projeto de produtos eficiente com o Subsea 2.0

Uma das histórias mais incríveis sobre a aplicação dos princípios do LPPD para produzir um projeto mais eficiente e criar uma maneira revolucionária de trabalhar ocorreu na TechnipFMC. A empresa é líder global em tecnologias de energia, sistemas de engenharia complexos e serviços no setor de exploração submarina de petróleo e gás natural. Entre outras atividades, a empresa francesa-americana com sede em Londres projeta e constrói sistemas de produção submarina que controlam e misturam fluidos no fundo do mar a profundidades de até 3.000 m; o recorde mundial de mergulho para um ser humano é de cerca de 700 m, detido pela empresa francesa Compagnie Maritime d'Expertises.[24] Assim, em certos sentidos, seria mais fácil instalar, operar e prestar manutenção para esses sistemas se eles estivessem no espaço.

Os sistemas de produção são compostos de componentes gigantes, incluindo árvores de natal, distribuidores, válvulas e conectores espalhados por uma área de 30 km^2 no fundo do mar (ver Figs. 7.2a e 7.2b). Eles precisam suportar pressões esmagadoras e temperaturas incríveis, resistir à corrosão, areia e detritos; e ser operados remotamente, quase sem manutenção, por 25 anos. E eles absolutamente nunca, jamais podem vazar, mesmo controlando 10.000 barris de petróleo por poço por dia a 1.000 psi de pressão e a temperaturas acima de 37°C.

O petróleo e o gás natural são recursos finitos; à medida que as reservas mais acessíveis se esgotam, as empresas petrolíferas são forçadas a explorar ambientes cada vez mais desafiadores. O petróleo ainda supre uma parcela significativa das necessidades energéticas mundiais[25] e, de acordo com Paulo Couto (VP Desenvolvimento Tecnológico), a porcentagem de petróleo obtido de fontes submarinas deve aumentar continuamente no futuro.

A indústria petrolífera enfrenta um ambiente de desafios de engenharia cada vez mais difíceis e custos que não param de crescer. Paulo Couto, vice-presidente de engenharia e tecnologia submarina global, com base no Centro Técnico Brasil da TechnipFMC no Rio de Janeiro, sabia, assim como seus colegas, que esse padrão não poderia durar. Era preciso encontrar uma maneira de superar esses grandes desafios, que não fosse simplesmente jogar mais dinheiro neles. Essa ideia foi confirmada quando o preço do petróleo despencou de 100 dólares para cerca de 50 dólares por barril.

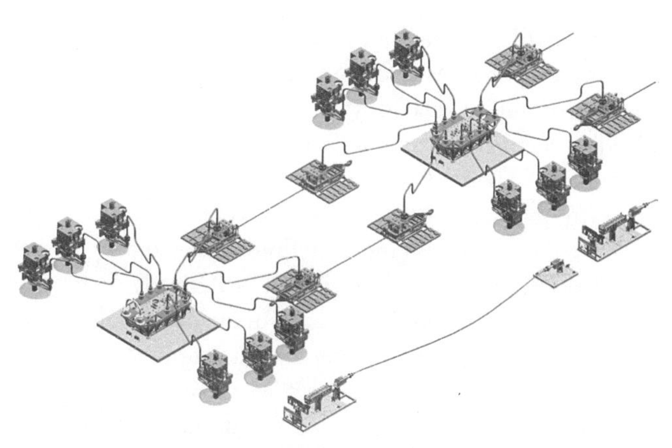

FIGURA 7.2a Exemplo do sistema de produção no fundo do mar.

FIGURA 7.2b Árvore de natal individual.

Couto estava ciente de que as operações de manufatura da empresa tinham obtido melhorias significativas com os métodos *lean*, então começou a sua busca nessa área. Contudo, dois elementos logo ficaram evidentes: (1) as melhorias na manufatura eram impressionantes, mas nunca levariam a empresa aonde precisava estar, ou mesmo chegariam perto; e (2) as técnicas e os métodos específicos da indústria não ajudariam a empresa na engenharia e no desenvolvimento. Assim, ele expandiu a busca e descobriu o desenvolvimento *lean* de produtos e processos. Couto imediatamente pediu que os membros da sua equipe aprendessem todo o possível sobre o conceito.

A alta gerência também estava desafiando a equipe de tecnologia e engenharia a liderar uma mudança geral na abordagem ao negócio em toda a empresa.

Assim, enquanto a equipe brasileira continuava a aprender mais sobre o LPPD e a experimentar com ele, Couto foi conversar com os executivos equivalentes em outras partes do mundo: David MacFarland, Mike Tierney e Andy Houk, líderes de engenharia em Houston, na Escócia e na Califórnia, respectivamente. Alan Labes foi escolhido para ser o primeiro EC da história da empresa, e liderou o desenvolvimento do Subsea 2.0, um produto que pretendia transformar toda a indústria, não só a empresa. As metas definidas para o projeto eram simples: metade do tamanho, metade do número de peças, metade do peso e metade do custo, o que o tornaria o alicerce para uma maneira completamente nova de trabalhar. Mas superar esse desafio não seria nada simples.

A equipe de tecnologia e engenharia empregou diversas ferramentas e métodos de LPPD. No desenvolvimento do Subsea, destacaram-se o EC, o manual de conceito, o sistema de gestão *obeya*, a engenharia simultânea com múltiplas alternativas e as curvas de *trade-off*:

- **Engenheiro-chefe.** Além de ter Labes como EC do programa como um todo, um EC foi escolhido para cada subsistema principal. A abordagem teve resultados positivos e negativos, pois a equipe de tecnologia e engenharia não teve tempo para criar um ambiente ou um contexto para o sucesso da função; subsequentemente, diversos especialistas internos que não entendiam o que a equipe estava tentando fazer ou as funções e responsabilidades envolvidas foram fontes de resistência. A interação com as equipes de manufatura e *marketing* também precisaram ser melhoradas. Contudo, a liderança definiu expectativas claras para Labes e apoiou ele e os ECs de subsistemas durante todo o projeto. A equipe de tecnologia e engenharia posteriormente declarou que o experimento com um EC foi um grande sucesso e que não acreditava que o projeto teria sido possível sem ele. Ter responsabilidade absoluta pelo sucesso do projeto e uma mentalidade focada no produto foram de suma importância para o sucesso do EC.
- **Manual de conceito.** Labes começou com um manual de conceito para esclarecer e alinhar a equipe em torno de uma visão para o projeto. O primeiro benefício que descobriu foi que isso ajudou a trabalhar nas suas próprias ideias para o projeto, identificando lacunas na sua lógica e conflitos na sua visão. Ele usou o documento para entender e comunicar melhor a urgência da situação do estado atual para a empresa, ou seja, para explicar o porquê. Além da visão e do estado atual, ele estabeleceu metas, criou um cronograma global e alocou trabalhos de projeto específicos para diversos centros de engenharia ao redor do mundo. O manual de conceito também ajudou a

estabelecer uma conexão com a manufatura, que precisaria alterar os seus processos radicalmente para que a equipe atingisse as suas metas. O documento também deu início a algumas conversas difíceis e necessárias para a equipe, definiu o escopo e os requisitos funcionais e serviu de contrato. Isso permitiu que Labes avançasse sem mudanças de última hora impostas de cima, criou um Norte verdadeiro para a equipe medir o seu desempenho e praticamente eliminou as *solicitações de divergência* tardias da equipe.

- ***Obeya.*** A equipe precisava de um nível de transparência, colaboração e tomada de decisão rápida que parecera impossível no passado. Os membros concordaram em visitar a Herman Miller em Holland, Michigan, nos EUA. Foi uma epifania. Além de ver o sistema *obeya* em ação, eles aprenderam a usar os marcos com mais eficácia. Os membros voltaram para o Brasil animados com a ideia de aplicar o que haviam aprendido nos EUA. O sistema *obeya* revolucionou totalmente o modo como trabalhavam juntos. A TechnipFMC também estabeleceu o sistema *obeya* em outros centros de engenharia. De acordo com Labes:

> Na criação de um sistema novo do zero, os *trade-offs* envolvidos nas decisões arquitetônicas no nível de sistema, subsistema e componente precisam ser testadas extremamente rápido para abranger todo o espectro de possibilidades. O sistema *obeya* permite isso e também um entendimento profundo e compartilhado para todos os membros de equipe sobre as características mais valiosas do sistema e sobre o que o seu trabalho precisa fazer para apoiá-las. O sistema de gestão *obeya* melhorou drasticamente o processo, em especial considerando a natureza inédita do projeto e os muitos elementos desconhecidos que a equipe precisou enfrentar e lições que precisou aprender durante o processo de desenvolvimento.

- **Engenharia simultânea com múltiplas alternativas e curvas de *trade-off*.** Essas práticas, usadas em conjunto com a prototipagem rápida e focada, permitiu que a equipe analisasse diversas alternativas e entendesse o impacto destas. Com essa abordagem, os membros da equipe aprenderam a identificar em quais tecnologias a empresa deveria investir e como seria o sistema total em diversas configurações. Labes e Couto descrevem o processo:

> O processo começou com os ECs fixando limites, restrições e variáveis, como resistências de materiais, torção e outras propriedades mecânicas (p. ex., fricção, tolerâncias e arquitetura do produto). A seguir, os ECs realizaram sessões de *brainstorming* com equipes interfuncionais para

gerar ideias de projeto diferentes. A equipe estabeleceu um processo de desseleção para classificar os projetos; os conceitos que de forma comprovada não funcionavam ou obtinham uma classificação baixa demais foram eliminados rapidamente, até sobrar uma quantidade de conceitos mais fácil de gerenciar. O processo continuou, adicionando gradualmente mais esforço de engenharia aos conceitos restantes para cada rodada de desseleção subsequente, de modo que o conhecimento sobre os conceitos foi sendo desenvolvido e o pensamento da equipe evoluiu de forma contínua. Durante o processo, era comum que um novo conceito fosse criado a partir da polinização cruzada entre os conceitos existentes.

Após o conjunto de opções ser reduzido para de três a cinco, a equipe começou a avaliar em detalhes como cada conceito reagiria a uma mudança em uma das variáveis mencionadas anteriormente. Foi um processo intenso, pois cada opção precisaria ser simulada no computador e/ou prototipada fisicamente, levando a ajustes no projeto. Com esse processo, a equipe viu que alguns conceitos seriam mais sensíveis a uma variável do que a outras, além de identificar quais mudanças no projeto produziriam o maior benefício e em que ponto uma melhoria no desempenho não agregaria mais valor para o projeto. Esse conhecimento foi capturado em gráficos de curvas de *trade-off* que comunicariam visualmente como a eficiência geral do projeto de cada conceito seria afetada por todas as variáveis. A equipe ficou impressionada com a capacidade das curvas de comunicar uma série de relações técnicas complexas. Na verdade, John Calder, um dos EC, comentou que "as curvas de *trade-off* foram uma representação simples, elegante e poderosa de uma enorme quantidade de trabalho, semelhante ao $E = mc^2$ de Einstein".

Não foi uma corrida, foi um processo longo e árduo. E a equipe não fazia ideia de qual seria o resultado quando deu início ao programa Subsea 2.0, composto de múltiplos projetos de desenvolvimento complexos executados simultaneamente. A engenharia simultânea com múltiplas alternativas e as curvas de *trade-off* foram fundamentais para a capacidade da equipe de desenvolver um sistema disruptivo, pois isso não teria sido possível sem a exploração completa do espaço de projeto com esses métodos. Os longos ciclos de ajustes ao projeto após o início dos testes garantiram que, por maior que seja a sua confiança no projeto, não é possível declarar vitória até ele ter sido totalmente testado e todo o conhecimento ter sido capturado.

A equipe alcançou os objetivos de metade do peso, metade do tamanho e metade do número de peças, tudo com um preço radicalmente menor (consulte as Figs. 7.3a e 7.3b para comparações de tamanho e complexidade). E o projeto foi concluído dentro do prazo e do orçamento, com uma redução projetada no *lead time* de um terço para pedidos futuros. E, melhor de tudo... as equipes adoram trabalhar assim! Hoje, a TechnipFMC está traba-

- Distribuidor de 160 toneladas
- 4 interligações PLET
- 4 *jumpers* da linha de escoamento
- 5 sistemas de içamento independentes

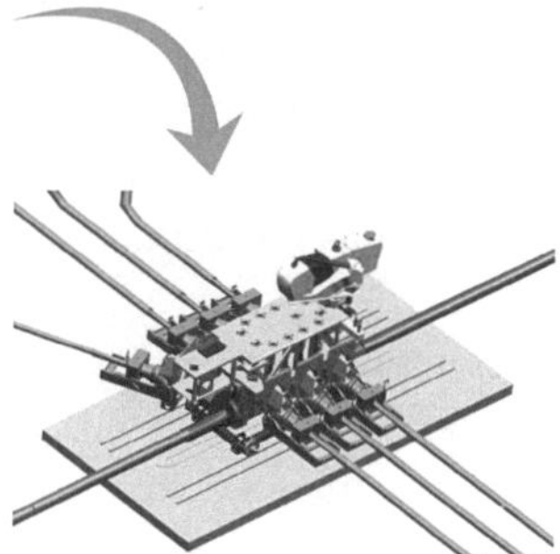

- Distribuidor de 56 toneladas
- Sem interligações PLET
- 1 *jumper* da linha de escoamento
- Sem sistemas de içamento independentes

FIGURA 7.3a Comparação da estrutura dos distribuidores.

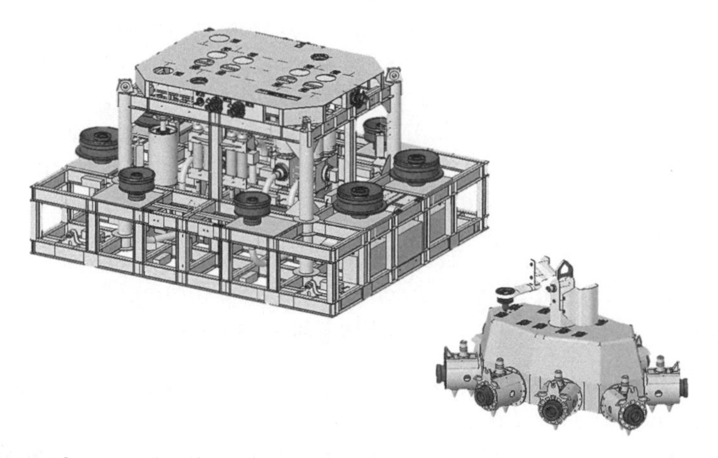

FIGURA 7.3b Distribuidor subaquático convencional *versus* distribuidor do Subsea 2.0: mesma funcionalidade, metade do tamanho e do peso.

lhando para disseminar essa abordagem e filosofia de projeto pela empresa em nível global.

Mas a história não para por aí. Além de atingir suas metas dentro do prazo, a equipe criou uma vantagem competitiva significativa e um novo sistema operacional de desenvolvimento para a empresa. E os investidores e os analistas perceberam. Couto apresentou o produto revolucionário e a nova metodologia para um grupo de analistas externos e o resultado foi que as ações da empresa foram de *status hold* para *buy* (ou seja, de manter para comprar) e seu preço imediatamente aumentou em 3%. Byron Pope, diretor administrativo da Tudor, Pickering, Holt & Co., escreveu um de vários relatórios extremamente positivos:

> É preciso ver para crer (totalmente), e gostamos muito do que vimos (e ouvimos) no Analyst Day. Fomos recebidos em um Analyst Day convincente na TechnipFMC, durante o qual a empresa mostrou como a reformulação radical da melhor maneira de ajudar seus clientes de E&P a melhorar a economia dos seus projetos em águas profundas, produziu melhorias na forma e funcionalidade dos sistemas submarinos ofertados pela empresa (o "Subsea 2.0" da FTI), preconizando um futuro renascimento dos projetos submarinos sancionados a partir de 2018. A essência do Subsea 2.0 e o porquê de ser tão revolucionário? (...) imagine reduções de mais de 50% no tamanho, peso e número de peças associados com elementos críticos de sistemas de produção submarina (árvores, distribuidores, etc.). É esse tipo de inovação que eleva a nossa confiança. O momento em que a lâmpada se acendeu sobre as nossas cabeças foi durante a rotação pelo Showroom de Inovação e Tecnologia da empresa (que, a propósito, foi nossa oportunidade de ver de perto alguns dos principais elementos de *hardware* do Subsea 2.0... mas as câmeras estavam proibidas). Nesse momento, soube-se que a liderança da TechnipFMC desafiara a organização a pensar diferente muito antes que a contração no setor de serviços para poços de petróleo começasse de fato.[26]

A equipe da TechnipFMC realmente projetara o futuro. Couto descreve a experiência da TechnipFMC com o LPPD da seguinte forma:

> O LPPD foi o segredo para permitir a mudança disruptiva que estávamos buscando. E é muito mais do que amor à primeira vista; neste caso, quanto mais aprendemos, mais nos apaixonamos. Hoje, simplesmente não conseguimos imaginar como trabalharíamos sem ele.

PRÓXIMOS PASSOS

Seu produto, seja ele um bem físico, *software* ou serviços, representa o valor que você cria para o seu cliente. As melhores empresas de qualquer setor, como a TechnipFMC, se esforçam para entender esse valor e melhorar continuamente a sua execução em sua busca constante por excelência. As empresas que não correm atrás da perfeição logo acabam se tornando irrelevantes.

As raízes do nosso modelo de LPPD e daquele utilizado pela TechnipFMC estão plantadas firmemente na Toyota. No próximo capítulo, veremos como a Toyota criou o futuro da indústria automobilística usando o desenvolvimento de produtos e processos e como continua a criá-lo ainda hoje.

Sua reflexão

Criando uma visão

Se desenvolver as pessoas, a infraestrutura de apoio e os processos *lean* descritos nos seis primeiros princípios, você estará bem encaminhado para criar produtos muito bons e entregá-los dentro do prazo e do orçamento. Ir além na excelência em produtos exige um outro passo, sendo que tudo depende das pessoas e da criação de uma cultura de excelência. Este capítulo enfocou a busca da perfeição nos produtos. É uma meta difícil de alcançar, mas também o segredo para o próximo nível de excelência. Ela é difícil de medir e difícil de receitar usando ações ou metodologias específicas, mas é possível reconhecê-la quando a encontramos. Argumentamos que os elementos necessários para a excelência em produtos incluem:

- Paixão por excelência no coração e no cérebro de todo o seu pessoal
- Um espírito de artesão que recorre à alegria interna por realizar algo incrível, e extremamente difícil, que produz uma experiência ímpar para o cliente
- Uma ligação emocional com os clientes
- Requisitos de nível mundial para características mensuráveis de produtos e serviços
- Métodos e um fórum para avaliar e compartilhar a arte ou obra
- Medidas de confiabilidade de classe mundial

- Prevenção proativa de problemas
- Uso fanático dos melhores métodos de qualidade
- Projeto sustentável
- Uma obsessão com projeto eficiente para produzir o máximo valor possível

Essa visão se encaixa com o que você considera necessário na sua empresa? Como você revisaria essa visão para se adaptar melhor à situação da sua empresa?

Sua condição atual

1. O seu pessoal está engajado na criação de excelência em produtos? O que você fez para criar um ambiente para promover a excelência em produtos? O que mais poderia fazer?
2. Você está usando o *design* para diferenciar o seu produto e estabelecer uma relação mais forte com o cliente?
3. A qualidade do serviço aprimora as experiências dos seus clientes com o seu produto e o faz ser visto como bem-feito? Como ela pode ser melhorada?
4. A confiabilidade do seu produto ou serviço é uma vantagem competitiva? Quais ações você adotou para melhorar o seu desempenho?
5. Como você está gerenciando a eficiência dos seus projetos e eliminando os desperdícios do seu produto e do seu fluxo de valor? Quais ações você poderia executar para melhorar?

Entrando em ação

1. Monte diversos grupos com múltiplos níveis e interfuncionais para identificar possíveis obstáculos à criação de uma cultura de excelência na sua organização. Considere e priorize possíveis contramedidas.
2. Organize um evento de desmontagem de produtos interfuncional para comparar os seus produtos com os dos seus melhores concorrentes. Pesquise fora do seu setor, se necessário. Escute as opiniões dos *designers*, engenheiros de produtos, equipe de fabricação e fornecedores. Capture oportunidades de melhoria baseadas nas categorias citadas. Desenvolva e priorize possíveis contramedidas para melhorar.

8

Ligando a estratégia à execução para projetar o futuro

Uma comparação entre a Toyota e a Tesla

Não há nada que não possa ser feito. Se não pode fazer alguma coisa, é porque ainda não se esforçou o suficiente.
— Sakichi Toyoda

Navegando em busca do futuro do transporte

Quais montadoras sobreviverão nas próximas gerações e se tornarão a Ford ou a Mercedes-Benz do século XXI? Quais montadoras entrarão em extinção, como a Studebaker e a Packard? O futuro do transporte está se desenvolvendo rapidamente e as linhas estratégicas estão se desenhando no cenário, com tecnologias disruptivas em um lado e experiência e excelência operacional no outro. Mas as coisas nem sempre são como parecem, e teremos muitas lições a serem aprendidas à medida que tudo acontece, na indústria automobilística e em outros setores também.

A transformação da indústria é um excelente estudo de caso para analisarmos a relação entre estratégia, desenvolvimento de produtos e excelência operacional. A estratégia direciona todos os esforços de desenvolvimento de produtos. Muita gente fica emocionada com a ideia do empreendedor rebelde que enfrenta uma indústria tradicional e se sai vencedor, como Davi *versus* Golias. A estratégia audaciosa e disruptiva de um recém-chegado ao setor basta para superar os problemas de execução do novato? Os princípios do LPPD neste livro se aplicam ao mundo em mudança constante das tecnologias disruptivas? Como observamos no início deste livro, acreditamos que a resposta é uma questão de perspectivas de curto *versus* longo prazo. No curto prazo, a tecnologia revolucionária certa pode se sair vencedora, mas a vantagem competitiva sustentável de longo prazo vem da ligação entre uma estratégia consciente e cuidadosa com o desenvolvimento e entrega de produtos excepcionais.

A principal força disruptiva a ameaçar a indústria automobilística tradicional é a tecnologia da informática em produtos e processos. Os veículos elétricos autônomos, aplicativos de compartilhamento de caronas e até fábricas totalmente automatizadas são consideradas transições tão grandes no futuro do transporte quanto foi a transformação da carroça para o automóvel. A Tesla é um dos ícones mais visíveis nessa corrida para o futuro. Com a visão do CEO Elon Musk de veículos autônomos alimentados pelas baterias da Gigafactory da Tesla, com baterias recarregadas usando a tecnologia solar também da Tesla, muitos consideram a empresa a grande disruptora, a Amazon ou a Uber do mundo da produção de veículos. Feitos mirabolantes, como lançar um Tesla Roadster no espaço, ajudam a fortalecer essa imagem. Mas a estrada entre *start-up* e potência automotiva é longa e, ao que parece, esburacada.

A Munro & Associates Inc., escritório de engenharia automotiva, desmontou um Tesla Model 3 para analisar seus componentes básicos e encontrou diversos problemas de qualidade: era preciso usar as duas mãos para abrir a porta. Os painéis da carroceria estavam longe das especificações, levando a problemas de acabamento. "Ótimo produto, péssima execução" parecia ser o lema da Tesla. Estudando a análise, Sandy Munro, CEO da empresa, observou: "Aqui, eu mal consigo colocar a minha unha. (...) Depois ali, quase consigo colocar o meu dedão inteiro. É muito estranho. Os acúmulos de tolerâncias nesse carro são algo que nunca vimos antes. Praticamente desde a década de 1970, acho. Não entendo como a coisa chegou a esse ponto".[1]

A Tesla teve um enorme impacto mundial com o lançamento do Model S. O carro 100% elétrico emocionou os clientes pioneiros e foi considerado um projeto de produto disruptivo pelos analistas do setor. Em julho de 2017, a personalidade elétrica de Elon Musk e o sucesso inicial do Model S fizeram as ações da Tesla dispararem, atingindo uma das maiores capitalizações de mercado do setor, superando a da Ford e quase alcançando a da General Motors. O próximo grande salto à frente foi o Model 3, com preço menor, mas ainda caro, destinado à produção em massa. Em fevereiro de 2018, a Tesla havia estourado muitos dos prazos de entrega prometidos para o Model 3. Os atrasos na produção foram se repetindo e um volume mínimo de veículos ainda estava sendo montado "à mão", pois a linha de produção não estava funcionando. A Gigafactory, que produz as baterias, também teve atrasos na produção devido a problemas com peças de fornecedores, criando um gargalo para a produção do Model 3.

Craig Trudell, da Bloomberg News, descreve as três promessas principais que Elon Musk fez e que a Tesla não cumpriu:[2]

> **Atravessar o país com piloto automático**
> Em outubro de 2016, Musk afirmou que a empresa estava planejando uma viagem de Los Angeles a Nova York "sem precisar de um único toque do volante" até o final do ano passado (2016) para demonstrar as capacidades do piloto automático. A Tesla prometeu que o sistema de auxílio ao motorista terá autonomia total.
>
> Não deu certo. Em fevereiro, Musk disse que a Tesla tentaria a viagem de três a seis meses depois.
>
> **Lançamento atrasado**
> Todos os novos veículos que a Tesla lançou em sua história tiveram atrasos no cronograma. Seu primeiro carro, o Roadster, chegou com cerca de nove meses de atraso, em março de 2008. O Model S foi lançado cerca de seis meses após a meta de Musk, em junho de 2012, enquanto o Model X atrasou aproximadamente dois anos, chegando ao mercado em setembro de 2015.
>
> O Model 3 também chegou depois do que sugeria o famoso "plano mestre" que Musk postou no *blog* da Tesla em agosto de 2006. Na época, ele disse que um modelo acessível, custando cerca de metade dos 89 mil dólares do Roadster, seria o segundo modelo da Tesla.
>
> O CEO entregou as primeiras chaves para os clientes do Model 3, que parte de 35 mil dólares, mas inicialmente está sendo entregue a preços maiores, em julho (de 2017).
>
> **Produção improdutiva**
> (Musk) afirmou para os analistas, em maio de 2016, que a Tesla pretendia produzir de 100 mil a 200 mil dos sedãs (do Model 3) na segunda metade de 2017. (...) Em maio de 2017, a empresa projetou que fabricaria 5 mil unidades por semana até o final do ano. Desde então, a meta foi postergada para algum momento nos próximos três meses.

Seria de esperar que, com os altos níveis de automação, pelo menos a Tesla precisaria de menos mão de obra do que as montadoras tradicionais. Mas, como escreveu um jornalista: "A fábrica tem 'uma força de trabalho que é o dobro do necessário para construir o carro', afirmou um ex-funcionário do alto escalão. Com mais de 10 mil trabalhadores produzindo cerca de 100 mil carros no ano passado, as instalações da Tesla em Fremont produzem cerca de 10 veículos por funcionário em uma fábrica que nunca produziu menos de 26 veículos por funcionário (e chegou a 74 veículos por funcionário) quando era uma *joint venture* da General Motors com a Toyota".[3] E isso foi antes de maio, quando a Tesla informou que contrataria mais trabalhadores para produzir o Model X e 5 mil veículos por semana.[4]

Os prejuízos da Tesla foram piorando a cada semana. A *AutoWeek* informou em novembro de 2017 que a Tesla estava gastando 8 mil dólares por minuto e 1 bilhão por trimestre,[5] tendo vendido 50 mil carros em todo o ano de 2017 (equivalente a um único modelo de baixo volume para as grandes montadoras). Ainda assim, no início de 2018, os investidores continuavam a fazer fila para comprar as ações da Tesla, os clientes continuavam a entregar o seu dinheiro para reservar o seu Model 3 (que poderiam não receber até 2019) e as empresas continuavam a dar dinheiro para reservar os caminhões extra pesados da Tesla, ainda na fase de conceito. Em junho de 2018, a Tesla montou uma tenda para instalar rapidamente uma nova linha de montagem e conseguiu atingir a marca de 5 mil veículos por semana.

A realidade da Tesla parece ir contra todos os nossos conselhos de integrar a qualidade, executar com precisão, projetar para a fabricação e eliminar cada centavo de custos possível com o projeto. Também argumentamos que o LPPD exige comunicação e coordenação eficazes em todo o empreendimento, incluindo com fornecedores externos. O trabalho com fornecedores externos também foi um ponto fraco no início das operações da Tesla. A CNBC publicou que "a Tesla está batalhando para gerenciar e consertar um volume significativo de peças com falhas ou danificadas dos seus fornecedores, enviando algumas para oficinas locais para retrabalho, de acordo com diversos engenheiros e ex-engenheiros da empresa. A Tesla afirmou que também realiza ajustes ao projeto de algumas das peças após recebê-las dos fornecedores".[6] Um dos maiores gargalos para a produção do Model 3 foi um fornecedor interno, a fábrica de baterias Gigafactory. "A Tesla afirma que não há um único problema responsável pela desaceleração na produção. Em vez disso, a forte dependência da automação e dos novos métodos de produção criou uma galáxia de problemas menores que precisam ser resolvidos individualmente".[7]

Talvez a Tesla esteja sofrendo apenas as dores do crescimento normais de uma *start-up* que entra em uma nova área técnica, algo que a montadora irá resolver. Mas 15 anos de trabalho não nos sugere uma *start-up*. Alguns autores afirmam que os veículos elétricos terão tão poucas peças e serão tão simples de construir que qualquer um será capaz de fazê-lo, especialmente se a impressão

3D se tornar viável para carrocerias. Isso nos leva a uma pergunta interessante: Uma visão audaciosa para uma tecnologia disruptiva é ou não mais importante que eficiência na execução e nos custos? A indústria automobilística está na Idade das Trevas, prestes a ser substituída por *start-ups* automotivas como a Tesla, a Wymo e a Uber, que têm seus olhos voltados para o futuro? As montadoras tradicionais vão se juntar às charretes nos livros de história?

Michael Porter, o guru da estratégia corporativa, alerta em um artigo clássico de 1996 na *Harvard Business Review* que "eficácia operacional não é estratégia".[8] Ele também avisava que as empresas japonesas poderiam estar entrando em uma espiral negativa: "Os riscos da concorrência ao estilo japonês estão se tornando mais fáceis de reconhecer. Na década de 1980, com os rivais operando longe da fronteira da produtividade, parecia possível ganhar nos custos e na qualidade ao mesmo tempo e para sempre. (...) Mas com a diferença na eficácia operacional se estreitando, as japonesas estão cada vez mais presas na armadilha que elas próprias criaram. Para escaparem das batalhas mutuamente destrutivas que estão arrasando o seu desempenho, as empresas japonesas precisarão aprender a arte da estratégia".

Estamos escrevendo este livro mais de 20 anos depois que Porter profetizou que as montadoras japonesas precisariam aprender a arte da estratégia, e a indústria japonesa certamente enfrentou grandes desafios. A Nissan estava prestes a falir antes de ser adquirida pela Renault. Mazda, Subaru, Suzuki e Mitsubishi foram todas adquiridas. A Honda é mais diversificada e relativamente saudável, enquanto a Toyota segue firme e forte. Porter acreditava que uma estratégia elaborada com cuidado deveria estar na vanguarda, mas não sugeriu que a eficácia operacional deveria ser ignorada. Na verdade, seu conselho era que as empresas combinassem a estratégia com a eficácia operacional. O segredo é ter uma oferta diferenciada e um conjunto de atividades exclusivo, alinhado com a estratégia, para produzir uma vantagem competitiva. Acreditamos que isso descreve a história da Toyota e o modo como ela vê o futuro.

A Toyota é um disruptor?

O histórico da Toyota de disrupção na indústria automobilística começou com o lançamento de carros de alta qualidade e eficiência do combustível e baixo custo na década de 1970. Isso mudou completamente as expectativas dos clientes e causou um terremoto na liderança do setor, forçando mudanças drásticas em toda a indústria. Enquanto as montadoras europeias e americanas tradicionais tentavam entender como a Toyota havia conseguido, elas descobriram o Sistema Toyota de Produção, que a empresa aperfeiçoava desde a Segunda Guerra Mundial. As ferramentas do STP eram fáceis de copiar, mas a filosofia e a motivação fundamentais não eram. Depois, a Toyota se aventurou no mercado de luxo, criando uma nova marca, a Lexus. A história do desenvolvimento do primeiro Lexus, lançado em 1989, está repleta de superações de padrões da indústria e produção de aerodinâmica com estilos atraentes, potência com alta economia de combustível e baixos níveis de ruídos e vibrações, altíssimos níveis de qualidade com liderança em custos.[9] A Toyota causou a disrupção do *status quo* dos veículos de luxo europeus e elevou o nível a tal ponto que se tornou a principal marca de luxo em termos de vendas em três anos, praticamente acabando com as marcas de luxo americanas. Em 1997, muito antes da indústria automobilística começar a pensar na ideia de integrar a sustentabilidade ambiental aos seus projetos, o primeiro híbrido elétrico, o Prius, saiu das fábricas da Toyota. Com o Prius, a Toyota projetou um produto que criava demanda onde ela não existia e forçava o resto da indústria a seguir o seu exemplo. Mais recentemente, com o lançamento do Mirai para uma sociedade movida a hidrogênio e a pesquisa sobre tecnologias de baterias de estado sólido por trás dela, a Toyota continua a usar a sua abordagem de aprendizagem e desenvolvimento de novos produtos e processos para expandir as fronteiras do pensamento convencional.[10]

Acreditamos que a Toyota aprendeu muito mais sobre pensar diferente e adotar estratégias audaciosas desde que Akio Toyoda se tornou presidente da empresa, como fica evidente com os investimentos em tecnologias de veículos autônomos e conectados, que lideram a indústria. Só na parte de *software*, a Toyota investiu bilhões para desenvolver o *software* de inteligência artificial para veículos autônomos e está tentando se tornar líder global na área, tudo ao seu próprio modo, internamente. Ainda assim, analisando os veículos da Toyota para 2018, não seria absurdo questionar se a empresa está mesmo a caminho da liderança, ou mesmo se está acompanhando o ritmo do setor, quando se trata do futuro da mobilidade. O lema da Toyota é "prometer menos, entregar mais". Você provavelmente não verá a Toyota se gabando da sua mobilidade conectada avançada, mas suspeitamos que os bilhões de dólares investidos e o histórico da empresa de obter excelentes retornos com a sua P&D manterá a empresa na sua posição de liderança.

De acordo com Musk, o futuro da indústria automobilística é evidente e uma única solução é possível: veículos elétricos autônomos de todos os tamanhos e formatos usando energia renovável, com compartilhamento de caronas para que você ir aonde quiser, quando quiser, sem precisar ter e operar o próprio carro. Os velhos motores à combustão interna, beberrões de gasolina com uma rede complexa de controles de emissões, são dinossauros do passado. Os veículos elétricos simplificam drasticamente o projeto e produção dos trens de motores e reduzem as barreiras à entrada na indústria automobilística, um dos motivos para tantas empresas de alta tecnologia afirmarem que pretendem construir carros elétricos.

Concordamos, assim como toda a indústria, que o setor de transporte tradicional enfrentará um grande período de disrupção, levando a veículos autônomos e ambientalmente corretos que utilizam energia renovável, com novos modelos de negócios. Enquanto escrevemos este livro, os veículos autônomos já estão na estrada, e continuarão a entrar no mercado e receber atenção em excesso da mídia no futuro. A questão estratégica para cada concorrente é a seguinte: Como planejar a transição para esse mundo e conquistar uma vantagem competitiva? Uma das primeiras perguntas que precisa ser respondida para começar o processo de planejamento estratégico é "quando?". As empresas precisavam prever o futuro e saber quando essa nova geração de veículos irá dominar o mercado. É uma previsão de longo prazo, o que significa que certamente estará errada. Mas ainda precisamos dar o melhor *chute* possível. Acreditamos, assim como a Toyota, que a visão das vendas dominadas por veículos elétricos autônomos demorará décadas, não anos. Os motivos são os seguintes:

1. **As mudanças quase nunca são simples, lineares e previsíveis.** A bolha da Internet e a sua explosão espetacular hoje são lendárias. A Internet foi ao ar em 1991, com a ATT e a NCR. A bolha se expandiu rapidamente entre 1995 e 2000 e estourou em 2001, com a falência de diversas empresas e uma perda de valor de 70 a 80%. Pensando sobre 2002, poderíamos dizer que a Internet foi um grande mito e que todos que previram que ela mudaria tudo, que as lojas físicas deixariam de existir, estavam iludidos. Mas no presente, vemos que a Internet mudou tudo de fato e que as lojas físicas estão enfrentando grandes ameaças. Só demorou mais do que esperávamos, cerca de duas décadas, e o fenômeno ainda está longe das visões extremas dos profetas.
2. **A aceitação de novas tecnologias demora.** Nunca faltam primeiros usuários ou desbravadores no uso, mas a grande massa da população não muda seus hábitos facilmente. Vai demorar para os veículos autônomos compartilhados se tornarem o padrão. Falamos com muita gente que mal consegue se conter com a ideia de puxar o seu *smartphone* e chamar o carro robô mais próximo para levá-lo aonde quer ir. Essas mesmas pessoas também dizem coisas como "não confiaria em um carro robô para dirigir a 120 km/h com um dos meus filhos dentro".

O medo do desconhecido é natural. A mídia provocou pânico na população quando afirmou que os veículos da Toyota estavam sendo comandados pelos seus computadores e acelerando descontroladamente, apesar disso ser um mito.[11] Cada acidente com um veículo autônomo leva a investigações e à atenção intensa da mídia.[12] Vai demorar para superarmos o medo dos computadores motoristas fora de controle. A maioria dos analistas prevê que, no início, os veículos autônomos serão limitados a pistas definidas em áreas urbanas especialmente equipadas para esse tipo de veículo. O compartilhamento de caronas é um tipo de transporte público, mas este nunca foi muito forte nos EUA, pois os seus cidadãos dão alto valor à independência e ao controle. Gostamos de ver nossos veículos estacionados na nossa garagem, para usarmos quando quisermos, e muita gente ama os seus carros, considerados uma fonte de identidade. Isso pode vir a mudar, é claro, mas não será fácil nem rápido.

3. **Os cidadãos comuns não vão abrir mão dos seus veículos a gasolina.** Diversas montadoras prometeram abandonar os veículos a gasolina puros e vender apenas elétricos até uma determinada data, por exemplo, 2030. Vamos imaginar que isso aconteça. Em 2025, os veículos a gasolina continuarão sendo vendidos. Parece que as pessoas vão querer usar os seus carros existentes por algum tempo, talvez por pelo menos 10 anos. Isso manterá os veículos a gasolina nas estradas até 2035, digamos, e provavelmente mais do que isso. E as montadoras continuarão a vender veículos elétricos ou híbridos além de 2025 enquanto houver demanda em algum lugar do mundo.
4. **A eletrificação significa mais do que veículos a bateria puros.** Muitas montadoras prometeram parar de vender veículos apenas a gasolina até uma determinada data. A Toyota se comprometeu com a oferta de uma versão elétrica de todos os modelos na sua linha até "cerca de 2025". Mas a empresa espera que os veículos elétricos puros continuem a ser uma minoria, dedicada principalmente a distâncias mais curtas em centros urbanos. Em geral, a Toyota espera ainda vender híbridos a gasolina e *plug-in* em 2025. E as previsões são de que, no longo prazo, haverá uma procura crescente por veículos elétricos nos centros urbanos e CC a hidrogênio para distâncias maiores e para veículos maiores e mais pesados que precisariam de bancos de baterias caríssimos.[13] Voltaremos a esse tema posteriormente.

O Center for Automotive Research (CAR) concorda com o nosso prognóstico. No início de 2018, o CAR publicou a previsão de que a eletrificação e a autonomia não serão adotadas em larga escala nas próximas décadas.[14] Após um estudo com especialistas da indústria na tentativa de prever o futuro, o

CAR espera que "veículos autônomos de Nível 4 e Nível 5 representem menos de 4% das vendas de novos veículos em 2030, mas que esse número aumente continuamente até cerca de 55% em 2040". O CAR espera que trens de motores alternativos, incluindo veículos elétricos a bateria e a célula de combustível, tenham 8% do mercado até 2030. Isso significa que 92% serão a gasolina e híbridos. Ainda são muitos veículos elétricos até 2030 e autônomos até 2040, mas longe da disrupção instantânea da indústria automobilística que muitos analistas estão esperando. As grandes montadoras preparadas para abandonar os trens de motores a gasolina ou híbridos nos próximos 10 anos estarão em sérios apuros, de acordo com essa previsão. É só uma previsão, claro... mas com certeza nos força a parar para pensar. Isso pode ajudar a explicar por que a Toyota anunciou em 2018 que desenvolvera o motor a gasolina 2.0 termicamente mais eficiente do mundo, reduzindo as emissões em pelo menos 18%.[15] Por que se dar ao trabalho, se os motores a gasolina estão virando peça de museu? A resposta é que a Toyota acredita que venderá motores a gasolina como única fonte de potência ou integrados a veículos híbridos por tempo o suficiente para justificar o investimento e que a empresa aprenderá com eles lições que ajudarão no desenvolvimento dos novos veículos elétricos.

Comparação das visões estratégicas e filosofias operacionais da Tesla e da Toyota

Estratégia enquanto direção

A verdade é que não conhecemos o futuro. O que acreditamos é que o modo de pensar da Toyota é um modelo forte para percorrer com flexibilidade a estrada esburacada e sinuosa que nos levará ao futuro. A abordagem e a visão estratégica da Toyota para chegar lá está em forte contraste com a de Musk, e as diferenças entre os dois são informativas. Não fazemos essa comparação para colocar a Toyota como modelo e a Tesla como exemplo a ser evitado, mas sim porque as diferenças ilustram filosofias operacionais estratégicas concorrentes que são cada vez mais comuns: o disruptor *big bang*, baseado em uma nova ideia, contra o líder do setor atual, que agregou valor consistentemente dando passos cautelosos em direção ao futuro. Ambos podem ter visões de longo prazo idênticas sobre o destino (nesse caso, têm no abstrato, mas não nos detalhes), mas estamos interessados no caminho que nos leva até lá. Vamos considerar a abordagem de cada empresa.

A visão de disrupção da Tesla

Nosso diagrama simplificado da visão de Musk para a Tesla (Fig. 8.1) foca nos veículos (a Tesla também fabrica baterias, painéis solares e sistemas de energia independentes). Na condição atual, a Tesla nos mostrou alguns dos seus produtos 100% elétricos revolucionários, como o Model S, o Model X e o Model 3, além do protótipo de um caminhão extra pesado. Todos incluem o "piloto automático", ainda que, na época da produção deste livro, este era considerado de nível 2 (de cinco) e o motorista ainda precisa estar no controle do veículo. Não distinguimos os objetivos entre médio e longo prazo por não conseguirmos diferenciar uns dos outros. A visão única é a de veículos elétricos de alto desempenho combinados com a capacidade de autonomia absoluta na direção.

Porter nos ensina que as atividades diferenciadas que apoiam a estratégia são uma parte essencial dela. Musk parece reconhecer isso. Na verdade, ele afirma que a visão real não é o veículo, mas como montará os carros em instalações industriais ultra-automatizadas, muito mais rapidamente do que seria possível em linhas de montagem convencionais. Em 7 de fevereiro de 2018, ele explicou a ideia durante uma teleconferência com os acionistas: "A vantagem competitiva da Tesla no longo prazo não será o carro, mas sim a fábrica. Vamos 'produtizar' a fábrica. (...) O Model T não era o produto, River Rouge era. Teremos um grande produto, mas a fábrica vai ser o produto que gera a vantagem competitiva sustentada no longo prazo".[16]

Em uma conversa sobre o tópico, John Shook esclareceu a história do complexo de River Rouge e a contribuição da Toyota:

> Henry Ford descobriu quase tudo isso (os princípios do fluxo) há pouco mais de um século. Mas o caso dele era mais simples e criar uma produção de alta velocidade (semelhante ao que Elon Musk está buscando) era relativamente descomplicado. Os produtos eram todos simples e, acima de tudo, idênticos. Assim que a complexidade entrou em jogo (na

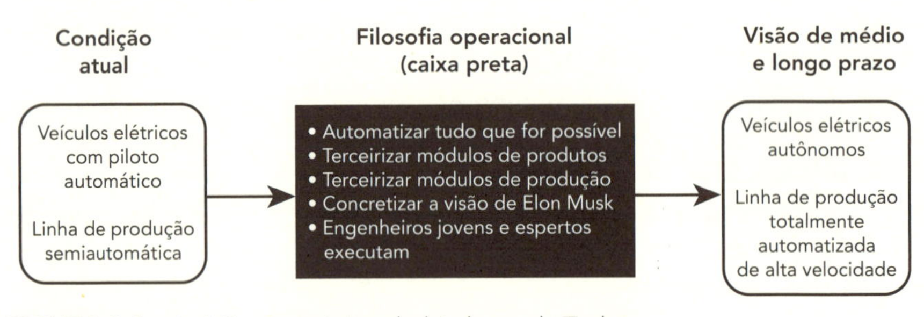

FIGURA 8.1 A visão estratégica de *big bang* da Tesla.

forma de tipos de produtos e opções, assim como tecnologias mais complexas, como a eletrônica), o sistema simples de Henry Ford parou de funcionar. O que dava muito certo nas tentativas iniciais em Highland Park se transformava em desastre quando tentava-se ampliar a sua escala em River Rouge, adicionando complexidade a um sistema que não era capaz de aceitá-la. Meio século depois, surgiu a Toyota, que resolveu a próxima parte essencial da equação: como produzir velocidade e qualidade integrada com a complexidade do modelo de produção misto.

A Tesla vai repetir os tropeços de Henry Ford ao tentar ampliar rapidamente a escala em busca da visão idealista do complexo de River Rouge? No início de 2018, o calcanhar de Aquiles da Tesla parece ser a sua capacidade de projetar e executar a fabricação dos produtos.[17] É exatamente assim que a empresa pretende concorrer contra as montadoras tradicionais, com muitas décadas a mais de experiência na indústria. "A diferença fundamental é pensar na fábrica como um produto, um produto com altíssima integração vertical", Musk explica. J. B. Straubel, diretor técnico da empresa, completa: "Significa tratar como um problema técnico e também de engenharia". Musk imagina as fábricas de veículos mais automatizadas do mundo, em que a entrega de materiais, a fabricação e a montagem acontecem sem intervenção humana, com linhas de produção mais rápidas do que as linhas de montagem manuais convencionais das quais adora zombar. "Minha avó de andador é mais rápida que a linha de produção mais rápida do mundo".[18]

Gostamos da ideia de Straubel de pensar sobre sistemas de produção futuros como um problema de projeto, mas o analisaríamos pela lente do LPPD. Lembre-se do princípio de usar *front-loading* no processo de projeto e usar engenharia simultânea com múltiplas alternativas. A Tesla parece estar caindo na armadilha de mergulhar em uma solução absoluta, ignorando qualquer análise séria ou tentativa de explorar o espaço de solução. Os carros elétricos são bons, as CC a hidrogênio são ruins. As fábricas automatizadas são boas, as fábricas com trabalho manual são antiquadas. Pensando sobre os requisitos de projeto para a fábrica do futuro, enfrentamos uma questão de projeto fundamental. Seria um problema de projeto puramente técnico, como sugere Straubel? Ou um problema de projeto sociotécnico? Quem controlará a operação diária da automação? Quem responderá aos problemas? Como? Quem melhorará a tecnologia? Acreditamos que são as pessoas, e a necessidade de pessoas motivadas, engajadas e competentes será ainda maior em um ambiente complexo e automatizado.

Steven St. Angelo é diretor administrativo sênior e CEO da Toyota na América Latina e no Caribe. Ele lembra de quando era um jovem engenheiro da

General Motors e Roger Smith, CEO da empresa, fez uma declaração igualmente audaciosa na década de 1980. Ironicamente, foi mais ou menos na mesma época em que Smith concordou em formar uma *joint venture* com a Toyota, a futura NUMMI, que na época era a fábrica mais produtiva da América do Norte, sem muita automação. Enquanto a NUMMI prosperava, Smith gastava bilhões em uma *joint venture* com a Fanuc, uma fabricante de sistemas robóticos, na aquisição da Electronic Data Systems e investindo na sua visão de fábricas totalmente automatizadas, com as luzes desligadas e sem pessoas. "(Smith) também tentou usar a automação para eliminar os problemas da GM", St. Angelo lembra. "Foi um desastre. Tenho muitas patentes na área da automação e aprendi que se não consegue realizar um processo manualmente... não vai conseguir realizá-lo com um robô também. Além disso, toda automação funciona em ambientes de laboratório, mas quando se adiciona o ingrediente da variação, a situação muda do dia para a noite."

A linha de produção superautomatizada da Tesla depende da contratação de grandes quantidades de jovens engenheiros que nunca trabalharam juntos, a imposição de uma visão sobre as características desejadas para os produtos e processos e a exigência de que projetem e construam tudo. Ela também depende de muitos subsistemas de produtos comprados e linhas de produção prontas de fornecedores internos e externos. Falando sobre a Gigafactory, a fábrica de baterias da Tesla, Musk chamou a experiência até então de "inferno de produção", mas garantiu aos investidores durante a teleconferência que mais ajuda estava a caminho, na forma de empresas de automação alemãs que produzem sistemas perfeitos que podem ser simplesmente ligados na tomada e acionados de forma impecável. "Nossa expectativa é que a nova linha automatizada chegue no mês que vem, em março, e ela já está funcionando na Alemanha. Então é só desmontá-la, trazê-la para a Gigafactory, remontá-la e colocá-la em operação na fábrica. Não é uma questão de funcionar ou não. É apenas uma questão de desmontar, transportar e remontar".[19]

É irônico que a Tesla tenha assumido a fábrica que costumava ser ocupada pela NUMMI, um ícone do Sistema Toyota de Produção. Nas primeiras fases da produção da Tesla, a Toyota mandou pessoal de alta qualidade para ajudar, mas quase toda a visão da Tesla para a indústria é completamente contrária ao STP: gastar grandes quantidades de capital para automatizar tudo que for possível. Depender da contratação de muitos engenheiros para fazer a coisa dar certo, não desenvolver talento internamente e aos poucos. Aumentar a qualidade com consertos, não com o projeto e a integração no processo de produção em si. Buscar uma linha de montagem ultrarrápida, não produzir ao ritmo da procura do cliente (*takt*). Observe que a ideia de pessoas melhorando continuamente não aparece em lugar nenhum nas estratégias da Tesla. É uma visão nascida do paradigma de máquina, não de um paradigma de sistemas vivos. Também é interessante que no "inferno de produção" da Gigafactory, Elon Musk aprendeu um pouco a valorizar as pessoas no gerenciamento de crises: "Até certo ponto, renovou a minha fé na humanidade, pois a evolução rápida do progresso e a capacidade das pessoas de se adaptarem rapidamente é mesmo incrível".

As semanas foram passando e a Tesla não atingiu nenhuma meta de produção para o Model 3. Elon Musk passava cada vez mais tempo na fábrica, chegando a dormir em uma das salas de conferência. Ele diz que estar perto da ação lhe permitiu enxergar os problemas na hora e então ajudar a resolvê-los pessoalmente. Essa experiência intensa no chão de fábrica pode ter despertado algumas novas ideias, pois Musk começou a falar subitamente sobre como a empresa exagerava na automação e nos robôs e que as pessoas eram subvalorizadas. A empresa precisava de mais pessoas e menos robôs, disse ele.[20] Em uma entrevista para o programa *CBS This Morning*, Musk foi perguntado sobre os motivos para o "inferno de produção" que a Tesla estava enfrentando. Ele respondeu que a empresa ficara "acomodada em relação a algumas coisas que achávamos ser a nossa tecnologia fundamental. Injetamos tecnologia demais no Model 3 de uma vez só. Devíamos ter ido por estágios".[21] Ele também admitiu que o conceito de um conjunto complexo de esteiras transportadoras que entregavam as peças automaticamente no ponto de uso não seria uma boa ideia. "Tínhamos essa rede maluca de esteiras. E não estava funcionando. Então nos livramos da coisa toda". Musk certamente parece alguém que está começando a descobrir a importância dos princípios do LPPD, discutidos neste livro.

Não sabemos se a Tesla terá dificuldades no mundo dos negócios ou se será um sucesso estrondoso, mas a visão e a abordagem da empresa são interessantes por serem tão comuns. Obviamente, Musk deixou muitos investidores boquiabertos, e estes estão apostando pesado nele. A imagem é a de um empreendedor individual forte, com uma visão disruptiva e audaciosa, disposto a correr riscos e persistir até sua visão se transformar em realidade. Afinal, foi como funcionou na Microsoft, Apple, Amazon, Google, Facebook e (insira aqui o nome da sua *start-up* de *software* ultra-bem-sucedida favorita). E foi como funcionou com Musk na PayPal. O "como" é menos importante do que o carisma do líder que tem a grande ideia certa na hora certa.

Parece ser o sonho americano de como buscar o futuro: *start-ups* comandadas por líderes individuais visionários que têm a próxima ideia disruptiva, ganham bilhões à medida que a empresa cresce, mas então a empresa se transforma em uma grande burocracia que perde a sua capacidade de inovação e acaba tendo que defender os produtos existentes até a próxima inovação disruptiva levar a organização antiquada à falência, e assim por diante. É a sobrevivência dos mais aptos, e são considerados aptos os visionários individuais brilhantes que conseguem superar intelectualmente os concorrentes estabelecidos. Com uma visão, logo vem a execução. A abordagem da Toyota de trabalhar e se esforçar em busca de uma visão é completamente inversa.

A visão equilibrada da Toyota

A Toyota não tem liderado a vocalização em prol do compromisso com veículos elétricos puros. Em vez disso, sua estratégia é o desenvolvimento paralelo de diversos tipos de eletrificação. A Toyota começou a desenvolver veículos elétricos décadas antes da Tesla ser fundada e foi pioneira da sua produção em massa com o Prius, em 1997. Recentemente, ela tem investido pesado em *big data* e inteligência artificial em busca de veículos autônomos. Mais de 1,5 bilhão de dólares foram gastos com P&D para veículos autônomos por meio do Toyota Research Institute, fundado nos EUA em 2015, e em 2018 a Toyota anunciou mais 2,8 bilhões de dólares para o Toyota Research Institute – Advanced Development em Tóquio. A Toyota está trabalhando para aplicar os princípios do STP de modo a acelerar as milhões de linhas de código-fonte necessárias para os veículos autônomos. De acordo com Shigeki Tomoyama, vice-presidente executivo da Toyota, "se quisermos aproveitar ao máximo a capacidade da Toyota de criar novos modelos de negócios, vamos precisar aplicar o STP. Queremos mostrar às pessoas dentro e fora da empresa que o STP ainda é essencial para a Toyota".[22] A Toyota não rejeitou os veículos elétricos autônomos e está comprometida com a ideia de ter carros altamente automatizados nas estradas até 2020. A empresa simplesmente espera um período de transição mais longo, com o crescimento das vendas de híbridos tradicionais e híbridos *plug-in*, seguido de uma combinação de veículos elétricos e a hidrogênio. A Toyota está avançando nessa direção incrementalmente, com base em seus dois princípios fundamentais: respeito por pessoas e melhoria contínua (Fig. 8.2).

Desafios de médio e longo prazo A Toyota acredita firmemente na realidade da mudança do clima antropogênica. A empresa afirma em seu *site* que "fenômenos climáticos extremos ao redor do mundo estão criando caos e prejudicando a sociedade, comprovando a realidade do aquecimento global. Se mais medidas não forem tomadas para reduzir as emissões de gases do efeito estufa, estima-se que as temperaturas globais médias aumentem de 3,7 a 4,8°C até 2100 em comparação com os níveis pré-industriais".

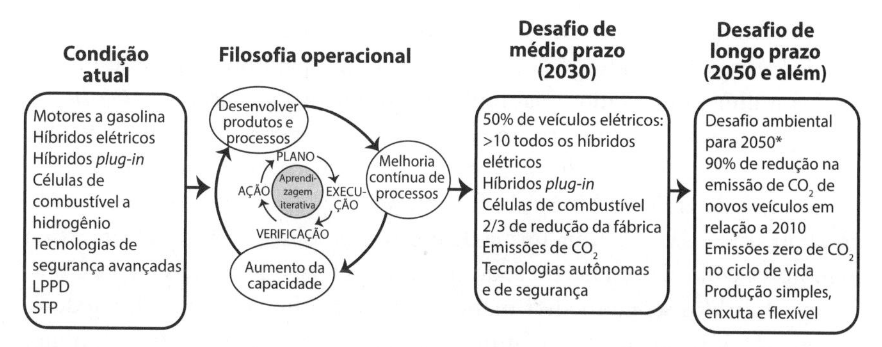

FIGURA 8.2 A visão estratégica e a filosofia operacional da Toyota.

Foi por isso que a Toyota estabeleceu o *Toyota Environmental Challenge 2050* (Desafio Ambiental 2050).[23] Uma "visão" é um ideal de longo prazo que pode não ser possível de alcançar. Um "desafio" é um objetivo mensurável com o qual a Toyota está comprometida. Tudo começa com emissões zero de CO_2 durante o ciclo de vida do veículo, mas a Toyota quer ir além: "Para ir além do impacto ambiental zero e produzir um impacto líquido positivo, a Toyota definiu para si seis desafios. Todos eles, sejam na mudança do clima ou na reciclagem de água e recursos, enfrentam sérias dificuldades, mas temos o compromisso de perseverar até o ano de 2050, com iniciativas contínuas para concretizar o desenvolvimento sustentável junto com a sociedade".[24]

A Toyota definiu seis desafios com foco em emissões zero de CO_2 de novos veículos, emissões zero de CO_2 no ciclo de vida (cadeia de valor total), emissões zero de CO_2 da fábrica, uso mínimo de água sem contaminação, uso zero de aterros sanitários e preservação ambiental. Não satisfeita em não prejudicar o meio ambiente, a Toyota quer ter um impacto líquido positivo nesse sentido.

Para novos veículos, a visão de muito longo prazo é 100% de eletrificação por meio de uma combinação de veículos elétricos, veículos a hidrogênio e alguns híbridos. A Toyota está comprometida com a contribuição para os veículos a hidrogênio e, de forma mais ampla, para uma sociedade do hidrogênio.

O desafio para 2050 é reduzir as emissões totais de CO_2 para 90% dos níveis de 2010. O desafio da Toyota para 2030 é que metade dos seus veículos sejam elétricos (cerca de 5,5 milhões de veículos). Ela pretende oferecer versões elétricas de todos os veículos até 2025, o que significa trabalhar principalmente com híbridos. É diferente da visão da Tesla, de ter 100% de veículos elétricos puros. O desafio da Toyota para o início da década de 2020 é ter pelo menos

10% de veículos elétricos puros no mercado, além de expandir as vendas de veículos com CC a hidrogênio, mas a empresa espera que a grande maioria dos 5,5 milhões de veículos sejam híbridos tradicionais e híbridos *plug-in*. Em outras palavras, seguindo a previsão da CAR, a Toyota não vê o fim da gasolina como fonte de energia até 2030. Mitsumasa Yamagata, o EC do Planejamento de Produtos de Trem de Motor da Toyota, prevê que 90% de todos os veículos em 2030 ainda usem alguma forma de motor a gasolina. "Desenvolver os trens de motores com maior eficiência de combustível usando motores a gasolina e sistemas híbridos será a melhor maneira de ter um impacto forte (na redução das emissões). Continuamos comprometidos com isso", ele explica. "Ao mesmo tempo, poderemos usar a tecnologia desenvolvida para os trens de motores em veículos elétricos e com células de combustível."[25]

No curto prazo, a Toyota vê a maioria das tecnologias para veículos autônomos como recursos de segurança para auxiliar o motorista. Em 2017, a maioria dos veículos já tinha equipamentos de segurança avançados inclusos no modelo básico (semelhante aos de várias outras montadoras). O Toyota Safety Sense inclui um sistema pré-colisão que avisa o motorista e aciona os freios para evitar uma colisão frontal, avisa sobre a saída de faixa de rodagem com um auxílio de direção, tem luz alta automática, usa controle de cruzeiro com radar dinâmico e tem um sistema de detecção de pedestres. Isso dá à Toyota experiência de produção em massa com essas tecnologias à medida que o mercado evolui na direção dos veículos autônomos.

Uma área importante do estabelecimento de estratégias é a gestão estratégica do portfólio. Toda empresa madura tem uma série de produtos, alguns criados para a demanda de curto prazo, outros em P&D para o longo prazo. As "galinhas dos ovos de ouro" atuais geram recursos para apoiar a P&D de longo prazo. Alguns teóricos organizacionais argumentam que as empresas mais bem-sucedidas são ambidestras, com algumas partes da organização focadas na melhoria incremental da linha de produtos atual e outras no desenvolvimento de tecnologias no longo prazo.[26] Um estudo revelou que empresas bem-sucedidas alocam, em média, 70% do seu orçamento de inovação para inovações incrementais (curto prazo), 20% para inovações adjacentes (médio prazo) e 10% para iniciativas radicais ou revolucionárias (longo prazo). A Google é um exemplo de empresa que busca o equilíbrio 70/20/10. As empresas com portfólios equilibrados dessa forma obtiveram de 10 a 20% de vantagem no seu índice preço/lucro.[27]

Obviamente, por ser uma montadora madura e muito bem-sucedida, a Toyota está em uma situação muito diferente da Tesla. *Start-ups* como a Tesla não têm o luxo de usar produtos lucrativos maduros para financiar seus produtos avançados. Elas precisam captar recursos externos com base na promessa de causar uma disrupção no seu setor. Nesse sentido, Musk está fazendo um trabalho de mestre. Talvez a necessidade de interessar os investidores explique por que ele cria a imagem de inovações revolucionárias que superam todos os concorrentes em veículos elétricos e automação industrial. Os anos de megalucro da Toyota (cerca de 20 bilhões de dólares no ano fiscal de 2017) e suas reservas gigantes de capital permitiram que a empresa dedicasse 9,3 bilhões de dólares a P&D em 2017, o décimo-primeiro maior orçamento do mundo. No mesmo período, a Tesla gastou cerca de um décimo desse valor, ainda bastante para o nível de receitas da empresa.

A filosofia operacional da Toyota Para nós, a filosofia operacional da Tesla parece um tanto simplista: automatizar, automatizar, automatizar. Enquanto abordagem de projeto, significa tirar conclusões precipitadas sobre qual é a melhor forma de trabalhar. A filosofia da Toyota é muito mais sutil, tendo sido refinada por muitos anos. Na verdade, os princípios básicos de operação da Toyota não mudaram desde que Taiichi Ohno e seus colegas criaram o Sistema Toyota de Produção mais de seis décadas atrás. Ele ainda se baseia em ter operações estáveis e padronizadas, apoiar a produção *just-in-time* para revelar problemas, produzir com qualidade e melhorar continuamente. Isso vale tanto na produção quanto no desenvolvimento de produtos. Ciclos de *feedback* rápidos e curtos são o grande fator por trás do plano-execução-verificação-ação (PDCA), que alimenta a aprendizagem organizacional constante por parte dos seres humanos. Tente alguma coisa, veja o que acontece, aprenda!

Nas fábricas da Toyota, a visão também tem sido consistente. O objetivo não é montar os carros com rapidez ou automatizar sempre que possível. Os objetivos são produzir apenas no mesmo ritmo que a procura dos clientes; ter segurança, alta qualidade e flexibilidade nas ofertas (oito modelos na mesma linha) e no volume (lucrar a 70% da capacidade); reduzir o custo total com operações suaves e constante e baixos custos de capital. A flexibilidade nas ofertas é importante para nivelar a produção, o que cria estabilidade na saúde de cada unidade (*heijunka*). Como as vendas flutuam de maneira diferente para modelos diferentes (p. ex., veículos de passeio *versus* SUVs), se ambos forem fabricados na mesma linha, a variabilidade da demanda tenderá a se nivelar. As grandes flutuações nos modelos individuais serão compensadas e representarão flutuações menores. E se a fábrica puder se ajustar às mudanças de volume, trabalhando em apenas 70% da capacidade, será possível suportar quedas significativas nas vendas de todos os modelos. Isso é essencial para um dos compromissos da Toyota, o respeito por pessoas. O respeito por pessoas começa com a estabilidade do emprego dos membros de equipe nas fábricas e inclui a estabilidade dos empregos dos fornecedores e nas economias locais onde a Toyota trabalha. As pessoas não são simplesmente uma despesa secundária para a Toyota, elas estão no centro do seu sistema de valores.

O sistema de desenvolvimento de produtos e processos da Toyota cresceu em paralelo com o STP e, como explicado neste livro, também se baseia em ter pessoas altamente desenvolvidas dedicando muitos anos ao entendimento profundo da sua área técnica e à aprendizagem para superar desafios de projeto revolucionários por meio do trabalho em equipe. Os métodos tiveram inovações como o *obeya*, mas foi apenas após décadas de amadurecimento que a Toyota publicou a sua filosofia pela primeira vez com O Modelo Toyota 2001. Ao contrário da Tesla, que está apostando na tecnologia para superar todos os concorrentes na indústria automobilística, a Toyota confia em pessoas que melhoram continuamente e dá o máximo valor ao respeito por elas.

Ter as pessoas no centro das operações é um conceito que remonta, no mínimo, a Ohno e ao STP. A tecnologia serve às pessoas, as pessoas não são servos da tecnologia. Os sistemas altamente automatizados precisam ser projetados, testados e mantidos com muito cuidado pelas pessoas responsáveis pelos processos de trabalho nas fábricas. Fábricas com as luzes apagadas pressupõem que os sistemas automatizados não precisam de manutenção ou que podem realizar automanutenção. É uma péssima premissa. O PDCA ativo é ainda mais importante nos sistemas automatizados para identificar e resolver problemas, pois a automação não tem a mesma capacidade que as pessoas de se adaptar a condições de desvio do padrão. As condições de desvio precisam ser praticamente eliminadas para que a automação possa funcionar com estabilidade.

Automanutenção também não pressupõe automelhoria: o *kaizen* não deve parar quando você automatiza a produção. A Toyota também acredita em ter pessoas estudando e melhorando as linhas automatizadas em operação para eliminar as suas perdas. Mitsuru Kawai, o maior especialista no STP na Toyota, explica as linhas automatizadas de usinagem e forjaria: "Os materiais fluem enquanto mudam de forma à medida que conseguimos vender o produto. Tudo mais é desperdício. Com as linhas automatizadas, os membros de equipe novatos imaginam que 'é só apertar o botão vermelho que a máquina cospe uma peça'. Os membros de equipe precisam aprender o STP para fazer *kaizen* com os processos automatizados. Eles precisam entender o *gemba* e aprender a enxergar os desperdícios, até mesmo dentro do processo".

Os princípios dos equipamentos de produção da Toyota são simples, enxutos e flexíveis. A Toyota é uma organização de aprendizagem com uma memória incrível. Em 1989, a empresa lançou o Lexus LS400, com a automação mais avançada da empresa na sua fábrica de Tahara, Japão, incluindo robôs executando tarefas de montagem que normalmente eram de responsabilidade das pessoas. As vendas ficaram abaixo do esperado e a fábrica era subutilizada. A reflexão da Toyota foi que os altos custos de capital eram fixos e não podiam ser ajustados para corresponder à procura. A Toyota se orgulha de apenas produzir de acordo com a procura real, então, quando a procura cai, a empresa quer ter flexibilidade para reduzir os custos e ainda se manter lucrativa. Com pessoas, isso é possível. A Toyota oferece estabilidade no emprego para os seus membros de equipe regulares, complementados por uso de uma força de trabalho variável contratada por agências que pode ser demitida em períodos de quedas nas vendas. Ela também planeja o uso de horas-extras, que podem ser eliminadas. Durante a Grande Recessão, a Toyota reduziu os salários dos gerentes e limitou os membros de equipe de produção a 35 horas de trabalho por semana. A Toyota sempre pode encontrar alguma tarefa para os membros de equipe quando não são necessários na produção, mas os robôs simplesmente ficam parados. Desde a experiência em Tahara, a Toyota reduziu a automação em algumas áreas em vez de acelerá-la.

O contraste entre a Tesla e a Toyota se estende ao transporte de materiais: Musk cita "um sistema de transporte de peças automatizado bastante sofisticado" em Fremont que seria "provavelmente o mais sofisticado do mundo".[28] Visite qualquer fábrica da Toyota ao redor do mundo e você verá pessoas dirigindo rebocadores elétricos, puxando peças de grande porte (p. ex., para-choques de plástico) ou pequenos recipientes com peças menores sobre vagões, entregues com alta frequência às linhas. Ainda mais peças são entregues por veículos guiado automaticamente (VGAs), com *kits* sequenciados para cada carro. Os *kits*, que são vagões sobre rodas, se deslocam pela linha de montagem com os membros de equipe da montagem, e contém exatamente as peças necessárias para o carro que está sendo montado. Quando a Toyota usou esteiras transportadoras e sistemas automatizados, estes normalmente eram inflexíveis e pouco receptivos ao *kaizen* e levavam a excesso de estoque. Os VGAs produzidos pela Toyota são simples, enxutos e flexíveis e podem ser reposicionados quando necessário.

John Shook esclareceu melhor a importância das pessoas no sistema logístico complexo da indústria automobilística, que aparentemente criou um pesadelo logístico para a Tesla:

> As ferramentas necessárias para se administrar uma grande fábrica vão além da matemática e da engenharia, elas incluem a psicologia e a sociologia. Psicologia social e neurociência. Desenvolvimento organizacional e dinâmica de sistemas, em que "sistema" não se refere apenas ao lado técnico, que Elon e sua equipe vão resolver, mas também ao lado social, muito mais complexo. O lado social é difícil em si, mas quando agre-

gamos a complexidade técnica de orquestrar a execução operacional e o *timing* envolvidos em reunir e montar milhares de peças que chegam exatamente no lugar certo e na hora certa, com perfeita precisão (até o último minuto), de modo que milhares de seres humanos coreografem precisamente o seu ritmo (até o último segundo), o resultado é um desafio sociotécnico de proporções épicas.[29]

Quando desenvolveu uma visão para o século XXI, a Toyota não se apressou e deu um grande salto, ela trabalhou em iterações, partindo do primeiro híbrido Prius. A aprendizagem iterativa é a alma do *kaizen*. Os ciclos de aprendizagem rápida por meio do PDCA permitem que a Toyota avance continuamente em busca de desafios revolucionários, mas de forma ordeira e com qualidade integrada. Imagine que cada geração do Prius é um grande ciclo PDCA, sendo que a Toyota passou por mais desses ciclos de aprendizagem que todas as outras montadoras.

Agora considere como a filosofia operacional e a estratégia de desenvolvimento de produtos de longo prazo da Toyota têm funcionado na prática, começando pelo Prius.

Prius: o início da preparação para o século XXI

A década de 1980 foi o início de uma era de ouro para a Toyota, atingindo 2,5 milhões de unidades vendidas por ano em 1990, o auge de uma bolha econômica. Quando as vendas e os lucros batem recordes, os líderes da Toyota ficam nervosos. Quanto tempo isso vai durar? Vamos nos tornar uma empresa acomodada? Estamos preparados para uma recessão? É o momento dos executivos inventarem uma boa e velha crise. Em 1990, Eiji Toyoda, presidente da Toyota, lançou o desafio para o conselho administrativo com duas perguntas provocantes: "Devemos continuar a fabricar carros como fabricamos hoje?" e "Vamos mesmo sobreviver no século XXI com o tipo de P&D que estamos fazendo?" Os dois desafios levariam ao desenvolvimento do Prius e fariam a Toyota disparar na frente da concorrência no século XXI.

A história do desenvolvimento do primeiro Prius já foi contada antes,[30] incluindo em *O Modelo Toyota*, de Jeff Liker, um dos autores deste livro. A Tabela 8.1 resume os marcos principais. O híbrido claramente foi um grande sucesso, com vendas acumuladas de mais de 6 milhões de Prius (incluindo todas as versões) e mais de 11 milhões de veículos híbridos até janeiro de 2018. Por trás dessas estatísticas de vendas, vemos três lições gerais que podemos aprender com a história de sucesso do Prius: a visão estratégica de longo prazo, a aprendizagem

TABELA 8.1 Desenvolvimento do Prius

Ano	Marco
1990	Pico da bolha da economia japonesa; Eiji Toyoda proclama a necessidade de criar carros para o século XXI
Setembro de 1993	Formação da equipe de revolução de negócios G21
Novembro de 1993	Uchiyamada escolhido engenheiro-chefe do G21
Janeiro de 1994	Formação da equipe de desenvolvimento de conceito
Junho de 1995	G21 se torna um projeto oficial, com pessoas, orçamento e cronograma
Dezembro de 1997	Primeiro Prius vendido no Japão
2000	Prius se torna global
2003	Lançamento da segunda geração do Prius
2008	1 milhão de Prius vendidos
2009	Lançamento da terceira geração do Prius
2010	2 milhões de Prius vendidos
2012	Carro mais vendido do Japão por quatro anos consecutivos Carro mais vendido da Califórnia
2013	3 milhões de Prius vendidos
2015	Lançamento da quarta geração do Prius
Janeiro de 2017	Dos 10 milhões de veículos híbridos vendidos pela Toyota mundialmente, 6,1 milhões são Prius

Os volumes de vendas são acumulados.

incremental para desenvolver capacidades fundamentais e os benefícios surpreendentes de uma abordagem incremental a uma visão revolucionária.

A visão para o século XXI ainda no século XX

O desafio de Toyoda deu início ao que seria a história de sucesso do Prius. A resposta foi típica para a Toyota. Em setembro de 1993, uma equipe de alto nível de revolução empresarial chamada de G21 (carros para o século XXI) foi formada, composta de alguns dos executivos mais graduados da empresa. A Toyota não delega projetos com esse nível de importância estratégica à gerência média. Ela começa com os líderes seniores, com a expectativa de que irão arregaçar as mangas, entender profundamente as tendências de mercado, sociais e tecnológicas e desenvolver o conceito inicial. Nesse caso, o líder da equipe foi Yoshiro Kimbara, vice-presidente executivo de P&D, que por sua vez selecionou 20 membros do grupo de trabalho de diversas partes da P&D.

O grupo de trabalho de P&D de Kimbara identificou duas características críticas que definiriam o Prius durante todo o processo de desenvolvimento:

- Ambientalmente correto.
- Carro pequeno com amplo espaço interno.

Na superfície, a segunda característica parece contraditória. Um carro pequeno não tem uma cabine grande e espaçosa. Mas, no espírito do Modelo Toyota, os desafios muitas vezes parecem inicialmente impossíveis, ou, no mínimo, improváveis. A sensação espaçosa do Prius, com o amplo espaço para as pernas no banco traseiro, torna o veículo atraente até mesmo para os taxistas, e viria a ser uma das suas características mais marcantes.

Na Toyota, as palavras em um relatório ou no PowerPoint praticamente nunca bastam para propor um programa de grande porte. O relatório apresentado para o conselho de administração em geral inclui a construção de um veículo-conceito que os membros do conselho podem dirigir pessoalmente. O grupo G21 queria construir algo, mas com apenas alguns meses de trabalho, precisou se satisfazer com um diagrama conceitual em escala 1:2 e uma lista de especificações de alto nível, como uma melhoria de 50% na economia de combustível.

O foco em um veículo ambientalmente correto se encaixava com a visão de longo prazo da Toyota para toda a empresa que seria formalizada em um momento posterior. Em 1996, o presidente Hiroshi Okuda apresentou a Visão Global 2005, focada em crescimento harmonioso, incluindo a necessidade de facilitar a harmonia entre o ambiente global, a economia mundial e as indústrias, comunidades locais e partes interessadas. Na sequência vieram os objetivos, do presidente Fujio Cho, que em 2002 lançou a Visão Global 2010, sob o tema Inovação para o Futuro, com quatro subtemas: Bondade com a Terra, Conforto da Vida, Animação para o Mundo e Respeito por Todas as Pessoas. O pensamento de longo prazo de investir em uma visão de futuro estratégica é uma prática comum na Toyota.

Aprendizagem iterativa para criar os componentes básicos para o sucesso de longo prazo

Em julho de 1994, Takeshi Uchiyamada, que posteriormente seria chamado de "pai do Prius", foi escolhido para comandar a equipe de projeto que se basearia no trabalho conceitual do grupo G21 para desenvolver um veículo-conceito real; por consequência desse trabalho, ele seria escolhido EC da equipe de desenvolvimento do Prius. De praticamente todas as perspectivas, foi uma opção estranha. Ninguém ficou mais surpreso com a escolha do EC que o próprio Uchiyamada. Ele passara toda a sua carreira nos laboratórios de pesquisa e teste de veículos, não no desenvolvimento de produtos. Ele nunca fora preparado para ser um EC e este não era seu objetivo de carreira.

Uma análise mais profunda evidencia por que ele foi selecionado: Uchiyamada enfrentara diversos grandes desafios com perseverança e esforço. Ele era filho de um ex-EC da Toyota e entendia as demandas da função. Ele liderara o único esforço de reelaboração da organização de desenvolvimento de produtos da empresa a partir da estaca zero desde que a Toyota foi fundada. Ele conhecia gente em todos os departamentos de P&D e era um líder excepcional. Devido ao seu conhecimento sobre a organização e a necessidade de decidir onde posicionar o Prius na estrutura organizacional, ele fora parte do grupo G21 original. Uchiyamada entendia que o projeto era crucial para o futuro da empresa. Por fim, a Toyota não queria apenas um carro para o século XXI, ela queria um novo jeito de desenvolver carros. Uchiyamada não tinha ideias preconcebidas sobre como fazer o trabalho, pois não tinha experiência alguma com ele.

Uchiyamada concordou em aceitar o cargo, apesar de ter fortes reservas. Ele adotou uma abordagem diferente e influenciou o processo de desenvolvimento de produtos de maneiras que ainda estão sendo sentidas. Em uma entrevista com Jeff em 2002, ele lembra da experiência:

> No modo de trabalho tradicional, na fase de planejamento, o EC cria o conceito, debate-o com os grupos de projeto e planejamento e formula um plano concreto em consequência da discussão conjunta com esses grupos. Com o Prius, montei uma equipe de especialistas de diversos grupos de projeto e avaliação desde o início. Eles se sentaram ao meu lado. Eram especialistas de verdade trabalhando comigo e formulamos as ideias em tempo real e em equipe. Além dos gerentes de engenharia de projeto, o grupo tinha gerentes de engenharia de produção para que os dois pudessem conversar. As reuniões aconteciam em uma sala grande, hoje chamada de *obeya*. Para coordenar essas conversas, também tínhamos terminais de CAD instalados na sala do Prius. Antes, era preciso usar cópias físicas nas reuniões; com o Prius, usamos a internet e o computador pela primeira vez.

Uchiyamada descreve também as muitas decisões, desafios e conquistas para lançar o Prius no mercado.[31] Ele sabia que o Prius era um programa mais complexo do que o normal, que envolveria novas tecnologias e, um dia, novas instalações industriais para produzir as baterias e os circuitos comutadores. Ele pediu três anos para o desenvolvimento, mas só recebeu dois.

Apesar de todas essas pressões, Uchiyamada tomou a decisão determinante de desenvolver internamente todas as tecnologias fundamentais que comporiam o Prius: motores elétricos, baterias *heavy duty*, múltiplos circuitos comutadores para alternar entre CC e CA, sistemas de computador para otimizar o uso do motor a gasolina e do motor elétrico e sistemas de freagem para converter a energia mecânica em energia elétrica armazenada na bateria. O conhecimento sobre essas tecnologias estava disponível no mercado para terceirização, mas a Toyota preferiu desenvolvê-los internamente. O raciocínio era que se essas realmente fossem as tecnologias fundamentais para o futuro da indústria automobilística, a Toyota deveria adquirir esse conhecimento especializado. A empresa sabe muito bem trabalhar com fornecedores, tratados como parceiros no codesenvolvimento de veículos, mas a Toyota quer internalizar todas as competências fundamentais para desenvolver veículos de modo que possa liderar os esforços de engenharia quando necessário e também supervisionar as atividades de engenharia externas.

A Toyota teve sucesso no desenvolvimento de tecnologias, com exceção das tecnologias de bateria, que exigiram um parceiro. A empresa montou uma *joint venture* com a Panasonic para as baterias de níquel-hidreto metálico do Prius, ficando com uma participação majoritária. A Panasonic tinha décadas de experiência com o desenvolvimento e fabricação de baterias, mas nunca para automóveis. A Toyota e a Panasonic trabalharam juntas no desenvolvimento dos produtos e dos processos de fabricação. A Panasonic acabou vendendo quase toda a sua participação no empreendimento de baterias automotivas para a Toyota, mas depois voltou ao ramo e hoje trabalha com a Tesla. Ela também formou uma parceria com a Toyota para aprender a produzir baterias de estado sólido e liderar uma revolução no setor.[32] A Toyota está otimista com relação às baterias de íon-lítio de estado sólido, acreditando que terão capacidade para distâncias maiores, carregamento mais rápido e custo menor do que as baterias do mesmo tipo atuais.

O primeiro Prius chegou ao mercado dentro do prazo graças a esforços heroicos. A bateria superaquecia e o carro se desligava sozinho, mesmo nas últimas fases de teste. Na verdade, foi o que aconteceu quando o presidente da Toyota apareceu para testar uma versão pré-produção. A bateria foi colocada no porta-malas para lidar como problema de superaquecimento.

Lançado em 1997, o primeiro Prius era um carro problemático pelos padrões da Toyota. Um engenheiro envolvido com o projeto disse na época que ele estava mais para protótipo avançado do que veículo de produção. Muitos desenhistas não ficaram animados com a sua aparência. Contudo, ele superou as metas de vendas e os primeiros usuários adoraram. O Prius se tornou um ícone dos carros ambientalmente corretos. Os proprietários formaram clubes e experimentaram novos *chips* para melhorar a economia de combustível. Era quase um teste beta, com os clientes entusiasmados ajudando a projetar a nova geração.

A segunda geração foi um avanço incrível em termos de estilo e funcionalidade. Com ele, o Prius atingiu 1 milhão de veículos vendidos e se estabeleceu como um sucesso no mercado. A terceira geração era ainda mais refinada. A Toyota atingiu 3 milhões de unidades vendidas. Com a quarta geração, os híbridos passaram a ser aceitos como veículos normais. Eles funcionavam perfeitamente. Os clientes abasteciam nos postos de gasolina e gastavam menos, já que o tanque era menor; a economia com gasolina é especialmente importante no Japão e na Europa, onde o combustível é mais caro. Em 2017, o Prius era considerado um dos carros mais importantes desde o Model T.[33]

A Toyota adicionou versões híbridas da maioria dos seus veículos. O objetivo era reduzir o custo a ponto da diferença de preço entre as versões híbrida e a gasolina ser insignificante. O Camry 2018 híbrido custava mil dólares a mais para o cliente em relação ao Camry a gasolina. A Toyota já vendeu mais de 11 milhões de híbridos em todo o mundo, muito mais do que qualquer outra empresa. Mais de 6 milhões deles foram Prius (incluindo todas as versões). As vendas de veículos elétricos puros ainda representam uma parcela mínima de todos os veículos vendidos, mas essa participação está aumentando. Em 2017, dos 17 milhões de veículos vendidos nos EUA, 200 mil (cerca de 0,1%) foram carros elétricos, incluindo o Prius *plug-in*.[34]

A percepção pública, incentivada pela imprensa, era que uma nova geração de veículos elétricos puros, como os da Tesla, dominaria rapidamente a indústria. Não parece uma ideia muito realista. Em 2017, a imprensa estava repreendendo a Toyota por chegar atrasada aos carros elétricos, atrás de empresas como Tesla, GM e Nissan. "Após liderar a indústria com os híbridos no começo dos anos 2000, a Toyota ficou praticamente de fora da revolução dos veículos elétricos", escreveu um jornalista. "Um Prius elétrico para curtas distâncias está disponível no mercado, mas a Toyota não chega perto do alcance de um Tesla Model S ou do Chevy Bolt da GM".[35]

Historicamente, a Toyota é uma empresa conservadora, mas também pode ser considerada bastante pragmática. Como observado em relação à estratégia, os executivos da Toyota acreditam que a revolução nas tecnologias automotivas demorará mais do que muitos acreditam e que as tecnologias dominantes ainda não foram determinadas. Algumas pessoas estarão dispostas a encontrar um posto de carga elétrica, pagar o custo extra de uma bateria cara ou de um conjunto delas e terão paciência com o tempo de recarga. Mas a maioria vai querer continuar a parar em um posto de gasolina e encher o tanque em poucos minutos. É o que os híbridos possibilitam. Os híbridos *plug-in* permitem distâncias maiores com energia elétrica, mas ainda exigem visitas a postos de gasolina para abastecer o carro da maneira a qual estamos acostumados. As células de combustível a hidrogênio têm o benefício potencial de abastecimento rápido, com baterias relativamente pequenas, quando e se a infraestrutura de abastecimento for desenvolvida.

A Toyota escolheu adotar uma abordagem incremental à missão de aprender as novas tecnologias do futuro e introduzi-las nos veículos produzidos em massa. Com a sua capacidade tecnológica e sistemas rápidos de desenvolvimento de produtos e processos, ela pode mudar de direção rapidamente e focar nos veículos elétricos, com CC a hidrogênio ou o que mais o mercado exigir.

Benefícios de uma abordagem incremental a programas revolucionários

Era evidente que Eiji Toyoda tinha uma visão audaciosa para a Toyota, mesmo em um período em que ela não seria necessária para as vendas ou lucratividade da empresa, e bastante precoce em comparação com a maioria das empresas. Ele queria que a Toyota se preparasse para o século XXI ainda no século XX, o que levou a esforços hercúleos para levar ao mercado o primeiro veículo híbrido produzido em massa. O resultado desse empreendimento seria altos níveis de vendas e lucros, mas também incluiu:

- **Aprendizagem pela experimentação.** A Toyota estabeleceu a sua capacidade interna de desenvolver e construir muitas das tecnologias fundamentais necessárias para o século XXI: baterias de alto desempenho, motores elétricos, algoritmos de otimização, circuitos comutadores, etc. A empresa aprendeu incrementalmente, enquanto outras empresas, como a General Motors, mergulharam de cabeça nos veículos elétricos. O resultado é que a Toyota teve quatro gerações de Prius para experimentar com essas tecnologias e aprender passo a passo.
- **Liderança no projeto e produção de baterias de alto desempenho.** As investidas da Toyota nesse campo evoluíram (ao lado da Panasonic) na direção de possivelmente liderar a comercialização de uma revolução nas baterias de íon-lítio de estado sólido. De acordo com Ryoji Kanno, professor do Tokyo Institute of Technology, as novas baterias armazenam quase o dobro da energia dos modelos que usam eletrólitos líquidos, são naturalmente menos inflamáveis e têm menor sensibilidade à temperatura. "Os carros elétricos de hoje sofrem com as distâncias menores no frio ou no calor. Os pesquisadores do Idaho National Laboratory descobriram que os veículos elétricos perdiam um quarto do alcance durante o inverno em Chicago".[36]

- **Reformulação do processo de desenvolvimento.** O uso da comunicação informatizada e do *obeya* revolucionaram o processo de desenvolvimento da Toyota, e a empresa deve muito à equipe de desenvolvimento do primeiro Prius.
- **Ter flexibilidade para se adaptar rapidamente.** A abordagem rápida e incremental do Prius foi corajosa, disso ninguém duvida. A visão era audaciosa. A Toyota vendia uma grande quantidade de veículos ambientalmente corretos enquanto quase todos os concorrentes ainda os estudavam nos laboratórios. Inicialmente, Uchiyamada acreditou que os carros elétricos seriam caros demais devido ao ritmo do desenvolvimento das baterias, mas mais tarde descobriu que os avanços nessa área estavam sendo mais rápidos do que ele imaginava. Como a Toyota explorara e desenvolvera múltiplas alternativas, a empresa estava muito bem posicionada para se adaptar a avanços inesperados como esses. O desenvolvimento paralelo de alternativas é um caminho fundamentalmente pragmático, não dogmático, que leva a escolha de uma trajetória com base em conhecimento limitado. O híbrido em si, mesclando os melhores aspectos de diversas tecnologias em vez de insistir em uma única solução perfeita, é um exemplo dessa filosofia.
- **Inovação contínua.** A Toyota está investindo bilhões de dólares em veículos com CC a hidrogênio, tecnologias avançadas de baterias e tecnologias para veículos autônomos (p. ex., inteligência artificial, sistemas de sensores avançados e capacidades de *big data*). A Toyota não vive na imprensa, aparecendo como grande disruptor, mas está desenvolvendo uma capacidade incrível, quase toda internamente, e com cada vez mais parcerias externas.
- **Evolução do ecossistema da empresa.** Uma análise interessante, de autoria de um colaborador da revista *Forbes*, compara o "ecossistema" do Toyota Prius com o dos veículos elétricos da Tesla. O ecossistema é composto de todos os setores industriais e entidades que influenciam o negócio. Na indústria automobilística, uma parte importante da infraestrutura consiste no que acontece após a venda do veículo, incluindo a venda de peças, consertos, carros usados, sucata e reciclagem. Quase todo o lucro ocorre no chamado *aftermarket*. O Prius foi projetado de modo a praticamente não impactar o ecossistema existente da Toyota. A Tesla, por outro lado, decidiu criar a sua própria rede de concessionárias, e o modo como o veículo foi projetado e o negócio foi estruturado pretende causar uma disrupção em quase todos os setores do ecossistema. O autor do artigo da *Forbes* não se posiciona sobre se isso causará um dano terrível ao negócio da Tesla ou não, mas conclui da seguinte forma: "O experimento (lucrativo) da Toyota (o Prius) aumentou o valor sociocomercial para a maioria dos membros do ecossistema, mundial-

mente, sem pedir que qualquer parte do sistema perdesse valor ou pagasse altos custos (...) A Tesla está pedindo que parcelas significativas do ecossistema mudem o que estão fazendo, o que pode não criar valor positivo para muitos deles. É tudo que precisamos saber no momento para entender que o 'inferno de produção' da Tesla pode se expandir para muitas partes da rede de pós-venda à medida que a empresa amplia a sua escala".[37]

As décadas de experiência da Toyota com tecnologias híbridas, que também são as tecnologias fundamentais dos veículos elétricos e CC, serão muito úteis para a empresa no futuro. Uchiyamada acredita que os carros elétricos serão importantes no futuro, e que isso se concretizará muito antes do que imaginava originalmente, dado o desenvolvimento rápido da tecnologia de baterias, mas também afirma que haverá um papel importante para os veículos a hidrogênio, que também são um tipo de híbrido.

Hidrogênio: O caminho para o futuro

Um dos planos paralelos da Toyota é o desenvolvimento de CC a hidrogênio e veículos a hidrogênio. Musk diz que são *fool cells* ("células de tolos", um trocadilho com *fuel cell*). A Toyota acredita que o hidrogênio é a fonte de energia ambientalmente correta para o futuro, mas reconhece que precisará de décadas para desenvolver a infraestrutura necessária para os postos de abastecimento. Ainda assim, ela está seguindo em frente, expandindo as capacidades atuais, e já gastou mais de 1 bilhão de dólares com o desenvolvimento do Mirai, inicialmente como um modelo de produção de baixo volume. A Toyota não está sozinha. Dois veículos entraram no mercado na mesma época, o Honda Clarity e o Hyundai ix35 FCEV.

É interessante que o Mirai seja um híbrido, baseado no Prius, com o motor a gasolina substituído por uma célula de combustível. Isso é necessário porque o hidrogênio ocupa bastante espaço e, como veículo a hidrogênio independente, o carro pareceria projetado para usar apenas hidrogênio. Assim, o Mirai e os produtos a hidrogênio do futuro provavelmente combinarão tecnologias elétricas e de hidrogênio. Vamos considerar o valor estratégico do Mirai e o modo como foi desenvolvido.

Mirai significa "futuro" em japonês

O Mirai pode ser o melhor exemplo de pensamento estratégico de longo prazo, além de um grande risco associado mais a empresas empreendedoras do que a megagigantes maduras. A proliferação dos veículos a hidrogênio é uma questão para o futuro, mas as CC em si não são uma tecnologia nova. Elas são utilizadas há décadas e tornaram-se proeminentes no programa espacial americano na década de 1950. As pesquisas com CC na Toyota remontam a 1992, sendo que o primeiro veículo CC operacional foi lançado em 2002 (no caso, um veículo de pesquisa Highlander). A Toyota conduziu diversos experimentos, coletou toneladas de dados e realizou diversas melhorias antes de revelar um carro-conceito CC no Tokyo Motor Show de 2013.

O Mirai foi apresentado nos EUA durante o Los Angeles Auto Show de 2014. Até o final de 2017, a Toyota havia vendido cerca de 4 mil Mirais, com a meta ambiciosa de vender 30 mil desses veículos até 2020. São números que estão longe de justificar o gasto bilionário no programa. Mas, assim como o primeiro Prius, o primeiro Mirai não foi criado para ser líder em volume ou fonte de lucros. Na verdade, acompanhando o ritmo das vendas planejadas, o carro é produzido no Japão, na sua própria linha de montagem manual minúscula, tendo sido projetado para baixíssimos volumes. A ideia do Mirai, palavra que significa "futuro" em japonês, é abrir o caminho.

Os veículos CC têm um problema clássico do tipo "o que veio antes, o ovo ou a galinha?" Praticamente não há infraestrutura para abastecer veículos a hidrogênio, em lugar nenhum. Até os veículos CC venderem o suficiente para justificar a infraestrutura, as empresas de energia não vão investir nisso. Mas os veículos CC a hidrogênio não venderão muito até haver uma infraestrutura de abastecimento. Assim, a Toyota decidiu ser líder. Lançar o produto em regiões bem específicas: o Japão e a Califórnia. Investir em postos de abastecimento. Aprender e começar a educar o público.

Desde o início, a equipe do Mirai sabia que estaria trabalhando em um produto que não receberia aceitação ampla por muitos anos, talvez até décadas. Durante uma entrevista no Japão, Yoshikazu Tanaka, o EC do Mirai, nos disse o seguinte: "O hidrogênio nunca foi algo que esperávamos que se espalhasse de repente. O uso de hidrogênio não vai se multiplicar subitamente por causa desse carro. Estávamos pensando no muito longo prazo. Na verdade, costumamos usar a expressão 'em 100 anos' para criar a imagem certa para a equipe. Queremos ser os pioneiros desse movimento em direção a uma sociedade do hidrogênio".

Projetando o Mirai

O desenvolvimento do Mirai começou de fato em torno de 2008, durante a Grande Recessão. Apesar das restrições financeiras significativas, a liderança sênior da Toyota decidiu continuar a investir no futuro, semelhante ao que vimos o CEO Alan Mulally fazer na Ford.

Muito além de desenvolver só mais um carro elétrico, a equipe estava enfrentando um desafio inédito. Por consequência, os desafios de desenvolvimento de produtos e processos nesse programa seriam formidáveis e um grande teste das capacidades da Toyota.

Um dos desafios mais difíceis no lado do projeto é como tornar a tecnologia de CC muito mais compacta ao mesmo tempo que se extrai mais potência. A CC do Mirai atual tem mais de 2,2 vezes a densidade de energia da versão de 2008, mas mesmo a versão muito mais compacta ainda exige que 370 células de 1,34 mm de espessura sejam montadas para criar a pilha do Mirai.

O projeto das células já era difícil, mas fabricá-las com eficiência e qualidade de forma consistente para um volume potencialmente alto é um desafio ainda maior. É óbvio que a Toyota decidiu fabricá-las internamente. A equipe de projeto e a de engenharia da produção trabalharam lado a lado durante todo o processo de desenvolvimento. A película de malha fina 3D é produzida pela Toyota Auto Body, uma subsidiária da Toyota que também teve um papel importante no desenvolvimento e sucesso da produção. Montar o sistema de CC e o veículo exige um nível extremo de precisão e de qualidade integrada.

Para ter sucesso, o Mirai deve oferecer muito mais do que uma fonte de energia. Tanaka sabe disso muito bem: "Simplesmente ter CC não vai ser suficiente para o Mirai ter sucesso no mercado. Ele precisa ser atraente, divertido de dirigir e, acima de tudo, seguro". Como o motor do Mirai não vira como um motor de combustão interna, a Toyota fixou o motor rigidamente à placa transversal, sem precisar de amortecedores de borracha. Ela também utilizou mais fibra de carbono nos componentes do veículo e adicionou braçadeiras. Juntas, essas mudanças aumentaram a rigidez torcional em 60% e produziram uma melhoria radical na dirigibilidade. Tivemos a oportunidade de dirigir o veículo na pista de testes na Cidade Toyota e podemos confirmar que, sim, ele é muito divertido de dirigir!

Como foi uma nova aplicação dessa tecnologia, a equipe precisou estabelecer normas de segurança e confiabilidade. Tanaka pediu à equipe que "projetasse e construísse um carro no qual confiariam para levar seus familiares". Os membros de equipe testaram colisões de alta velocidade e os resultados foram consistentes: os veículos eram mais seguros do que aqueles com motores de combustão interna. Os veículos foram sujeitados a testes de confiabilidade intensos, nas condições mais difíceis, para garantir que o veículo seria seguro e continuaria a ter alto desempenho. Também foi preciso trabalhar com diversas autoridades regionais e globais para garantir que o produto final estaria de acordo com todas as regulamentações.

Infraestrutura e a sociedade movida a hidrogênio

Para que os veículos CC possam ter viabilidade, a Toyota sabe que precisará criar uma infraestrutura confiável e disponível de entrega de hidrogênio e aumentar a massa crítica de casos de uso. Isso cria um nível adicional de complexidade, para não falar de dificuldade, ao desenvolvimento. Desenvolver um ecossistema de produto está se tornando mais comum no mercado, mas nunca vimos nada nessa escala. A Toyota está enfrentando essa missão da mesma forma que sempre faz com o desenvolvimento de produtos e processos: passos pequenos e métodos que levam a um resultado maior.

Serão necessários investimentos gigantescos em infraestrutura para viabilizar os veículos CC enquanto opção de transporte para grandes quantidades de pessoas. Produzir e distribuir hidrogênio com segurança em escala global parece um desafio impossível. Claramente, é muito mais do que a Toyota conseguiria fazer sozinha. Assim, a empresa começou a buscar e formar parcerias com diversas agências governamentais e outras organizações, incluindo concorrentes. Por exemplo, a Toyota lidera um grupo de 11 empresas japonesas, incluindo a Nissan e a Honda, em um acordo colaborativo para construir 160 postos de hidrogênio no Japão; espera-se que estes atendam 40 mil veículos CC em uso até o ano final de 2020. A Toyota também está compartilhando abertamente o seu *know-how* com o governo japonês com a intenção de criar mais infraestrutura e abriu todas as suas patentes de CC de hidrogênio com os concorrentes para incentivar o desenvolvimento. Além disso, a Toyota formou uma parceria com a Royal Dutch Shell para construir setes postos de reabastecimento de hidrogênio na Califórnia, aproximando o estado da sua meta de ter 100 postos comerciais em operação até 2024.[38] Em dezembro de 2017, a Toyota anunciou um investimento para construir uma das maiores usinas de energia de CC do mundo na Califórnia para fornecer energia para casas e edifícios, aliada a um posto de abastecimento de hidrogênio. A usina usará resíduos orgânicos para criar o hidrogênio.[39]

Carros não bastarão para gerar o investimento em infraestrutura necessário para tornar o hidrogênio disponível para o público de forma rápida e segura. Por consequência, a Toyota está desenvolvendo ônibus CC e pretende ter pelo menos 100 deles nas ruas de Tóquio até 2020. A Toyota também está trabalhando para obter o apoio de diversas agências governamentais, especialmente no Japão, onde já existe um esforço para cultivar uma sociedade do hidrogênio incipiente:

- O primeiro-ministro Abe é um grande defensor das CC, especialmente após o Japão desativar a maioria das suas usinas nucleares em consequência do desastre de Fukushima. E muitas instalações de grande porte, incluindo hospitais e grandes edifícios no Japão e nos EUA, já têm geradores com CC a hidrogênio, geralmente para fins de emergência.
- O governo japonês planeja 1,4 milhão de instalações de fazendas de energia (as chamadas *ene-farms*) para energia por célula de combustível até 2020 e 5,3 milhões até 2030.[40]
- Tóquio pretende investir significativamente em uma sociedade do hidrogênio até 2020. O conceito será anunciado durante os Jogos Olímpicos de 2020, sediados na cidade, dos quais a Toyota será um dos principais parceiros.
- Diversos pilotos à base de hidrogênio estão sendo implementados no transporte público em lugares como Londres, China e Coreia do Sul. Balsas H2 estão em uso na Noruega e navios de transporte oceânico movidos a H2 estão em desenvolvimento.
- A Toyota é codiretora (com a Air Liquide) do Hydrogen Council. Formado por apenas 13 empresas em 2017, a organização continua a crescer e já contava com 39 empresas em março de 2018.

O desafio continua

A Toyota quase nunca fica satisfeita com o seu nível atual de desempenho; a melhoria contínua é um dos elementos fundamentais do Modelo Toyota. Assim, a história do Mirai está longe de acabar. Para começar, a empresa reconhece que o custo de um veículo CC ainda é alto demais para ser competitivo; sem reduções de custos significativas, a Toyota provavelmente não conseguirá dar o próximo passo além das vendas iniciais na casa dos quatro dígitos. Consequentemente, a Toyota se comprometeu com reduções de mais de 50% dos componentes com emissões zero até 2020 e mais 25% até 2025, o que totaliza um desafio de reduções de custos de quase dois terços.

O Mirai tem o maior alcance e a melhor classificação de eficiência de todos os veículos CC, e certamente tem mais abrangência do que qualquer veículo elétrico a bateria nas estradas atualmente, mas a Toyota desafiou todos os envolvidos a aumentar radicalmente o alcance do Mirai. Nesse esforço, a Toyota desenvolveu e revelou um veículo-conceito CC com o dobro do alcance do

Mirai atual (atingindo mil quilômetros). Ainda é apenas um veículo-conceito, mas já demonstra a arte do possível e a disposição da Toyota de aceitar desafios continuamente e expandir os limites do conhecimento atual de modo a criar carros cada vez melhores.

Como Tanaka nos explicou: "Sabemos que somos apenas uma pedrinha no oceano. O sucesso não é garantido, mas se não fizer nada, se não der o primeiro passo, então nada vai acontecer".

Como disse Niels Bohr, o físico vencedor do Prêmio Nobel, "Previsões são muito difíceis, especialmente sobre o futuro". Assim, seria impossível saber qual vai ser o futuro da mobilidade. Musk e seus seguidores podem ter acertado na mosca ao escolherem os veículos elétricos puros. Contudo, a abordagem da Toyota de explorar e desenvolver múltiplas alternativas é mais segura e pode ser uma forma mais inteligente de avançar. Se tudo der errado e o hidrogênio não se tornar um fonte de combustível importante para os veículos, ainda assim, a Toyota aprendeu muito sobre projetar e fabricar componentes, ideias que podem ser aplicadas em toda a empresa para refinar o seu sistema de desenvolvimento de produtos e processos e continuar a criar o futuro da indústria. A empresa está preparada para colocar todos os seus ovos na cesta dos veículos elétricos se essa for a vontade do mercado.

PRÓXIMOS PASSOS

Neste capítulo, ilustramos como uma visão de longo prazo e uma estratégia de curto prazo direcionam o desenvolvimento de produtos e processos. Concordamos com Porter que a excelência operacional não é uma estratégia e que o poder vem da direção de uma estratégia consciente para produtos e serviços. A Toyota não ignora a estratégia e as inovações revolucionárias para se concentrar em operações eficientes e *kaizen* incremental. Em vez disso, ela desmonta essas distinções. Lembre-se da discussão do Capítulo 3 sobre o *yin* e o *yang*. Estratégia *versus* execução é uma distinção basicamente ocidental e abstrata. A Toyota joga as duas no liquidificador e integra-as, usando qualquer abordagem que pareça funcionar, tanto para o presente quanto para o mais longo prazo.

Contrastamos as visões, as estratégias e as filosofias operacionais da Toyota e da Tesla por um motivo. A visão da Toyota é muito mais desenvolvida e sutil do que a da Tesla. A Tesla está colocando todos os seus ovos em uma só cesta de produtos (a de veículos elétricos puros) e tem uma visão industrial centrada apenas na automação que pretende ser um sistema de manufatura avançado para o século XXI. A Toyota, por outro lado, coloca as pessoas no centro do seu processo de projeto e produção e desenvolveu competências de produtos e processos e a capacidade de resposta rápida necessárias para buscar múltiplos caminhos e reagir ao mercado futuro à medida que este evolui. Para o seu veículo CC a hidrogênio, assim como aconteceu com muitas das suas inovações disruptivas na indústria automobilística, a Toyota está atuando desde os primeiros momentos para definir o produto e os processos que o criam.

Seu desenvolvimento de produtos e processos pode não ser tão focado no futuro quanto o da Toyota e suas inovações podem não ser tão disruptivas. Ainda assim, boa parte do que acontece em grande escala na Toyota pode acontecer na sua organização, como explicaremos no Capítulo 9.

Sua reflexão

Criando uma visão

Este capítulo contrastou as abordagens da Toyota e da Tesla à criação do seu futuro para ilustrar a forte relação entre estratégia e excelência operacional. O LPPD é uma abordagem à produção de valor excepcional para os clientes, mas ele começa com uma pergunta para a organização: Qual é a nossa proposta de valor única para os nossos clientes? O guru da estratégia Michael Porter acredita que uma grande estratégia supera a excelência operacional, argumentando que uma proposta de valor que afirma que imitaremos nossos concorrentes, mas gastando menos, levará as empresas a canibalizar as tecnologias e métodos umas das outras, reduzindo as margens de lucros de todas. As empresas precisam de algo que as diferencie além da excelência operacional. Ele também defende que é importante ter capacidades operacionais diferenciadas que executam a estratégia, então os dois elementos estão ligados.

Neste capítulo, defendemos que a abordagem da Toyota encontrou uma fórmula vencedora em ter uma visão de longo prazo com aprendizagem iterativa por meio do desenvolvimento rápido de gerações de produtos para extrair lições (p. ex., a tecnologia híbrida do Prius) e as combina com o mecanismo de entrega para obter velocidade, qualidade e confiabilidade. E parece provável que esta será uma fonte de vantagem competitiva sustentável por muitos anos ainda. A Tesla, por outro lado, tem uma visão audaciosa, mas estreita, praticamente fruto da mente de um único indivíduo empreendedor, Elon Musk, e precisará se combinar com um conjunto de atividades diferenciadas para se tornar um disruptor relevante. Musk parece perceber isso e está apostando nas fábricas mais computadorizadas do setor para diferenciar a Tesla da concorrência. As pessoas parecem não ter protagonismo na sua visão. Por ora, a Tesla não demonstrou a capacidade de executar a sua visão com consistência (mas é preciso reconhecer que a empresa ainda é muito jovem).

É difícil desenvolver uma visão geral da estratégia, pois esta precisa ser bastante específica a cada negócio. Ainda assim, podemos dizer que as grandes empresas:

1. Desenvolvem e ajustam continuamente uma estratégia bem-elaborada que as diferencia da concorrência.
2. Executam a estratégia com foco e paixão pelo longo prazo, sem abandoná-la nos momentos difíceis.
3. Ligam a visão com um conjunto de atividades distintas que executam com excelência.

Sua condição atual

1. A visão da Toyota é ser a líder do futuro da mobilidade. Ela tem uma estratégia específica para o futuro da mobilidade que se estende até 2050. Quais são a visão e a estratégia da sua empresa e até onde elas vão?
2. A Toyota tem sido implacável na execução das suas visões de longo prazo, não hesitando sequer durante múltiplas crises e recessões. A sua organização tem sido constante em ater-se à sua visão quando enfrenta crises?
3. A sequência de veículos inovadores da Toyota (Lexus, Prius, Mirai) revela uma cultura que busca a inovação e rejeita o comodismo. A sua empresa expande as fronteiras do seu campo no desenvolvimento de produtos e processos?

4. A Toyota possui um conjunto bastante distinto de atividades para produzir valor para os clientes, copiado em todo o mundo sob o nome de gestão *lean*. Ela se ateve à sua estratégia operacional fundamental e melhorou constantemente desde que foi fundada. Quais são as atividades exclusivas da sua empresa que se ligam à estratégia dela?
5. A sua empresa já desenvolveu um produto ou processo que os clientes e concorrentes descreveriam como disruptivo? Por quê? Por que não?
6. Como é o alinhamento entre a sua estratégia e a sua capacidade de desenvolvimento?
7. Você está à espera do *big bang*? Possui uma abordagem incremental para aprender rapidamente e entrar na nova geração de tecnologias? Acima de tudo, está combinando essas estratégias com uma execução excepcional para se tornar líder do seu setor?

Entrando em ação

1. Reúna uma pequena equipe interfuncional para responder duas perguntas: "Onde seria possível, mesmo que remotamente, ser disruptivo no nosso setor hoje em dia?" "Qual é a nossa estratégia para nos tornarmos líderes do nosso setor?"
2. Com base nas respostas para essas perguntas, decida como experimentará com testes de baixo custo e baixo risco para avaliar o interesse do mercado e determinar quais conhecimentos precisa adquirir ou desenvolver para ir adiante.
3. Defina uma visão para um conjunto de atividades distintas para concretizar a estratégia.

9

Projetando o seu futuro
Transformando a sua capacidade de desenvolvimento de produtos e processos

Uma visão não é apenas uma imagem do que poderia ser; é um apelo ao nosso melhor ser, um chamado para nos tornarmos algo maior.

— Rosabeth Moss Kanter, em Blagg e Young, "What Makes a Good Leader", *Alumni Stories*

Além do básico da gestão da mudança

Desde o nosso primeiro livro, trabalhamos com muitas empresas diferentes, nos mais diversos setores, e aprendemos muito sobre a implementação do LPPD. Animados para compartilhar tudo que aprendemos, ainda assim estávamos perante um dilema. Começamos tentando imaginar um modelo de gestão da mudança orientado pelo desenvolvimento de produtos para adicionar aos muitos já publicados. Sempre que tentávamos estabelecer um processo padrão para a transformação, enxergávamos um ponto fraco terrível no sistema. Todos os modelos sugeriam um processo passo a passo muito mais ordenado do que jamais havíamos visto. Algumas ferramentas são usadas cotidianamente, mas cada empresa e cada situação é diferente. Provavelmente existem tantas maneiras de melhorar a sua capacidade de desenvolvimento quanto os engenheiros têm definições de "pronto". Consequentemente, não temos um modelo pronto do tipo cinco passos fáceis para melhorar o desenvolvimento.

Se quiser alguns conselhos gerais e potentes sobre como gerenciar a mudança organizacional, sugerimos *Leading Change*,[1] de John Kotter, *The Chan-*

ge Masters,[2] de Rosabeth Moss Kanter, *The Transformational Leader*,[3] de Noel Tichy e Mary Anne Devanna, ou *Deep Change*,[4] de Robert Quinn.

Assim, em vez de desenvolver mais um modelo geral de gestão da mudança, vamos compartilhar histórias sobre a transformação LPPD de empresas com as quais trabalhamos. A seguir, extrairemos lições desses casos, mais específicas à jornada LPPD do que vemos nos modelos existentes de gestão da mudança. Depois, compartilharemos um modelo de aprendizagem colaborativa emergente de mudança orientada pelo produto que aborda a transformação organizacional como um problema de projeto. Por fim, destacaremos a importância de pensar sobre a mudança a partir de perspectivas políticas, culturais e psicológicas combinadas. Antes, entretanto, trabalharemos um elemento importante da mudança que costuma ser negligenciado: o nível da organização a partir do qual a mudança é liderada.

O nível inicial de engajamento da liderança

"Uma grande transformação empresarial deve ser liderada do topo" é o equivalente às leis de Newton na física. Todas as evidências apoiam a regra e muitos modelos a pressupõem. Foi o caso na história da Ford que contamos neste livro. Infelizmente, o que aconteceu na Ford deve ser a exceção, não a regra. A maioria das empresas não tem um CEO e uma equipe sênior com conhecimento, experiência e engajamento suficientes para liderar uma transformação LPPD. E poucas estarão em crise com CEO que considera a transformação orientada por produtos o único caminho para o sucesso. Na maioria das empresas, o trabalho de transformação começará mais próximo à base da organização.

O nível organizacional no qual o trabalho de LPPD é iniciado terá um impacto significativo na sua abordagem e no escopo do impacto. Os esforços de mudança que começam nos níveis inferiores da organização tendem a não ter o mesmo impacto interfuncional daqueles iniciados nos níveis superiores. Contudo, isso não significa que você não pode ter um impacto positivo significativo, como veremos nos diversos exemplos deste capítulo.

Da alta gerência para baixo

Durante a introdução do LPPD, é especialmente importante ter executivos seniores dedicados exclusivamente à liderança do processo, pois (1) ele é inerentemente interfuncional e a melhor maneira de engajar a liderança em todas as funções organizacionais e (2) o desenvolvimento de novos produtos deve estar diretamente ligado à estratégia da empresa, com os executivos mais graduados estabelecendo a direção e garantindo o comprometimento e o apoio para os programas à medida que se desenvolvem.

Nesse caso, a motivação e a liderança inicial para uma transformação começam com o CEO e a equipe executiva, que entendem o que é o LPPD e o incorporam aos seus planos estratégicos para então liderar ativamente a transformação. É o que ilustramos na Figura 9.1.

Quando introduz um novo programa para fortalecer a gestão, a Toyota sempre usa a mesma abordagem. Primeiro, os executivos seniores são treinados, pois espera-se que eles liderem o esforço nas suas respectivas partes da organização. Por exemplo, quando a Toyota lançou O Modelo Toyota 2001, a empresa desenvolveu um programa de treinamento inicial, seguido de projetos. Os primeiros alunos foram vice-presidentes, que se tornaram *coaches* dos seus subordinados diretos, disseminando os conceitos em cascata pela hierarquia da organização. A seguir, vieram as Práticas de Negócios Toyota para fortalecer a solução de problemas, mais uma vez ensinadas de cima para baixo. Cada líder seria responsável por um projeto de grande porte para atingir objetivos radicais. Os líderes tinham *coaches* para guiá-los durante o processo, sendo os projetos complexos o suficiente para durarem, em média, oito meses. Esses líderes são responsáveis perante uma banca examinadora e normalmente precisavam voltar e fazer algum retrabalho. Após serem aprovados, tornavam-se os profes-

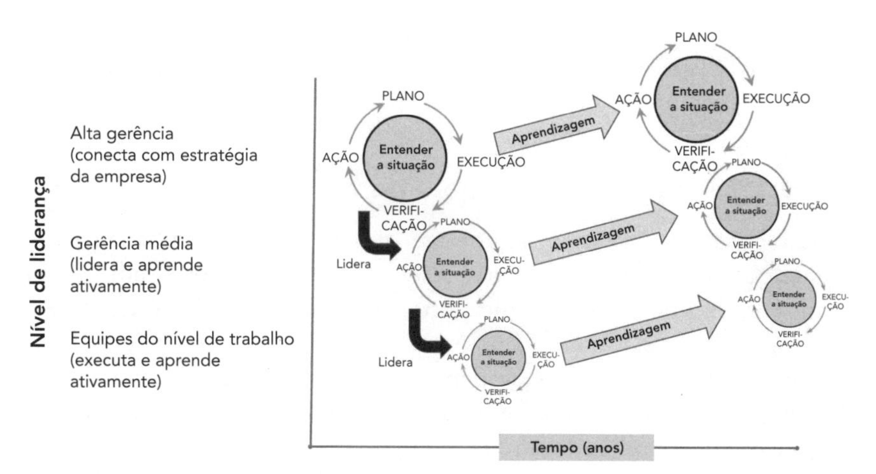

FIGURA 9.1 O estado ideal de uma transformação LPPD em nível corporativo liderada pelo topo.

sores dos seus subordinados e parte das suas bancas examinadoras, e assim por diante em toda a organização.

Como foi dito, a transformação da Ford também é um exemplo de mudança de cima para baixo. Infelizmente, na nossa experiência, isso não acontece com frequência. Um líder sênior pode até apoiar a transformação do sistema de desenvolvimento de produtos da empresa e autorizar o programa, mas normalmente delega a responsabilidade para a gerência média.

Outro aspecto raro do caso da Ford é a dimensão da crise enfrentada pela empresa e que motivou as mudanças. Os executivos costumam citar a falta de urgência da mudança como um obstáculo crítico para o progresso das suas próprias empresas. Ouvimos tanto essa reclamação que ficamos interessados em saber o que Mulally achava sobre o papel da crise na motivação da resposta da Ford. Assim, perguntamos a ele sobre a diferença entre liderar a Ford e a Boeing durante uma crise em comparação com a liderança no período pós-crise. Sua reação foi interessante e absolutamente definitiva: "Transformar uma empresa com problemas e administrá-la no pós-crise é exatamente a mesma coisa", Mulally respondeu veementemente.

"E quanto ao nível de intensidade após a crise?", perguntamos.

"Eu diria que manter o nível certo de intensidade é uma parte importante do que diferencia as grandes empresas do resto. Escuta, na Ford, ninguém dizia 'ei, vamos usar esse sistema de gestão poderoso para salvar a empresa e abandoná-lo assim que começarmos a ganhar dinheiro'. Não, o que dizíamos era 'vamos lidar com a nossa realidade atual de um prejuízo de 17 bilhões de dólares e trabalhar juntos para desenvolver um plano, não só para salvar a empresa, mas para criar uma empresa lucrativa que cresce e prospera'".

Durante todo o seu período na Ford, Mually utilizou o sistema de gestão do trabalho em conjunto para promover o crescimento lucrativo para todos.

Da gerência média para cima e para os lados

É muito mais comum encontrar um ou mais gerentes de engenharia em uma organização que adoram a ideia do LPPD e se tornam alunos estudiosos. Em organizações de pequeno a médio porte, este pode ser o vice-presidente de desenvolvimento de produtos. Em uma organização maior, pode ser o diretor de uma unidade de negócios ou departamento funcional. Mesmo em uma organização em que o apoio dos executivos seniores é mínimo, esses líderes individuais ainda podem ter muitas conquistas na sua área. Nosso conselho é focar no que você pode influenciar, fazer o melhor trabalho possível e obter resultados visíveis. Esses resultados são a melhor propaganda da eficácia do

LPPD. E, obviamente, crie oportunidades para compartilhar os resultados, para cima e para os lados na hierarquia. Começar pela gerência média pode não ser ideal, mas diversas empresas com as quais trabalhamos começaram nesse ponto e atingiram níveis de influência muito maiores na organização como um todo.

Uma dessas empresas é a Solar Turbines, que apresentamos no Capítulo 2 e discutiremos em mais detalhes na próxima seção deste capítulo. É uma empresa de médio porte que implementou o LPPD com a liderança intensa de um diretor e um líder de programa que influenciou toda a organização. É o que ilustra a Figura 9.2.

Do nível de trabalho para cima

Uma abordagem de baixo para cima pode parecer ideal para algumas pessoas. O empoderamento é uma das palavras favoritas no mundo da administração. A Toyota gosta de desenhar o seu organograma de cabeça para baixo, com os membros de equipe no topo. Mas introduzir o desenvolvimento *lean* no nível de trabalho é, de longe, a estratégia mais difícil.

O desenvolvimento *lean* é, pela sua própria natureza, uma transformação em nível corporativo. Ele não tem como prosperar em um só departamento de engenharia. Em geral, a gerência sênior determina em quais novos produtos se trabalhará, sendo que esses líderes decidem sobre a alocação de recursos. O departamento de vendas também se envolve, muitas vezes tomando a de-

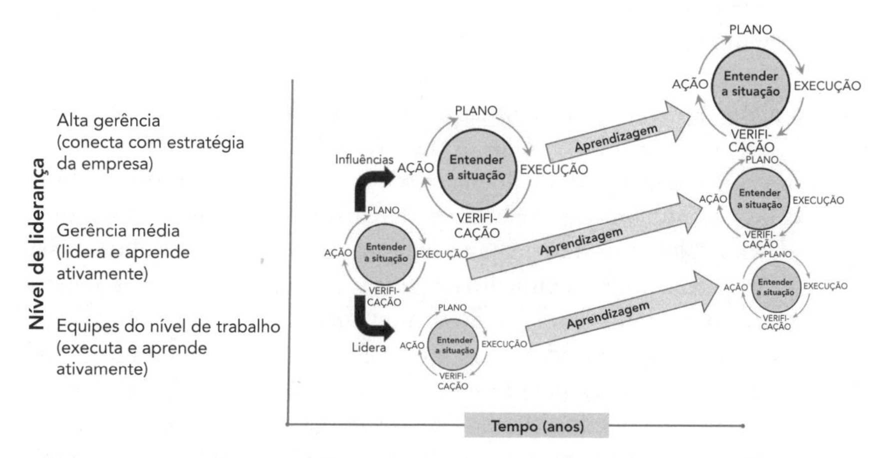

FIGURA 9.2 A gerência média liderada a transformação LPPD dentro da amplitude de controle.

cisão final sobre características do produto que acredita serem desejados pelo cliente. A produção também tem seus próprios objetivos, normalmente começando pela produção atual, sem apoiar a engenharia nos lançamentos de produtos. Como é possível que o pessoal da linha frente mude isso? A resposta é simples: não é possível.

Mas nem tudo está perdido nessa situação. Vai ser preciso muito esforço e bastante persistência, mas começar nesse nível ainda pode levar ao sucesso. Basta seguir o exemplo do Toyota Production System Support Center (TSSC). O TSSC é uma organização sem fins lucrativos que a Toyota estabeleceu para trabalhar com entidades de todos os setores interessadas em implementar os princípios do STP nas suas operações.[5] Uma das práticas empregadas pelo TSSC é começar com uma linha modelo.

A ideia por trás da linha modelo é se aprofundar em uma área, começando por uma meta bastante desafiadora, avançando passo a passo no PDCA em direção ao objetivo durante um longo período de tempo (nesse caso, um ou mais anos de esforço). Muitos dos elementos fundamentais do LPPD na amplitude de controle da equipe são introduzidos de modo que a empresa tenha uma demonstração do sistema "ao vivo", incluindo ver pessoas liderando a melhoria contínua.

A linha modelo serve para ensinar. Ela desenvolve agentes de mudança internos e fanáticos da gestão, que disseminam o desdobramento no futuro. Nesse processo, o consultor da TSSC não projeta nada e não implementa nada, ele questiona, pergunta e ensina apenas o necessário para que as pessoas dentro da empresa deem o próximo passo. Ao mesmo tempo, o TSSC trabalha com a liderança sênior e a incentiva a se envolver com a linha modelo e aprender com ela (ver Figura 9.3).

É um caminho longo e difícil, mas pode ser bem-sucedido. O TSSC teve sucesso significativo com essa abordagem, pois, apesar de focar seus esforços no nível de trabalho, ele envolve todos os três níveis da organização. O TSSC não aceita um cliente a menos que a liderança sênior tenha um compromisso firme. No processo da linha modelo, eles envolvem ativamente a gerência sênior e a média da área. Nem todos os gerentes ou consultores podem escolher os seus clientes e exigir o comprometimento da gerência sênior. Muitas vezes, o gestor precisa fazer o que pode para liderar a mudança na sua própria área, o que representa um desafio considerável. É possível ter sucesso, mas também pode demorar alguns anos para que um novo executivo sênior, alguém que apoia o LPPD, assuma o comando. Mesmo que o sistema não se espalhe profundamente além do seu departamento, você ainda aprende habilidades importantes que podem ser transferidas para o seu próximo emprego.

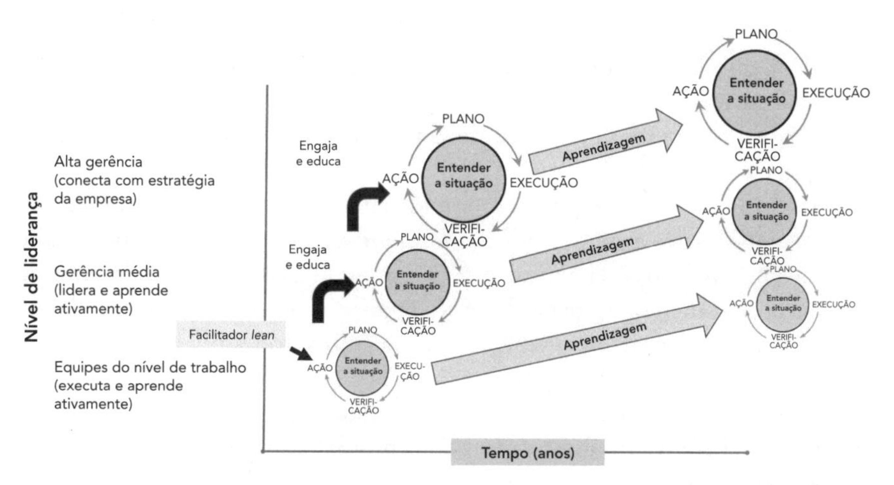

FIGURA 9.3 O facilitador *lean* lidera um projeto de LPPD no nível de trabalho.

Exemplos de transformação LPPD

Em capítulos anteriores, descrevemos atividades de LPPD em diversas empresas além da Toyota: Ford, Herman Miller, GE, Caterpillar, Schilling Robotics, Solar Turbines e Technip FMC. Nesta seção, vamos nos concentrar principalmente nos primeiros momentos da iniciativa de LPPD e as diferentes abordagens usadas no desenvolvimento de turbinas, processos clínicos na saúde, setor aeroespacial e indústria da construção para ilustrar a diversidade das transformações *lean*. Cada organização usou uma abordagem diferente na sua transformação, mas todas tiveram níveis consideráveis de sucesso.

A história da Solar Turbines

Mencionamos a Solar Turbines, uma subsidiária da Caterpillar, várias vezes neste livro. Jeff e nosso colega John Drogosz trabalharam com a Solar por muitos anos e Jim conversou com a sua equipe executiva sênior algumas vezes. Acreditamos que a Solar é um dos melhores exemplos de mudança liderada pela gerência média, além de um dos esforços sustentados mais duradouros que já vimos.[6]

A Solar Turbines Incorporated é um exemplo de organização de médio porte que apoiou o LPPD com programas liderados pela gerência média e continuou a avançar durante mais de uma década. Descrevemos o uso mais recente do

LPPD por parte da empresa para a excelência em execução no Capítulo 2, quando a empresa já tinha um nível razoavelmente maduro de entendimento sobre o conceito.

Antes de conhecer o LPPD, a empresa já tinha uma cultura forte de trabalho em equipe e facilitação de reuniões.

Aliado ao foco da Caterpillar em implementar o *lean*, a Solar Turbines teve sucesso significativo com a produção *lean* em suas operações de fabricação e montagem. Seria possível aplicar o *lean* a programas de desenvolvimento de modo a atingir melhor as metas de custo e prazo? A organização ficou cada vez mais interessada no desenvolvimento *lean* e aproveitou a oportunidade para trabalhar com Jeff para dar o pontapé inicial.

Focando na liderança corporativa geral e liderando com os valores de um engenheiro-chefe (EC), um dos primeiros programas-piloto teve foco no aumento da capacidade de uma turbina existente.

Havia uma prioridade urgente e visível em jogo. Historicamente, a Solar Turbines utilizara a sua capacidade de inovação para produzir produtos com o melhor desempenho na sua classe, mas uma linha de produtos enfrentara desafios significativos. Levar um produto melhorado ao mercado com rapidez seria fundamental para manter o posicionamento da empresa no mercado. O problema é que esse ciclo demorava no mínimo dois anos para ser completado. As vendas indicavam que ela não suportaria os requisitos e estava até prometendo aos clientes um ciclo mais rápido. Era urgente que a empresa satisfizesse os clientes e levasse o novo produto ao mercado rapidamente.

Jeff realizou um *workshop* de mapeamento do fluxo de valor do desenvolvimento de produtos (MFVDP ou PDVSM) em maio de 2008 para dar início ao programa. Havia mais de 20 pessoas na sala, oriundas de todas as funções, incluindo o fornecedor de fundição, essencial para o desenvolvimento do protótipo. O grupo era grande, mas trabalhou muito bem junto durante todo o processo.

O grupo nunca fizera um MFVDP antes. Primeiro, todos caminharam pelo *gemba*, visitando cada departamento (muitos conheceram outros departamentos pela primeira vez na carreira) e então mergulharam de cabeça no detalhamento do estado atual, divididos em três subgrupos para cada parte do processo de desenvolvimento. O mapeamento foi organizado em raias horizontais, cada qual representando uma função, e a data até o lançamento foi marcada no alto (Fig. 9.4). Cada passo no processo era representado por um Post-It. Ninguém teve vergonha de falar dos problemas. O que se viu foi como todas as funções impactavam o trabalho dos outros, mas a imagem não era bonita. O estado atual era um modelo em cascata claro, começando com os engenhei-

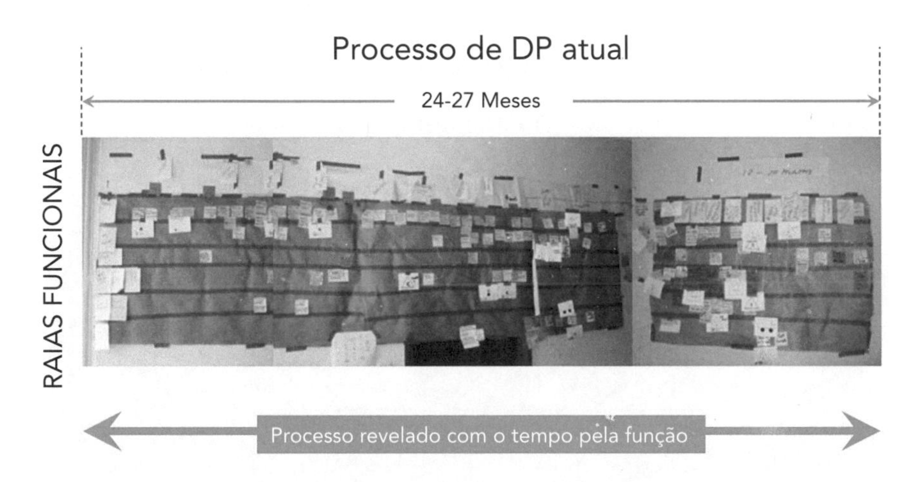

Pessoas finalmente vendo a perspectiva das outras.

FIGURA 9.4 Mapa do estado atual da Solar: programa de aprimoramento do gerador.

ros avançados que passavam o trabalho para os engenheiros de protótipo, e com as compras, que adquiriam os componentes e entregava o trabalho para a preparação da produção. O processo era relativamente limpo e simples na fase conceitual, mas se tornava cada vez, mais complexo à medida que entrava em outros departamentos, que por sua vez precisavam retrabalhar as decisões anteriores. Quando o processo finalmente chegava à engenharia de produção, todas as raias estavam tão repletas de Post-Its que mal cabiam no papel. A essa altura, a situação era de puro caos, confusão e combate a incêndios. Evidentemente, havia oportunidades para melhorar.

A seguir, eles trabalharam em um grande grupo para desenvolver um mapa do estado futuro do processo para atender o cronograma ambicioso prometido aos clientes pelo setor de vendas. Essa foi a visão da equipe sobre como queria que programa fosse executado (Fig. 9.5). Havia muitas ideias inovadoras, mas algumas das principais mudanças focam nas áreas problemáticas mais importantes que o mapa do estado atual colocara em evidência:

- **Concentração dos esforços no início do desenvolvimento.** No estado atual, a alta gerência, o *marketing* e as vendas autorizavam um programa, uma equipe era montada sob um gerente de programa e a engenharia começava a desenvolver um conceito para atender os objetivos do projeto de desenvolvimento, praticamente sem o envolvimento de outras funções.

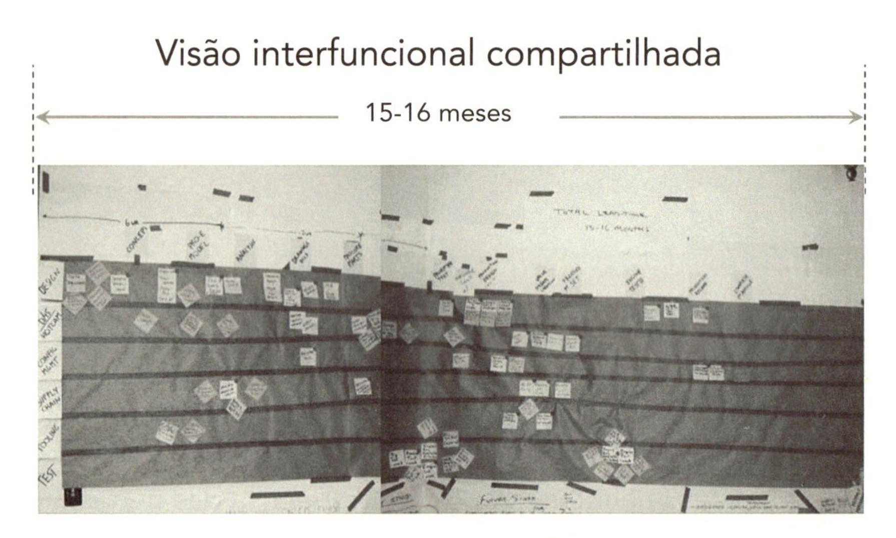

Pessoas chegando a um acordo para trabalhar de uma nova forma

FIGURA 9.5 Mapa do estado futuro da Solar: programa de aprimoramento do gerador.

À medida que a engenharia detalhada avançava, era normal receber ordens determinando grandes mudanças no projeto, algo que a gerência chamou de *scope creep* ou "aumento do escopo". O resultado era uma série de ciclos de retrabalho.

No estado futuro, o gerente do programa atua mais como um EC e desenvolve um manual de conceito (*concept paper*). A ideia era que um manual de conceito bem pensado, aprovado pelo conselho executivo, limitaria as mudanças tardias nos requisitos. Além disso, desde o começo, o EC também montaria uma equipe interfuncional, incluindo compras, ferramentaria, embalagem, testes, vendas, *marketing* e produção e usaria engenharia simultânea desde a fase conceitual.

- **Trabalho em lote.** Um dos maiores gargalos atuais nos programas de desenvolvimento é o projeto e fabricação de máquinas-ferramentas. O MFVDP do estado atual revelou que os pedidos de ferramentas se acumulavam para formar grandes lotes, o que sobrecarregava a capacidade do grupo que projeta o ferramental.

  No estado futuro, os pedidos de ferramentas seriam feitos mais cedo e sequencialmente, permitindo que o grupo de projeto de ferramentas aplicasse o fluxo de uma só peça ao projeto e fabricação de ferramentas durante todo o processo. Isso eliminaria os ciclos de gargalos e espera inerentes criados pelo trabalho em lote.

- **Envolvimento dos fornecedores desde o início.** O processo de desenvolvimento atual não envolvia a produção e os principais fornecedores com o processo de projeto. Muitas vezes, eles eram trazidos para o grupo apenas quando um desenho detalhado estava pronto. Todas as melhorias sugeridas em termos de custo e produtibilidade normalmente ficavam para o projeto seguinte, já que não sobrava tempo para retrabalho.

  No estado futuro, os membros da área de produção e os principais fornecedores participariam da equipe de desenvolvimento desde o início. Eles forneceriam os *trade-offs* entre custo e produtibilidade para os engenheiros de projeto durante o desenvolvimento do *layout* e dos detalhes. Reunir essas contribuições críticas na parte inicial do processo de projeto permitiria que fossem considerados no projeto. O processo foi descrito como reunir a engenharia de projeto e de produção na mesma mesa de desenho para que o processo e o projeto fossem criados juntos. Esse processo de cocriação levaria a economias de custo e melhorias de qualidade enormes, sem prejudicar as melhorias de projeto necessárias para atender as expectativas dos clientes.

- **Teste rápido de protótipos.** Os processos de combustão não são totalmente previsíveis, então o desenvolvimento sempre inclui testes iterativos e reelaboração de projetos. As áreas de teste do estado atual eram um gargalo crítico.

  O mapa do estado futuro pedia o uso de conceitos *lean* para reelaborar o processo de teste, com o objetivo de ter fluxo de uma só peça e usar a gestão visual para dar visibilidade ao fluxo de testes a ser conduzido e o seu *status*.

A equipe concordou que colocar tudo isso em prática exigiria reuniões semanais no *obeya* (Fig. 9.6). Após o início das reuniões, o MFV passou para o segundo plano. A equipe altamente comprometida atingiu ou superou as metas de prazo e custo e a turbina aprimorada foi um sucesso no mercado. Entretanto, nem tudo correu perfeitamente. O grupo era altamente focado e dedicado e enfrentou diversos obstáculos, incluindo um revés que o atrasou em vários meses.

Em paralelo ao programa da turbina, uma segunda equipe liderava um programa-piloto de LPPD para reprojetar um injetor de combustível, um componente crítico do sistema de combustão. A equipe usou o mesmo processo de MFVDP e execução em um *obeya*. A equipe de reelaboração do projeto do injetor obteve resultados positivos igualmente radicais, atingindo as metas de custo e prazo.

FIGURA 9.6 *Obeya* para o programa de aprimoramento do gerador. A sala era organizada por disciplinas: embalagem, engenharia, compras, fabricação, fornecedor de fundição, etc.

O sucesso desses programas, após vários anos de prazos e orçamentos estourados, foi eufórico. Agora, havia muito mais apoio para o LPPD. Todos os novos programas começavam com *workshops* de MFV, facilitados internamente, e um *obeya*. Ideias inovadoras para controlar o estoque em processo, conectar processos e continuar a reduzir o *lead time* passaram a emergir durante todo o desenvolvimento de produtos. Ocorreram avanços adicionais na criação de livros de conhecimento, padronização de projetos e extensão da redução do *lead time* à manutenção no campo.

Gostaríamos de dizer que, com o sucesso de muitos programas de desenvolvimento e melhoria de diversos processos, o LPPD continuou a evoluir linearmente, como mostrado na Figura 9.2. Infelizmente, a estrada para o futuro foi muito mais complexa do que o diagrama sugere. Foram precisos esforços de educação consistentes em toda a organização sobre o LPPD. Os principais defensores do conceito descobriram que precisavam continuar seus esforços a favor do *lean* constantemente para preservar o progresso e os ganhos.

A liderança a partir da gerência média foi um desafio, sem dúvida alguma, mas o progresso continuou. Os principais defensores do *lean* continuaram a promover o programa horizontalmente e para os níveis superiores. O sistema deu um salto em 2016, quando um dos defensores originais do LPPD se tornou responsável por todos os novos desenvolvimentos em uma família de produtos (compressores a gás), como descrito no Capítulo 2. Em 2018, após 10 anos, o LPPD seguia firme e forte na Solar Turbines.

O processo clínico enquanto produto na Michigan Medicine

Até onde sabemos, a Michigan Medicine (o antigo University of Michigan Health System) representa a primeira aplicação dos princípios e métodos do LPPD ao desenvolvimento de processos clínicos no contexto da saúde. Os membros da equipe de projeto clínico e inovação (CDI, clinical design and innovation) inicialmente resistiram à ideia, pressupondo que um método para projetar produtos não funcionaria para eles, mas, com o tempo, adotaram as práticas do LPPD e conseguiram adaptá-las ao seu ambiente diferenciado. O segredo foi pensar nos processos como produtos e sujeitá-los ao mesmo nível de rigor consciente no desenvolvimento que recomendamos para produtos físicos. Na época da produção deste livro, a transformação ainda estava em andamento, mas acreditamos que a experiência da Michigan Medicine pode vir a ser um modelo incrível para iniciativas de melhoria na saúde e demonstra a eficácia do modelo do LPPD para processos de serviços. À medida que o Dr. Marentette e Jim a compartilham com outras organizações de saúde, a história da Michigan Medicine tem gerado muito entusiasmo, então fique atento, pois acreditamos que o campo só tem a crescer. Gostaríamos de agradecer os nossos colegas Dr. Larry Marentette, Paul Paliani, Matt Zayko e a equipe de CDI de Michigan pela sua ajuda com a narrativa a seguir.

Cerca de nove anos depois que foi para a Ford, Jim foi diagnosticado com sarcoma e tratado na Michigan Medicine. O diagnóstico lhe ajudou a entender melhor os desafios enfrentados pelos profissionais de saúde e pelos pacientes. Durante a sua jornada com o câncer, Jim conheceu várias pessoas incríveis, participou da iniciativa de serviços centrados no paciente da instituição e renovou velhas amizades. Um desses velhos amigos foi o Dr. Jack Billi, vice-presidente adjunto de questões médicas e professor de medicina interna na Michigan Medicine, que, além de um médico e professor incrível, é defensor de longa data do *lean* na saúde. Jack e Jim conversaram diversas vezes sobre a possível aplicação do LPPD na saúde. Billi contou sobre o progresso da Michigan Medicine com os métodos *lean* de gestão. Contudo, ele sabia que ainda havia muito mais a ser feito e suspeitava que o LPPD poderia contribuir para o processo. Jim estava se recuperando do tratamento e aproveitou a oportunidade para passar algum tempo no *gemba* com o Dr. Billi e seus colegas.

Billi apresentou Jim a diversas pessoas na Michigan Medicine, incluindo o Dr. Steve Bernstein, diretor de qualidade da organização, que recomendou que conversassem com o Dr. Larry Marentette e Paul Paliani, que lideravam os esforços de melhoria no grupo de projeto clínico e inovação. A equipe do CDI tivera sucesso na aplicação das ferramentas e métodos *lean* a diversos processos clínicos, incluindo a implementação de um programa de recuperação para reduzir as readmissões de pacientes submetidos à cirurgia colorretal e criar uma nova clínica de seguimento rápido de eletrofisiologia para reduzir baixas hospitalares. Marentette e Paliani contaram que esses primeiros sucessos levaram a expectativas elevadas e mais trabalho para eles. Para enfrentar esses novos desafios com eficiência, seria preciso melhorar drasticamente o seu próprio processo. Essa conversa deu início a uma colaboração maravilhosa entre a equipe de CDI, Jim e Matt Zayko, o *coach* de LPPD da equipe para explorar a aplicação dos princípios do LPPD à criação de processos clínicos.

Envolvimento da Liderança O primeiro passo foi organizar uma equipe de direção composta de líderes seniores da Michigan Medicine e do LEI para prestar apoio contínuo para a equipe de CDI. Essa equipe começou buscando um entendimento comum sobre o LPPD e o conceito de "processo enquanto produto" de modo a iniciar o processo de obter apoio. Juntos, eles concordaram em testar o experimento do LPPD e ver se processos clínicos poderiam ser tratados como produtos. A equipe de direção se reuniu trimestralmente para revisar o progresso, ajudar a resolver problemas e oferecer *feedback* para a equipe durante toda a iniciativa. Foi um passo importante para recrutar a ocupadíssima equipe de liderança da Michigan Medicine para o processo e também ajudou a motivar a equipe de CDI.

Mapeamento do Fluxo de Valor do Desenvolvimento de Produtos: Dando Visibilidade ao Trabalho A equipe do CDI era composta de engenheiros, gerentes de projeto e *lean coaches* experientes e talentosos que já haviam utilizado o mapeamento do fluxo de valor muitas vezes antes, apenas nunca no processo de desenvolvimento de processos clínicos. Assim, eles concordaram que Zayko e Paliani realizassem um *workshop* de MFVDP focado em como criar novos processos clínicos. Eles começaram por um programa recente de cirurgia de cabeça e pescoço e identificaram diversas áreas com alto potencial de melhoria. No total, o programa demorou seis meses a mais do que o esperado e só realizou cerca de metade das expectativas originais. O *workshop* de MFV destacou diversas oportunidades de melhoria específicas: (1) A equipe do CDI sofreu longos atrasos para adquirir os dados e marcar reuniões com as principais partes interessadas e responsáveis por processos no início do programa. (2) Os membros não alinharam completamente as metas e objetivos do programa com as principais partes interessadas e mergulharam no trabalho cedo demais. (3) Não havia uma maneira de identificar e reagir aos problemas rapidamente. A boa notícia é que, por meio do *workshop*, a equipe conseguiu enxergar de fato o trabalho e os atrasos (Fig. 9.7).

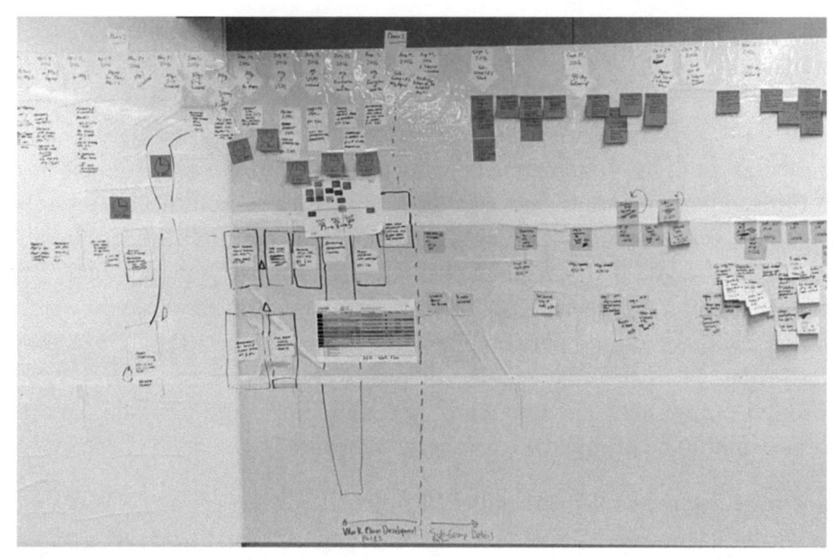

FIGURA 9.7 Estado atual do projeto clínico.

O novo entendimento sobre o processo de desenvolvimento obtido com MFVDP, a promessa das práticas e ferramentas de LPPD e a oportunidade de criar um novo estado futuro energizaram os membros da equipe de CDI (Fig. 9.8). Para o estado futuro, eles decidiram dividir o trabalho de desenvolvimento por área funcional (raias) e criar um modelo melhorado do que deveria ser o

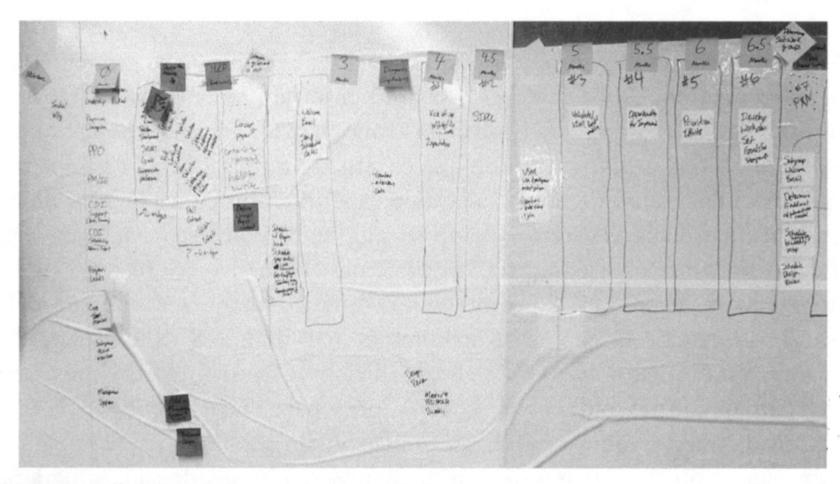

FIGURA 9.8 Estado futuro do projeto clínico.

envolvimento com o projeto clínico e quanto tempo um programa de projeto deveria demorar.

Para avançar em direção à sua visão de estado futuro, os membros da equipe do CDI concordaram em tentar os seguintes experimentos de LPPD: (1) Operar todos os programas utilizando marcos e um sistema de gestão *obeya* em comum para melhorar a eficácia da colaboração, comunicação, aprendizagem e gestão de projetos. (2) Concentrar seus esforços no início do processo com um período de estudo e maior envolvimento das partes interessadas, experimentação e aprendizagem. (3) Criar um manual de conceito usando o trabalho no período de estudo para melhorar alinhar a equipe e as principais partes interessadas. (4) Incorporar revisões de projeto e experimentos com o uso de prototipagem focada e envolvimento "interfuncional" aprofundado para melhorar a solução de problemas e fortalecer a inovação.

Gerenciar segredos é impossível: *Obeya* Uma das primeiras ideias a ter alta aceitação junto à equipe de CDI foi a frase de Mulally de que gerenciar segredos é impossível. Os cronogramas e outras informações importantes quase sempre ficavam trancafiados nos *laptops* dos líderes dos projetos, com cada dupla de melhoria trabalhando independentemente. Os membros de equipe precisavam urgentemente de maior transparência, mais aprendizagem entre os projetos e melhor colaboração para reduzir o *lead time* de modo a gerenciar de forma bem-sucedida a carga de trabalho crescente. A transparência poderia ajudá-los a saber se um programa estava adiantado ou atrasado e permitiria que apoiassem o trabalho das suas equipes em tempo real. Os membros de equipe trabalharam com Zayko para criar cronogramas para os seus programas atuais de modo a montar um *obeya*.

Eles se reuniram no *obeya* por quatro semanas e definiram os cronogramas de seis programas. Após perceber o quanto gostavam de enxergar o trabalho disposto daquela forma, desenvolveram cronogramas para quatro outros programas mais maduros, permitindo que enxergassem toda a carga de trabalho. Após terminar os cronogramas, a equipe experimentou com reuniões de pé semanais, nas quais os gerentes de projeto individuais apresentavam um breve relatório sobre os seus respectivos projetos. O objetivo era repassar os 10 programas em 30 minutos, de modo que 3 minutos foram alocados para cada um. As primeiras reuniões de pé demoraram mais do que os 30 minutos planejados. Para tornar o *obeya* mais eficaz, adicionou-se uma reflexão após cada duas reuniões de pé, com o objetivo de ter ideias para ajudar o processo. Foram adicionadas regras, como a escolha de um facilitador, cronometrista e anotador para manter o ritmo da reunião; os primeiros 2 minutos de cada programa foram designados como sem interrupções e o último minuto foi deixado para perguntas. Eles também aprenderam que era útil focar cada programa nos itens em vermelho e comentar sobre o "plano para chegar ao verde" em vez de pensar sobre a reunião de pé como um momento para resolver os problemas. Por fim, se um programa precisava de ajuda em uma determinada questão, as necessidades eram capturadas em uma folha de tarefas e, se necessário, em uma segunda folha de *andon* para ampliar a escala dos problemas maiores.

Após trabalhar com o *obeya* por algum tempo, a equipe de CDI revisou o seu progresso ao lado de Jim, sendo que parte dos membros visitaram a sede do LEI em Cambridge, Massachusetts, e observou que o *obeya* do LEI era muito mais do que o cronograma, com outras informações críticas postadas no espaço. Assim, os membros da equipe reuniram elementos de gestão visual para outros aspectos do seu trabalho, como os seis passos de um processo para aceitação de projetos pelo CDI, com o objetivo de se prepararem para novos trabalhos. Além disso, eles montaram um sistema para representar o processo de desenvolvimento de caminhos do paciente e o *status* dos caminhos sendo criados, assim como um resumo de quais dados estavam sendo solicitados e fornecidos para cada programa. A equipe acabou por decidir que seria melhor postar e dar visibilidade no *obeya* tantos indicadores e planilhas quanto possível.

A equipe refletiu no *obeya* (Fig. 9.9): o processo era muito melhor, pois as pessoas conseguiam enxergar o seu trabalho; além disso, as reuniões de pé semanais eram mais rápidas e eficazes do que as reuniões demoradas ao redor de uma mesa usadas no passado. Em geral, a equipe ficou contente com o *obeya*, pois permitiu muito mais transparência e aumentou a inclusividade, o que ampliou a colaboração tanto na equipe de CDI quanto com os seus clientes.

Marcos: diferenciando o normal do anormal Para entender se os projetos estavam realmente dentro do prazo, a equipe de projeto clínico criou QEC. A equipe começou com uma declaração de propósito para cada marco e derivou os QEC dela. A equipe também criou indicadores-chave para identificar rapidamente os marcos em risco. Para tanto, os marcos foram divididos em subpassos e monitorados (indicadores de tendência *versus* de resultado). Quando integrados às revisões de gestão *obeya*, eles ajudaram a equipe a entender melhor elementos críticos do processo, diferenciar as condições normais das anormais e estabelecer respostas apropriadas. Até o momento, entre a gestão obeya e o uso melhorado dos marcos, todos os programas estão dentro do cronograma e nenhum está se perdendo como costumava acontecer.

FIGURA 9.9 *Obeya* do projeto clínico.

Período de estudo Outro problema descoberto pelos membros de equipe é que, às vezes, trabalhavam demais em um projeto antes de entenderem completamente a situação atual ou convencerem as partes interessadas mais importantes. Para resolver essa questão, o processo de projeto clínico foi reorganizado em duas fases, uma de estudo e outra de execução, compostas de seis passos correlacionados com a terminologia médica (Fig. 9.10). A fase de estudo permite que a equipe se concentre em obter um entendimento profundo sobre o paciente, o responsável pelo processo, o contexto e o modo como o processo criará valor.

Eles adotaram o lema de "ir com calma para ir rápido". Eles utilizaram a fase de preparação para descobrir o que outras organizações de saúde fariam em situações semelhantes; se reuniram com os líderes mais importantes para obter o seu apoio; aumentaram significativamente a quantidade, a qualidade e a duração das visitas ao local de trabalho conduzidas antes de começar o trabalho; e formaram um grupo de pessoas-chave, muitas das quais normalmente não falariam umas com as outras, para participar da análise de lacunas que permite a identificação exata dos problemas que desejam enfrentar. O início das sessões

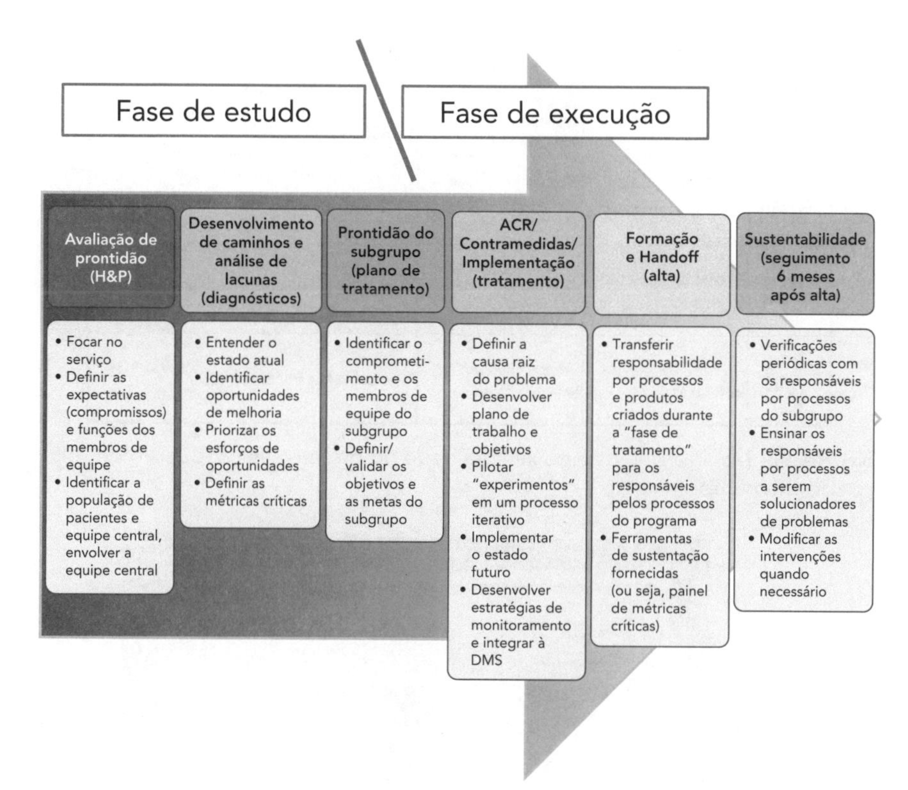

FIGURA 9.10 Processo de projeto clínico.

de trabalho da análise de lacunas é usado para informar todas as partes interessadas que a equipe terá uma relação com cada um deles por cerca de um ano e repassará o processo de projeto clínico.

Os membros de equipe também visitaram a Menlo Innovations e conversaram com os antropólogos *high-tech* para melhorar as suas ferramentas e habilidades de observação e empatia. Eles aprenderam com o FirstBuild da GE e com a prototipagem de baixa fidelidade da Schilling Robotics, empresas que pertencem ao grupo de aprendizagem do LEI. Com base no que aprenderam, começaram a criar os seus próprios protótipos de baixa fidelidade (Figs. 9.11a e 9.11b), que testaram com as principais partes interessadas usando os seus métodos e habilidades de observação recém-adquiridos. Os exemplos dos primeiros protótipos focados incluíram cartões de bolso, planos de cuidados ao paciente, rascunhos de interfaces de *software* e fluxogramas de processos, entre outros. Usar esses modelos simples permitiu que trabalhassem lado a lado com os usuários e implementassem mudanças importantes aos protótipos de manei-

Icon	Meaning?	When used?	Hover Text
	Primary Trigger is positive	After primary Trigger goes off, but before secondary screen has been completed	qSofa and SIRS scores, categories that Triggered. For example, "qSofa = 2, SIRS = 2. GCS, SBP, HR, RR"
	Clinical confirmation of sepsis alert	After positive Triage Screen or after positive secondary screen	Positive Sepsis Screen
	Patient being treated for sepsis	Provider accepts BPA or uses Sepsis Order Set	Patient being treated for sepsis
	Primary Trigger is locked out	Provider chooses "no" to sepsis BPA	"Locked out of Primary Trigger"

FIGURA 9.11a Protótipo de baixa fidelidade do projeto clínico: quadro de acompanhamento.

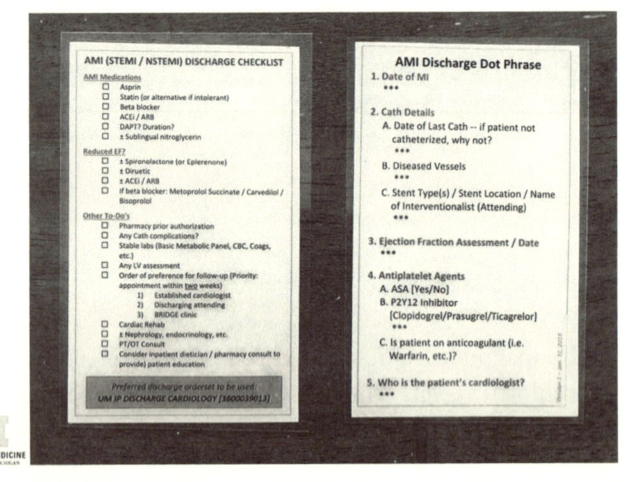

AMI (STEMI / NSTEMI) DISCHARGE CHECKLIST

AMI Medications
- ☐ Asprin
- ☐ Statin (or alternative if intolerant)
- ☐ Beta blocker
- ☐ ACEi / ARB
- ☐ DAPT? Duration?
- ☐ ± Sublingual nitroglycerin

Reduced EF?
- ☐ ± Spironolactone (or Eplerenone)
- ☐ ± Diruetic
- ☐ ± ACEi / ARB
- ☐ If beta blocker: Metoprolol Succinate / Carvedilol / Bisoprolol

Other To-Do's
- ☐ Pharmacy prior authorization
- ☐ Any Cath complications?
- ☐ Stable labs (Basic Metabolic Panel, CBC, Coags, etc.)
- ☐ Any LV assessment
- ☐ Order of preference for follow-up (Priority: appointment within two weeks)
  1) Established cardiologist
  2) Discharging attending
  3) BRIDGE clinic
- ☐ Cardiac Rehab
- ☐ ± Nephrology, endocrinology, etc.
- ☐ PT/OT Consult
- ☐ Consider inpatient dietician / pharmacy consult to provide) patient education

Preferred discharge orderset to be used:
UM IP DISCHARGE CARDIOLOGY [3600039013]

AMI Discharge Dot Phrase

1. Date of MI
   ***
2. Cath Details
   A. Date of Last Cath -- if patient not catheterized, why not?
   ***
   B. Diseased Vessels
   ***
   C. Stent Type(s) / Stent Location / Name of Interventionalist (Attending)
   ***
3. Ejection Fraction Assessment / Date
   ***
4. Antiplatelet Agents
   A. ASA [Yes/No]
   B. P2Y12 Inhibitor [Clopidogrel/Prasugrel/Ticagrelor]
   ***
   C. Is patient on anticoagulant (i.e. Warfarin, etc.)?
5. Who is the patient's cardiologist?
   ***

FIGURA 9.11b Protótipo de baixa fidelidade do projeto clínico: cartão de bolso.

ra fácil e rápida. O período de estudo e o uso de protótipos focados já levaram a *insights* críticos e ajudaram a reduzir a quantidade de trabalho que seria normal em programas de projeto de processos clínicos.

Manual de conceito A última ferramenta de LPPD que a equipe de CDI concordou em experimentar foi o manual de conceito. Dois gerentes de projeto, Heidi McCoy e Andy Scott, começaram a criar manuais de conceito para os seus projetos com base no trabalho realizado durante o período de estudo para melhorar a sua lógica interna: criar um plano de projeto melhor e, em especial, alinhar todas as principais partes interessadas. O trabalho ainda está dando seus primeiros passos, mas Scott e McCoy acreditam que o manual de conceito já está tendo um impacto positivo significativo sobre o entendimento, planejamento e alinhamento e ambos planejam utilizar e desenvolver a ferramenta em projetos futuros.

Revisões de projeto As revisões de projeto interfuncionais foram realizadas com subgrupos. Os subgrupos foram formados após os membros de equipe completarem um período de estudo e desenvolverem um bom entendimento sobre o problema, principais lacunas, partes interessadas, etc. Cada subgrupo se concentrou em revisar um elemento específico do novo processo clínico.

O programa de projeto clínico usou dois tipos de revisão de projeto. O primeiro é uma revisão de projeto de inovação, realizado por cada subgrupo com cadência quinzenal e incluindo todos os membros do subgrupo. Eles trabalham em análise da causa raiz, desenvolvem contramedidas, criam protótipos de baixa fidelidade e fazem experimentos (Fig. 9.12). O segundo tipo consiste em revisões do projeto de integração para analisar como todos os subgrupos alinham e integram o seu trabalho, assim como o início do processo. Ambos os tipos de revisão de projeto ajudaram na identificação mais rápida do problema, aumentaram a solução de problemas colaborativa e têm potencial muito maior de inovação no projeto de processos clínicos.

- Realizar ACR
- Desenvolver contramedidas
- Criar produtos
- Compartilhar protótipos

- Planejar a implementação de contramedidas
- Desenvolver Planos de lançamento
- Alinhar os produtos entre subgrupos

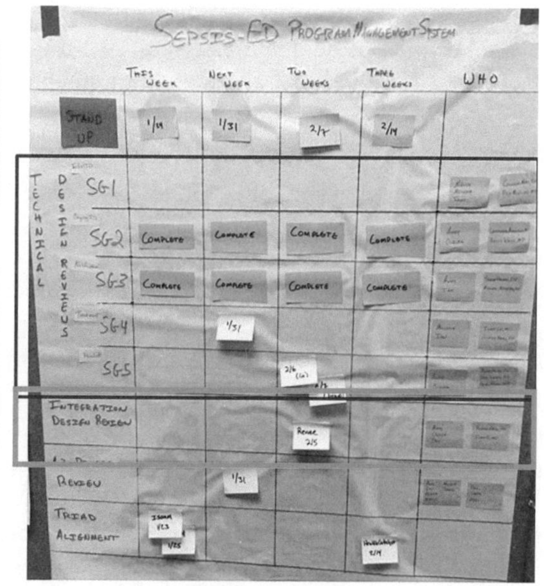

FIGURA 9.12 Experimentos de revisão de projeto.

Na Figura 9.12, os cinco subgrupos responsáveis pelo quadro superior esquerdo têm, cada um, uma tarefa específica pela qual são responsáveis, saída da fase de estudo. Os grupos estão produzindo protótipos; a revisão de integração do projeto (no quadro inferior) explica os diversos protótipos e os seus usos. Os protótipos são testados com pacientes, médicos, enfermeiros, responsáveis por processos, etc.

Os membros da equipe de CDI da Michigan Medicine começaram a sua jornada há menos de um ano, mas eles e as outras partes interessadas estão muito animados com os resultados já obtidos. Esses resultados estão chamando a atenção em outros setores do sistema de saúde do estado e outros grupos começaram a estudar o que está acontecendo com a equipe de CDI, com a intenção de disseminar a prática.

Voos sem atraso na Embraer

A Embraer começou a sua jornada *lean* na empresa toda, não apenas no chão de fábrica. A transformação corporativa foi liderada a partir dos mais altos níveis. As primeiras vitórias rápidas da equipe, entretanto, ocorreram no *gemba* do chão de fábrica. Assim, os esforços de LPPD começaram pela aplicação das mesmas ferramentas e métodos da produção (*kaizen blitzes*) ao desenvolvimento, mas tiveram dificuldade para adaptá-los ao contexto da engenharia. A transformação teve sucesso porque os envolvidos perseveraram, adquiriram os conhecimentos de que precisaram, se esforçaram bastante e continuaram a aprender. Outro fator para o sucesso foi que um *coach* especializado em LPPD foi integrado a cada equipe do programa. Isso deu certo porque a empresa havia desenvolvido *coaches* respeitados e extremamente competentes. Somos gratos ao nosso colega John Drogosz por essa história.[7]

A Embraer é uma empresa brasileira que projeta e fabrica jatos executivos, pequenas aeronaves comerciais e aeronaves de defesa, com receitas anuais de cerca de 6 bilhões de dólares. A Embraer deu início à sua jornada *lean* em torno de 2007 e obteve conquistas significativas no chão de fábrica. Os executivos tinham uma mentalidade progressista o suficiente para perceber que a empresa não seria capaz de concretizar todo o potencial de uma *lean enterprise* sem envolver a organização de desenvolvimento de produtos. A abordagem geral da empresa foi batizada de Programa de Excelência Empresarial Embraer (P3E). Inicialmente, houve uma tentativa de se aplicar as técnicas e ferramentas da produção *lean* no desenvolvimento de produtos, mas o sucesso desse esforço foi limitado. E, como seria de se esperar, a empresa enfrentou dificuldades para engajar a comunidade de desenvolvimento.

A Embraer mandou vários dos seus melhores *coaches* para ter aula de LPPD na University of Michigan. Essas aulas, desenvolvidas por Jim, com base nas suas pesquisas sobre o sistema de desenvolvimento de produtos da Toyota, apresentaram aos participantes um conjunto poderoso de práticas e ferramentas para melhorar a capacidade de desenvolvimento de produtos. A equipe também conheceu nosso colega John Drogosz, seu instrutor na University of Michigan, que os apoiou em sua jornada LPPD pelos próximos cinco anos. A jornada de implementação do LPPD na Embraer se dividiu em três fases: (1) eventos de *kaizen*, (2) *coaches* integrados a projetos-piloto e (3) gerenciamento do fluxo de valor.

Eventos de *kaizen* A Embraer deu início à sua jornada *lean* conduzindo eventos de *kaizen* em desenvolvimento de produtos para trabalhar questões locais, assim como fizera na produção. Chamados de "*workshops* de melhoria rápida", os eventos normalmente duravam cinco dias. Primeiro há uma fase de preparação, como a seleção dos temas dos projetos e identificação de uma equipe, e depois a equipe analisa a condição atual, estabelece objetivos e tenta realizar mudanças o mais rapidamente possível. Em um evento bem conduzido, ao final da semana, os participantes estão exaustos e eufóricos. Eles apresentam um resumo final para os gerentes seniores e comemoram os seus sucessos. Com o passar do tempo, eles aprenderam que seria possível obter a maioria dos benefícios usando eventos mais curtos, às vezes até com um único dia de *kaizen*, mas normalmente com *workshops* de três dias. E sempre que o escopo do projeto exigia, os eventos duravam mais de cinco dias; nesse caso, os membros de equipe não dedicavam todo o seu tempo ao evento, entrando e saindo quando necessário.

O objetivo da Embraer foi iniciar a transformação do desenvolvimento de produtos de modo a vivenciar em primeira mão os benefícios do LPPD para resolver problemas específicos, aprender algumas técnicas e ferramentas básicas do *lean* e gerar animação para o desenvolvimento de uma visão mais ampla. Foi formado um escritório de promoção do *kaizen* (KPO, *kaizen promotion office*) para facilitar os eventos de *kaizen* e desenvolver as capacidades internas. A equipe do KPO realizou uma avaliação inicial do processo de desenvolvimento de produtos e estabeleceu objetivos e diretrizes para o seu trabalho, utilizados para conduzir diversos eventos de *kaizen* durante o próximo ano e demonstrar com sucesso o potencial dos métodos e ferramentas de LPPD para a comunidade de desenvolvimento de produtos. Contudo, logo ficou evidente que, por si sós, os eventos de *kaizen* não bastariam para concretizar todo o potencial do LPPD. A equipe estava pronta para avançar.

Projetos-piloto Os eventos de *kaizen* produziram benefícios de desempenho localizados e criaram fanáticos pelo LPPD, mas os resultados gerais nos projetos continuaram irregulares e muitas vezes não eram sustentáveis. Surtos rápidos de aprendizagem e atividades podem ser energizantes, mas também limitam o que a empresa consegue conquistar e vivenciar. A equipe do KPO decidiu concentrar os seus recursos com a alocação de um *coach* de LPPD interno a cada equipe de desenvolvimento, com cada equipe escolhida para trabalhar em um grande projeto.

O *coach* era integrado com a equipe e trabalhava com os membros para resolver desafios específicos do projeto usando as técnicas e ferramentas do LPPD. O *coach* transcendeu o papel de facilitador para eventos de melhoria, indo ao *gemba* e se tornando parte da equipe durante todo o processo de desenvolvimento. Isso significa que o *coach* via pessoalmente as dificuldades enfrentadas pelas equipes de projeto e oferecia sua ajuda imediatamente. O *coach* também pôde formar uma relação mais forte com a liderança do projeto e atuar como um *coach* de verdade, ajudando a orientar as mudanças nos comportamentos culturais. Essa abordagem levou a resultados muito mais eficazes no desempenho geral dos projetos e ajudou a integrar melhor os princípios do LPPD às equipes de projeto ativas do que os eventos de *kaizen* jamais haviam conseguido.

Gerenciamento do fluxo de valor Com a continuação da jornada de LPPD da Embraer, a empresa identificou desafios ainda mais amplos, que não poderiam ser resolvidos com uma abordagem de eventos de *kaizen* ou mesmo no nível dos projetos individuais. A liderança sênior reconheceu que seria preciso se organizar de modo a refletir o modo como o valor era produzido para os clientes. Os líderes enxergaram a necessidade de melhorar fluxos de valor inteiros e tomar decisões críticas sobre *trade-offs* entre funções de forma mais holística do que fizeram no passado. Além do mais, o sucesso precisaria ser medido em toda a empresa, não por função ou por departamento. Por consequência, a gerência reestruturou toda a organização por fluxos de valor e alinhou a equipe de melhoria contínua de acordo com o novo sistema. Para gerenciar cada fluxo de valor de desenvolvimento de produtos, estabeleceu-se a função de gerente de melhoria contínua para ajudar a criar um plano de transformação, guiar a implementação e medir os resultados.

Criar fluxo, diminuir o *lead time* e terminar o programa do avião cargueiro KC no prazo O programa KC foi um dos primeiros a se beneficiar totalmente com o trabalho de LPPD na Embraer. O programa KC foi a primeira aeronave de transporte militar multimissão desenvolvido pela Embraer. Na verdade, foi a maior e mais complexa aeronave projetada e fabricada pela

Embraer na sua história. Além dos desafios técnicos significativos e da necessidade de ter uma curva de aprendizagem acentuada, a equipe também teria que enfrentar um cronograma apertadíssimo.

Waldir Gonçalves, vice-presidente de engenharia do KC-390, desenvolveu uma estratégia abrangente para a implementação do LPPD para os seus programas. Apoiador do esforço de LPPD desde os seus primeiros dias na Embraer, Waldir vê o desenvolvimento de produtos como um sistema sociotécnico, então trabalhou metodicamente todos os três pilares do sistema na sua estratégia: pessoas, processo e ferramentas.

O primeiro passo de Waldir foi criar, ao lado da sua equipe de liderança, o propósito da equipe de desenvolvimento de produto do KC-390. Com o propósito definido e comunicado, todos os membros de equipe se sentiram engajados e orgulhosos do que estavam fazendo. Na sua opinião, esse passo, focado no lado humano do gerenciamento de programas, foi o mais importante para o sucesso.

Um segundo passo importante para o desenvolvimento do KC-390 e aproveitar o melhor entendimento da Embraer sobre os princípios do LPPD foi que Waldir recrutou Manoel Santos, um dos *coaches* de LPPD mais experientes, para ser o gerente do plano de excelência do KC-390. Sua responsabilidade seria estruturar os processos e gerenciar a aplicação das ferramentas de LPPD para apoiar a equipe do KC-390.

O terceiro passo importante foi a aplicação do sistema de gestão *obeya*, que criou uma maneira eficaz de monitorar o progresso do programa e um processo para comunicação e alinhamento.

A equipe foi organizada em equipes interfuncionais de desenvolvimento de módulos, responsáveis por subsistemas específicos do produto. Todas as equipes incluíam engenharia de produto, engenharia de fabricação, qualidade e cadeia logística. Com base no que aprenderam em *Sistema Toyota de Desenvolvimento de Produto*,[8] as equipes de desenvolvimento de módulos gerenciaram as suas atividades por uma combinação de gestão visual e outras técnicas *lean* para promover ciclos de aprendizagem rápida desde o início e execução exata durante a fase de desenvolvimento. Todas as equipes de projeto comandaram as suas partes do programa usando o *obeya*.

A equipe do nível de programa criou *mockups* de protótipos de baixa fidelidade de diversas partes da aeronave, incluindo a fuselagem dianteira, para potencializar os ciclos de aprendizagem rápida no início do projeto. A equipe do programa trouxe pilotos dos clientes e engenheiros da Embraer com experiência para ouvir o *feedback* direto sobre o projeto. A produção também teve a oportunidade de contribuir mais do que no passado por meio de *workshops* de desenvolvimento de processos interfuncionais (3Ps). Um dos resultados desse trabalho foi a redução drástica do número de peças e da complexidade da fabricação. A equipe também trabalhou com diversos fornecedores importantes para escutar as suas contribuições e garantir que os projetos dos fornecedores se integrariam melhor com o projeto geral do KC. A equipe também aproveitou melhor as novas tecnologias de simulação na fase inicial do trabalho para testar e provar conceitos mais cedo e colocar a sua aeronave virtual "no ar" mais rapidamente do que qualquer outro programa. Em retrospecto, a equipe acredita que o nível de colaboração e de solução de problemas conjunta nunca fora tão bom em toda a sua carreira na Embraer.

O Programa E2 — O mais rápido da história: no prazo, dentro do orçamento e melhor do que as especificações originais Até 2018, o programa da aeronave comercial E2 foi o último a aplicar os princípios do LPPD na Embraer. O programa começou com o cronograma mais ambicioso entre os programas comerciais da história da Embraer, com um orçamento menor do que o normal para programas de aeronaves semelhantes e especificações que criariam a aeronave mais competitiva do segmento. A visão para o projeto era grandiosa e desafiadora, incluindo 75% de sistemas completamente novos em relação à geração anterior e diversos novos fornecedores. Foi um novo produto revolucionário, não uma melhoria incremental em relação aos jatinhos anteriores.

Desde o primeiro momento, os líderes de equipe do programa E2, incluindo Fernando Antônio de Oliveira, diretor do programa, se reuniram com seus colegas no programa de aviões cargueiros KC para analisar todas as lições que poderiam aplicar ao projeto E2.

Como base para as especificações originais, o programa criou uma Proposta de Valor para o Cliente que refletia a sua competitividade e estabelecia as metas dos requisitos de alto nível a serem implementados e monitorados durante todo o desenvolvimento usando ferramentas específicas, além de um *obeya* físico e virtual.

Dado o nível extremamente desafiador dos cronogramas, orçamentos e especificações do E2, a equipe precisaria analisar de perto o fluxo de valor geral para identificar toda e qualquer oportunidade de aprendizagem nas fases iniciais e maximizar a velocidade de execução. Além disso, ao aplicar as lições do KC e de outros projetos anteriores, a equipe conduziu diversas sessões de planejamento do mapeamento do fluxo de valor e aplicou métodos de corrente crítica para ajudá-los a otimizar o fluxo de trabalho no nível de programa. Os *workshops* de *kaizen* foram conduzidos de modo a esclarecer melhor a proposta de valor e o modo como o projeto seria gerenciado no *obeya*. O gerenciamento preventivo de risco foi fator chave para atingir a performance e direcionar os objetivos da proposta de valor.

A equipe selecionada para executar o programa tinha bastante experiência. A Embraer tem os programas de desenvolvimento de produtos mais rápido entre seus concorrentes diretos, o que permitiu que seus engenheiros participassem de outros programas durante o mesmo período. Por exemplo, um engenheiro da Embraer com 15 anos de experiência teve a oportunidade de aprender com os ciclos de desenvolvimento de três a quatro programas anteriores, em vez de apenas dois como em outras fabricantes de aeronaves.

A equipe identificou diversas oportunidades para melhorar o *front loading* do programa e sanar diversas lacunas de conhecimento críticas: o uso de ferramentas virtuais, aliado a modelos de baixa fidelidade, acelerou significativamente a aprendizagem. Também foi possível reutilizar parte do conhecimento adquirido com programas anteriores para suavizar a curva de aprendizado.

O foco na engenharia simultânea foi intenso. Fornecedores críticos foram envolvidos logo no início e se tornaram parceiros de fato no projeto. A concentração dos esforços no início do desenvolvimento permitiu que a equipe melhorasse radicalmente as interfaces de projeto e a fabricabilidade dos projetos nas fases iniciais do programa.

A Embraer realizou trabalhos significativos na área de projeto para fabricação. Ela reformou a linha de montagem para transformá-la em uma "linha híbrida" que permitiria a montagem do novo E2 sem impactar as entregas do E1 e conduziu diversos *workshops* de "3P" (processo de preparação da produção), que reduziu a curva de aprendizado dos operadores da linha de montagem e reduziu o tempo de *ramp-up* na produção.

O primeiro voo, em 23 de maio de 2016 (Fig. 9.13), foi o mais abrangente até então em um programa de aviação e ocorreu meses antes do planejado no cronograma original. O peso atingiu a meta e a operação dos sistemas foi perfeita. Após a equipe adicionar o trem de pouso retrátil e os *flaps* e realizar testes adicionais, a aeronave atingiu a sua altitude máxima (41 mil pés) e acelerou até a sua velocidade máxima (Mach 0,82) (aparentemente, pela primeira vez no setor aeroespacial). O sistema de *fly-by-wire* foi acionado em modo normal durante o voo. O avião pousou 3 horas e 20 minutos após a decolagem, a maior duração para o primeiro voo de uma aeronave de fuselagem estreita. O segundo voo ocorreu meros dois dias depois. Após 50 dias, a aeronave cruzou o Oceano Atlântico perfeitamente para uma apresentação no Farnborough Air Show, no Reino Unido.

De acordo com os executivos da Embraer, o desempenho geral foi inédito no setor aeroespacial. O avião era bastante maduro já no seu primeiro voo. Isso permitiu que a empresa conduzisse uma campanha de testes simultâneos (testes de

FIGURA 9.13 Primeiro voo do Embraer E190-E2.

voo e estáticos e de fadiga) que levou a uma melhoria de 25% na eficácia global da campanha de testes, o que por sua vez permitiu que apoiasse a campanha de vendas com protótipos sem colocar em risco os cronogramas de testes e do programa.

O resultado final do programa E2, em uma indústria em que atrasos de um ano ou mais e orçamentos estourados em bilhões de dólares são comuns: entrega no prazo, com o cronograma mais curto da história. Foram 56 meses entre a aprovação do plano de negócios e a certificação, quando os ciclos típicos do mercado costumam superar 90 meses. O avião ficou dentro do orçamento e do prazo e até mesmo superou os requisitos das especificações originais.

O E190-E2 recebeu a certificação tripla da Agência Nacional de Aviação Civil (ANAC) no Brasil, da Federal Aviation Administration (FAA) nos EUA e da Agência Europeia para a Segurança da Aviação (EASA). De acordo com a Embraer, "é a primeira vez que um programa aeronáutico com o nível de complexidade do E2 recebe um certificado das três das maiores autoridades internacionais de certificação simultaneamente". Paulo César de Souza e Silva, CEO da Embraer, afirmou o seguinte: "Nossas equipes de desenvolvimento mais uma vez se superaram com sua criatividade, dedicação e competência. Além de alcançar todos os objetivos de desenvolvimento, vários pontos importantes, como consumo de combustível, desempenho, ruído e custos de manutenção, ficaram melhores que o originalmente especificado".

Edifícios enquanto produtos: O LPPD na construção

As práticas do LPPD são chamadas por nomes diferentes, como *lean design*, gerenciamento de projetos *lean* ou processo de preparação da produção (3P), mas as práticas e princípios básicos são iguais. A construção tem experimentado com as práticas e princípios básicos derivados do LPPD há mais de uma década. A seguir, compartilhamos uma breve história sobre a construção de instalações de saúde em Akron, Ohio, nos EUA. Acreditamos que a história demonstra que, assim como em outros setores, as decisões tomadas durante o desenvolvimento de um novo edifício impactam o futuro de todos que o visitam ou trabalham nele e que os princípios e práticas do LPPD podem ter um impacto positivo significativo. Acreditamos que seja mais uma área na qual há muito a ser feito.

Pavilhão Kay Jewelers do Akron Children's Hospital O Akron Children's Hospital é mais um hospital a utilizar novos edifícios para produzir melhorias radicais na sua eficácia operacional. Com a concentração do processo de projeto na fase inicial, com a contribuição de usuários e das principais partes interessadas, os desenvolvedores puderam conduzir experimentos, aprender e gerar melhorias que não teriam sido possíveis após a construção das instalações. Este exemplo se baseia no relatório *Building a Lean Hospital* (Construindo um Hospital *Lean*), da Catalysis (antigo ThedaCare Center for Healthcare Value).[9]

Com sete andares e quase 35 mil m², a construção teve início em maio de 2013 e passou a receber pacientes dois anos depois; o edifício inclui a unidade de tratamento intensivo neonatal, setor de emergência, unidade de obstetrícia para neonatos de alto risco e centro de cirurgia ambulatorial. A Catalysis informa que o Akron Children's Hospital aplicou o gerenciamento de projetos *lean* durante todas as fases de um programa gigantesco de desenvolvimento, desde a aquisição do terreno, contratação de empreiteiras, projeto e construção. O projeto foi concluído dois meses antes da data de abertura programada, *por 20 milhões de dólares a menos do que o orçado* (60 milhões a menos do que as estimativas de construção tradicionais), e alcançou os objetivos de qualidade do hospital.

O hospital utilizou três fases de projeto distintas e se concentrou em envolver as partes interessadas mais importantes desde o início do processo. De acordo com a Catalysis, as fases foram:

1. **Projeto conceitual.** As equipes revisaram as condições atuais (volumes, fluxos, gargalos, etc.), imaginaram as características de um estado melhora-

do e trabalharam em *layouts* gerais usando bonecos de papel e modelos em pequena escala.

2. **Projeto funcional.** Usando uma área de cerca de 5.500 m^2, as equipes trabalharam em *layouts* de papelão em escala e os testaram para os sete fluxos de saúde (pacientes, família, equipe, medicamentos, equipamentos, suprimentos e informações). As equipes também foram incentivadas a repetir o experimento; em vez de aceitar os esforços iniciais, deveriam continuar a melhorar.
3. **Projeto detalhado.** As equipes simularam suas áreas de trabalho para finalizar os detalhes. As simulações consistiam em salas de papelão em que a equipe colocou fotos das tomadas, interruptores, aparelhos, rolos de papel-toalha e assim por diante, além de trazer camas, móveis e equipamentos médicos reais para testar as configurações. Nesse estágio, as decisões de projeto foram avaliadas com base em critérios de desejos *versus* necessidades.

A equipe teve aproximadamente um mês entre cada um dos três períodos de projeto para construir e testar esses protótipos. Os arquitetos e os engenheiros estudaram os protótipos, ofereceram orientações e garantiram que estariam em conformidade com os requisitos estruturais e os códigos de edificações.

Além de envolver as pessoas certas nas fases iniciais do projeto, o hospital gerenciou todo o projeto usando conceitos de gestão integrada de projetos, começando pelo contrato, incorporou ferramentas *lean* como gestão visual, solução de problemas A3 e reuniões de equipe integradas durante todo o projeto. O edifício foi um sucesso com os funcionários e os clientes.

O que aprendemos sobre a transformação orientada por produtos

Todos os casos descritos tiveram experiências diferenciadas. Refletindo sobre os diversos esforços de transformação LPPD, entretanto, vemos alguns temas em comum na gestão eficaz da mudança em todas as organizações.

Quando de cima para baixo encontra de baixo para cima, o poder explode

Assim como muitos outros autores, nós enfatizamos o papel dinâmico de Mulally como líder transformacional na Ford. Mas, como vimos em "A reviravolta histórica da Ford", após a Introdução, foi o esforço da equipe de engenharia de carroceria e estampagem e de várias outras nas linhas de frente da Ford que fez tudo acontecer. Foi a combinação da liderança do CEO e da execução constante em toda a organização que levou ao sucesso da Ford. A mudança foi bem aceita em toda a organização. Mulally não chegou para implementar o LPPD, mas os novos produtos eram fundamentais para a sua estratégia. A sua liderança criou One Ford, com um propósito comum, e mudou a cultura da empresa de revelação e solução de problemas, criando um contexto que apoiou a transformação LPPD e deus asas à capacidade da equipe. A combinação de liderança, conhecimentos e capacidades certas cria uma força poderosa para a mudança orientada por produtos.

Comece com o mais alto nível de apoio da liderança que puder conquistar, e não somente seu superior imediato

CEOs como Mulally, orientados por resultado, centrados em pessoas ao mesmo tempo e com paixão pela excelência em produtos, são extremamente raros. Glenn Uminger, nosso colega e ex-veterano da Toyota, ajudou diversos fornecedores a aprender o STP enquanto ainda estava na Toyota e continua a trabalhar nisso mesmo depois de se aposentar. Ele acredita que a melhor forma de abordar a mudança nas organizações se baseia no que chama de modelo do triângulo embutido (Fig. 9.14).

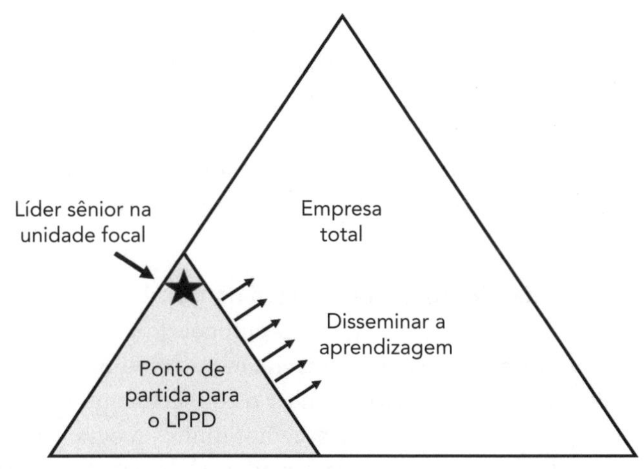

FIGURA 9.14 Modelo do triângulo embutido.
(Fonte: Glenn Uminger, ex-gerente da Toyota).

Em um mundo ideal, Uminger teria o comprometimento absoluto do nível executivo (todo o triângulo), mas ele sabe que isso não acontece muito. Assim, ele identifica o mais alto nível do qual consegue obter comprometimento *real*: uma unidade de negócios, um departamento, um programa (o triângulo focal). É aí que ele concentra a sua atenção. Uminger busca o sucesso e o máximo de atenção que puder dos líderes de alto nível. Isso forma a base para a influência horizontal e vertical. O importante é recrutar líderes importantes naquele triângulo, envolvendo-os na transformação real que produz resultados importantes para a empresa. Vimos essa estratégia em ação na Solar Turbines. Deu certo, pois a empresa teve sucesso com o *lean* na indústria, havia líderes importantes no desenvolvimento de produtos obcecados pelo LPPD e os resultados e os próximos passos eram promovidos continuamente.

Mudanças precisam de motivos Vamos admitir: mudar é difícil. E uma mudança grande é muito difícil. A inércia é forte e continuar o que já estamos fazendo é muito mais confortável. Assim, precisamos de uma razão muito boa para querer mudar. Na Ford, a necessidade era simples: mudar ou falir. A Toyota sabe muito bem como gerar urgência mesmo nos seus melhores momentos, quando tudo parece estar indo bem, como quando Eiji Toyoda destacou a necessidade de se preparar para o século XXI, o que levou ao Prius. Definir objetivos para as equipes de desenvolvimento pode energizá-las, desde que também tenham uma liderança eficaz e as ferramentas de que precisam para o sucesso. O caso da TechnipFMC é um excelente exemplo disso. Paulo Couto desafiou a sua equipe com o projeto Subsea 2.0, e eles responderam com um produto que revolucionou o seu setor. O mesmo ficou evidente na Embraer, em que metas cada vez mais ambiciosas foram definidas para cada programa de aeronave. As equipes de projeto ficaram obcecadas por superar os resultados do último programa, apesar da empresa como um todo não estar passando por uma crise financeira. Basear a sua transformação no desafio de criar produtos revolucionários pode ser uma maneira bastante eficaz de recrutar a organização.

A aprendizagem mais importante começa no *gemba* (e a mudança também) Nenhum dos exemplos deste livro enfocou longos treinamentos em sala de aula para as transformações. O treinamento foi importante na história da Embraer, mas apenas para comunicar o conhecimento básico de que as pessoas precisariam para começar. Conhecemos muitos programas de gestão da mudança que infelizmente tiram as pessoas do local de trabalho para trancá-las em auditórios e pedem que conversem sobre como mudarão o modo como trabalham juntas quando voltarem para o trabalho. Nunca vimos esses esforços avançarem muito. Todos os casos descritos neste livro começaram com projetos reais e pessoas que aprenderam na prática. O treinamento normalmente era usado apenas para ensinar algo que poderia ser utilizado de imediato. Os *coaches* tinham experiência suficiente para ensinar as pessoas no *gemba* que estavam trabalhando em programas reais, com consequências reais, de modo que os conceitos abstratos logo se tornavam realidade. Concordamos absolutamente com a filosofia de John Shook de que "é mais fácil agir até desenvolver um novo jeito de pensar do que pensar para desenvolver um novo jeito de agir".

Ciclos de aprendizagem rápida são determinantes Projetar e fabricar grandes produtos exige experimentação, aprendizagem e melhoria. Os membros da equipe trabalham em ciclos de aprendizagem PDCA rápidos para convergir na melhor solução. Os ciclos são cruciais para a aprendizagem no desenvolvimento. Eles também são necessários para a transformação orientada por produtos. Como veremos posteriormente neste capítulo, uma transformação de LPPD pode ser considerada um desafio de projeto, sendo que muitas de suas práticas podem ser aproveitadas em uma transformação de sucesso, incluindo os ciclos de aprendizagem rápida. Assim como no desenvolvimento, será preciso experimentar, aprender e melhorar à medida que o seu sistema de desenvolvimento evolui. Nenhuma das empresas com as quais trabalhamos acertou tudo na primeira vez. Mas elas perseveraram, aprenderam e melhoraram. E, não menos importante, elas se apropriaram do sistema, adaptando os princípios e práticas à sua situação e à sua cultura, aprendendo o que funcionava e o que não. Eles adaptaram o que deu certo, rejeitaram o que deu errado e agregaram elementos próprios diferenciados usando ciclos de aprendizagem PDCA. É um processo absolutamente necessário.

A melhor maneira de converter os céticos é com experiências positivas, eles podem se transformar nos seus maiores defensores Em todos os casos, trabalhamos com pelo menos um cético que se transformou em um dos maiores apoiadores. Por exemplo, na Embraer, o gerente do programa K2 não acreditava que o LPPD seria útil até ver alguns benefícios pessoalmente. Depois disso, começou a ensinar os princípios do LPPD sempre que podia, sem qualquer incentivo do *coach* de melhoria contínua. O gerente do projeto Gemini na Schilling Robotics guardava um cronograma secreto no seu *laptop* por não acreditar que o sistema de gestão *obeya* funcionaria. Os engenheiros parecem ter sidos treinados especialmente para o ceticismo, ou talvez seja um traço de personalidade típico. Eles são tecnicamente orientados e acostumados de modo que as soluções sejam técnicas como uma excelente ferramenta de computador. O aspecto subjetivo da gestão *lean* soa como superstição para muitos deles. Os engenheiros também têm a tendência a aprender rapidamente com a experiência. Posicionados para vivenciar os benefícios, eles veem que o sistema pode funcionar e passam de céticos a convertidos. Os críticos mais fortes quase sempre se tornam os maiores defensores.

Continue a comparecer, sempre "Tem uma coisa que aprendi", Woody Allen escreveu. "Comparecer é 80% da vida. Às vezes, é mais fácil se esconder embaixo dos lençóis. Já fiz os dois". Todas as empresas com as quais trabalhamos tiveram dificuldade em algum momento. Algumas podem ter começado bem, mas então a liderança se distraiu com o próximo brinquedinho ou ficou ocupada por algum outro motivo e os esforços de transformação *lean* foram deixados de lado. Em alguns casos, as empresas estavam indo a todo vapor, mas uma alta liderança que apoiava o projeto foi trocada por alguém que não acreditava no LPPD. Em outros, a empresa passou por uma crise financeira e cortou os recursos para o LPPD. Ou talvez um experimento importante não tenha funcionado como se imaginou, e isso aumentou a pressão para demonstrar a eficiência do sistema. No Capítulo 5, afirmamos que a resiliência é um traço importante para os líderes bem-sucedidos. Essa característica é igualmente importante para as transformações bem-sucedidas.

Uma característica das empresas bem-sucedidas é a persistência. Elas simplesmente não desistem. As condições mudaram, o apoio para os seus esforços se renovou, elas refletiram e relançaram o esforço de LPPD e a jornada continuou. Mesmo na Toyota, reenergizar o STP e o Modelo Toyota é um processo que nunca para. O vice-presidente executivo Shigeki Tomiyama anunciou um esforço para aplicar os fundamentos do STP a novos negócios, como desenvolvimento de *software*, compartilhamento de carona (*ride-sharing*) e robótica, à medida que a Toyota descobre o futuro da mobilidade. "Se queremos aproveitar ao máximo as vantagens da Toyota na criação de modelos de negócios, será preciso aplicar o STP", Tomiyama explica. "Queremos mostrar às pessoas dentro e fora da empresa que o STP ainda é essencial para a Toyota."[10]

O LPPD é uma estratégia de aprendizagem colaborativa de longo prazo, não eventos ou projetos discretos O LPPD não é um evento de *kaizen* e não é uma iniciativa de reengenharia de processos. Há uma tendência de querer avaliar todas as atividades, todos os programas, usando uma análise custo-benefício. Os benefícios mensuráveis da melhoria no desenvolvimento de produtos quase nunca são imediatos ou ficam claros. As equipes de programas costumam entender e valorizar rapidamente os benefícios qualitativos da colaboração e da transparência da gestão *obeya* e conseguem gerenciar seus programas de forma mais eficaz usando marcos. Mas os principais benefícios do

LPPD exigem diversos ciclos de programas. Os produtos estão sendo lançados no prazo? Atingimos nossas metas de custo e desempenho? Como foi o desempenho do produto no mercado? O produto foi lucrativo? Outra pergunta: o que teria acontecido sem o LPPD? Como a maioria das empresas não realiza experimentos com programas de controle, nossas avaliações precisam depender dos dados históricos. Conhecemos e escrevemos sobre diversos resultados incríveis, obtidos por empresas de diversos setores com a utilização dos métodos e ferramentas do LPPD, mas acreditamos que os resultados mais importantes são muito, muito mais difíceis de quantificar. Provavelmente o fator mais importante para sucesso de longo prazo não seja a relação custo-benefício de qualquer programa específico, mas as respostas às seguintes perguntas: Quanto a organização está aprendendo e crescendo? O quanto o próximo programa será melhor?

Um modelo colaborativo emergente para a transformação orientada por produtos

Quando começou a considerar um emprego com o LEI após se aposentar da Ford, Jim não estava louco de alegria com a ideia de virar consultor. Sua experiência com consultores não tinha sido das melhores. Antes de Mulally ir para a Ford, a montadora contratara diversos grandes escritórios de consultoria para ajudá-la com as dificuldades enfrentadas pela empresa. Não deu certo. Parte da análise pode ter sido informativa, mas os consultores mal saíam pela porta antes da equipe de Jim começar a reclamar que era tudo besteira, que o tempo e o dinheiro tinham ido pelo ralo sem deixar nenhum resultado, só uma pilha de fichários em branco.

Quando a equipe da Ford conversou sobre a experiência, a conclusão foi que os relatórios de consultoria tinham algumas boas ideias, mas os consultores não haviam conseguido recrutar a equipe da Ford para o processo. O pessoal da montadora não investira emocional ou intelectualmente no plano. E como eram eles que tinham mais conhecimento e experiência e que teriam que executar o plano um dia, isso representava um problema significativo.

Jim decidiu trabalhar com o LEI para compartilhar o que aprendera sobre o LPPD, mas queria adotar uma abordagem diferente daquela que havia vivenciado. Ele e a sua equipe do LEI precisaram criar um modelo de apoio que envolvesse totalmente as empresas parceiras no processo. Na opinião de Jim, era fundamental que as empresas desenvolvessem um investimento intelectual e emocional no plano para se sentirem donas e responsáveis por ele, pois, em última análise, a execução estaria nas suas mãos. A equipe do LEI e as empresas precisavam ser parceiras de fato no trabalho, com aprendizagem em ambos os lados: o LEI aprenderia sobre os mundos dos clientes e seus desafios específicos, enquanto os clientes aprenderiam sobre os métodos e ferramentas do LPPD. Em outras palavras, o objetivo seria criar uma verdadeira parceria de aprendizagem.

Desenvolvendo um modelo de parceria de aprendizagem

O LEI ficou bastante aberto ao seu modo de pensar. Na verdade, o LEI tinha muitos anos de sucesso usando um tipo de modelo de parceria de aprendizagem com as empresas. E Jim Womack (fundador do LEI) e John Shook (CEO do LEI) concordavam totalmente com a opinião de Jim sobre relacionamentos de *coaching*. O desafio seria criar algo que funcionaria no mundo dinâmico e singular do desenvolvimento de produtos e processos. A equipe do LEI começou trabalhando com diversas empresas que haviam demonstrado um interesse inicial em participar da iniciativa para entender mais profundamente os seus desafios, preocupações e perspectivas. As empresas concordaram em tentar alguns experimentos.

A3 estratégico para explorar uma possível parceria

Um dos segredos de qualquer parceria de sucesso é o comprometimento entre os parceiros em trabalhar juntos. É uma via de duas mãos. A ideia não é colocar um anúncio e aceitar qualquer um que estiver disposto a pagar. Na verdade, a equipe do LEI não aceita toda empresa que pede para participar do grupo e já pediu que outras saiam dele caso não estejam contribuindo o suficiente. Todos os relacionamentos começam com caminhadas e conversas, com os parceiros em potencial passando algum tempo juntos para entender melhor a situação específica e as oportunidades. É uma fase exploratória, antes de qualquer uma das partes se comprometer com qualquer coisa. Ela envolve aprender no *gemba*, conversar com pessoas de diversas funções, analisar dados e outros artefatos e trabalhar em busca de um entendimento comum do problema a ser resolvido. A equipe do LEI compartilha a abordagem, fornece informações e responde perguntas. A visita geralmente resulta na escolha do *coach* melhor adaptado à situação e no início da colaboração em um A3 estratégico que se desenvolve e evolui com o tempo. O importante é que ambos os lados se comprometam com a ideia de trabalhar juntos em um plano de propriedade dos dois.

A transformação organizacional enquanto problema de projeto

Depois que os alicerces de uma parceria forte foram estabelecidos, Jim queria criar uma metodologia mais eficaz para enfrentar o desafio de melhorar a capacidade de desenvolvimento das organizações. Ele decidiu que, da perspectiva do LPPD, as transformações organizacionais são, basicamente, problemas de projeto. Mas em vez de projetar e construir um novo *smartphone* ou um novo avião, o seu desafio é projetar e criar um sistema melhor de desenvolvimento de produtos e processos. Acreditamos que seja um *insight* crucial sobre a natureza das transformações organizacionais, pois, assim como um programa de novos produtos, você está começando com inúmeros fatores desconhecidos, em um ambiente complexo, dinâmico e centrado no ser humano, e o objetivo é criar algo que produz mais valor do que todas as versões anteriores. Por consequência, é preciso começar com um entendimento profundo sobre a situação atual, seu cliente, os riscos, os desafios e os atributos críticos do novo sistema que está imaginando. A partir desse trabalho de estudo, você realiza experimentos de aprendizagem para aprofundar o seu entendimento, criar e alinhar-se em torno de um plano e executá-lo, com ênfase na transparência, colaboração interfuncional e ciclos de aprendizagem PDCA.

Começar com um desafio Assim como no desenvolvimento de um novo produto, o trabalho começa com um problema de desempenho reconhecido, um problema a resolver ou uma oportunidade de criar uma vantagem competitiva. Esse é o seu porquê. Mas antes de começar a sanar a lacuna, é preciso entender profundamente a situação. Essa é a essência do trabalho de avaliação inicial no começo do A3 estratégico discutido anteriormente. Também é importante montar uma equipe de direção, composta de líderes seniores envolvidos em organizações de produto ou funcionais. O grupo é responsável por liderar a organização em direção a um desafio, orientar, derrubar obstáculos e obter recursos. A equipe de direção é uma excelente maneira de garantir o comprometimento da liderança sênior com a mudança. Os membros têm um papel ativo, a expectativa de responder perguntas e a necessidade de acompanhar o seu pessoal à medida que aprendem.

Período de estudo inicial Após definir claramente um desafio, todo bom processo de desenvolvimento de produto começa com um entendimento sobre o cliente e a condição atual. Acreditamos que as necessidades e o contexto da organização individual são muito mais importantes do que a adesão absoluta a qualquer sistema específico. Não acreditamos em uma abordagem prescritiva, usada em todas as ocasiões à melhoria da capacidade de desenvolvimento. É responsabilidade da liderança e dos *coaches* entender as necessidades e desafios da organização antes de dar início ao trabalho de implementação. Assim, é preciso arregaçar as mangas e aplicar honestidade brutal à análise da situação atual desde o início. O modelo de transformação do LEI oferece uma série de perguntas úteis como ponto de partida:

1. Qual problema estamos tentando resolver?
2. Como entenderemos e melhoraremos o trabalho?
3. Como desenvolveremos o nosso pessoal?
4. Como deveríamos melhorar o nosso sistema de gestão?
5. Qual é o nosso raciocínio básico e quais são as premissas fundamentais por trás dessa transformação?

Existem diversas ferramentas e métodos para apoiar esse período de estudo, como *workshops* de mapeamento do fluxo de valor do desenvolvimento de produtos, análises detalhadas de dados de desempenho, entrevistas de seções diagonais e avaliações de saúde organizacional e de habilidades, entre muitos outros. E não pare na sua própria organização: os melhores EC conhecem seus concorrentes e o contexto no qual o seu produto operará. Assim, busque leituras diversificadas, faça *benchmarking* com outras organizações dentro e fora do seu setor, contrate um *coach*, entre para um grupo de aprendizagem, participe de conferências e faça tudo que precisar para desenvolver um entendimento completo da situação.

A ideia é entender tão profundamente quanto possível a sua situação atual para desenvolver possíveis contramedidas que levarão a testes e experimentos. Após terem priorizado as contramedidas (eles são incentivados a ter mais ideias do que seria possível testar simultaneamente), os membros da equipe local criam A3s individuais para os experimentos propostos e planejam como pilotá-los. Assim como na prototipagem inicial, você quer que esses pilotos representem um nível mínimo de fidelidade, necessário para que as perguntas sejam respondidas com rapidez. Você está tentando criar ciclos de aprendizagem rápida para obter conhecimentos que podem ser aplicados à sua fase de implementação. O resultado dessa fase deve ser um plano de implementação, semelhante, em alguns aspectos, ao manual de conceito: uma visão instigante, características essenciais do sistema, objetivos, um plano de implementação e membros de equipe responsáveis.

Manual de conceito (*Concept Paper*) Sempre que embarca em um novo projeto com uma equipe interfuncional, especialmente em um de natureza transformacional, surge uma oportunidade significativa de direções vagas, até contraditórias, desalinhamentos e mal-entendidos graves, todos os quais podem derrotar as melhores intenções. Felizmente, já apresentamos uma contramedida para esses problemas. Como visto no Capítulo 1, o manual de conceito é uma ferramenta de comunicação poderosa para transformar o que você aprendeu durante o período de estudo em uma visão instigante do seu estado futuro, identificar os principais atributos do novo sistema, incluindo aqueles que serão "fixos" (obrigatórios) e "flexíveis" (as equipes podem inovar), e criar um plano realista para o cumprimento de tais requisitos. O manual de conceito também pode funcionar como um mecanismo de alinhamento e recrutamento crucial, muitas vezes ausente nos esforços de transformação, além de ser um documento de Norte verdadeiro, consultado e expandido pelo grupo quando necessário. O manual de conceito deve informar, inspirar e também servir de base para a execução.

Algumas ferramentas críticas para a execução Utilize o sistema de gestão *obeya* como central de informações e controle para a implementação. Assim como ocorre com um programa para novos produtos, as informações do manual de conceito devem estar espalhadas pelas paredes do *obeya*. As informações cruciais dos A3s, gráficos de trajetória de atributos e marcos (entregáveis) do cronograma ficam postadas nas paredes, uma cadência apropriada para as reuniões é definida (no mínimo uma vez por semana) e os membros de equipe participam de reuniões de revisão de pé. A equipe identifica os marcos entregáveis mais importantes para criar um cronograma de alto nível e ajudar a diferenciar as condições normais das anormais. As equipes também utilizam revisões de projeto para revelar e resolver problemas técnicos interfuncionais. A equipe de direção deve realizar visitas com cadência fixa para apoiar a equipe, com o objetivo de maximizar a transparência e a colaboração (ver Cap. 4).

Reflexão e aprendizagem À medida que as equipes passam por uma evolução desse processo, é incrível o ritmo da sua aprendizagem, de tudo o que desenvolvem com as próprias experiências e com os parceiros de outras empresas. Obviamente, é importante capturar essa aprendizagem e aplicá-la ao trabalho em tempo real e na próxima evolução. Se o resultado for uma iniciativa isolada, temos um fracasso. A ideia dessa abordagem estruturada é começar, não terminar. Ela deve alicerçar uma jornada de melhoria contínua que muda o modo como toda a organização pensa enquanto empreendimento. É assim que a organização desenvolve uma vantagem competitiva e atinge objetivos que antes pareciam impossíveis. Outra vantagem dessa abordagem é que as pessoas se acostumam a trabalhar em um sistema LPPD ao mesmo tempo que o criam.

Apenas começando Pensar a transformação organizacional como um problema de projeto é uma ideia relativamente nova, mas os resultados iniciais, muitos dos quais você conheceu neste livro, são positivos. Uma abordagem de LPPD cria uma estrutura de fixo e flexível para uma transformação orientada por produtos que reconhece e trabalha os elementos de pessoal, processos e tecnológicos de um sistema de desenvolvimento, assim como as suas interdependências. Busca um entendimento profundo por meio da aprendizagem e experimentação no *gemba* e o teste rápido de contramedidas. Articula com clareza uma visão, um plano e a execução constante, marcada por transparência e colaboração. Alcança a perfeição por meio da aprendizagem e da melhoria em ciclos de PDCA no futuro. Contudo, por mais positivos que sejam os resultados iniciais, ainda temos muito a aprender sobre o negócio complexo e confuso da melhoria organizacional. Essa é a nossa missão para o futuro.

E mais uma coisa...

Uma comunidade de aprendizagem Por fim, outro elemento significativo que muitas vezes falta nas relações de consultoria é a oportunidade de aprender com outras empresas que estão passando pelo mesmo trabalho difícil. A maioria das empresas mantém os seus esforços de desenvolvimento de produtos em segredo. As conferências tendem a focar nas histórias de sucesso, pois as empresas quase nunca revelam suas falhas nesses espaços públicos. Por consequência, pode ser muito difícil ir além da aprendizagem no nível mais geral, que muitas vezes não é muito útil.

A equipe do LEI decidiu reunir um grupo de empresas que não concorrem entre si, todas as quais assinaram contratos de confidencialidade, com o objetivo de compartilhar as suas jornadas regularmente umas com as outras. Nesses eventos, as empresas contam sobre os seus últimos experimentos e apresentam os resultados, bons e ruins, e o que aprenderam com eles. Os eventos acontecem duas vezes por ano e as empresas se alternam na função de anfitriã. Caracterizados por honestidade e franqueza, os eventos levaram a uma maior aprendizagem entre os participantes e fortaleceram os relacionamentos entre as empresas, especialmente no nível de liderança. Isso, por sua vez, permitiu que as empresas colaborassem nos períodos entre os eventos de aprendizagem.

As dimensões políticas, sociais e psicológicas da mudança

Em muitos aspectos, mudança é mudança e dinâmicas semelhantes são aplicáveis. Como mencionado no início deste capítulo, muitos livros foram escritos sobre como administrar o lado humano da mudança e não queremos reiterar todos esses modelos. Vale a pena mencionar que a gestão de uma transformação corporativa abrangente como o LPPD exige uma ampla variedade de habilidades de gestão para gerenciar as dimensões políticas, sociais e psicológicas da mudança, três aspectos absolutamente interligados. A seguir, vamos considerar brevemente cada um deles.

A organização enquanto sistema político

Os sistemas políticos se concentram em interesses, poder e influência. Estamos acostumados a pensar na política quando se trata de governo e de corporações como algo ruim. "Foi pura política" significa que as pessoas estão mais preocupadas com manipular o sistema em prol dos seus próprios interesses do que em investir no que é bom para a organização. A situação enfrentada por Mulally na Ford era um exemplo de má política quase destruindo uma empresa. Mas, na verdade, o modo como Mulally liderou a Ford para escapar de uma situação de quase falência dependeu da política. Ele soube usar o poder da sua autoridade formal enquanto CEO da empresa e a influência das suas habilidades de liderança para concretizar o lema de One Ford.

Quando falamos sobre obter o comprometimento do alto nível da organização, estamos falando de política. Quando dizemos que é preciso obter o comprometimento do mais alto nível possível e expandir a sua influência a partir desse ponto, estamos falando de política. Sem entender e utilizar com eficácia a política, grandes mudanças organizacionais se tornam improváveis.

A organização enquanto sistema social

É difícil conversar sobre qualquer forma de mudança séria em uma organização sem tocar no assunto da cultura. "As pessoas estão nesta organização há décadas e se acostumaram com uma cultura de apatia". "Não temos uma cultura de execução disciplinada". "Aqui a cultura gira em torno do eu, não do nós". Todas essas frases podem ser verdade, um diagnóstico correto de aspectos da cultura, ou pelo menos das suas expressões mais visíveis.

O especialista em cultura organizacional Edgar Schein nos pediu uma análise mais aprofundada.[11] Para decifrar a cultura, é preciso ir além da superfície dos artefatos visíveis, além até do que as pessoas dizem, e observar as premissas fundamentais. O *layout* do escritório é um artefato. Um *obeya* é um tipo diferente de artefato. Quando as pessoas parecem se concentrar em si mesmas, isso é uma manifestação de algo mais profundo na cultura. Por exemplo, uma premissa fundamental na Ford antes da presidência de Mulally era que admitir um problema significa se tornar o problema e ser punido por isso. Uma cultura de medo se manifesta de muitas formas, como esconder os problemas e erguer muros contra ameaças externas, ou seja, contra os outros departamentos, que deveriam estar trabalhando de forma colaborativa.

O "sistema de gestão de trabalho em conjunto" de Mulally estabeleceu uma visão de uma nova cultura. Uma parte complicada das culturas é que novos artefatos, novos *slogans* e até mesmo discursos emocionados não penetram as crenças básicas das pessoas. Em outras palavras, a cultura parece mudar na superfície, mas não no seu cerne. Em se tratando de cultura, as ações falam muito mais alto do que as palavras. Parte da explicação são as ações dos líderes principais, que precisam ser conscientes e absolutamente consistentes com as crenças e valores da nova cultura. Mas ainda mais poderosas são as ações daqueles que o líder está tentando mudar. Em outras palavras, me dizer que todos vamos trabalhar juntos em prol de objetivos em comum vai despertar minha curiosidade. Demonstrar que leva a sério a ideia de apoiar equipes que trabalham juntas em busca de um objetivo superior é ainda mais poderoso, mas me envolver em uma situação na qual participo de uma equipe trabalhando em busca de objetivos em comum será transformador.

As técnicas e métodos de LPPD discutidas neste livro foram projetadas para envolver as pessoas em um esforço colaborativo com objetivos superordenados: oferecer produtos e serviços excepcionais para as pessoas de modo a se tornar uma grande empresa. Tornar os problemas visíveis para equipes interfuncionais significa que elas terão a oportunidade de colaborar na superação dos maiores obstáculos ao sucesso. Múltiplas experiências nesse sentido é o único modo que conhecemos de mudar profundamente uma cultura.

A organização enquanto sistema de pessoas com necessidades individuais

Perdemos a conta de quantas vezes nos fizeram perguntas como "mas como vamos responder a pergunta de 'o que eu ganho com isso'?" A premissa cultural por trás dela é que as pessoas só mudam se forem premiadas concretamente por trabalharem da nova maneira. Elas parecem adotar a perspectiva de que as pessoas são como o cão de Pavlov, que precisa de um bife suculento para ser motivado a sentar, ficar de pé ou buscar uma bola.

Uma visão simplista da teoria da motivação é que ela se divide em dois tipos, extrínseca e intrínseca. As extrínsecas respondem a pergunta sobre "o que eu ganho com isso" dizendo que ganhará X se fizer Y, onde X pode ser dinheiro, uma promoção ou ambos. Mas é algo que precisa ser concreto e tangível.

Certamente temos tendências nesse sentido. E alimentar o interesse próprio com prêmios pode motivar, pelo menos no curto prazo. Mas os seres humanos têm um outro lado, a motivação intrínseca nascida de seguir a sua vocação e sentir o próprio progresso e crescimento. A autoeficácia é muito importante: o nosso sentimento de que fazemos a diferença e enxergar a diferença que fazemos regularmente, não só de vez em quando.

Muito já foi escrito sobre como fazer o trabalho enriquecer a vida dos trabalhadores e tornar-se um prêmio em si.[12] Em *Motivação 3.0*,[13] Daniel Pink resume pesquisas que mostram que a motivação extrínseca é útil para trabalhos simples e repetitivos, com resultados claros, como cortar madeira no mesmo formato várias e várias vezes, mas que a motivação intrínseca é melhor para trabalhos complexos que exigem criatividade e reflexão. Queremos que o desenvolvimento seja um trabalho criativo, é claro, e há longos períodos de tempo separando os resultados do trabalho das ações que os produziram.

Tudo que discutimos neste livro foi pensado de modo a apelar para a motivação intrínseca: tornar o trabalho interessante, sentir a alegria de formar laços com outras pessoas e fazer algo importante para os outros. Em outras palavras, fazer a diferença. Um método simples, como o *obeya*, permite que cada participante sinta isso regularmente e seja reconhecido pelo seu trabalho pelo menos uma vez por semana. Chega de esperar meses e meses pela revisão dos marcos críticos, para os quais a sua contribuição é mínima em meio à montanha de pontos marcados rapidamente em verde, amarelo ou vermelho.

É UMA JORNADA DE CRIAÇÃO DO SEU FUTURO

Gostaríamos de frisar mais uma vez como a jornada do LPPD pode ser profunda para todos os envolvidos.

Após passar por alguns ciclos de melhoria, as pessoas dizem coisas do tipo "isso abriu minha mente", "tenho uma outra ideia sobre o que é possível no trabalho e na minha vida pessoal", "não sei como a nossa organização sobreviveria sem isso" e, nossa favorita, "finalmente, ir trabalhar voltou a ser divertido".

O desenvolvimento de produtos e processos é literalmente o seu futuro. Você pode fazer várias coisas e torcer para ter um bom futuro ou assumir o controle e projetar o seu próprio futuro. Recomendamos que você faça todo o possível para assumir o controle.

Sua reflexão

Criando uma visão

Gerenciar mudanças é um trabalho complicado. Não acreditamos que exista uma sequência de passos padronizada a ser seguida. Em vez disso, usamos exemplos de casos de diversas organizações que introduziram o LPPD para extrair lições aprendidas, como:

- Quando de cima para baixo encontra de baixo para cima, o poder explode.
- Comece com o mais alto nível de apoio da liderança que puder conquistar, não somente o seu superior imediato.
- As mudanças exigem uma razão.
- A aprendizagem (e a mudança) mais importante começa no *gemba*.
- Ciclos de aprendizagem rápida são críticos.
- A melhor maneira de converter os céticos é com experiências positivas; eles podem se transformar nos seus maiores defensores.
- Continue a comparecer, sempre.
- O LPPD é uma estratégia de aprendizagem colaborativa de longo prazo, não uma iniciativa.
- Uma estratégia de aprendizagem colaborativa pode produzir muitos benefícios em toda a empresa.
- Os A3s estratégicos são uma ferramenta útil para o planejamento e a formação de um consenso em torno do desdobramento da estratégia.
- Temos cada vez mais evidências de que uma transformação organizacional orientada por produtos pode ser considerada um problema de projeto, com o uso dos princípios e práticas do LPPD.

- O mapeamento do fluxo de valor, os sistemas de gestão *obeya* e as revisões de projeto *lean* são exemplos de ferramentas extremamente poderosas para dar o primeiro passo de uma forma que seja visível e produza resultados.

Como você expandiria ou revisaria essas lições aprendidas sobre gestão da mudança com base nas suas experiências ou com o que aprendeu com os casos descritos neste livro?

Planejamento inicial

Em vez de tentar entender a situação atual, neste caso, parece que seria mais valioso refletir sobre como você começaria. Sugerimos que você reflita sobre as perguntas que usamos no LEI:

1. Qual problema você está tentando resolver?
2. Como entenderá e melhorará o trabalho?
3. Como desenvolverá o seu pessoal?
4. Como você deveria melhorar o seu sistema de gestão?
5. Qual é o seu raciocínio básico e quais são as suas premissas fundamentais por trás dessa transformação?

Entrando em ação

Comece. É hora de agir, de se comprometer. Monte uma equipe multifuncional no nível mais alto possível e identifique um programa no qual possa experimentar com o LPPD, como vimos na Solar Turbines. Isso permitirá que você e seus colegas vivenciem diretamente os seus benefícios, solucionem problemas reais, aprendam algumas técnicas e ferramentas *lean* básicas e se emocionem *o suficiente* para ampliar o LPPD. Considere todas as lições sobre gestão da mudança aprendidas com este livro e esboce um plano de como começar, incluindo o que pretende fazer no primeiro ano. Estamos falando do seu futuro, não esqueça. Neste livro, você leu sobre os grandes sucessos de outras organizações. Agora é a sua vez. *Não fique aí parado!*

Notas

Introdução

1. Joann Muller, "Musk Thinks Tesla Will School Toyota on Lean Manufacturing; Fixing Model 3 Launch Would Be a Start," *Forbes,* February 16, 2018.
2. Kim Clark and Takahiro Fujimoto, *Product Development Performance: Strategy, Organization, and Management in the World Auto Industry*, Cambridge, MA: Harvard Business School Press, 1991.

A reviravolta histórica da Ford

1. Bryce G. Hoffman, *American Icon: Alan Mulally and the Fight to Save Ford Motor Company*, Crown Business, New York, 2012.
2. Bill Vlasic, "Choosing Its Own Path Ford Stayed Independent," *New York Times*, April 8, 2009.
3. Gerhard Geyer, *Ford Motor Company: The Greatest Corporate Turnaround in U.S. Business History*, Create Space Independent Publications, June 2011.
4. "The World's Most Admired Companies for 2017," *Fortune*, February 16, 2017.
5. Hoffman, *American Icon.*
6. *Ford Annual Reports.*
7. https://marketrealist.com/2016/03/fords-product-mix-reflected-gross-earnings-margins.
8. Gale Business Insights: Global.
9. http://shareholder.ford.com/stock-information/historical-stock-price.
10. https://malmc.org/documents/2014Presentations/LaborAffairsRoleinRestructuringFordMotorCo-MartinMulloy.pdf.
11. Michael Wayland, *Detroit News*, February 22, 2015.
12. Ibid.
13. http://www.fabricatingandmetalworking.com/2013/06/schuler-incorporated--wins-2013-automotive-news-pace-award/.

Capítulo 1

1. Leo Sun, "The 10 Biggest Tech Product Failures of the Past Decade," The Motley Fool, June 1, 2017.
2. Ibid.

3. Ibid.
4. Gail Sullivan, "Lululemon Still Suffering from Sheer Pants Debacle. Founder in Warrior Pose," *Washington Post*, June 23, 2014.
5. Sam Becker, "15 Worst Product Failures and Flops from the Past 5 Years," *The Cheat Sheet*, December 7, 2017.
6. Jason Gilbert, "The 11 Biggest Tech Fails of 2012," *Huffington Post*, December 27, 2012.
7. Becker, "15 Worst Product Failures and Flops from the Past 5 Years."
8. Steve Musal, "F-35 Program Remains Late and Over Budget, but Doing Better: Pentagon," *Star-Telegram*, April 26, 2016, e Jared Keller, "The Navy's New $13 Billion Aircraft Carrier Has Some Serious Problems," *Task and Purpose*, Center for the National Interest, February 18, 2018.
9. Clayton M. Christensen, Taddy Hall, Karen Dillon, and David S. Duncan, "Know Your Customer's 'Jobs to Be Done,'" *Harvard Business Review*, September 2016.
10. James. M. Morgan and Jeffrey K. Liker, *The Toyota Product Development System,* Productivity Press, New York, 2006.
11. Bill Roberson, "Throttle Jockey: Harley Rolled Out New V-Twin Engine, so We Asked Bill Davidson All About It," *The Manual,* September 21, 2016.
12. Jim Morgan trabalhou com Pericak na Ford e o entrevistou para este livro.
13. Patrick Rall, "Ford Mustang Completes Shutout of Camaro, Wins 2015 Sales Title by $44k+," *Torque News*, January 5, 2016.
14. Chris Woodyard, "Ford Mustang vs. Chevrolet Camaro Leads the Top 7 Auto Sales Battles," *USA Today*, January 4, 2018.
15. Kinsey Grant, "Ford Mustang Sales Are Plunging in America, but Surprisingly Accelerating Hard Overseas," *The Street*, July 30, 2017.
16. Phoebe Wall Howard, "Top 10 Dream Cars," *Detroit Free Press*, January 11, 2018.
17. Reuniões pessoais com Richard Sheridan.
18. É uma aplicação interessante do princípio da inovação baseada em conjuntos (ver Capítulo 6 de *Sistema Toyota de Desenvolvimento de Produto: Integrando pessoas, processos e tecnologia*).
19. Jeffrey K. Liker, *The Toyota Way*: *14 Management Principles from the World's Greatest Manufacturer*, McGraw-Hill Education, New York, 2004.
20. Alan Ward, Jeffrey Liker, Durward Sobek, and John Cristiano, "The Second Toyota Paradox: How Delaying Decisions Can Make Better Cars Faster," *Sloan Management Review*, Spring 1995, pp. 43–61.
21. Mike Rother, *Toyota Kata*, McGraw-Hill, New York, 2009.
22. Eric Ries, *The Lean Startup*, Crown Business, New York, 2011.

Capítulo 2

1. Herman Miller, hermanmiller.com.
2. Paul Adler, "Building Better Bureaucracies," *Academy of Management Perspectives*, 13, no. 4, 1999.

Capítulo 3

1. Ford Motor Company, http://www.ford.com.
2. James M. Morgan and Jeffrey K. Liker, *The Toyota Product Development System*, Productivity Press, New York, 2006.
3. Entrevista pessoal com os autores.
4. Entrevista pessoal em Cidade Toyota.

Capítulo 4

1. Ed Catmull, "How Pixar Fosters Collective Creativity," *Harvard Business Review*, September 2008.
2. Richard Sheridan, *Joy, Inc.*, Portfolio/Penguin, New York, 2013.
3. "The Toyota Way 2001," Toyota Motor Corp.
4. Keisuke Saka, *Karakuri: How to Make Mechanical Paper Models That Move*, St. Martin's Press, New York, 2010.
5. Boa parte desta seção apareceu originalmente em Jeffrey Liker and David Meier, *Toyota Talent*, McGraw-Hill Education, New York, 2007.
6. Alan M. Webber, "Why Can't We Get Anything Done," *Fast Company*, May 31, 2000.
7. Kelsey Gee, "Colleges That Prioritize Internships," *Wall Street Journal*, September 26, 2017.
8. Kiyoshi Suzaki, *The New Manufacturing Challenge*, Simon & Schuster, New York, 1987.
9. "Apple Awards Corning First Advanced Manufacturing Fund Investment," Apple Inc., May 12, 2017.
10. Brian McHugh, "Best Truck Brands for 2018," *U.S. News & World Report*, January 18, 2018.
11. Kelly Pleskot, "2018 Ford F-150 Earns IIHS Top Safety Pick Award," *Motor Trend*, October 20, 2017.
12. Brian Brantley, "Ford F-150 Is the 2018 Motor Trend Truck of the Year," *Motor Trend*, November 27, 2017.
13. Benjamin Zhang, "These Are the Best Cars, Trucks, and SUVs to Buy in 2018," *Business Insider*, February 23, 2018.

Capítulo 5

1. Sam Sheridan, *A Fighter's Heart*, Grove Press, New York, 2008.
2. Grendel é uma criatura terrível em *Beowulf*, um poema em inglês antigo supostamente escrito em torno do ano 1.000 AD.
3. Jocko Willink and Leif Babin, *Extreme Ownership*, St. Martin's Press, New York, 2015.

4. *Mestre dos Mares - O Lado Mais Distante do Mundo*, dirigido por Peter Weir, Twentieth Century Fox, Miramax, Universal Pictures e Samuel Goldwyn Films, 2003.
5. Joe Sutter and Jay Spencer, *747*, HarperCollins, New York, 2006.
6. Bryce G. Hoffman, *American Icon: Alan Mulally and the Fight to Save Ford Motor Company*, Crown Business, New York, 2012.
7. Ibid.
8. James. M. Morgan and Jeffrey K. Liker, *The Toyota Product Development System*, Productivity Press, New York, 2006.
9. Contado aos autores por John Shook, presidente-executivo do Lean Enterprise Institute e ex-executivo da Toyota.
10. Clarence L. "Kelly" Johnson and Maggie Smith, *Kelly: More Than My Share of It All*, Smithsonian Institution Press, Washington, D.C., 1985.
11. Rafaella Sadun, Nicholas Bloom, and John Van Reenen, "Why Do We Undervalue Competent Management?," *Harvard Business Review*, October 2017.
12. Luis E. Romero, "The Ultimate Guide to Team Synergy," *Forbes*, December 1, 2015.
13. Alan M. Webber, "Why Can't We Get Anything Done," *Fast Company*, May 31, 2000.

Capítulo 6

1. Peter Senge, *The Fifth Discipline*, Doubleday/Currency, New York, 1990.
2. Chris Argyris, *On Organizational Learning*, Blackwell Publishers, Malden, MA, 1992.
3. Ikujiro Nonaka, *The Knowledge-Creating Company*, Oxford University Press, New York, 1995.
4. Takahiro Fujimoto, *The Evolution of a Manufacturing System at Toyota*, Oxford University Press, New York, 1999.
5. Robert E. Cole, "Reflections on Learning in U.S. and Japanese Industry," in Jeffrey K. Liker, W. Mark Fruin, and Paul S. Adler, eds., *Remade in America: Transplanting and Transforming Japanese Production Systems*, Oxford University Press, New York, 1999, chap. 16.
6. Jeffrey Pfeffer and Robert Sutton, *The Knowing-Doing Gap*, Harvard Business School Press, Boston, 2000.
7. Jeffrey Pfeffer, "Why Can't We Get Anything Done?," *Fast Company*, May 31, 2000.
8. Ben Rich and Leo Janos, *Skunk Works*, Little, Brown, Boston, 1994.
9. Fred E. Weick, *Aircraft Propeller Design*, McGraw-Hill, New York, 1930.
10. Clyde E. Love, *Differential and Integral Calculus*, Macmillan, New York, 1947.
11. Clarence L. "Kelly" Johnson and Maggie Smith, *Kelly: More Than My Share of It All*, Smithsonian Institution Press, Washington, D.C., 1985.
12. Richard Sheridan, *Joy Inc.*, Portfolio/Penguin, New York, 2013.
13. Explicado em Jeffrey K. Liker and Gary L. Convis, *The Toyota Way to Lean Leadership*, McGraw-Hill, New York, 2011.
14. Mike Rother, *The Toyota Kata Practice Guide*, McGraw-Hill, New York, 2017.

15. James P. Womack, Daniel T. Jones, and Daniel Roos, *The Machine That Changed the World*, Rawson Associates, New York, 1990.
16. Contado em Jeffrey K. Liker and James K. Franz, "Transforming How Products Are Engineered at North American Auto Supplier (with Charlie Baker)," *The Toyota Way to Continuous Improvement*, McGraw-Hill, New York, 2011, chap. 11.
17. John Shook, *Managing to Learn*, Lean Enterprise Institute, Cambridge, MA, 2008.
18. Daniel Kahneman, *Thinking, Fast and Slow*, Farrar, Straus and Giroux, New York, 2013.
19. Mary Morgan, "Lean Thinking and Information Flow," *The Lean Post*, Lean Enterprise Institute, October 30, 2014.
20. Allen C. Ward and Durward K. Sobek III, *Lean Product and Process Development,* 2nd ed., Lean Enterprise Institute, Cambridge, MA, 2014.
21. A. Ward, J. K. Liker, D. Sobek, and J. Cristiano, "The Second Toyota Paradox: How Delaying Decisions Can Make Better Cars Faster," *Sloan Management Review*, Spring 1995.
22. James. M. Morgan and Jeffrey K. Liker, *The Toyota Product Development System,* Productivity Press, New York, 2006.
23. Nassim Taleb, *The Black Swan*, Random House, New York, 2007.
24. Kahneman, *Thinking, Fast and Slow.*

Capítulo 7

1. James P. Womack and Daniel T. Jones, *Lean Thinking*, Simon & Schuster, New York, 1996.
2. Robert M. Pirsig, *Zen and the Art of Motorcycle Maintenance*, William Morrow and Company, New York, 1974.
3. Thomas J. Peters and Robert H. Waterman, *In Search of Excellence*, Warner Books, New York, 1982.
4. Richard Sennett, *The Craftsman*, Yale University Press, New Haven, CT, 2009.
5. Peters and Waterman, *In Search of Excellence.*
6. Donald A. Norman, *The Design of Everday Things*, Basic Books, New York, 1988.
7. Walter Isaacson, "How Steve Jobs' Love of Simplicity Fueled a Design Revolution," *Smithsonian*, September 2012.
8. Ibid.
9. "Jonathan Ive, Celebrating 25 Years of Design," Design Museum, 2007.
10. Jonathan Ive, *Innovation Excellence* post, which accompanied "Jonathon Ive, Celebrating 25 Years of Design."
11. Robert Waugh, "How Did a British Polytechnic Graduate Become the Design Genius Behind £200 Billion Apple?" *Daily Mail*, March 19, 2011.
12. Sennett, *The Craftsman.*
13. Matthew B. Crawford, *Shop Class as Soulcraft*, Penguin Press, New York, 2009.
14. katrinafurnitureproject.org.

15. Phoebe Wall Howard, "Consumer Reports: Toyota Tops for Reliability—and Cadillac Is Last," *Detroit Free Press*, October 19, 2017.
16. Thomas A. Stewart and Anand P. Raman, "Lesson's from Toyota's Long Drive," *Harvard Business Review*, July–August 2007.
17. "Consumer Reports' Reliability History: A Look Back at Our Survey Results over the Years," *Consumer Reports*, updated October 2017.
18. James. M. Morgan and Jeffrey K. Liker, *The Toyota Product Development System*, Productivity Press, New York, 2006.
19. Tatsuhiko Yoshimura, *Toyota Styled Mizenboushi Method—GD3 Preventative Measures—How to Prevent a Problem Before It Occurs,* JUSE Press Ltd., Tokyo, 2002.
20. A explicação das fases do GD3 se baseia em Yoshimura, *Toyota Styled Mizenboushi Method*; uma apresentação de Yoshimura; conversas com a Toyota; e James McLeish and William Haughey, "Introduction to Japanese Style Mizenboushi Methods for Preventing Problems Before They Occur", *white paper* publicado pela DfR Solutions.
21. Mark Dolsen, Eric Legary, and Murray Phillips, "Mizen Boushi in Mass Production," IEOM Society International, September 2016.
22. Jim Womack, "Jim Womack Drives the Toyota Mirai and Talks Lean and Green," *Planet Lean*, June 28, 2017.
23. Travis Hoium, "The 5 Best-Selling Electric Cars of 2017," The Motley Fool, Yahoo! Finance, December 30, 2017.
24. "COMEX Hyperbaric Experimental Centre," Comex SA, 2004.
25. "World Total Primary Energy Supply (TPES) by Fuel; 1973 and 2015 Fuel Shares of TPES," Key World Energy Statistics, International Energy Agency, September 2017.
26. Extraído do relatório de um analista da Tudor Pickering elevando a classificação das ações da TechnipFMC, com data de 29 de novembro de 2017.

Capítulo 8

1. Jay Ramey, "Here's What a 'Teardown' Expert Has to Say About Tesla Model 3 Build Quality," *AutoWeek*, February 6, 2018.
2. Craig Trudell, "Musk's Spotty Predictions Muddle Tesla's Assurance on Cash," *Bloomberg News*, April 4, 2018.
3. Edward Niedermeyer, "Tesla Veterans Reveal Fires, Accidents, and Delays Inside Elon Musk's Company," *The Daily Beast*, June 5, 2018.
4. www.forbes.com/sites/joannmuller/2018/05/01/no-way-to-run-a-factory-teslas-hiring-binge-is-a-sign-of-trouble-not-progress/#58ebc6cf350d.
5. Jay Ramey, "Tesla Is Burning Through $8,000 a Minute as Model 3 Production Crawls Along, Report Says," *AutoWeek*, November 27, 2017.
6. https://www.cnbc.com/2018/04/13/tesla-sending-flawed-parts-from-suppliers-to-machine-shops-for-rework.html.
7. "Inside Tesla's Model 3 Factory," *Bloomberg Businessweek*, June 8, 2018.
8. Michael Porter, "What Is Strategy?," *Harvard Business Review*, November–December 1996.

9. Jeffrey K. Liker, *The Toyota Way: 14 Management Principles from the World's Greatest Manufacturer*, McGraw-Hill, New York, 2004.
10. Para discussões sobre o desenvolvimento do primeiro Lexus e do primeiro Prius, ver Liker, *The Toyota Way*.
11. Csaba Csere, "It's All Your Fault: The DOT Renders Its Verdict on Toyota's Unintended-Acceleration Scare," *Car and Driver*, June 2011.
12. "Tesla in Fatal California Crash Was on Autopilot," BBC News, March 31, 2018, http://www.bbc.com/news/world-us-canada-43604440.
13. "Toyota to Halve Costs of Fuel Cell Cars' Core Components," *Nikkei Asian Review*, January 19, 2018.
14. Michael Martinez, "Electrification, Autonomy Won't Gain Widespread Adoption for Decades, CAR Study Says," *Automotive News*, February 21, 2018.
15. Jonathon Ramsey, "Toyota Creates World's Most Thermally Efficient 2.0 Liter Gas Engine," *Autoblog*, Yahoo! Finance, February 28, 2018.
16. Tesla (TSLA) Q4 2017 Results—Earnings Call Transcript, *Seeking Alpha*, February 7, 2018.
17. Joann Muller, "Musk Thinks Tesla Will School Toyota on Lean Manufacturing; Fixing Model 3 Launch Would Be a Start," *Forbes*, February 16, 2018.
18. Tesla (TSLA) Q4 2017 Results.
19. Ibid.
20. http://www.businessinsider.com/elon-musk-says-model-3-production-using-to--many-robots-2018-4.
21. https://www.cbs.com/shows/cbs_this_morning/video/FMN4XL5kYziyfOOgz_QcKARo7NWm0Gsf/tesla-ceo-elon-musk-offers-rare-look-inside-model-3-factory/.
22. https://www.bloomberg.com/news/articles/2018-02-04/toyota-s-way-changed-the--world-s-factories-now-comes-the-retool.
23. Toyota Environmental Challenge 2050, Toyota Motor Corporation.
24. Ibid.
25. Naomi Tajitsu, "Toyota Pursues Petrol but Sees Electric Potential in New Technology," Reuters, February 26, 2018.
26. Charles A. O Reilly III and Michael L. Tushman, "The Ambidextrous Organization," *Harvard Business Review*, April 2004.
27. Bansi Nagji and Geoff Tuff, "Managing Your Innovation Portfolio," *Harvard Business Review*, May 2012.
28. Tesla (TSLA) Q4 2017 Results.
29. Jeffrey Liker, "Tesla vs. TPS: Seeking the Soul in the New Machine," The Lean Post, Lean Enterprise Institute, March 2, 2018.
30. Hideshi Itazaki, *The Prius That Shook the World*, Nikkan Kogyo Shimbun, Ltd., Tokyo, 1999.
31. Muitos dos detalhes sobre o processo de desenvolvimento do primeiro Prius vêm de Itazaki, *The Prius That Shook the World*.
32. Norihiko Shirouzu, "Toyota Scrambles to Ready Game-Changer EV Battery for Mass Market," Reuters, October 27, 2107.

33. http://www.businessinsider.com/toyota-prius-is-most-important-car-last-20-years-2017-12.

34. Jonathan M. Gitlin, "2017 Was the Best Year Ever for Electric Vehicle Sales in the US," ARS Technica, January 4, 2018.

35. Travis Hoium, "Will 2018 Be Toyota Motor Company's Best Year Yet?," *The Motley Fool*, January 23, 2018.

36. Sean McClain, "Toyota's Cure for Electric-Vehicle Range Anxiety: A Better Battery," *Wall Street Journal*, July 27, 2017.

37. Marty Anderson, "Tesla Cars Are Great—Their Ecosystem Strategy Not So Much," *Forbes*, January 27, 2018.

38. Craig Trudell, Yuki Hagiwara, and John Lippert, "Shell and Toyota Partner on California Refueling Stations," *Bloomberg*, February 2017.

39. Yuichico Kanematsu, "Toyota Seeks Fuel Cell Breakthrough with California Hydrogen Plant," *Nikkei Asian Review*, December 2, 2017.

40. "Japan Is at Odds with Elon Musk," *Bloomberg*, February 2017.

Capítulo 9

1. John P. Kotter, *Leading Change*, Harvard Business School Press, Boston, 1996.

2. Rosabeth Moss Kanter, *The Change Masters: Innovation for Productivity in the American Corporation*, Simon & Schuster, New York, 1983.

3. Noel Tichy and Mary Anne Devanna, *The Transformational Leader*, Wiley, New York, 1986.

4. Robert E. Quinn, *Deep Change: Discovering the Leader Within*, Jossey-Bass, New York, 1996.

5. http://www.tssc.com.

6. Este caso nos foi apresentado pelo nosso colega e *coach* de LPPD talentoso John Drogosz, que trabalhou com a Solar Turbines.

7. Este caso nos foi apresentado pelo nosso colega e *coach* de LPPD talentoso John Drogosz, que trabalhou com a Embraer por cinco anos.

8. James. M. Morgan and Jeffrey K. Liker, *The Toyota Product Development System,* Productivity Press, New York, 2006.

9. "Building a Lean Hospital," Catalysis, August 2016.

10. Kevin Buckland and Nao San, "Toyota's Way Changed the World's Factories. Now the Retool," *Bloomberg*, February 4, 2018.

11. Edgar Schein, *Organizational Culture and Leadership*, Wiley, 2016.

12. Frederick Herzberg, "One More Time: How Do You Motivate Employees?" *Harvard Business Review Classics*, July 14, 2008.

13. Daniel Pink, *Drive: The Surprising Truth About What Motivates Us*, Riverhead Books, 2001.

Índice